户外场景营销宝典

《亚洲户外》主编

中国出版集团
东方出版中心

图书在版编目（C I P）数据

户外场景营销宝典 /《亚洲户外》主编 . -- 上海 : 东方出版中心 , 2018.1

ISBN 978-7-5473-1226-1

Ⅰ . ①户… Ⅱ . ①亚… Ⅲ . ①户外广告—市场营销学 Ⅳ . ① F713.859

中国版本图书馆 CIP 数据核字 (2017) 第 293674 号

主　　编：黄　淘

副 主 编：黄　煌　何浩铭

编　　辑：单慧哲　王逗逗

联合发行人：王国军　文卫红　谢世明　居卫东　陈华东　周晓平
陈　波　张　敏　杨皆红　郑　辉　李献明　王　峰

主编邮箱：cnadhuang@163.com

网　　站：www.asiaooh.net

微　　信：AOM 亚洲户外（微信号：asia-outdoor）

责任编辑：刘　挺　邓　伟

户外场景营销宝典

出版发行：东方出版中心
地　　址：上海市仙霞路 345 号
电　　话：021-62417400
邮政编码：200336
印　　刷：上海龙腾印务有限公司
开　　本：720*1000 毫米　小 16 开
字　　数：480 千
印　　张：24
版　　次：2018 年 1 月第 1 版第 1 次印刷
ISBN　978-7-5473-1226-1
定　　价：150.00 元

序

需要“宝典”

2016 年夏天我受山东一家户外广告公司老总邀请，参与一次地方产业创新项目的面试。面试当中问及户外广告效果监测技术发展，我依据经验作答，说是采用人面识别技术，其实，那个公司采用的是探针技术，通过无线电波收测，从手机号码识别外来的受众。虽然同是户外广告效果监测，差之毫厘，缪以千里。

这件事给我印象很深，虽然经常阅读《亚州户外》，也出席过种种广告研讨，营销的日新月异和技术的突飞猛进，你稍不留意还是会错过机会甚至落入认知的误区。因此，无论是理论研究或者是一线实操，一本可以描述宏观市场环境的、可以介绍最新技术进展的、可以相互交流观摩的实操案例“葵花宝典”是不是很重要呢？我想是的。

户外广告，可谓广告行业的原点，从古老的店招、石刻，到现代的电子屏以及时尚巨大的建筑群落，无一不隐含着宣示的流布的纪念的“向不特定人群”传播沟通的广告基因。基因不变但手段常变，因而这个行业为了维护其地标的优势，为了保持其万众瞩目的聚焦效果，无论是实践或者是理论都在不断积累不断进化不断创新，因而形成不同领域不同时期的历史 “宝典”。凭借这些“宝典”，是不是可以了解过去、把握现在、洞悉将来呢？我想也是的。

时空流变万物生长，户外广告亦然。在一次又一次的技术创新和经营革命的倒逼之下，户外广告的经营总是危机四起困难重重，怎么办？面对巨大的压力，百年未遇的变局，诸位不妨深呼吸，摊开宝典一册，掌灯夜读，这个时候会不会创意萌动思泉喷涌呢？

肯定会的，我想。

黄升民

中国传媒大学资深教授　中国广告博物馆馆长

目 录

户外媒体价值分论

户外场景营销优选案例赏析

户外场景营销实践

户外广告市场调研报告

前言

1978 年出现了改革开放后的第一个广告，至今已近 40 年。在这 40 年里，因为广告效果的倒逼，广告传播业经历了四个不同的发展阶段。

广告业走过的四个发展阶段

第一阶段是广而告之。这个阶段主要是依托大众媒体的影响力，强调广告的覆盖率，大众媒介为王。在此阶段，中国的大众媒体得到蓬勃发展，数量越来越多，受众定位也因不断细分而更加精细。与此同时，中国消费者的生活个性也不断觉醒、品位逐渐分化，各种品牌也在追求差异化以满足消费者多元化的生活需求。基于成本和效果的压力，广告传播自然而然进化到了第二阶段 —— 精准传播。精准传播强调的是广告的到达率，各种媒介在其对应的细分领域里更多的被当作渠道去应用。

互联网的兴起催生了网络媒体，尤其是 Web2.0 之后的互联网媒体，不只精准，还能互动，这促使更多的广告主在更大范围、更高效率地应用精准传播，“渠道型媒介 + 互联网技术的双轮驱动”将广告推送到无孔不入的历史阶段。

物极必反，盛极必衰。当越来越多的广告到而不达，甚至引发受众的反感或抵制时，大家不约而同地意识到内容的重要性。于是，广告传播进化到了第三阶段 —— 原生内容。既然老百姓已经开始防火防盗防广告了，那么广告就不能做的再像广告。这一阶段强调原生的内容为王，好的内容、好的创意会产生病毒式的自动传播效果。

好的内容是可遇不可求的。一个创意大师帮助这个品牌做出了很棒的创意、取得了极大的成功，换了另一个品牌就不一定也能做好了。若把一切希望都寄托在某个营销大师或某家传播机构的努力上，这是很危险的。移动互联网的飞速发展，尤其物联网技术的日臻成熟，已经能使媒介和消费者随时随地实时连接，已经能使特定的受众及时参与进来一起体验创意、一起完成传播，不只所见即所想，而且所见即所得。而这，正是我们所倡导的广告传播的第四阶段 ——场景营销。

场景营销强调的是受众参与。为此，首先要选对场景，洞悉、找准特定受众和特定场景的内在关系，然后通过有针对性的品牌内容或广告创意强化这种关系，以此来激发、感动受众，通过引导受众自发自愿的后续行为，实现广告传播的闭环。场景营销关注的是广告的转化率，这也是广告主当下最为关注的，毕竟广告的主要目的是销售。

《亚洲户外》是国内较早洞悉广告传播这一发展趋势、最早提出场景营销这个概念的少数机构之一，并在2015年率先组织了中国户外场景营销案例的评选。中国户外场景营销案例的评选已经连续主办了三年，每年的评选都用半年的时间广泛征集、发现案例，并采取专家打分与公众网上投票相结合的方式，然后在每年5月主办的中国户外传播大会上公布案例评选结果，并请专家们一起解读或分享。希望通过这样一种公开透明、连续不断的推选过程，发现更多更好的案例，推动行业做更有效的广告传播，推动行业不断提高运作水准。

我们编辑出版《户外场景营销宝典》这本专著，也是本着这样的初衷，希望在更大范围内推动各行各业做更好的广告传播，希望更多的同行理解场景营销、善用场景营销，帮助更多的品牌发展壮大，满足消费者不断升级的个性化需求。

户外传媒的春天即将到来

户外媒体是对不可再生的空间资源的独占。其地理位置的唯一性造就了线下接触的自然性和难以替代性，其传播价值是既定的，就看你是否懂得应用。

户外媒体是包容性强、现场体验感极佳的实体。户外媒体作为最古老的媒介之一，之所以常用常新，就是因为其包容性极强，好的媒介形式、好的传播技术都可以拿来为其所用，加上其天然地伴随着受众的出行，真情实景地影响着经过的受众——变无聊为有聊、令无趣变有趣，受众可以随时随地参与其中，心想事成。

如今，在物联网环境下，每一处户外媒体都可以成为线下的入口和零售的终端，在场景营销和新零售中大显身手。本书的案例，会让你大开眼界，触类旁通。

户外媒体不等于户外广告。如果把户外媒体只是当做户外广告的发布载体，那户外媒体的功效充其量只是发挥了四分之一。户外媒体作为本地化的媒体，一边天然连接本地常住人口，一边广泛贴近本地营销场所，是开展本地化营销的核心纽带和固定参照体系，是本地化生活服务的黏结剂、传动力和见证者，在方兴未艾的体验营销和分享经济中凸显其他媒介难以实现的促销功能、通路价值和云端效应。

越来越多的广告主认为，主流媒介只有二类：一类是空中泛在，但你看不见的电子媒体；另一类就是地面唯一，是你能看见的户外媒体。所谓的整合营销，就是这二类媒体（即线上和线下）的整合应用。相对于线上的海量、不确定、可替代，线下则是少量、确定、难替代。因为线下场景的真实和难替代，那些被实实在在的体验影响到的确定的少量，会有感而发自动参与，然后产生免费的二次传播，出现一传十、十传百的倍数效应。

场景营销更多的是强调以本地消费者在线下的情景体验为核心，通过真情实景感动消费者，自然而然地引发二次分享或及时购买，从而实现营销的闭环。物联网环境下的营销更多的是以消费者的手机为核心，以线下为依据整合线上，通过线下诱发线上，有效发挥线下固定、高频的连接特性，产生可预期的、重复性的消费行为。

为了让场景营销更加深入人心，推动更多公司更广泛地应用，我们首次采取众筹的方式联合发行本书，在较短时间内得到众多业内同仁的积极响应，借此机会我要感谢凯帝珂中国智库及何浩铭先生的大力支持，以及参与了众筹的伙伴们。

首先要感谢参与众筹的12位联合发行人，他们分别是：地平线传媒的文卫红、广东博媒的谢世明、联纵传媒的居卫东、国域无疆的王国军、达可斯的周晓平、加速度传媒的陈华东，以及风盛传媒的王峰、银马广告的郑辉、道森媒体的杨皆红、润色传媒的张敏、绿一传媒的陈波、立闻传媒的李献明。

其次要感谢以下28位深度参与者：北京的肖华、付正义、张硕，上海的徐逖晟、吴仁，广州的陈少华，河北的蔡建平、于凯伟、梁念申、谢配玉、降勇超，江苏的俞志钧、戴福书、吴忠全、李华盛，山东的胡维绩、戴立新，四川的易点、袁琴，浙江的金光向，海南的吴坤权、彭学斌，福建的马子钧，江西的卢照崇，贵州的张建，内蒙古的李玉法，沈阳的张谦、高维东。

最后还要感谢26位热心参与者：谢学容、彭伟、许钦秀、杨军、解东雷、缪裕峰、刘卫彪、李康、漆照学、吴营、黄丽娟、蒲苇、杨林、杜海清、吴承财、张兆鹏、乔煜、张筱均、丛向喜、任志琴、张力、蒋红英、许勃、李冬、王林、胡振民。

黄　淘　（cnadhuang@163.com）

2017 年 12 月 20 日于上海

户外媒体价值总论

物联网令户外传播更有效

《亚洲户外》出版人 黄淘

户外媒体作为最古老的一种媒介，能够常用常新，是因其具有如下特性：

一、户外媒体的五大特性

1．空间资源的独占性

户外媒体附着在特定的城镇空间中，地理位置的唯一性、不可再生性，决定了每一处户外媒体的独一性。各地政府对设置户外媒体制订了严格的规划，并据规划予以审批或监控，这从法规上确保了空间位置的稀缺性和户外媒体的独占性。因此，独占稀缺城镇空间资源的户外媒体，具有一定的垄断效应。只要运营得当，就有较高的媒介价值。

传播已进入混媒时代，超媒体即将诞生。传统的电波类媒体、印刷类媒体，因其可复制性、可替代性较强，相互厮杀，传播的成本越来越高但效果越来越不理想。随着新技术的大量应用，传统媒介之间的竞争进一步加剧，兼容的步伐加快，媒介的格局正在被颠覆。而户外媒体是对多维空间的独占，其包容性、可塑性最强，被越来越多的投资者所青睐。

2．生活轨迹的黏连性

户外媒体主要依据市民出行及家外生活的轨迹而巧妙设置，具有很强的黏连性和伴随性。在不浪费市民空余时间、不负担任何费用、不动用复杂装备的情况下，户外广告提供给市民在室外经历的时空以趣味，或者提供某种便利，增添市民外出时的附加值，为市民排忧解难。户外媒体是市民的五官和肢体在室外的舒展和延伸，是市民在室外的好伴侣。

被动接受、快速切换所导致的注意力的日益稀缺，是传统媒体面临的严重问题。扣除工作或学习及休息的时间，市民大量的时间在室外。时空黏性很强的户外媒体，改写着市民在室外路过或休闲的场景，赢得市民主动的目光和自发的参与，其广告效果明显。

3．广告告知的直白性

人在户外的注意力漂移不定，现代人更是一心多用，若不能在一秒内一见钟情、一听就明，就很难被关注。户外媒体是单纯的广告媒体，是快速与受众展开连接的情景媒体，这与以传播内容为主的电视、报纸、网络等信息媒体刚好相反。

在信息大爆炸、时间越来越不够用的情况下，人们只能选择性地阅读，选择性地关注，传播的到达问题日益凸显。直白的户外广告，其接触频次和到达率均是最高的，这要求有合适的广告创意与之相匹配。

4．城市功能的匹配性

户外媒体主要以城市为载体，户外广告是所在城市的公开表情。户外媒体先于城市而存在，促进城市的形成和繁荣，并形象解读、个性烘托城市的品位，户外媒体与所在城市是相生共荣、互相促进的伙伴关系。在宜居城市建设中，户外媒体在树立城市形象、提振市场经济、便利市民生活、智慧出行空间等方面更宜扮演人性化的公共服务功能。

户外媒体不只是一种媒介，多数户外媒体本身就是街道家具或景观小品。富有创意、灵动变换、光彩斑斓的户外媒体，点缀、丰富、亮化着城市建筑、道路、广场等外立面和内空间，生动、通透、信息化候车亭、灯箱、阅报栏、指路牌等各种街道设施，温馨、匹配、趣味公交车、地铁、出租车等公共交通平台，引领都市时尚生活脉搏。

5．多维兼容的平台性

传播技术日新月异，新兴媒体层出不穷，媒体的边界在消融，超媒体在孕育。在丰富多彩、需求永恒的创新面前，那些落后的、难以变革的传统媒体形式必将随着受众的新老更替而退出历史舞台。户外媒体独占的是实体的三维空间，可以兼容一切，也可以创意重建，其传播地位不仅无可替代，而且历久弥新。

物联网（后媒体）时代，万物皆媒。占据空间与位置优势的户外媒体，完全可以成为整合各种媒介的平台，成为特定区域内传播的基站，笑傲江湖，包容天下。

二、物联网焕发户外媒体的生机与活力

中国传统传媒业当下的困窘，可以用“二头不讨好”来形容：一头是受众根本不看，另一头是广告主根本不信。过去红红火火的传统媒体，为何遭遇今日的困局？根本的原因，就是移动互联网的飞速发展改变了人们的信息接受模式，个性化的互动传播代替了填鸭式的单向传播。

“到达率”和“接触频次”双高的传统户外媒体，应该有更好的表现，为什么也遭遇困境、压力山大呢？除了上述因素外，另一重要原因就是数据的缺失。多少人会看？看后又如何？这个老大难问题一直没能有效解决。物联网的兴起，将令这一问题迎刃而解。

首先，转变观念，深度融入智慧城市建设新天地。

物联网是物物相联的互联网，形成物与物、物与人之间的相互联通，以用户体验为核心的创新与应用是物联网发展的灵魂。而户外媒体所做的，也正是物（媒体）与人（受众）之间的融通，所以，户外媒体与物联网是同一个硬币的二面。户外媒体和物联网均以城市为依托，均以更好地服务人为目标，以实现物与人之间的信息传递与定向反馈为核心。移动互联网的飞速发展，使物联网和户外媒体从不同领域走到了一起，在智慧城市建设中将更多地同体同构、携手并肩。

户外传媒人用物联网思维重新认识户外广告，就可能深度融入城市的未来，在与政府的沟通中获得新的话语权，从而整体提升户外广告的社会地位。

政府倡导的新型城镇化建设正在大力推进中，新型城镇化的核心是人的城镇化，提升人的城市生活融入度和幸福指数，插上物联网翅膀的户外媒体是能在其中发挥更大作用、扮演关键角色的。

其次，巧用技术，精准释放户外传媒线下威力。

相对于线上营销的不确定和难复制，户外媒体作为固定的媒介，经常性地连接有固定生活轨迹和消费倾向的常住人口，其线下关联价值格外珍贵。

物联网对破解户外广告困局的意义，首先在于让广告主相信户外受众群体的数量、属性与生活轨迹；其次，能够揭示信息传达与互动的内在因素与发生规律；同时，由于受众的信息反馈和现场参与，得以分析不同场所的传播效果，挖掘信息植入的最佳路径，使传播始终有迹可循、有据可查。

最后，以人为本，体验为王，共建场景营销新生态。

场景是由特定场所在特定时间和特定的人共同构成的某种环境以及适宜该环境的生态，是最真实的以人为中心的体验呈现。场景营销，就是通过改变或凸显某种环境因素来激活人与场所的内在关系，重构人和商业的连接方式。在场景营销中，户外媒体作为最易改变、最具活力、最多连接的环境因素，必将作为各方经常应用的主力，处于场景营销的中心。

场景营销实践中，要根据人停留时间的长短、场所开放闭合或干扰程度、场所功能和人出行目的吻合度、人每周到达频次等关键指标将场所严格区分，然后借助物联网技术建立基于不同场所的人群画像、基于完整轨迹的生活圈，以人为本，户外媒体必然在场景营销中如鱼得水活力无限。

三、场景营销中户外媒体的独特功能

在移动互联环境下，在场景营销中，户外媒体的独特功能体现在如下五个方面：

第一，大户外的聚焦

只有户外媒体能够提供少则几平米、几十平米，多则几百平米、甚至数千平米的大面积广告，成为吸引眼球停留的焦点，这样的气势和影响力是其他媒体望尘莫及的。

利用地标大户外的冲击力，发挥户外媒体作为真正的大众媒体的聚合作用，君临城下带动其他媒体制造话题产生同城效应。

第二，实场景的互动

只有户外媒体是看得见摸得着的实体，受众可以在这里实实在在地停留、互动，这样的场景与体验是最自然的、最可信的。

有了真实的体验，才可能产生信赖与口碑，才可能发生二次传播。

第三，必经过的空间

户外媒体存在于城市的各种公共空间，能够因地制宜营造各种让人停留的环境或功能——让等候更有趣、使沿途有风景、让空间更温馨，如此才可能让路过的人驻足、参与，使信息随时随地有效到达。

在所有的媒体中，只有户外媒体的接触频次是最高的，平均一日3次。重复才能产生记忆，重复才容易总结传播规律，才能令客户信服。

第四，聚消费的路径

一座城市主要的工作、消费与娱乐场所或其附近都有户外媒体，通往这些场所的主干道上同样也布满户外媒体，所以，在日益重要的本地化营销中，户外媒体引导线下销售、聚集周边人流的作用是不可或缺的、也是立竿见影的。

第五，超连接的入口

户外媒体具有实体和空间的属性，其包容性是最强的。户外媒体作为一个个的终端植根于城市的各种空间，既可无缝连接碎片化人群的碎片化时间，又可作为转换端口实时对接线下与线上，实现跨屏的传播。

四、场景营销的关键与户外传媒的贡献

中国的大数据既往主要存在于三家大通信公司、金融保险系统和BAT家族中。大数据营销只是近几年才如此火热，各家的数据都存有先天的缺陷，加上后天的相互封闭，大数据的威力还没有真正发挥出来。而以感知和体验为核心的场景营销，其策略正确与否的前提也在于大数据。

透过这些年的营销实践，不难发现：线上产生的海量的大数据，针对特定对象其内在的必然性是不确定的；数据采集的方法大都难以摆脱侵犯个人隐私的嫌疑，也经不起新修订的广告法的严格审查；如果再出现数据造假，其隐蔽性会更强，令用户防不胜防。大数据应用的核心在于预测和决断。如果数据失真，那还不如没有数据。

针对线上大数据的短板，基于对户外媒体的深刻认识，我们可以找到有针对性的解决之道，使户外媒体在场景营销中大显身手：

1. 植根于户外媒体的三个基本面

实体场景。不再虚拟，真实确定，能够复查，可以延续，可信度高。

固定轨迹。群体定向，行为定向，能够精准画像、连续追踪，小而美，易于掌握其行为与消费的主要规律。

本地生活。常住人口的经常性光顾、重复性消费才是广告主最在意的效果。

2. 借助户外场景完善大数据的三个支撑点

可以复制。因其在固定的位置针对常住人口，固定的群体在固定的场所才可能发生固定关联的行为，这样的行为才是可复制、可预判的，才是有意义的。

持续定向。群体和场所存在相互匹配的内在关系，基于人与场所的双重定向分析和连续定点统计，就能够发现令人信服的行为逻辑和消费偏好。

群体可控。人在熟悉、固定的场景中戒备心较低，利用户外媒体伴随性较强、必然关注的特点，一旦趣味相投，加上利益诱导，对群体的影响力就很强。

3. 实现场景营销的三个发展极

社群入口。户外媒体既是最贴近消费者的终端，也是线上与线下实时转换的入口，能够激发受众随时随地随心所欲的沟通需要，实现所见即所得。

情感爆点。通过户外广告引爆话题、诱发情感，这样的场景并非偶然，有了大数据之后今天的偶然将导致未来更多的必然。

同城效应。及时体验，及时分享，通过口碑传递和二次传播，产生广告主期待的同城扩散效应。

4. 户外媒体对大数据营销的独特价值

第一，拥有固定的参照体系，基于实体场景的小数据更加有用（最小的数据获得最多的新鲜信息），关联性更强；

第二，连续定点、定向采集，通过广告画面、话题或利益引导受众主动参与，既尊重隐私、更加人性，又直观可信、简便易行；

第三，基于所在城市的主要场所和核心人群，实施网格状布局，既精准到达又全城覆盖，既沟通忠实消费者又到达更多的“轻顾客”*1。

*1 注：“轻顾客”是购买产品相对不那么频繁的顾客。《品牌如何增长》作者 Byron Sharp 教授发现，品牌无法依靠忠诚的消费者发展壮大，大量的销售来自“轻顾客”。

移动时代下的户外场景营销

凯帝珂智库

前言

2016年广告行业三大媒体种类发展中，传统媒体转型压力仍然较大，数字化脚步不一，移动网络广告占比持续增大，预计到2019年将占据八成数字广告预算，而户外市场发展情况与经济环境和行业发展为强联系。

移动互联网使手机成为使用率更高的媒介工具，改变了消费者传统线性的决策历程，无法洞察到消费者日新月异的移动生活场景而升级改变的媒体类型会被迅速淘汰，不能有效实现新零售方式的品牌将被取代；如何升级优化户外投放营销策略，形成高反馈的沟通闭环，是品牌当务之急。

对于户外广告来说威胁在于品牌主将更多的预算和资源投入到移动互联网广告，从而“冷落”户外广告；而机遇在于品牌主可以升级营销策略，将户外广告与移动互联相结合，从而达到更加优化的传播效果。

面对快速变化的市场环境，户外营销需要更为科学的营销策略。凯帝珂依据基本沟通理论在户外策划架构上进行了重大调整，形成了一套全新的营销方法理论——Active Journey。

放眼未来，还会有更多新科技颠覆户外广告的模式，户外媒体自身主动的转型、媒体载体、显示等材料的升级、户外媒体成为品牌与消费者的对话和互动的媒介等都将成为短期内可预见的未来。

营销本身就应是贴近人们生活的传播服务，能为消费者和品牌双方都创造价值的沟通方式，我们认为这才是真正的营销价值所在；最为贴近消费者生活场景的户外广告，接下来如何运用新科技、不断升级转型，协助品牌为消费者的生活、娱乐和消费方式带来更多更好的服务，将是户外营销未来增长最快的领域。

本篇报告的主要发现：

（1）户外媒体未来将成为为品牌和消费者提供信息连接点的关键桥梁。

（2）未来消费者只需要两块屏——移动屏(Mobile display)和户外屏(Outdoor Display)。

（3）营销的目的在于销售，品效合一将成为营销的根本目标。

（4）移动支付打破了线上线下交易的物理边界，场景营销成为销售终端的趋势将越来越明显。

（5）与移动互联网相结合，户外大屏与智能终端联动，提升媒体创意创新空间，开启数字化生活场景是户外媒体转型升级需要把握的关键。

一、品牌主对于户外营销的重点已从要求“到达率”转为“达到率”

1. 户外媒体发展背景环境俯瞰

1.1 国民经济环境

国民经济是指一个现代国家范围内各社会生产部门、流通部门和其他经济部门所构成的互相联系的总体。各行各业都是国民经济的组成部分，国民经济又直接影响着各个行业的发展，间接影响消费者的消费行为和投资行为。户外媒体是品牌主与消费者沟通的桥梁，要研究户外媒体的发展情况，首先我们就要分析国民经济的背景环境。

为了分析全年的经济环境，我们选择数据比较充足的具有代表性的 2016 年经济数据。

2016 年度运行总体平稳，稳中有进，稳中提质，好于预期

• 2016 年，我国国内生产总值首次突破 70 万亿元，比上年增长 6.7%。人均居民收入实际增长略快于人均 GDP 增长，工资、经营、财产三项收入稳步增长。

• 其中工业的趋稳态势更加明显，四季度工业增长 5.5%。2016 年，在上游行业价格上涨的带动下，同比上涨的行业个数从 3 月份的 9 个，增加到 9 月份的 17 个，12 月份的 32 个，价格上涨面向中下游行业有所扩散。

• 就业形势总体趋好，结构矛盾依旧突出。年末全国就业人员 77603 万人，其中城镇就业人员 41428 万人。

• 物价涨势总体温和。城乡居民消费平稳增长。2016 年，城镇居民人均消费支出 23079 元，比上年名义增长 7.9%，实际增长 5.7%；农村居民人均消费支出 10130 元，名义增长 9.8%，实际增长 7.8%。

中国制造业企稳回升，服务业或面临调整

• 2016 年全年制造业完成投资 187836 亿元，比上年增长 4.2%，增速比 1—11 月份加快 0.6 个百分点，比上年回落 3.9%。

• 全年第三产业投资 345837 亿元，比上年增长 10.9%，占全部投资的比重为 58%，比上年提高 1.4 个百分点；第三产业投资已经成为拉动投资增长的主要动力。

• 2016 年，我国服务业增加值 384221 亿元，比上年实际增长 7.8%，在第三产业中继续领跑，占 GDP 比重已上升为 51.6%，服务业规模不断扩大。

• 从动能转换看，创新热潮使得新经济、新动能孕育成长，传统动能不断调整、改造、升级，工业结构持续优化，对经济稳定增长发挥了至关重要的作用。互联网相关行业继续保持了高速增长势头，带动和影响了一大批新经济产业和行业的蓬勃发展。

中国消费者信心平稳

• 2016 年消费者对经济发展信心保持总体平稳。对就业、投资、生活方面的信心在同比和环比方面均不同程度上升。消费者购房信心虽然同比仍然小幅下降，但是环比回升幅度显著。物价信心在本季度环比变化较小，而同比有较大幅度下降。

2016 年度宏观经济观点

2016 年，全国居民消费价格上涨 2.0%，涨幅比上年扩大 0.6 个百分点；工业生产品出厂价格下降 1.4%，降幅比上年收窄 3.8 个百分点，从动态看，出现由降转涨。消费价格温和上涨，生产价格由降转涨，反映出经济运行中

积极变化累积增多、市场形势稳中向好的新态势。

• 居民消费价格温和上涨，涨幅比上年有所扩大。进入经济新常态以来，我国经济增速放缓，消费价格涨幅缓中趋稳，2016年价格涨幅较2015年略有扩大，但涨势温和。分月看，今年各月CPI同比涨幅在1.3%—2.3%之间波动；核心CPI（扣除食品和能源CPI）基本稳定，月度同比涨幅在1.6%左右。

• 服务性消费活跃，带动服务价格平稳上升。随着我国居民消费结构不断升级，服务性消费需求不断扩大，2016年家政服务、课外教育、养老服务、健身活动、旅游等服务行业均有所上涨，部分公共服务领域价格形成机制逐步改善。

• 就业形势总体稳定。服务业发展较快，就业形势较好。城镇新增就业人数提高，失业率降低，总体上就业比较稳定。

• 制造业增长趋稳，延续平稳增长势头。制造业生产持续加快，新订单指数高于临界点，制造业市场需求保持增长态势。

• 经济结构调整继续优化。工业增加值的行业结构继续优化。出口形势有所改善，1—11月份的出口交货值累计增速由负转正，制造业工业增加值累计增速一直保持6.9%，增速比前5个月高0.2个百分点。其中汽车行业增速保持高增长。

• 供给侧改革效果继续显现。“三去一降一补”继续取得新成效。去产能继续，工业产品持续去库存，11月末规模以上工业企业资产负债率56.14%，比去年同期回落0.5个百分点。补短板与稳增长相结合，效果显著。

• 旅游休闲消费市场不断扩大，消费者信心企稳回升。旅游休闲娱乐消费持续升温。今年我国旅游市场需求旺盛，热点频现，亲子游、出国游学、海岛旅游、邮轮旅游等旅游产品备受人们青睐。

1.2 国家户外广告政策调整

户外广告是环境型媒体，很多户外广告的设施搭建会直接受到市政建设的影响，近年以一线城市为首的各级城市越来越注重科学可持续发展的城市规划，因此对户外广告资源进行大规模的调整，干扰到城市规划，影响城市居民生活和绿色生态的户外媒体资源会被拆除，只有符合政策的优质资源才能够在户外媒体的市场继续发展。

户外广告法律法规调整概览

受广告法调整的影响，近两年是户外广告法律法规调整变动比较频繁的两年，我们可以看出一个总体的趋势就是户外广告的审批制度在不断完善，变得高效便捷，而户外广告的内容设计受到严格的管理，不能过于“辣眼睛”或者有不良暗示性话语。对于在城市高架、环线等交通要道上的户外媒体管理更加严格，不符合相关法规的户外广告拆除之后也将会有更加明确的惩罚措施。

我们总结了户外广告法律法规调整的几个方面，并且在每个方面都总结了相关城市户外广告法律法规的新闻信息。

审批

户外广告登记、烟草广告审批等5项行政审批取消

2016年2月19日，国务院公布《关于第二批取消152项中央指定地方实施行政审批事

项的决定》，再取消一批中央指定地方实施行政审批事项。在取消的152项审批事项中，包括原属各级工商机关实施的外商投资广告企业项目审批、户外广告登记、固定形式印刷品广告登记、外商投资广告企业设立分支机构审批、烟草广告审批等5项行政审批事项。

北京：乡镇政府无权审批户外广告

目前，根据2016年最新的《北京市市容环境卫生条例》规定，户外广告的设置必须按照城市市容环境卫生主管机关批准发布的户外广告设置规划执行，其他任何单位无权擅自同意和设置。但北京市部分乡镇政府越权审批户外广告现象却一直存在，特别是远郊区的城市主干道、进出北京高速路、快速路等周边违规设置的户外广告牌数量不少。对此北京市法院三中院建议，市政管理部门与司法机关应建立联动机制，协助司法机关认定违规户外广告，并针对违规户外广告及时处理。

上海：暂停受理五类广告一年

经上海市政府同意，市绿化市容局、市规土局、市工商局、市住建委、市交通委、市公安局、市城管执法局于日前联合发布《关于本市开展违法户外广告设施整治的通告》，上海市2016年8月3日起开展违法户外广告设施专项整治。

济南：户外广告登记等7项市级许可取消

简政放权，济南又有新动作。2016年9月初，市政府印发了《关于削减市级行政许可事项和承接省政府下放行政许可事项的通知》和《关于清理规范市政府部门(单位)行政审批中介服务收费项目的通知》。据了解，户外广告登记、烟草广告审批等7项市级行政许可事项被取消，另外，将承接省政府下放管理层级的行政许可事项8项。

设计

北京：户外广告牌新标准将规定字体、颜色

北京市城市管理委员会表示相关部门正在制定新的户外广告牌地方标准，细化至广告牌的色彩、字体等要求。2017年将清理重点地区违规广告牌，据介绍，2016年，相关部门已确认122处市管道路违规户外广告，并遴选了7家违规广告拆除单位。违规户外广告在2017年底前全部拆除。

内容

贵州：虚假违法广告专项整治启动，重点整治食品药品

贵州省整治虚假违法广告联席会议决定2016年4月1日至9月30日，在全省开展虚假违法广告专项整治行动。

此次整治范围包括报刊、广播电视、高速公路沿线、城市主干道户外广告、LED以及互联网等媒介发布的食品、药品、医疗服务、金融、旅游服务广告。

贵阳：重点清理投融资理财类广告整治非法集资

贵州2016年启动为期半年的防范和打击处置非法集资工作，重点对媒体发布的投融资理财类广告进行集中清理整顿，遏制非法集资风险聚集的势头。按照工作部署，贵州将停止发布以下广告：无金融许可证或未按金融许可证的许可内容发布的投融资理财类、投融资理财咨询类广告；涉及承诺高息回报内容的投资理财广告；涉及投资回报内容的地产广告；涉及固定回报、保本信息、集资或变相集资内容的招商广告。同时，将加大对非法集资广告案件的查处力度、对媒体广告发布的指导及监测力度。

处罚

上海：对违法户外广告牌说“不”，逾期不改最高处罚5万

2016年下半年，上海开始对全市违法户外广告展开大清理，首先从延安路、南北、内环这三条高架两侧的200多块广告牌入手。不过这些“黄金广告位”背后的经济效益却十分可观，想要一一拆除，并非易事。目前的原则，仍是鼓励广告设置方自行拆除，下一步，对超出整改期限仍拒不拆除的单位，城管部门会依法采取强制措施。据了解，逾期不予整改的，可能会被处以5000元以上、5万元以下的处罚，并组织强制拆除。

广州：户外广告首现“黑名单”制度

由于相当一部分违法户外广告设置成本极低，即使城管部门强制拆除，相关设置者也能很快复挂。对于屡次“犯规”者，城管部门曾做出“被处罚者日后将谢绝参加广州户外广告竞投”的设想。7月14日，广州市城市管理委员会在官网发出“关于第120届秋季广交会及2016年广州车展期间临时户外广告设置管理的通告(征求意见稿)”。如果征求意见稿最终通过，过去3年曾在广州因户外广告行为遭行政处罚者，将被拒绝参与本次户外广告竞投。

厦门：住宅楼顶或禁设广告牌，擅自设置的最高可能罚50万元

住宅楼屋顶，或将禁止设置户外广告设施。如果未获许可擅自设置，不但要拆，要没收违法所得，最高还可罚款50万元。市人大常委会召开会议，听取了市人大法制委关于《厦门经济特区户外广告设施设置办法(草案)》修改情况的汇报。

点位

上海：将严控新增户外广告设施，截至2016年底共拆除违法户外广告设施1732块

截至2016年底，上海共拆除违法户外广告设施1732块。目前，《上海市户外广告设施设置阵地规划》已修编完毕并正在公示。禁止设置广告的区域，包括外滩历史文化风貌区（南京东路商业街除外）、人民广场地区(南京西路—西藏中路—延安东路—黄陂北路）等地；禁止设置屋顶广告的区域，包括中环路（含道路红线外侧100米）以内的区域、延安高架路—世纪大道及南北高架路道路红线两侧100米以内的区域等。

上海：“最严”户外广告规划出炉

新修编的《上海市户外广告设施设置阵地规划》即将实施。这部堪称“史上最严”的户外广告规划，意在让上海城市建筑的原有轮廓和天际线重归清晰。新规划中，一些破坏城市“天际线”的屋顶广告、高立柱广告成为重点管控对象。其中，中环线(含道路红线外侧100米）以内的区域禁设屋顶广告，延安路高架路至世纪大道及南北高架路道路红线两侧100米以内等重要区域、道路、河流、场所及建筑，也禁设屋顶广告。

兰州：兰州市将拆除高速沿线户外广告牌

近日，兰州市政府办公厅印发《关于开展全市高速公路沿线户外广告牌专项整治工作的紧急通知》，通知要求从即日起至4月30日在全市范围内集中开展整治行动，拆除高速公路沿线违法违规设立的户外广告牌。

浙江成全国首个高速公路沿线无广告牌省份

经过三年（2014—2016年）集中整治，全省共拆除国省道公路沿线广告牌7.3万块，其中，

高速公路沿线广告牌 9198 块，成为全国首个高速公路沿线无广告牌的省份，彻底改变了以往高速公路边广告牌林立、高炮广告牌高耸入云的乱象，路域环境面貌焕然一新。

户外广告法律法规调整影响及未来趋势

法规变动的影响：

• 规范户外媒体市场发展环境，优质媒体优势凸显，优势媒体周边媒体环境更加干净，也造成优势媒体在市场上更加抢手，从而刊例价格会提升。

• 户外广告发布审批更高效便利。

• 强化了对大众传播媒介广告发布行为的监管力度，加大了处罚力度，有效监管了一味“向钱看”而干扰市场秩序的部分媒体经营者。

• 大量拆除交通要道沿线不合规的户外媒体，为城市规划建设铺路，也转变了户外媒体的功能和角色，定义了优质媒体不能只是单一的传播者，而应该与城市规划方向相符，与户外场景自然融合而不影响市民正常生活。

未来户外媒体从业者应当如何应对这一法律变革趋势?

• 加强自身行业自律意识，在户外广告的设计、内容方面优先把关，对于有违反户外广告法规倾向的广告内容说不，并主动传达政策要求。

• 在升级现有媒体和开发新媒体时，注意媒体与周边环境的融合性，确保媒体不会造成光污染等污染情况或妨碍居民正常生活，不会损害市容市貌。

• 户外媒体不仅是作为一种商业媒体，承载着传播商业信息的职能，而且也应作为一种公共媒体，有义务传播户外公益广告，因此不能一切“向钱看”过度超卖媒体，而是承担传播公益广告的职能。

2. 户外广告各媒体类型发展情况

2.1 数字户外媒体发展情况

自从有了数码科技与传统的户外媒体相结合，便出现了数字户外媒体这种形式。数字为户外媒体带来了很多的机遇，产生了各式各样媒体表现的形式，丰富了传统户外只有平面广告的形式。这一趋势下很多经营传统户外广告的媒体主，也主动将自身的部分媒体资源改造成为数字户外媒体，以达到更好的创收。

传统的平面户外广告制作需要时间，不能随时上刊，数字媒体就有了很大的灵活性。从 CODC 的监测范围我们看到从 2014 年到 2016 年，数字户外的媒体类型有了很大变化，到 2016 年，卖场液晶电视和出租车视频媒体开始消失，这也深刻反映了电商和移动互联网的冲击。

电子屏——LED

• 电子屏媒体市场资源量相对稳定，优秀资源发展良好

我们根据 CODC2014—2016 年监测范围内的电子屏统计了三年来电子屏媒体的市场资源量，如下图。

2014 年—2016 年国内电子屏媒体资源量对比图

单位：块

从图中可以看出三年来 CODC 监测范围内的国内电子屏数量和总面积相对稳定，呈现非常缓慢的减少趋势，总体来讲大部分优质媒体的发展还是比较稳定的。

2014 年—2016 年国内电子屏媒体资源总面积对比图

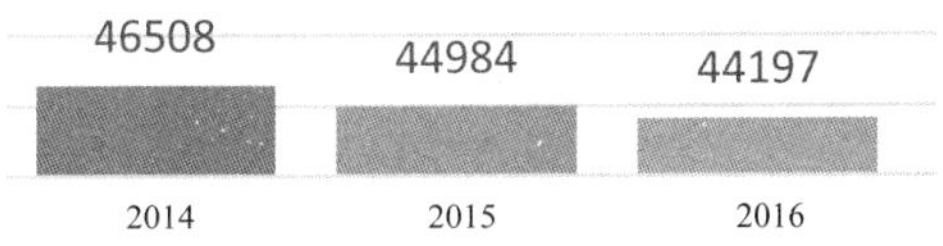

单位：平方米

• 电子屏媒体公司积极升级媒体材料，创新媒介形式

作为经营电子屏的媒介公司，不断整合优质资源，LED 屏幕的材料一直在升级，小间距和透明屏，镜面 LED 等新型技术推动电子屏的材料升级，显示效果更优质，量子点和 OLED 技术也将成为未来电子屏的技术应用方向。同时电子屏媒体公司开始提升自身综合实力，不断创新媒介执行方式。

为什么卖场液晶媒体和出租车媒体这两种数字媒体迅速消失？

即使是插上了数码技术翅膀的户外媒体，看起来数字媒体发展前景一片良好，媒体主纷纷大力改造自家媒体资源，然而仅仅是改造成数字媒体并不是万能的，关键是领悟移动互联网对消费者的生活模式渗透的本质，深谙场景营销的真谛，开发出真正能够融合进特定的户外场景的媒体并及时转换升级，才能在激烈的媒体竞争中立于不败之地。

• 电商冲击，线下大卖场衰落

2016 年底，上海“太平洋百货淮海店”宣布将在年底撤店谢幕，从大城市到二三线城市，不少零售巨头连续关店，实体零售业进入“寒冬”。受电商的严重冲击，生意越来越难做，伴随了人们生活很多年的大型商场商厦，或是近年来相继开业的超市卖场等纷纷关门歇业或转型闭店，百货增长乏力的情况还在持续。

这样的环境下，尤其是对于快消品来说，主要的销售战场早就从线下卖场转移到了线上的电商领域，自然卖场液晶等媒体变得毫无竞争力，尤其在快消品行业预算吃紧的时期，首先放弃的便是卖场液晶等媒体。

• 出租车媒体无法顺应场景，不能给予受众主动选择权

出租车媒体的消失源于触动传媒在 2016 下半年的破产事件，曾经号称拥有互动荧屏 50000 台，覆盖北京、上海、广州、深圳、杭州、青岛和香港 7 大城市，每月覆盖 7000 万人次的触动传媒并未能熬过 2016 年的冬天。

对乘客来说，一开始觉得这种形式很新鲜，新鲜感过后乘客都觉得声音太吵，晚上屏幕亮度太刺眼，还无法关闭。有的司机就把内置音响卸了，甚至会把电源拔了。而广告主其实也对这种媒体并不买账，无法准确定位人群，而且现在乘客在出租车内也习惯看手机，对广告的关注度不高，何况头枕广告屏还易造成安全问题。这就是出租车视频媒体没有深切探究乘客乘车的场景，一味的单方面传播不能给予受众选择权带来的结果。

2.2 传统户外媒体

单一媒体

• 单一媒体受政策影响资源量急剧下降

同样我们根据 CODC2014—2016 年监测范围内的单一媒体资源量和资源面积进行统计，前面我们已经了解到近两年各地政府大量拆除违规户外媒体，而在这其中比较多涉嫌违规的都在单一媒体中，同时受到市场的影响，单一媒体相对没有发展优势，因而资源量急剧下降，

尤其是2016年，是拆除违规户外媒体动作最大的一年。

2014年—2016年国内单一媒体资源量对比图

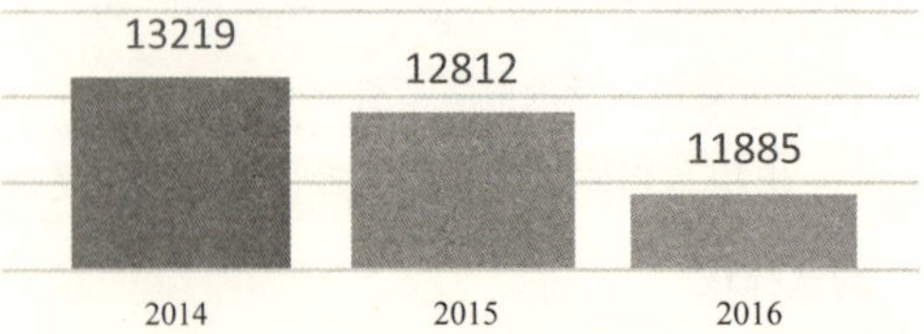

单位：块

2014年—2016年国内单一媒体资源总面积对比图

单位：平方米

• 不干扰城市规划的优质媒体优势凸显

在大量违反户外广告法规要求的单一媒体被拆除过程中，只有少量的优质媒体免受影响，此时这些优质媒体的优势开始凸显，媒体周边环境也会更加干净，未来在单一媒体类型中的需求量一定会上升。由此我们也可以看出，只有顺应城市规划格局，对居民生活没有威胁并且传播有力的优质媒体才能够得到发展。

2.3 影院媒体

• 国内电影市场发展迅猛，观影人次逐年增多

根据艺恩数据提供的数据，2016全年的电影票房达到457亿元，而这一数字在2014年仅仅是294亿元。可以说2015年开始国内电影市场迅猛发展，移动互联网让在线购票崛起，人们的娱乐休闲模式升级，电影成为主要娱乐休闲方式。观影人次也从2015年开始破纪录，2015全年城市影院观众人次达到12.6亿，比2014年增长51.08%。这一数字到了2016年仍在上升，达到13.74亿人次。

• 影院广告发展崛起，市场规模扩大，投放价值凸显

火爆的观影市场自然给影院广告带来了巨大的发展机遇，加上影院映前广告具有封闭性，传播效率极高，因而品牌主纷纷将影院媒体的预算不断增多，从CODC提供的数据可以看到2014年到2016年影院媒体投放量大幅增加。

2014年—2016年影院媒体投放量

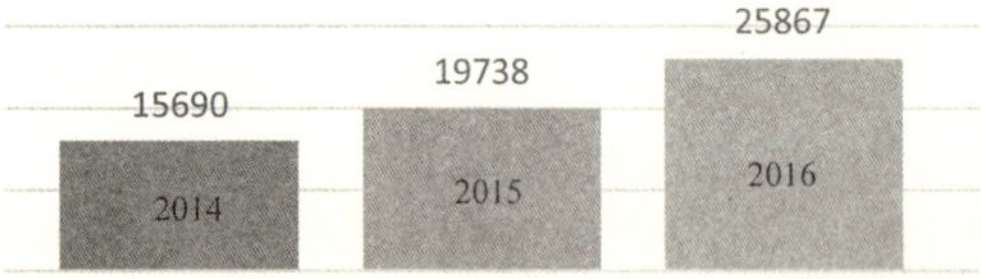

单位：百万元

从单位广告收入贡献量来看，在近年影院、银幕及播放场次数量突增的形势下，国内单影院、单荧幕及单场次对影院映前广告收入贡献量在震荡中仍保持相对稳定水平，表明市场整体发展态势良好。

• 影院媒体资源需要整合，行业渗透率需进一步提升

17Q1全国影院数为9182家，而映前广告市场前四大主要参与者分众晶视、晶茂传媒、影时尚、乐幕合计仅覆盖约3117家，合计渗透率34%左右；17Q1中国银幕数量达到4.4万块，四大映前广告公司合计22019块银幕，渗透约为50%。随着映前广告效果逐渐为市场认可，行业的渗透率将进一步提升。

2014 年—2016 年网站行业各媒体类型花费情况

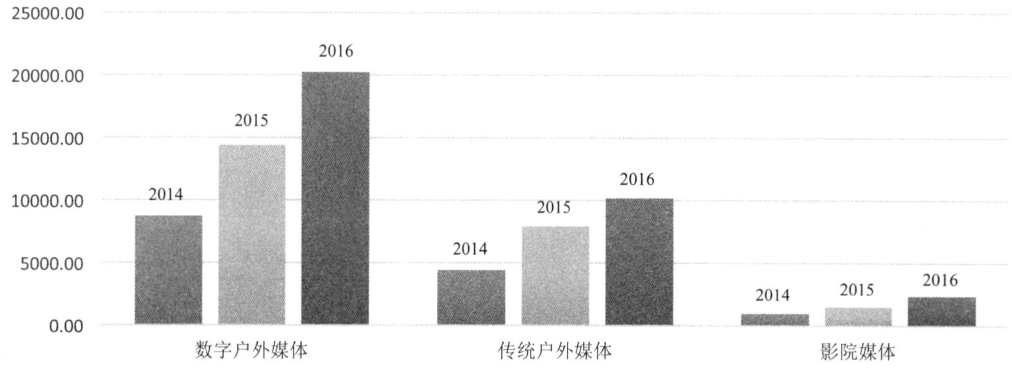

单位：百万元

3. 各行业在不同媒体类型的投放情况

3.1 网站行业各媒体类型投放情况

2014 年网站行业一直是户外媒体投放中占比最高的行业（由于本次分析我们将食品行业和饮料行业合并在一起，因此数据显示的 2014 年占比最高为食品饮料行业，如果将这两个行业单独进行分析，网站行业的占比一直都是最大的行业），因此网站行业在各种媒体类型的花费很大程度上影响着这些媒体类型的发展方向。

网站行业发展大事记：

1. 2014 年中国迎来互联网 20 年，这是中国互联网国退民进的战略转折点，阿里巴巴上市显示了电子商务增量带动经济转型发展的强大力量,4G 商用全力推进,整个产业链不断创新。

2. 2015 年 3 月，“互联网 +”写入政府工作报告，成为我国国家层面的重大举措，互联网巨头“组团”，行业整合程度提高，BAT 三大巨头继续抓紧抢占地盘。

3. 2016 年，“得到”引领内容变现，直播平台混战，网红经济催生，AR/VR 技术受到强烈关注，BAT 等互联网巨头部署人工智能产业。

• 互联网与移动应用得到了爆发性的普及，消费者接触媒体时间变长，接触渠道增多，多屏时代实现了空间和时间的双向占领，品牌营销方式跟随消费者的反馈不断地调整行动。

网站行业选择户外媒体的变化情况：

1. 从上图我们可以看出网站行业投放占比最高的一直是数字户外媒体，毋庸置疑，数字户外媒体本身就是在互联网和物联网发展之下应运而生的一种媒体类型，同时数字户外媒体可以配合移动终端进行精准传播。

2. 网站行业对传统户外媒体的投放也是逐年递增，一方面与互联网行业的迅速发展，品牌主预算增加有关；另一方面，传统户外广告拥有成本优势，并且地域性更强，视觉冲击力更大，比较符合网站行业各品牌的营销策略。

3. 网站行业在影院媒体的投入也在逐年递增，变化的趋势基本和全行业在影院媒体的投放量趋势一致，影院媒体可以覆盖的人群以白领、中产阶级为主，而各地不同消费水平的各种影院又覆盖网站行业不同地域的不同收入的目标消费者。

网站行业 2014 年—2016 年数字户外媒体类型投放分析

2014 年网站行业数字户外媒体小类花费占比

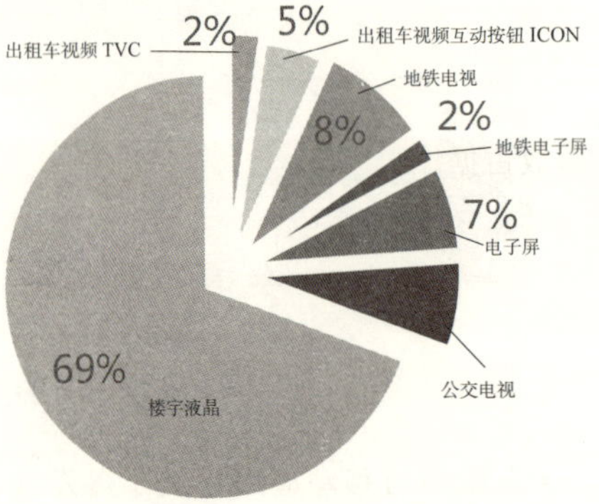

2015 年网站行业数字户外媒体小类花费占比

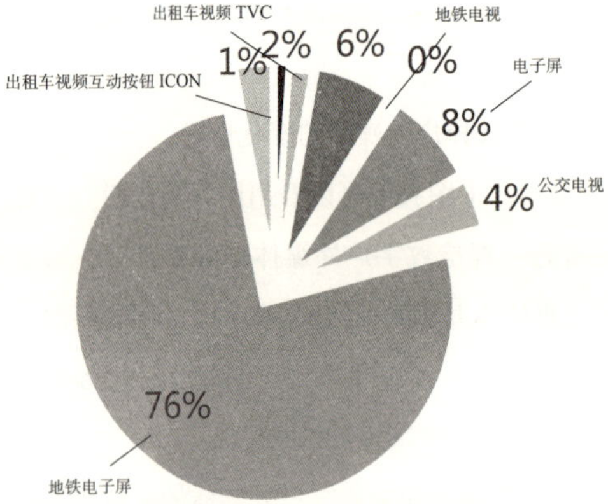

2016 年网站行业数字户外媒体小类花费占比

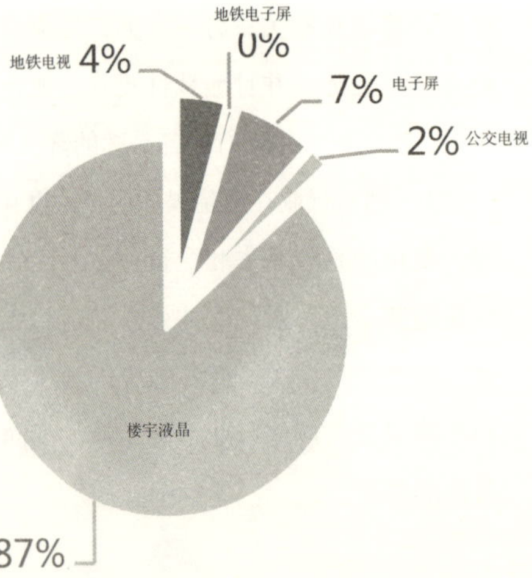

由于数字户外媒体在各个行业的投放占比中占有非常重要的比重，因此我们将各个行业的数字户外媒体类型再进行分析，研究品牌主在数字户外中选择不同媒体类型的转变趋势和原因。

网站行业在楼宇液晶投放量占比最大，并且占比连年增长

• 电梯媒体楼宇液晶的受众以通勤白领为主，这群人也是互联网时代消费的主力军，因此他们是网站行业看重楼宇液晶的精准受众群体。

网站行业在公交电视和地铁电视的投放逐年下降

• 公交电视和地铁电视本身由于信号问题以及交通部门的管制规定，内容和形式比较受限，同时很难吸引到人们的注意力，而网站行业最先感知到这一趋势，逐渐减少对这两种媒体类型的关注。

网站行业对电子屏 LED 的投放量相对比较稳定，LED 多位于城市核心商圈，可覆盖人流量广，展现形式多样，动态的广告内容非常适合网站品牌进行宣传。

3.2 软件行业各媒体类型投放情况

软件行业的发展，是在电子消费品和移动互联网行业发展的背景下应运而生的，这几年智能手机新产品层出不穷，国产智能手机崛起，智能手机价格下降，4G 的发展和移动端网民规模稳定增长都为软件行业的发展提供了机会。这里我们提到的软件行业主要以移动端软件为主，2014 年以来，以个性化和定制化为特点的超级 App 加快了软件行业的创新发展，各种手机软件的功能从全能型向垂直领域转变。截至 2016 年 4 月，我国市场中的移动应用累计数

量达到 671 万款，我国本土第三方应用商店移动应用累计数量超过 500 万款。

来看软件行业近三年在各媒体类型的花费情况，如下图：

2014 年—2016 年软件行业各媒体类型花费情况

软件行业 2014 年—2016 年数字户外投放分析

2014 年软件行业数字户外媒体小类花费占比

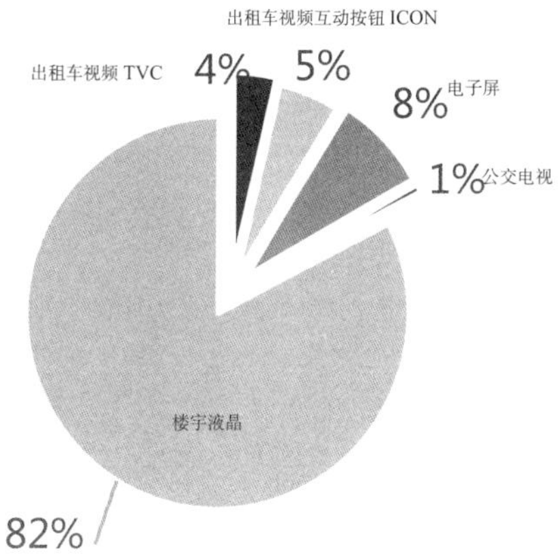

2015 年软件行业数字户外媒体小类花费占比

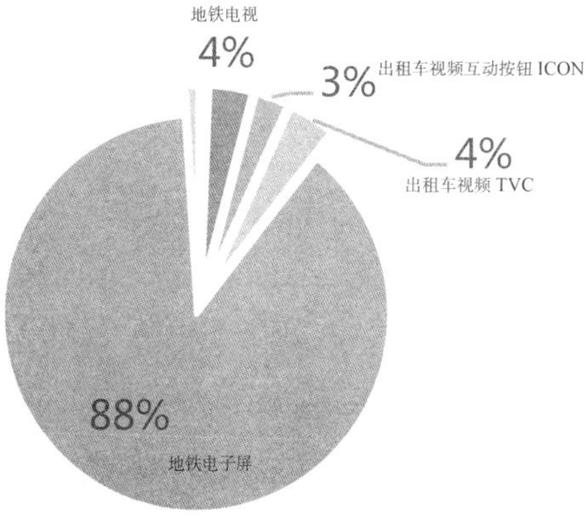

软件行业各媒体类型投放情况：

根据 CODC 的数据，由于在 2014 年，CODC 对于软件行业的监测范围较小，并且软件行业的数据归属于所属分类邮电通讯行业之中,因此我们可以看到的软件行业投放数据较少。

纵观三年来的趋势，软件行业在数字户外的投放占据绝对比重，与其他两种媒体类型比重差距悬殊。数字户外媒体更能与移动互联网环境下的移动端 App 相结合，因此成为软件行业的首选。

软件行业和网站行业一样，在三种媒体类型的投放量都是逐年增长，这和软件行业自身行业规模变大有很大关系。

软件行业数字户外媒体投放情况：

1．纵观三年的数字，软件行业对楼宇液晶的投放占据总投放 80% 左右，相对稳定。

2．对电子屏的投放从 2014 年的 8%，到 2015 年受到楼宇液晶的冲击减少至 3%，再到 2016 年缓和上涨，达到 6%。同样，电子屏非常适合软件行业广告 TVC 的播放，可以准确传递产品性质，并且覆盖的人群非常广。

3．在 2014 年软件行业在出租车媒体的投放还有一定比重，到了 2015 年大幅下降，可以看出软件行业在 2015 年就已经发现出租车媒体的场景并不适合软件行业相关产品的宣传。

2016 年软件行业数字户外媒体小类花费占比

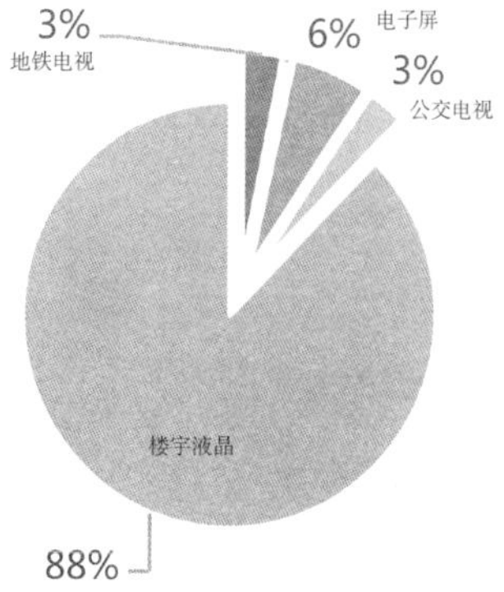

3.3 交通行业各媒体类型投放情况

我们这里所说的交通行业，以航空公司和车企为主，交通行业近年发展一直比较好，而且相对稳定，旅游业的兴起以及人们出行需求的增多，交通行业蓬勃发展，因此相比其他行业，在广告预算上面的投入也比较多。

从行业数据上看，制造业目前充满生机。制造业的发展也为汽车行业、手机行业等工业科技行业的蓬勃发展提供了有力的支持。但是，“去库存”的压力将会从产业上游向下游转移，而销售方的压力，为广告业提供了机会。

来看软件行业近三年在各媒体类型的花费情况，如下图：

2014 年—2016 年交通行业各媒体类型花费情况

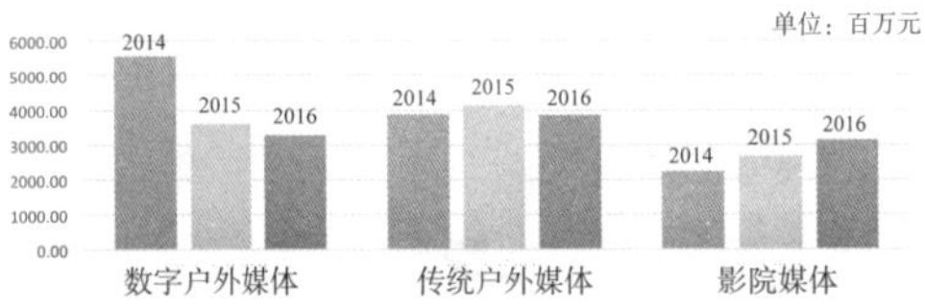

交通行业 2014 年—2016 年数字户外投放分析

2014 年交通行业数字户外媒体小类花费占比

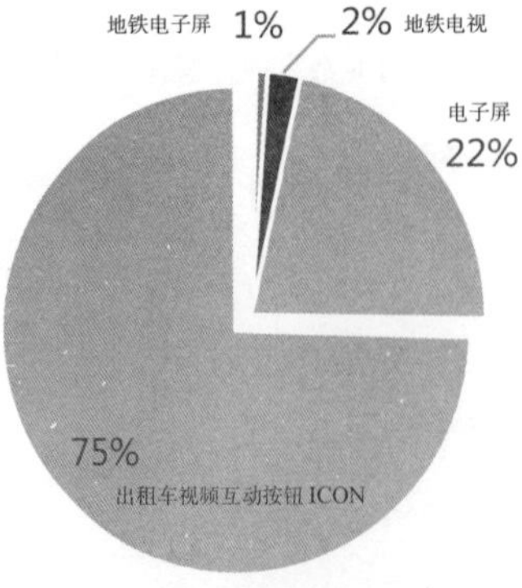

2015 年交通行业数字户外媒体小类花费占比

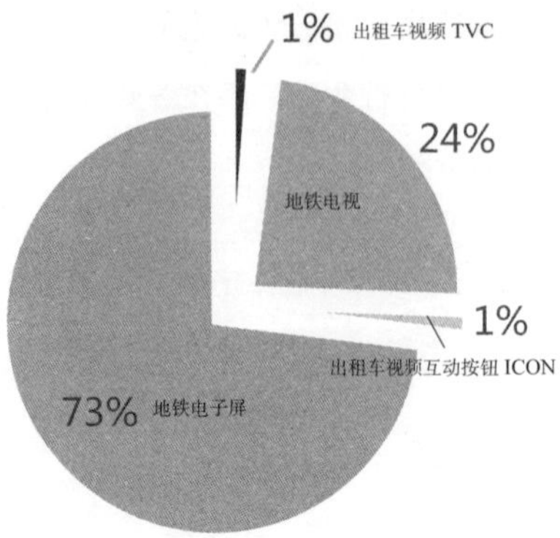

2016 年交通行业数字户外媒体小类花费占比

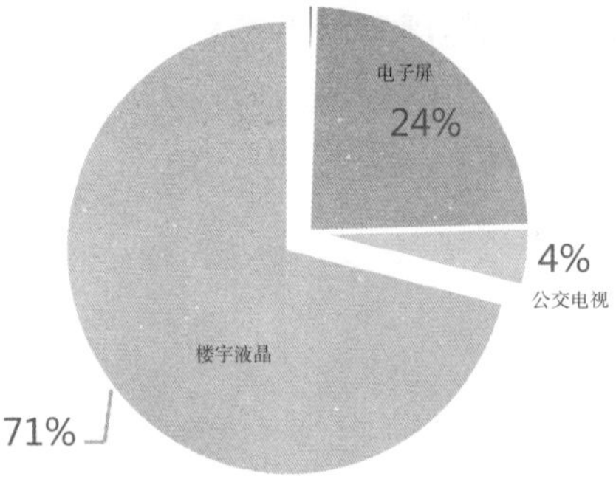

交通行业各媒体类型投放情况：

我们以汽车行业来看交通行业整体发展背景，2014 年汽车销量再创历史新高，继续保持世界第一，到了 2015 年经历了风起云涌的变动，市场畅销增速放缓，价格大战全面爆发，和网站、软件行业不同，交通行业在数字户外媒体的投放量连续三年呈下降趋势，因此 2015 年整体户外广告投放量有所减少，2016 年汽车行业流量市场下沉，新能源汽车受到多方关注，户外广告投放预算有所增加。

交通行业对数字户外媒体的投放量逐年呈递减趋势，事实上和传统户外媒体相比，传统户外媒体更加适合汽车品牌进行品牌形象宣传，并且传统户外媒体的点位更具优势，能够较精准覆盖目标消费者。我们看到交通行业在传统户外媒体的投放量相对稳定，而影院媒体的崛起，交通行业也有强烈的反应，他们更加关注影院媒体覆盖的中产阶级以及新的消费群体。

交通行业数字户外媒体投放情况：

1. 楼宇液晶在交通行业的投放占比没有软件行业那么高，基本稳定在 70% 左右，楼宇液晶覆盖的通勤白领是交通行业重要的目标消费者之一。

2. 除去楼宇液晶，电子屏 LED 在交通行业的投放中占比比较大，稳定在 24% 左右，电子屏的优势适合交通行业品牌建立品牌的形象。

3. 到 2016 年，公交电视的占比突然有显著提升。可以看出，其实公交是人们出行的一个重要交通场景，其特有的移动性，可以准确的覆盖位于交通场景中的人们，而近年来公交外包车的媒体形式受到了交通行业品牌的关注，公交电视配合外包车的组合投放形式受到品牌主青睐。

3.4 邮电通讯行业各媒体类型投放情况

我们所指的邮电通讯行业，主要是包含三大运营商的业务和移动手机及其附属产品的行业，而邮电通讯行业的发展主力就是移动手机。

2016 年，中国智能手机市场已成红海，新产品层出不穷，国产手机的关注度突破五成，影响力赶超了国际品牌，国产手机在垂直功能领域提升产品特性，以其高性价比和不断创新的特点不断扩大国内外销量。以 OPPO、VIVO 为代表的国产手机重视品牌形象和广告宣传的力量，广告预算不断增多。

来看邮电通讯行业近三年在各媒体类型的花费情况，如下图：

2014 年—2016 年邮电通讯行业各媒体类型花费情况

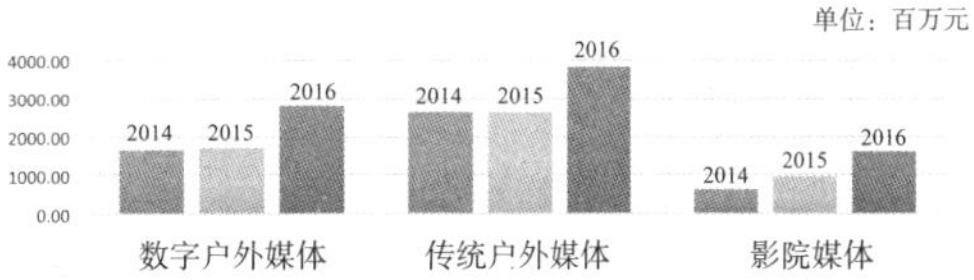

邮电通讯行业 2014 年—2016 年数字户外投放分析

2014 年邮电通讯行业数字户外媒体小类花费占比

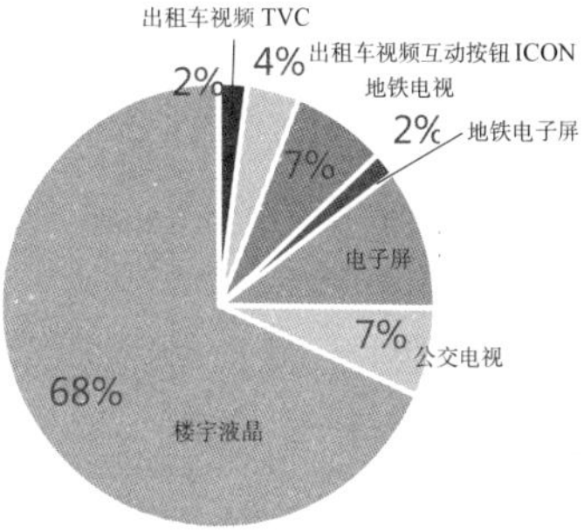

2015 年邮电通讯行业数字户外媒体小类花费占比

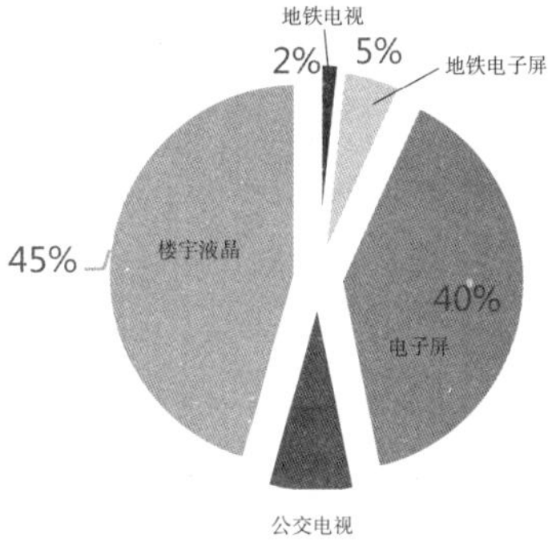

2016 年邮电通讯行业数字户外媒体小类花费占比

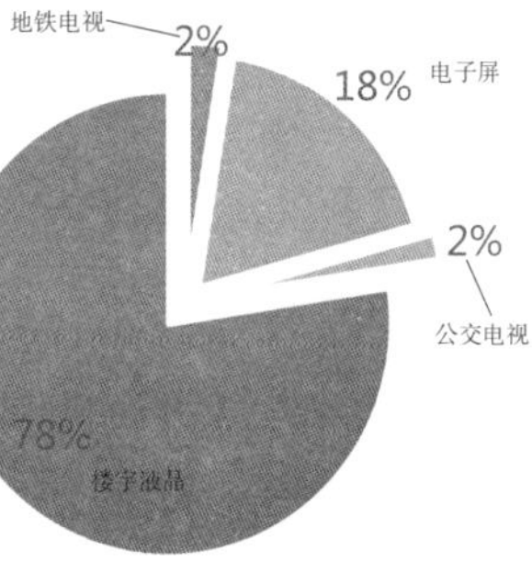

邮电通讯行业各媒体类型投放情况：

首先我们可以看出，2016 年相对 2014 年和 2015 年，邮电通讯行业在户外广告的投放额大幅增加。一方面是国产手机崛起，本土品牌智能手机领域成绩不俗，因此广告预算增加；另一方面，手机品牌开始重视户外广告的力量。

邮电通讯行业投入占比最多的是传统户外媒体，传统户外媒体有位置优势和覆盖人群广等特点，而手机品牌的产品有多个系列，不同的系列目标受众不同，因此传统媒体很好地迎合了这一需求。

同样，影院媒体也持续得到了邮电通讯行业的关注，投放量逐年增加。

邮电通讯行业数字户外媒体投放情况：

1．邮电通讯行业对楼宇液晶的投放占比走势非常曲折，从 2014 年的 68%，到 2015 年急剧减少至 45%，2016 年又急升至 78%。

2．事实上，2015 年是手机产业发展非常具有转折点的一年，是国产手机崛起之前的过渡时期，手机厂商之间竞争加剧，竞争方式转向生态竞争，产品同质化较严重，因而广告宣传方面的重点就放在了品牌形象上，重点商圈的巨型电子屏可以满足这一需求，并且曝光量非常大。而到了 2016 年，手机厂商的产品策略逐渐清晰，产品定位准确，因而有了清楚的目标消费群体，楼宇液晶覆盖的白领阶层和商务人士成为主要目标消费者。

3.5 化妆品行业各媒体类型投放情况

化妆品行业是一个比较特殊的行业，由于每个人的身体特征和肤质不同，化妆品非常注重口碑和用户体验，因此相应的营销策略也和其他行业有较大的区别。

化妆品行业近三年在各媒体类型的花费情况如下图：

2014 年—2016 年化妆品行业各媒体类型花费情况

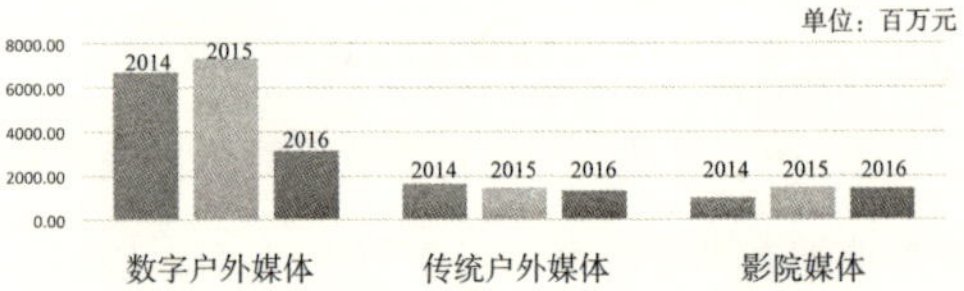

化妆品行业 2014 年—2016 年数字户外投放分析

2014 年化妆品行业数字户外媒体小类花费占比

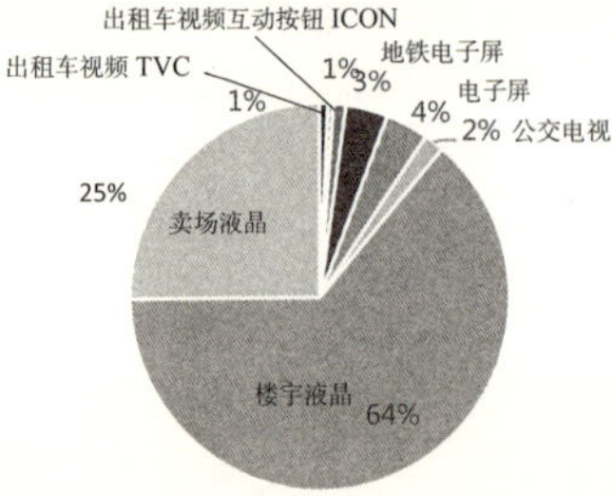

2015 年化妆品行业数字户外媒体小类花费占比

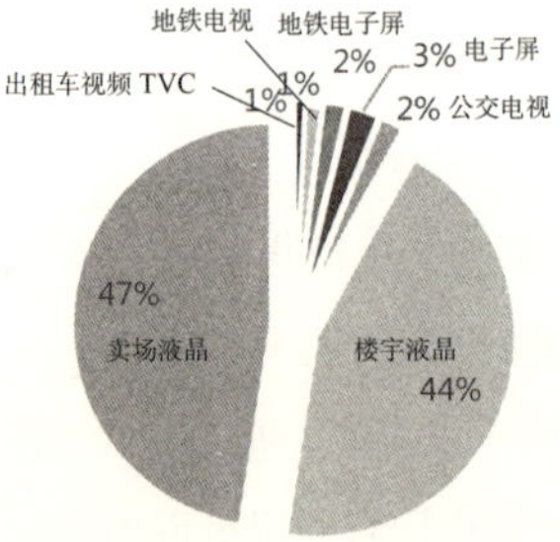

2016 年化妆品行业数字户外媒体小类花费占比

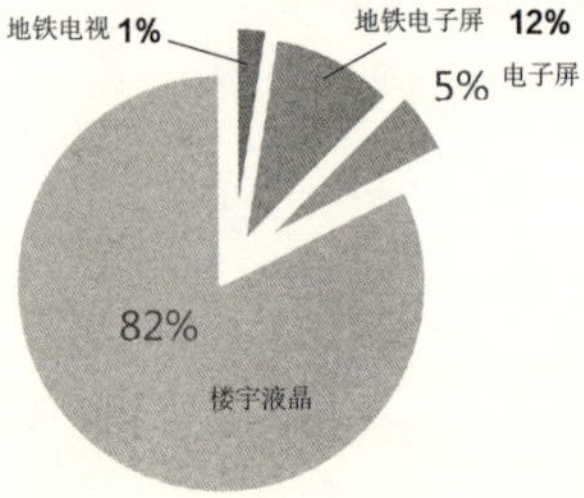

化妆品行业各媒体类型投放情况：

一个非常明显的趋势是，2016 年化妆品行业整体在户外广告的投放下降非常多，其中以数字户外媒体的下降为主要因素。刚刚我们讨论了化妆品行业产品的特殊性，因而化妆品行业对于精准营销的需求最大，近年消费者对中高端的化妆品需求上升，化妆品消费领域持续细分，不得不说相较于户外媒体，移动互联网广告更加能够有精准的数据，覆盖至更加精准的目标消费者。

而数字户外媒体和移动端媒体相比，在化妆品行业没有了优势，同时性价比相对不高，这也是化妆品品牌在数字户外媒体投放额大幅降低的原因。

化妆品行业数字户外媒体投放情况：

化妆品行业在 2014 年和 2015 年，卖场液晶媒体的投放额占比还是较高的，这是因为线下零售是化妆品行业最重要的销售渠道，而卖场是其中一个比较重要的销售场景，因此在卖场投放广告可以较直接促进销售。但到了 2016 年，电商的巨大冲击，化妆品行业的分化，消费者非常看重品牌口碑，各大化妆品品牌通过实体店的部署已经稳定了品牌形象，而卖场在线下营销渠道衰落，化妆品行业放弃了选择卖场液晶媒体进行投放。

对卖场液晶媒体的投放预算直接转向的是楼宇液晶媒体，楼宇液晶媒体可以很好地覆盖 19—37 岁的化妆品主力消费群体，并且对于推广新产品也是一个很好的渠道。

3.6 食品饮料行业各媒体类型投放情况

这里我们所研究的食品饮料行业，是包含食品、保健类食品和饮料行业的数据，食品饮料是快消行业中非常典型的一个行业，比起化妆品，食品饮料的使用寿命较短，消费速度更快。

事实上从 2015 年开始，中国整体快消品的增速就已经开始减慢，而其中下滑最快的产业当属食品饮料行业，电商的冲击、海外购等电商平台的出现，让更多国外食品走入人们的视线，国内的食品饮料更是面对非常大的挑战。

我们来看食品饮料行业近三年在各媒体类型的花费情况，如下图。

整体来看，食品饮料行业在户外广告的投放预算逐年大幅下降，2015 年较去年全年投放额同比下降 11%，到了 2016 年，则是同比下降 23%。

食品饮料行业各媒体类型投放情况

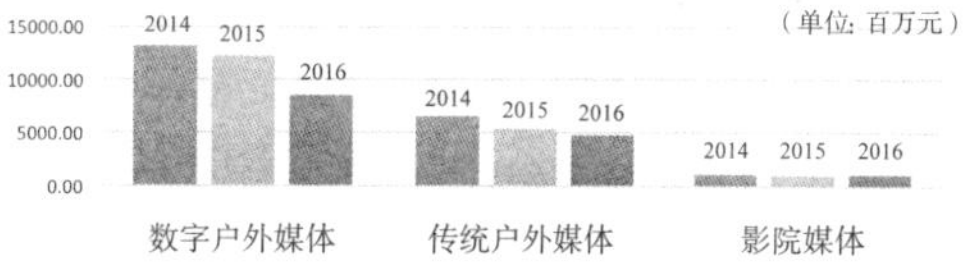

食品饮料行业 2014 年—2016 年数字户外投放分析

2014 年食品饮料行业数字户外媒体小类花费占比

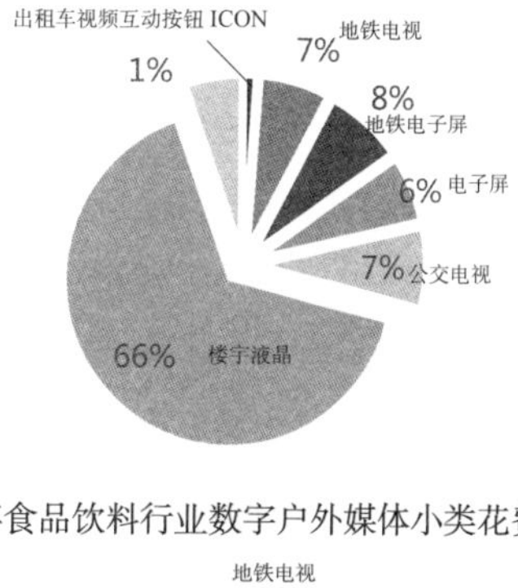

2015 年食品饮料行业数字户外媒体小类花费占比

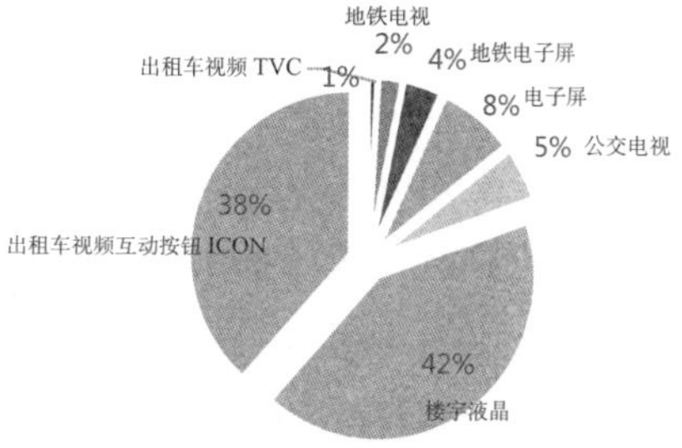

2016年食品饮料行业数字户外媒体小类花费占比

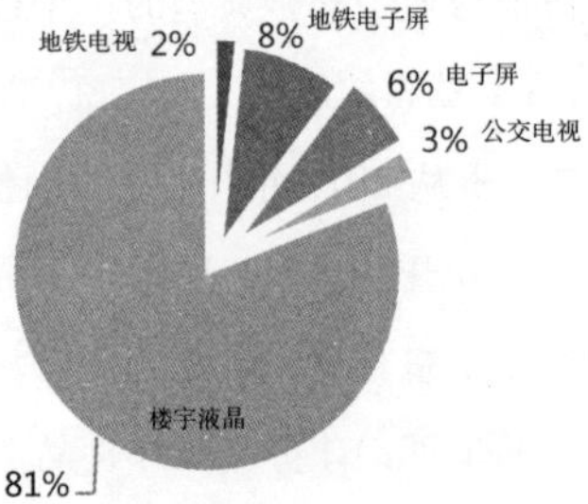

食品饮料行业各媒体类型投放情况：

以上我们看到了食品饮料行业因为受到各方冲击，整体行业增长缓慢，因此体现在户外广告的预算也逐年下降，且下降幅度也非常大。纵向来看，食品饮料行业在三种户外媒体类型的投放占比比较稳定，数字户外始终是占比最大的媒体，对于食品饮料行业来说，每一个新产品的推广都需要充分让消费者看到产品理念和特性，因此数字户外非常适合食品饮料行业的营销。其次是传统媒体。

食品饮料在传统户外媒体的投放也是逐年减少，这是因为传统户外很少能够进行跨屏互动，食品饮料行业经常有很多试吃活动，需要配合一些媒体进行宣传，此时数字户外媒体更具优势。

食品饮料行业数字户外媒体投放情况：

1.同为快消行业，与化妆品行业相似，快消行业2015年在卖场液晶的投放额占比还是较高的，并且冲击楼宇液晶的投放占比，这是因为线下零售也是快消行业最重要的销售渠道，卖场投放广告可以较直接促进销售。但到了2016年，电商的巨大冲击使卖场在线下营销渠道衰落，因而食品饮料行业不再选择卖场液晶屏。

2.2014年以来，地铁电子屏的市场供应量越来越多，而食品饮料也比较重视地铁电子屏的宣传，投放占比从2014年的8%。到2015年4%，再回到2016年的8%。地铁电子屏多位于人流量较大的换乘通道，大屏幕滚动播出吸引人们的眼球，可以覆盖的人群面非常之广，很适合食品饮料这种目标消费群体量比较大并且购买成本低的产品。

二、移动的不是手机，而是我们的生活

• 近年来，我国移动互联网不断得到普及，手机网民规模逐年扩大。运营商对于4G的大力投入，Wi-Fi热点覆盖的不断提升、移动终端的普及以及整个移动互联网生态的不断完善，给中国移动互联网的快速发展创造了前所未有的条件。

• 手机应用应运而生，网民对其依赖性逐年增强，其中即时通讯和信息获取类应用工具最受欢迎。伴随着市场的不断成熟，移动营销份额的不断上涨，移动广告将保持平稳前进的发展趋势。

• 移动手机独有的通讯拍照和重力陀螺仪等特性能够达到传统广告无法企及的传播效果，增强与目标用户之间的互动感。基于地理位置和天气环境情况的变化，户外 + 移动手机的相辅相成，打通线上线下可以为广告主带来更有效的营销效果。

智能手机出货量逐年上升至平缓

相对于无法随身携带的PC电脑，智能手机的便携性使其赢得了更多使用者。2011年至2016年中国市场智能手机出货量逐年增长，未来网民对于移动端的依赖还将继续增强。

2011 年—2016 年中国市场智能手机出货量

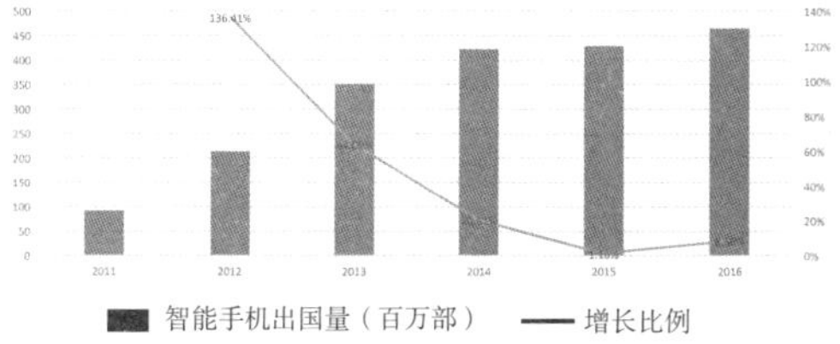

手机上网人数逐年上升

中国手机网民规模逐年扩大，2017 年 6 月其占网民比例高达 96.3%。中国网民的整体增长已经由 PC 网民增长彻底转移到移动手机网民的增长。

移动互联网月度活跃设备数呈稳步增长趋势。

网民对手机 App 的依赖性增强

中国不同年龄层网民的单设备月 App 使用时间和总使用时长均逐年呈增长态势。

2016 年 12 月设备月 App 使用小时数

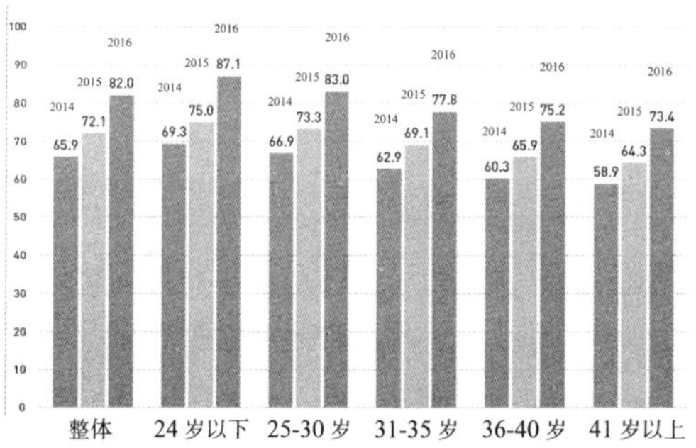

App 月度总使用时长趋势

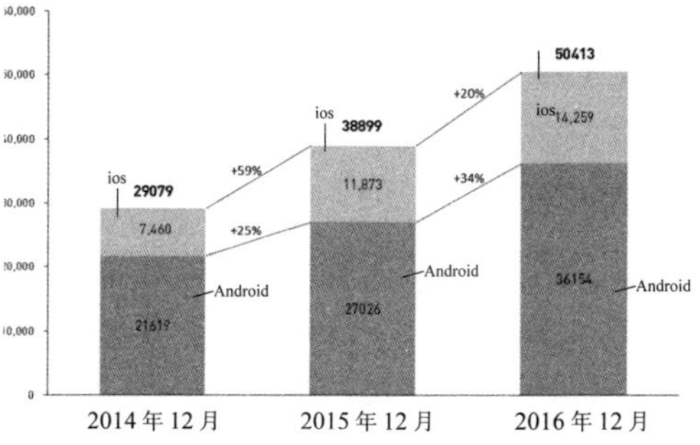

2016 年 12 月，MAU5000 万以上 App 为 66 个，MAU1000 万到 5000 万的 App 为 146 个。

相比前两年可以看出，成规模（月活数大于 1 万）的 App 数量在去年达到顶峰之后，开始出现下滑，不过头部 App（千万级以上）的规模仍在持续增加，这表示在新用户增长乏力的局面下，头部 App 实际上在持续收割中部 App 的用户，未来会如何？我们拭目以待。

在各类型手机应用中，中国手机网民更热衷使用即时通讯应用；其次是新闻资讯、搜索等信息获取类工具。

移动互联网广告受重视，份额不断扩大

亚太地区的手机普及率和使用量比其他地区更高，因此，企业也在积极投资手机广告。eMarketer 预计，到 2016 年年底亚太地区移动互联网广告将占媒体广告支出的 1/4，这个比例比其他地区都高。

2016 年 10 月，移动营销协会（MMA）和 Warc 的调查显示，亚太地区移动营销越来越受欢迎。调查发现 28% 的亚太地区广告商表示更多的客户拥有正式的移动营销策略，和两年前比增长 8 个百分点。

在应用或移动网站上接触消费者方面，37% 的亚太地区营销人员专注于移动网站展示广告和应用内广告。

移动营销预算占比增多

根据 eMarketer 的最新预测，移动广告将成为中国最大的广告支出渠道。到 2021 年，60% 的媒体广告支出将流向移动平台，占互联网广告支出的 82%。

2017 年中国互联网广告支出将增长 27%，超过 500 亿美元，占付费媒体广告支出的 60% 左右。

成功的移动营销案例

• 视频：视频电话功能让消费者觉得是明星直接给自己打电话，宣传效果直接有效。

• 重力：使用摇一摇等技术抢红包，获得乐趣的同时直接宣传了品牌。

• 照相：AR 的使用，让宜家消费者能够用手机直接看到想买的家具放在家中的效果。

• 特点：手机的电话 / 视频 / 重力感应 / 拍照等功能，充分运用能达到传统营销无法媲美的效果，和消费者的互动更加紧密。而这些互动正是传统广告无法实现的。

Mobile+ooh：基于地理位置的移动营销

• 照相：春节期间，支付宝邀请消费者用手机照相功能，对身边任何有福字的地方拍摄，通过 AR 来赢取“福”字。该活动很好的和地理位置进行了融合，无论身在何处，只要身边有“福”字，都可以进行拍摄。

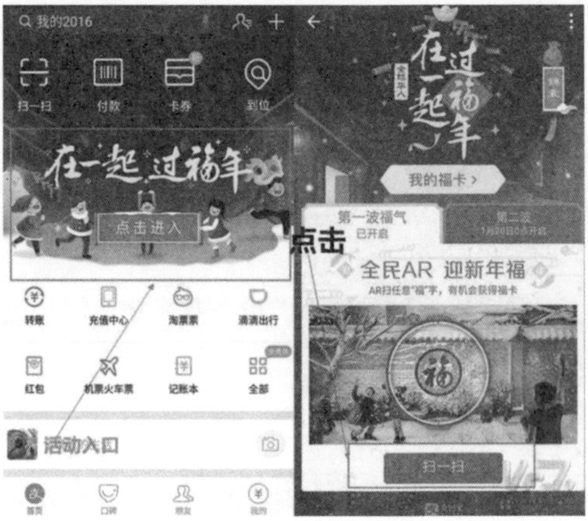

• 温度：不同地方夏天温度不同，雪碧 / 麦当劳和墨迹天气合作，任何地方只要当天温度超过 35℃，就可点击墨迹天气参加“35℃”免费赠饮活动，去最近的麦当劳领取一杯雪碧。

• 钱包：摩拜单车在不同的地方隐藏了红包，消费者只要骑行有红包功能的车，并且在相应路线上找到红包，就能得钱。

Mobile+ooh：利用户外环境的移动营销

人只要处于户外环境中，就一定会和天气紧密关联。相关温度（如：超过35℃免费送雪碧），紫外线（如：妮维雅领防晒霜活动），湿度都是最好的营销时机。品牌可以考虑消费者在户外情况下常遇到的状况，进行特定场景下的营销。

• 比如在上海的黄梅天推销除湿机，效果肯定比其他季节好；阴天的时候推广户外亲子游的效果肯定比大晴天要好。

三、高科技正全方位嵌入户外生活场景

1. 新技术改变人们生活方式

1.1 新技术改变人们生活方式：衣食住行

新技术应用到人们生活的方方面面

一项科技是可以有很多应用领域的，近年来，众多新科技已经渗透到了生活的方方面面，人们的衣食住行都受到了影响，生活方式和生活态度也在悄然转变。

随着移动端的普及，事实上很多新科技的发展也在帮助提升移动端的便利性，很多智能产品都可以在移动端进行操控，移动端和新科技渗透在人们的日常生活之中。

3D打印改变传统衣鞋生产方式

3D打印满足服装个性化定制需求

3D打印衣服可以做到“天衣无缝”。在越来越追求个性化的时代，人们首先希望达到独一无二的就是服装。波斯顿服装品牌Ministry of Supply推出了一款无缝外套。这款外套制作使用了3D机器针织工艺，完全无缝，意味着这款衣服可以由一整块布直接制作而成，而没有任何烦人的缝合。

该公司共同创始人和首席设计官说：“3D打印将会引领服装设计界的未来，想想看，未来你买衣服可能是这样的，你走进一家服装店，机器扫描你的身体尺寸，然后你就能预定一款为你量身打造的独一无二的服装了。”

3D 打印鞋子开启量产时代

运动鞋也是 3D 最先应用的领域，运动鞋的头牌企业阿迪达斯和耐克很早就开始生产 3D 打印鞋子，以满足运动鞋迷们对鞋子独特材质和个性样式的需要。

阿迪达斯公司推出了一款新的运动鞋“未来工艺 4D”（Future craft 4D），是用硅谷初创公司 Carbon 研发的 3D 打印技术生产的，这种技术能够快速完成新款运动鞋的设计并投入批量生产。阿迪达斯公司预计 2017 年将生产 5000 双“未来工艺 4D”运动鞋，而到 2018 年底有望超过 10 万双。这是一个重要的开端——而且使该公司成为 3D 打印量产领域的先行者。

人工智能让厨房更智能

智能厨房增加烹饪乐趣

LG 智能厨房电器——LG 推出的大智能家居计划，其中的 SmartThinQ 系列智能厨房电器，可以兼容 LG 的 HomeChat 生态系统，不仅像烤箱这种设备能接入到 Wi-Fi 网络中，还可以通过 LG Smart Diagnosis 诊断工具，让售后工程师通过网络对设备故障进行诊断。另外，内置的烹饪应用管理工具可以让用户更精确地进行烹饪，提供了数百种不同的预设温度和时间模版。另外，如果你喜欢烧烤的话，它还内置了自动清洁系统。

智能煎锅 Pantelligent，内置了温度传感器，可以通过蓝牙与手机相连，即便在卧室，你也能实时看到烹饪温度；它还可以为你提供菜谱，只要把食材准备完毕，它就会指挥你在合适时间加入合适食材配料，以及适时为食物

物翻面；其记录功能可以帮助记录佳肴的最佳火候，以便下次做饭使用。通过机身上的触摸按键和 LED 屏幕，可以轻松实现烹饪时间、温度等调节，如果想要更有针对性的烹饪体验，则可通过手机或平板下载应用程序，选择菜谱进行一键式操作，非常方便。

1.2 智慧城市让生活更美好

物联网支撑智慧城市发展

物联网这个概念，美国早在 1999 年就提出来了，当时叫传感网。其定义是：通过射频识别（RFID）、红外感应器、全球定位系统、激光扫描器等信息传感设备，按约定的协议，把任何物品与互联网相连接，进行信息交换和通信，以实现智能化识别、定位、跟踪、监控和管理的一种网络概念。

“物联网概念”是在“互联网概念”的基础上，将其用户端延伸和扩展到任何物品与物品之间，进行信息交换和通信的一种网络概念。

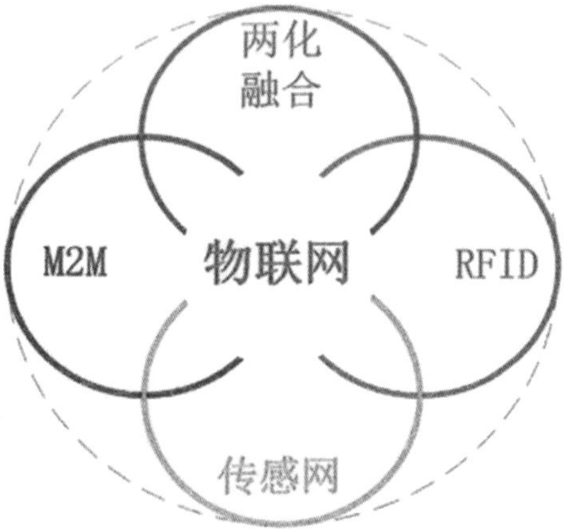

物联网关键技术

• 传感器技术

•RFID 标签

• 嵌入式系统技术

智慧城市就是运用信息和通信技术手段感测、分析、整合城市运行核心系统的各项关键信息，从而对包括民生、环保、公共安全、城市服务、工商业活动在内的各种需求做出智能响应。其实质是利用先进的信息技术，实现城市智慧式管理和运行，进而为城市居民创造更美好的生活，促进城市的和谐、可持续发展。

毫无疑问物联网是智慧城市发展的基础，城市是人们集中居住的地方，是人们生活环境的根本，未来的智慧城市会对人们的生活环境产生重大影响，而智慧城市是一种必然的发展趋势。

无人驾驶技术让出行更简单

无人驾驶技术未来有望缓解驾车疲劳问题

无人驾驶汽车是智能汽车的一种，也称为轮式移动机器人，主要依靠车内的以计算机系统为主的智能驾驶仪来实现无人驾驶的目标。

特斯拉无人驾驶汽车

据汤森路透知识产权与科技最新报告显示，仅仅 2010 年到 2015 年间，与汽车无人驾驶技术相关的发明专利超过 22 000 件，并且在此过程中，部分企业已崭露头角，成为该领域的行业领导者。

各大公司纷纷打造无人驾驶汽车

近年来国内外知名车企和互联网公司、科技公司，都在积极打造无人驾驶汽车，无人驾驶技术被应用于各种交通工具，如无人驾驶摩托车、无人驾驶摆渡车、无人驾驶卡车等等。

毫无疑问，无人驾驶技术有希望解决驾车带来的体力和脑力消耗，让人们的出行更加简单、方便，激发人们的出行欲望。

谷歌无人驾驶卡车

可穿戴设备追踪生活轨迹

可穿戴设备帮助追踪出行数据，贴近生活

智能手表、智能手环已经深入到人们的生活中，可穿戴设备即直接穿在身上，或是整合到用户的衣服或配件的一种便携式设备。

可穿戴设备不仅仅是一种硬件设备，更是通过软件支持以及数据交互、云端交互来实现强大的功能，可穿戴设备将会对我们的生活、感知带来很大的转变。

可穿戴设备的特点：

- 更贴近生活
- 私密性更高
- 最终数据更准确

可穿戴设备的应用：

- 场景化应用
- 基于用户体征的推送
- 基于用户位置的推送

无线充电技术解决出行动力问题

无线充电技术高效便捷，未来应用广泛

无线充电技术源于无线电能传输技术，可以做到充电器与用电装置之间以磁场传送能量，两者之间不用电线连接，因此充电器及用电的装置都可以做到无导电接点外露。

无线充电技术虽然还未大范围普及，但在消费电子领域中的发展已经取得不错的成绩。未来无线充电技术的应用非常广泛，主要应用

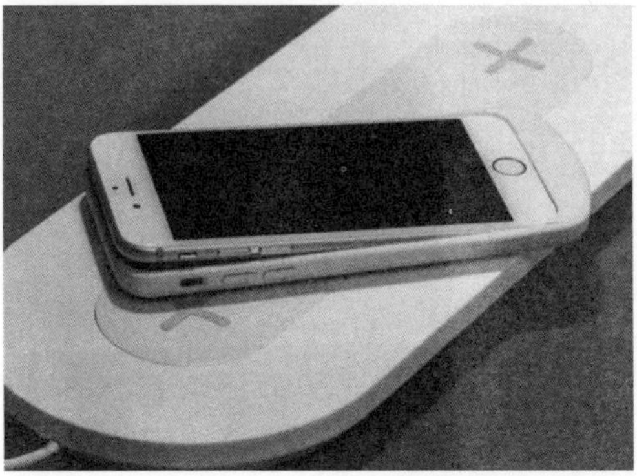

在移动设备、电动车、显示屏方面，可以很好地解决电动车的动力问题，在移动设备不离身的时代，也可以解决电子设备电力续航的问题。

无线充电的多种充电方式：

- 电池感应方式
- 磁共振方式
- 超声波无线充电
- Wi-Fi 无线充电
- 聚焦无线光线充电

2. 新技术改变商业零售方式和消费者消费模式

零售行业不断转型升级

根据《2016—2017 商务部零售业发展报告》中数据显示，近五年来我国零售业经历不断转型升级。

• 实体店数字化程度提高

根据中国互联网络信息中心数据，截至2016年12月，全国企业开展在线销售的比例已经达到45.3%，比上年提高12.7个百分点。零售企业积极提升门店数字化水平，打通线上线下商品、客户、订单信息，更好匹配顾客、商品、场地等零售要素，提升运营效率。

• 零售商品结构继续升级

伴随居民收入增长、消费水平提高，2016年我国零售业商品结构继续升级，发展型、享受型商品热销。

• 品牌连锁经营快速发展

• 支付方式更加多元高效

伴随智能手机的普及，网络支付场景极大丰富，2016年支付宝、微信等移动支付方式在实体门店迅速普及。根据中国互联网络信息中心最新调查数据，网民在实体店购物结算使用手机支付的比例高达50.3%，农村地区使用率也已达到31.7%。

2.1 新技术推动零售方式转变：线上线下齐发力

零售商利用新科技推动线上线下销售齐发力

国际消费类电子产品展览会（简称CES）一直是国内外黑科技的风向标，近年来备受关注的VR/AR技术，人工智能的发展，生物识别技术的逐渐完善，这些日新月异的科技发展成果带来的影响绝不仅仅局限于电子消费领域。

自2005年淘宝超越雅虎成为亚洲最大的网络购物平台，成交额突破80亿元超越沃尔玛，国内电商的发展我们有目共睹。电商的发展无疑对传统线下实体店造成不小的冲击，但我们看到的是，无论线上线下的零售商，都在积极地运用新技术来升级零售方式，给消费者带来更好的消费体验，买东西不再是一件枯燥的事情，试衣服试妆也没有那么麻烦，购物不仅可以依赖移动端随时随地发生，甚至可以突破时间和空间的限制。

事实上，积极地运用新科技升级购物体验，推动零售方式转变，是零售业发展的必然结果。新技术和移动端的发展改变了人们衣食住行的方方面面，零售方式必须顺应这样的趋势进行变革。

• 线下零售新风口——无人便利店

• 线下商场与OOH的完美融合——天幕LED

• 足不出户沉浸式购物——VR购物

• 提升购物体验——AR

无人零售店一触即发，或成下个风口

2017年便利店行业背景：根据中国连锁协会发布的《2017年中国便利店发展报告》，2016年中国便利店行业增幅达到13%，随之而来的租金，人工等成本呈上升趋势，而人工智能以及生物识别技术的发展，使无人便利店出现在人们的视野。

无人便利店横空出世：无人便利店的出现刷新着消费者的认知，使未来商业场景又多了一种可能，甚至被认为是未来与实体零售、电商比肩的“第三零售”业态。

资本领域普遍看好无人便利店：在2017年7月初，无人零售领域发生了两起融资，金额超过1.3亿元人民币。在7月初的第二届淘宝造物节上，阿里也来给无人便利店加了一把劲，将落地无人零售计划呈现在名为“淘咖啡”的快闪店中。此外，娃哈哈也宣布用3年开10万家无人店。

无人便利店能否成功有待市场考验：便利店的功能在于满足顾客既定的消费需求，因为其生存模式的要求，对于效率要求更高，无人便利店在成本控制和效率提升方面无疑有着更大的优势，但是对于无人便利店来说，技术不是最大的问题，打通与消费者直接接触的场景才是这种新型便利店长久生存下去的关键。

Amazon Go 赚足眼球

货架上的传感器装置记录消费者购物情况

亚马逊 2016 年推出的 Amazon Go 无人商店，其“即拿即走，免排队”的超前购物体验一经发布便广受业界瞩目，一时之间，无人商店俨然已成为全球零售业的一种新趋势。

Amazon Go 的购物流程较为简单，消费者在进入 Amazon Go 进行购物时首先需要一个亚马逊账号，并在自己的智能手机上安装亚马逊的应用软件，用户打开手机并进入商店后，在入口处会对顾客进行人脸识别，确认用户身份。当消费者在货架前停留并选择商品时，摄像头会捕捉并记录顾客拿起或放下的商品，同时，置于货架上的摄像头会通过手势识别判断顾客是否将货物置于购物篮，还是只是看看然后放回原处。

对于用户购物信息的统计，则是通过货架上的红外传感器、压力感应装置 (确认哪些商品被取走) 及荷载传感器 (用于记录哪些商品被放回原处)，用户所采购的商品数据会实时传输至 Amazon Go 商店的信息中枢，不会有任何延迟，顾客付账时直接离店就可，传感器会扫描并记录下消费者购买的商品，同时自动在消费者的账户上结算出相应的金额。

阿里巴巴无人零售店现身，接受测试

2017 年 7 月 8 日，淘宝造物节开幕，阿里巴巴无人零售店解决方案在杭州初次曝光。

在活动当天，作为阿里实验室筹划已久的“无人零售计划”中的第一个应用场景，“淘咖啡”接受消费者的现场测试。据内部压力测试显示，在占地 200 平方米的零售店里，这套系统支持 50 个人同时在店购物，授权支付额度为每人每天 5000 元，整个流程涉及到会员账号打通、商品链路和支付三块技术方案。

在门口，用户打开手机淘宝扫描商店二维码便可以扫码通过入店闸机。整个逛店过程中不需要再取出手机，选好商品离开时，用户会经过由两道门组成的“支付门”，第一道门感应到用户的离店需求自动开启，接着在第二道门打开前，系统自动识别购买的商品并完成支付，购物信息会在门内屏幕上显示。也就是说，用户可以不用特别配合，就可以在几秒钟内解决结算问题，根据现场测试，即便是直接把挑选的物品放进包里、口袋里，仍然可以顺利完成支付。

既然是叫“淘咖啡”，饮品自然是店内的重头戏。虽说是“无人”，但点餐台前还是安排了服务员协助。在说出食物的名称后，系统会自动识别并显示在柜台的屏幕上，同时也会对顾客进行面部识别。顾客站在取餐区内影像会被投映到取餐区的大屏幕上，并在头顶上显示取餐时间和序号。

线下商场聚集人气，提升商业地产价值

天幕 LED——商场和 OOH 的完美结合

LED 天幕是近年来国内兴起的新型显示产品，通常与大型城市商业综合体配套。LED 天幕依托空中回廊而建，面积巨大，通过播放宏大壮观的视频来聚集人气，在兼具广告传媒价值的同时，进而提升商业地产价值，有的甚至成为城市地标。

荷兰鹿特丹 Markthal——全球最美“艺术”天幕

对于线下商场来说，LED 天幕可以很好地吸引人流量，成为商场的标志性建筑，聚集更多的人流量，从而提高商场的销售量，因此，

珠海华发购物城 LED 天幕

近年来国内各大新建的商场都在兴建天幕 LED，线下商场正在利用新型科技和户外媒体来提升商场的综合商业价值。

线上购物新玩法，VR 提供沉浸式购物体验

VR 购物让消费突破时间和空间限制

淘宝 VR 购物：Buy+

2016 年 4 月出现的淘宝 Buy+ 让 VR 购物走入了国民的视野中， Buy+ 利用 TMC 三维动作捕捉技术和 HTC Vive 的 VR 设备，Buy+ 可以实现捕捉消费者动作，并触发虚拟环境反馈。也就是说，Buy+ 可以实现消费者的 “逼真购买”，把传统的二维购买体验变成三维购买体验。

Buy+VR 购物界面

专为大型零售商服务的 VR 购物：ShelfZone

来自意大利的 inVRsion，不久前发布了一款名为 ShelfZone 的 VR 软件，一款为大型零

售商和消费品公司设计的 VR 应用，效果秒杀淘宝 Buy+。

ShelfZone 允许零售商和零售公司创建属于自己的 VR 商店、超市和购物中心，甚至还制作了特定的商品和品牌的货架和走廊供直接试用。还允许商家按照自己的意愿打造不同风格的店面布局，还可以开发新的市场。而且 ShelfZone 还提供一项最牛 X 的功能：消费者研究，消费者在 VR 商店里的一切行为都能做成报告，和电商的消费者行为研究一样了。

ShelfZone 购物车界面

线上线下齐便利，AR 提升购物体验

AR 试衣 / 试妆提升购物便利性

GAP——AR 试衣

增强现实技术 (Augmented Reality) 给了零售商无限可能，目前美国时尚品牌 GAP 就推出了数字化试衣间，人们可以在家里用 App 进行服装虚拟试穿。这是基于 Google Tango's AR Platform 打造的一款 App，名为 DressingRoom。消费者只需要在 App 中选择自己想试穿的衣服和大小，就可以看到一个 3D 虚拟模特穿着这件衣服站在他们面前了。

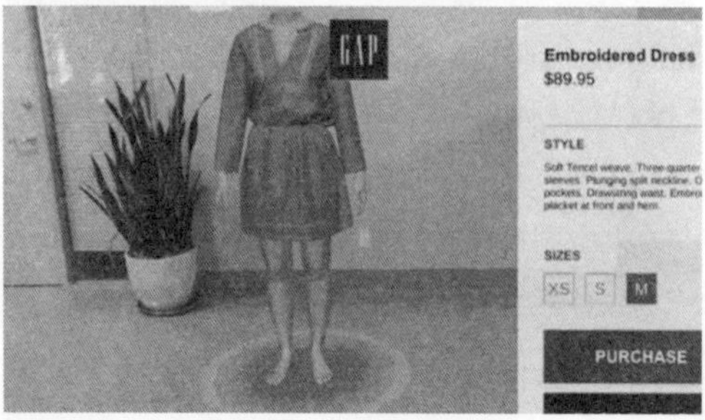

美妆零售商——AR 试妆

对于女性消费者来说，购买化妆品尤其是彩妆时，试妆的过程非常耗时，而且多人重复使用的化妆品也带来很多卫生问题的困扰。自从 AR 出现，各大美妆零售商就看中了 AR 的虚拟试妆功能，屈臣氏推出了“Style Me 来彩我”，借助最新的 AR 技术推出的“虚拟试妆”服务，只要坐在平板电脑前就可自动识别顾客的脸，为顾客提供不同的彩妆建议。

线上的美妆 App 也推出了逼真的 AR 试妆功能，用户只要像自拍一样就可以看出在不同光线下自己使用某款彩妆的效果，并且可以直接连接到官方购买界面。

2.2 新技术推动消费模式转变：移动支付交易规模剧增

国内移动支付交易规模剧增，消费者越来越依赖移动支付

2011 年—2019 年中国第三方移动支付交易规模

2016 年中国第三方移动支付交易规模预计达到 38 万亿元，同比增长 215.4%，同比增速较 2015 年的 103.5% 大幅提升。

新技术促进移动支付更便捷，推动消费模式的转变

NFC 助力移动支付

NFC 的出现可谓是解放了人们厚重的卡包，不论是交通、消费，还是小区进出，手机用户凭着配置了支付功能的手机就可以行遍全国毫无压力，移动端的发展改变了人们衣食住行方方面面的生活，人们更加依赖移动端，进而带动消费模式的转变，人们的现金消费越来越少，取而代之的是移动端的支付。

生物识别技术解决移动支付安全性问题

生物识别技术让“刷脸消费”成为现实，指纹识别、声音识别等多项识别技术解决了消费者对于移动端支付安全性隐患的担忧。

无线通讯技术助力手机支付

NFC 应用广泛，推动便捷移动支付

NFC，也叫近距离无线通讯技术，传输距离 10 公分左右，传输速度虽比蓝牙慢，但操作简便、成本低，保密性强。

NFC 近场通信技术是由非接触式射频识别（RFID）及互联互通技术整合演变而来，在单一芯片上结合感应式读卡器、感应式卡片和点对点的功能，能在短距离内与兼容设备进行识别和数据交换。

手机用户凭着配置了支付功能的手机就可以行遍全国：他们的手机可以用作机场登机验证、大厦的门禁钥匙、交通一卡通、信用卡、支付卡等等。

NFC 的应用可谓非常的广泛，目前主要应用在移动端车票和移动电子支付领域，推动了“无钱时代”“无卡时代”的提前到来，钱包、卡包等功能都集中在手机上，人们越来越依赖移动端的生活，进而消费模式也在悄然改变。

电子车票

成都公交 2015 年正式开启了公交车 NFC 电子车票功能，成为全国首座公交车可用手机“刷票”的城市。

2017 年 6 月北京地铁官微宣布，将联合北京市政交通一卡通，于房山一线启动刷手机乘地铁项目试点。据了解，这项“手机一卡通”服务就是实现手机与一卡通合二为一，用户可以通过下载指定 App 来实现在线充值，不用再排队办理。

同时，北京地铁还公布了支持手机一卡通的手机名单，包括华为、小米、努比亚、魅族、一加、三星等 160 款具备 NFC 功能的智能手机。

移动电子支付

手机在线支付和扫码支付还只是移动支付的过度方案，因为 NFC（近场通讯）技术还没有完全普及到生活中来，所以像 Apple Pay 这样的新支付方式就没有被太多人接受，不过这也阻挡不了移动支付未来终极形态的发展。

生物识别保障移动支付的安全性

移动支付安全性成最大隐患，生物识别大显身手

指纹识别

所谓生物识别技术就是，通过计算机与光学、声学、生物传感器和生物统计学原理等高科技手段密切结合，利用人体固有的生理特性，（如指纹、脸象、虹膜等）和行为特征（如笔迹、声音、步态等）来进行个人身份的鉴定。

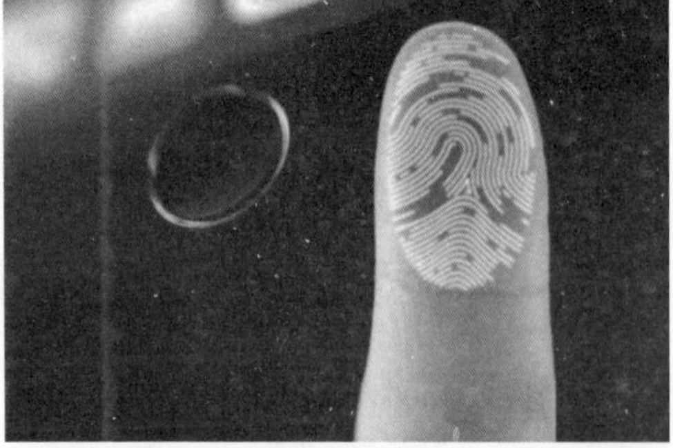

现今已经出现了许多生物识别技术，如指纹识别、手掌几何学识别、虹膜识别、视网膜识别、面部识别、签名识别、声音识别等，但其中一部分技术含量高的生物识别手段还处于实验阶段。我们相信随着科学技术的飞速进步，将有越来越多的生物识别技术应用到实际生活中。

面部识别

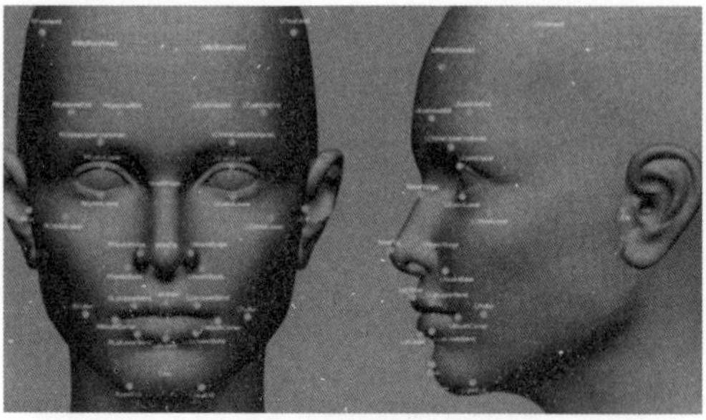

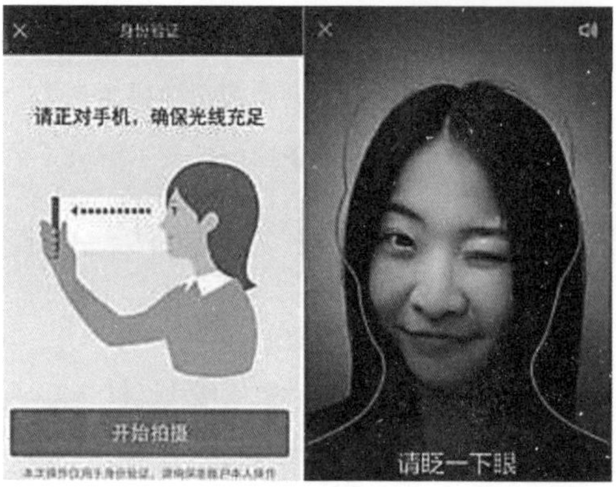

支付宝越来越深入到人们的移动消费生活之中，为保障安全性，支付宝也推出了人脸识别功能，也就是所谓的“刷脸消费”，根据官方介绍，该支付认证技术由蚂蚁金服与 Face++ 合作研发。Face++ 的人脸识别技术需要原图片（用作比对）和采集到的图片（来自摄像头、手机等）等数据的支持。值得注意的是，进行面部识别，需要处理大量来自面部的数据信息，包括结构、五官以及肌肉等方面的数据分析。这些数据的处理和分析能力，则由阿里云计算提供。

3．新技术改变户外媒体传播方式

3.1 新技术改变户外媒体传播方式：户外广告技术化，执行方式多样化

新技术让户外广告的发展走向技术化，执行方式多样化

说起近几年出现的“黑科技”等炫目的新技术，人们首先想到的是在电子消费领域和人们的生活方式有着众多的应用。但其实，对于户外广告来说，从来没有停止过追逐技术化发展的方向。户外广告的观众是广大消费者，广大消费者在新技术的影响下，生活方式和消费模式都被潜移默化地改变着，而户外广告必须顺应这一趋势才能和消费者进行更好的对话。

新技术升级了户外广告的屏显技术，NFC、Beacon 等技术基于地理位置信息，使追踪数据的精准性得到保证，从而优化媒体决策过程；全息投影、LED 隧道动态广告给了户外广告更多展现的方式。

不断地应用新技术来升级户外广告，使得户外广告的执行方式不再局限，而是有着更多的执行方式，可以达到更加显著的传播效果。

- 更多展现方式

隧道 LED 动态广告

全息投影

- 屏显技术升级显示材料

柔性 LED 裸眼 3D 显示技术

量子点显示技术 透明屏幕显示技术

空气屏幕显示技术 电子墨水显示技术

- 精准营销成为现实

NFC

Beacon

隧道 LED 阵列光柱打造动态广告

让隧道广告不再是匆匆一瞥

事实上在以前的媒介执行中，由于地铁停车时间短，启动速度快，我们在地铁隧道内投放的灯箱广告，对地铁乘客来说成为匆匆一瞥的“过客”，很难持续抓住人们的眼球。

2015 年开始，一种全新的媒体形式开始出现，可以达到隧道内的动态广告效果，类似于电影院里播放电影一样，一格一格的电影胶片上的每一帧图像是不同的，当放映机以合适的帧频播放，观众眼前就产生了清晰稳定的动态电影效果。

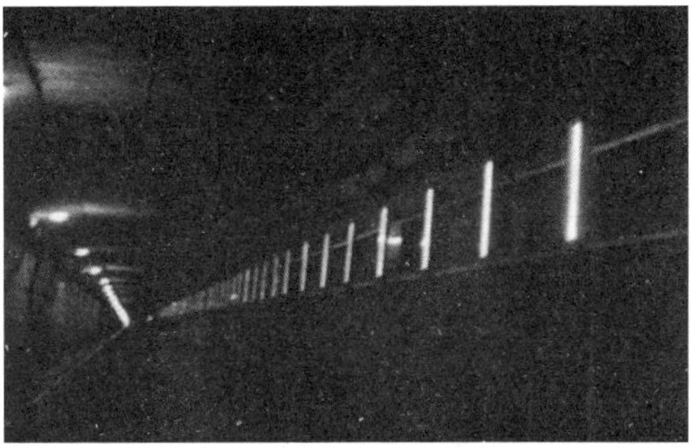

利用这一现象，将运动的列车转化成播放器，从而使乘客眼前的广告图像产生运动的效果，并且清晰稳定。这样在乘车的时间中，人们也可以看到动态的广告，而且隧道内比较黑暗，我们呈现的动态广告则更加突出，人们广泛表示这种形式比较新颖，也很有趣。

LED 阵列光柱

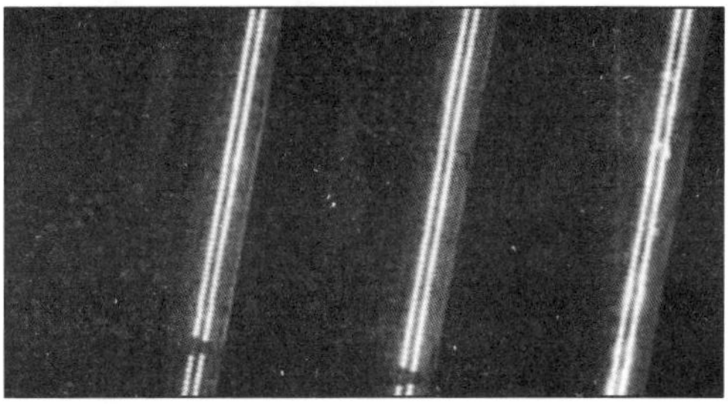

目前市场中的隧道动画都是基于 LED 阵列光柱，在隧道内壁上安装一条条垂直的 LED 阵列光柱，每个光柱高度近 1 米，上面分布着近 600 个 LED 作为一列像素，两个发光器之间间隔约 1.2 米。当列车静止时，只能看到每根光柱上各种颜色的光点，当列车快速运动起来的时候，利用“视觉暂留”的原理可以形成动态的画面。

全息投影让广告实物展示更科幻

全息投影模拟产品实物

以往我们见到的全息投影技术，多运用在博物馆等公共场所，用来展示一些复原的古代遗物，可以 360 度观察该遗物的细节，全方位还原。

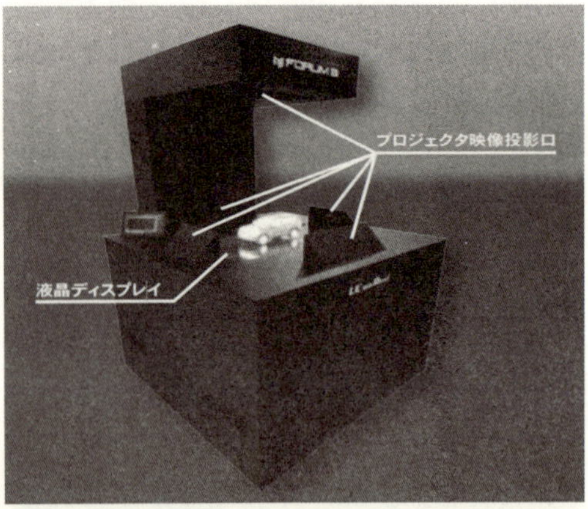

现在全息投影的发展更加成熟，2017 年的 CES 中，英国伦敦新创公司 Kino-mo 所展示的 3D 浮空全息投影影像，无论是商品或动画人物影像都活灵活现，吸引了在场众人的目光。

OOH 经常在一些投放过程中，配合橱窗内产品实物一起让消费者进行了解，而全息投影技术在这方面来说，其实有着重大的应用意义，利用全息投影技术，直接投射品牌最新产品的浮空影像，产品展示效果生动逼真，并且这种效果给人带来的视觉冲击力非常大，远比直接摆放实物要吸引人。

屏显技术不断发展，材料升级

高精尖显示技术助力户外广告

如果说眼睛是人类心灵的窗口，那么屏幕就是 OOH 的眼睛。市场上涌现出各式各样的屏显技术，不仅能够吸引人们的眼球，也使得广告的形式更加丰富多彩。

目前显示技术日新月异，一些高精尖的显示技术正逐步推向市场，与此同时，新技术还逐步蚕食、瓜分现有的显示市场。我们先来看近几年都有哪些屏显技术的发展。

柔性 LED

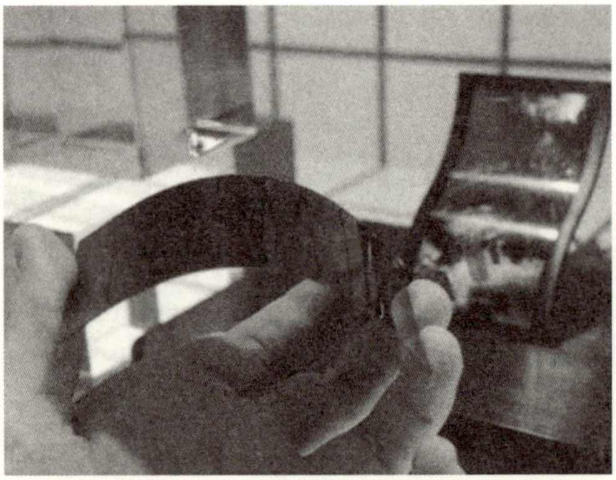

柔性 LED 又叫柔性屏幕，电子消费品市场的增长源自显示材料更新换代的推动，当前已经有少数的移动面板产品在从玻璃基板向塑料材质过渡，比如聚醯胺材料。柔性基板产品当

前已经开始侵袭市场，比如 Galaxy S7 Edge 以及 Apple Watch。

3D 显示技术

激光全息 3D 投影技术，全息 3D 投影技术，才可以称的上真正的 3D 技术，才是 3D 技术最应该的发展方向。目前的各种 3D 电视和电影的 3D 成像，是通过人的视觉差所产生的，并不能够算作真正的 3D，在使用的过程中，会有很多的后遗症，如看一段时间以后，会出现头晕等反应。全息 3D 投影技术具有十分广泛的用途，可用于广告、工艺品、展览会、博览会、旅游、公园、商业、宗教以及其他公共关系活动，可替代任何现有的显示设备，有着非常强的感染力和非常独特的效果。

量子点显示技术

量子点 (Quantum Dot) 是肉眼看不到的，极其微小的无机纳米晶体。每当受到光的刺激，量子点便会发出非常纯净的有色光线。量子点电视机使用色彩最纯净的量子点光源作为背光源，

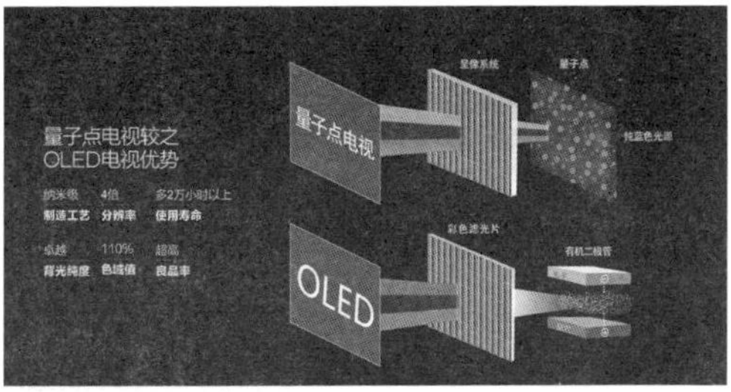

革命性的实现全色域显示，最真实还原图像色彩。

透明屏幕显示技术

在各种概念片中，透明显示屏几乎是必需的。它展现出来的效果非常的酷，也因此吸引了很多人的眼球。

自然，透明显示屏也早就已经不是一个概念了，它已经成了现实，而且，比全息 3D 投影技术要成熟得多，并且，已经有了相关产品发售，只是应用的不多而已。它的出现迎合了一些特殊人群的需求。

空气显示屏技术

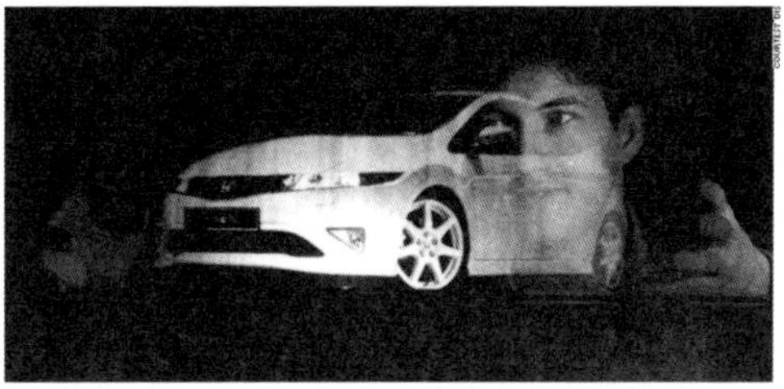

所谓的空气屏幕是由类似在云层中那些极小的水滴所组成，但是由于这些水滴非常微小，因此并不会对周围环境的湿度造成任何影响。如果你用纸巾或者一副眼镜进行测试，你就会发现，即使吸收或附着了这些细小水滴的纸巾或眼镜依然处于干燥的状态，在镜片上也不会出现任何雾气。因此当影像被投射到这些空气中的小水滴上之后，我们就能够清晰的看到空气屏幕中投射出来的实时交互图像内容。

电子墨水显示技术

E-Ink 有一种“电子墨水技术”（电泳式电子纸），它是一种屏幕技术，E-Ink 的电子纸由电子墨水及两片基板所组成，它上面涂有一种由无数微小的透明颗粒组成的电子墨水，颗粒直径只有人的头发丝的一半大小。只要调整颗粒内的染料和微型粒子的颜色，便能够使电子墨水展现色彩和图案。当这种电子墨水被涂到纸、布或其他平面物体上后，人们只要适当地对它予以电击，就能使数以亿计的颗粒变幻颜色，从而根据人们的设定不断地改变所显现的图案和文字。其具有耗电率低以及刷新速度快的特点。

Beacon 技术帮助户外媒体精准营销

Beacon 成为最终目标受众的数据收集入口

几年前 iBeacon 的出现，苹果为 OOH 带来了一种全新的信息交换方式。基于地理位置的营销（Location-Based marketing) 越来越受到品牌主的重视。手机越来越普及的今天，如何利用这一点来定位用户，做出精准营销呢？Beacon 技术为品牌带来了可行性方案。

Beacon 设备自身是一种小巧而廉价的实体设备，你可以将其放置在某些场所，向处于一定距离之内的“响应设备”发送信息。

•Beacon 是 Apple 公司于 2013 年 9 月提出的通信开源协议。

•Beacon 技术基于低功耗蓝牙技术（Bluetooth low energy），因此具有功耗低、实时性及传输信息简单的特点。

3.2 新技术改变户外媒体传播方式：户外广告拥有更多创意空间

新技术让户外广告的策划更具创意空间

近年来户外广告的角色一直在转变，从传统的单向传播，不断向与消费者双向互动的方式转变，而创意是推动消费者主动与传播信息进行互动的关键之处。

新技术的发展给了户外广告很多的创意空间，户外广告有更多的“玩法”，而不是枯燥的“填鸭式”宣传。

AR/VR 技术这两年非常火爆，而品牌商早就看到这些趋势，利用这两项技术花式营销。AR 相比 VR，更加能够与户外场景相融合，因此在户外广告的应用更加多，可以给人带来逼真的感受，留下非常深刻的传播印象。

互动投影的趣味性让每个人都可以随时参与，NFC 植入户外媒体之中，加上移动互联网的发展，便使户外广告有了更多互动方式，而人工智能技术更是让户外广告媒体直接变成了智能广告牌，对于户外广告甚至整个广告行业都有着革命性的改变。

AR 虚实结合让 OOH 更有趣

AR 为移动端 + 户外媒体的结合提供更多创意空间

增强现实 (Augmented Reality，简称 AR) 技术，是一种将真实世界信息和虚拟世界信息相结合的新技术，是把原本在现实世界的一定时间空间范围内很难体验到的实体信息，通过科学技术叠加到真实世界，被人类感官所感知，从而达到超越现实的感官体验。相比于 VR 建立一个完全虚拟的世界，AR 是将真实的环境和虚拟的物体实时地叠加到了同一个画面或空间同时存在。

屈臣氏 AR 试妆机器

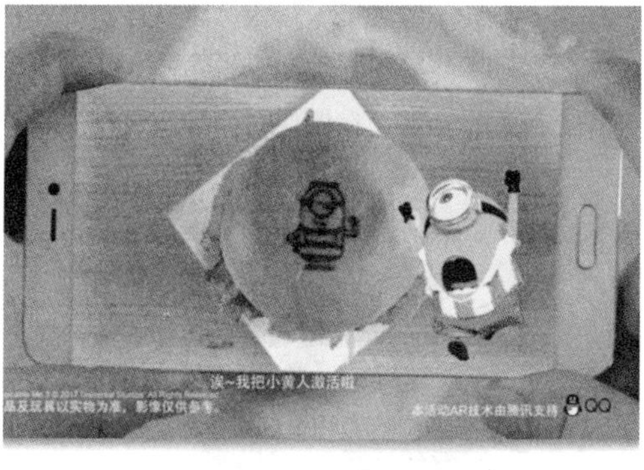

麦当劳 & 小黄人 AR 互动游戏

AR 试衣间

以往我们见过最多的移动端 + 户外媒体的跨屏互动案例，大多数是扫描二维码，连接 H5 页面和社交媒体等创意方式，有了增强现实技术，在移动端的互动方面，就有了很多不同的创意玩法。而对于 OOH 来说，AR 户外广告可以创造出一个三维户外环境，这种三维环境不是指视觉上的 3D 立体画面，而是指屏幕中创造出的空间范围，屏幕会随着受众的移动而呈现不同的内容。

这样实时交互，虚实结合的形式，不管是对移动端还是 OOH，甚至是对两者结合的互动营销来说，都有了很多可以发展的创意空间。

爱奇艺 AR 广告牌

AR 公交站台广告牌我们之前已经见过国外的案例，2017 年 7 月，我们终于见到国内首个 AR 候车亭。爱奇艺为推广其网综《姐姐好饿 2》，与全球最大户外广告企业之一的德高集团合作，将宁波一公交车候车亭改造成全国首个 AR 候车亭。

不得不说 AR 候车亭广告非常适合一些电影电视或者综艺节目的宣传，如之前国外的《行尸走肉 5》的上映，就选择了公交候车亭，在公交站台等车的人们会看到栩栩如生的僵尸向你扑来，感觉非常逼真。

公交候车亭作为人们非常生活化的一个生活场景，结合增强现实技术投放广告，造成的广告效果必定是鲜活灵动，让人印象深刻。

此次爱奇艺通过AR技术把虚拟的小S带到街道上的候车亭，将虚拟世界与现实世界结合，路人被这一突如其来的惊喜所吸引，纷纷驻足观看、围观拍照后分享给好友，一时间刷爆了社交圈。

VR带来沉浸式传播体验

VR的交互式特质弥补户外媒体曝光时间不足问题

VR是一种虚拟现实技术，它利用计算机生成一种模拟环境，是一种多源信息融合的、交互式的三维动态视景和实体行为的系统仿真使用户沉浸到该环境中。目前我们对VR了解比较多的是VR游戏、VR视频等功能，国内习惯将2016年称为“VR元年”，包括BAT巨头在内的科技公司也纷纷争夺他们在VR领域的主动权。

VR与户外媒体的结合可以给户外媒体的价值带来很多增长点，在传播创意方面，也可以做出很多新奇好玩的东西。VR的特性是强调互动与参与感，能够增加受众的停留时间，很好地弥补户外媒体曝光时间不足的问题。

麦当劳开心乐园餐盒变身VR头戴设备

为了庆祝开心乐园套餐在瑞典推出30周年，麦当劳推出了这款由开心乐园套餐的餐盒改造而成的VR头戴设备“Happy Goggles”。

“Happy Goggles”只需要把餐盒进行折叠穿孔后，插入虚拟现实镜片，通过在手机下载相应App放入其中，就能身临其境地感受

麦当劳打造的VR世界了。不过，这副眼镜和“Cardboard”最大的区别可能就是它浓浓的麦香鸡味了吧。

Dior VR头盔

看到了VR发展的趋势，法国Dior率先将其应用到了自家的营销领域，推出了一款名叫Dior Eye的虚拟现实穿戴设备。这款VR头盔可以让用户身临其境地去时装秀后台看看，“近距离”围观造型师是如何化妆的，而模特们在登上伸展台之前又在做什么。

Dior Eyes的技术外援包括法国DigitasLBi实验室和三星。前者负责制造生产3D的眼镜模型，后者则提供了虚拟现实技术的核心技术——Gear VR和显示用的Galaxy Note 4。

互动投影为户外传播创造交互体验

互动投影的趣味性可以增强传播印象

互动投影系统是融合当今世界最高科技的

广告和娱乐互动系统；互动影音系统提供一种不同寻常并激动人心的广告与娱乐交相辉映的效果系统，适用于所有公共室内场所，特别是休闲、购物、娱乐及教育场所。

说到互动投影技术大家都不陌生，商场里一些互动地面和博物馆的“空中翻书”都是互动投影的应用，目前运用了互动投影技术的户外广告非常少，但这是未来的趋势，互动投影的成本并不算高，但却可以把用户带入互动游戏的世界中，在交互体验的过程里，增强传播印象。

荷兰“着火”互动投影橱窗

出现在荷兰济里克泽街头的新型互动投影橱窗，利用复杂的互动投影系统，投影在街头透明的橱窗上，途经的行人和车辆惊讶地发现自己着火了，这一互动投影活动，使得移动物体和人在屏幕前被跟踪并且创造出激动人心的交互体验。

NFC 增值数字户外媒体

NFC 把数字媒体变成“智能户外”

早在前几年 NFC 就在日韩被广泛应用，在前面我们就提到内置有 NFC 功能的手机可以用作机场登机验证、大厦的门禁钥匙、交通一卡通、信用卡、支付卡等功能。

实际上 NFC 技术对于现代市场营销商有着深远的影响。例如，用户只需用 NFC 手机在 NFC 海报、广告、广告牌或电影海报上挥一挥就可以立即获得产品或服务的信息。

国内外众多户外媒体公司已经开始设计将 NFC 内置到户外媒体之中，而在创意执行层面，也已经出现很多应用 NFC 与消费者互动的案例。比如商家可以把 NFC 标签放在店门口，那么用户就可以自动登录社交网络，和朋友分享细节或好东西。用户也可以扫描 NFC 腕环来自动发送更新或喜欢的活动和景点到社交网络。在食品服务方面，酒吧和餐馆可以订购 NFC 杯垫和其他促销材料，让顾客可以扫描它们获得该店或广告商的更多信息。

奇巧巧克力 NFC 户外广告

这是迄今为止英国最大的 NFC 户外宣传活动，雀巢在市场中植入了六块内置 GPS 追踪器

的奇巧巧克力。促销活动取决于顾客能否找到这些获奖巧克力并激活 GPS。然后会有一个团队把 10000 英镑送到获奖者手上。

人机大战活动

英国户外广告公司 Clear Channel 在当地推出“Human vs Machine (人机大战)”活动，激励消费者通过 NFC 手机读取含有 NFC 标签的广告牌，而拥有 NFC 标签的广告牌数量为 10000 块。

消费者如果要参加本次活动，需要 NFC 手机读取广告牌上机器人指定有 NFC 标签的区域，获取并回答三个科普问题，就有机会参加奖金为 1000 英镑的抽奖活动。

人工智能提升广告审核效率，助力精准营销

人工智能真正把户外媒体变为智能媒体

人工智能（Artificial Intelligence），英文缩写为 AI。它是研究、开发用于模拟、延伸和扩展人的智能的理论、方法、技术及应用系统的一门新的科学技术。

最近炒得很热的 AlphaGo 击败人类职业围棋选手的事件，让人们开始深切地担忧人工智能的发展是否真的会威胁到人类，人工智能的深度学习让 AlphaGo 所向披靡，而在户外传播领域，一旦将人工智能应用在我们的户外媒体之中，户外媒体就真的变为了“智能媒体”，户外广告就会“活”起来，变成一个智能的人来进行传播。

人工智能为户外广告提供个性化的投放策略

- 感知受众反应，精准投放广告
- 优化户外点位数据搜集和处理方式

人工智能实战场景爆发，百度 AI 竟能审核搜索广告？

谈到百度，当然无法绕开搜索推广业务。过去一年百度经历的风波无一不与后者所牵涉的虚假广告有关。事实上，百度搜索推广从诞生伊始，与非法信息和虚假广告的斗争就从未停止过。

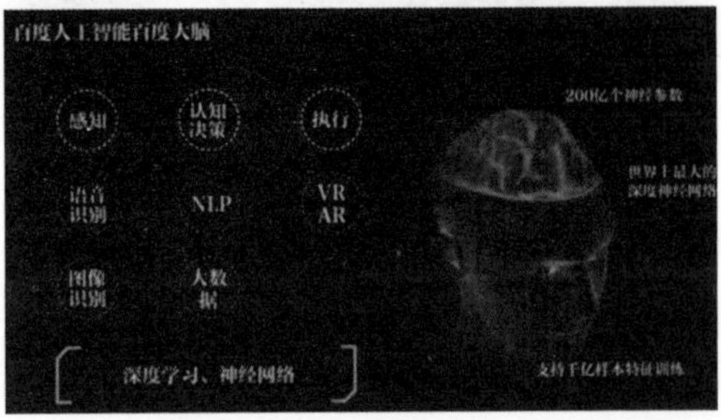

为此，百度公司于 2016 年 8 月公布《百度推广准入准则》，并做到措施多管齐下，其中最值得称道的是人工智能的引入。不仅在准入口得以实现信息的高效排查，更重要的是针对违规词及不断变化的辩体词，基于人工智能的全自动操作，实现了对推广广告各个环节的全自动核查和处理流程，一旦系统发现商户账户涉及违法违禁内容就会直接下线。同时百度还将深度学习和大数据深挖技术应用到推广客户违规信息的排查中来，以实时监控推广企业网站是否涉及黑产操作，并不断检测百度搜索中的网站是否存在收集用户信息、泄漏用户隐私以及威胁用户财产安全等其他恶意行为。

能自己优化广告的人工智能广告牌

广告公司 M&C Saatchi 开发了一个会根据观众反应“进化”出独特广告的户外广告牌。该公司称，它是世界上第一个人工智能广告。这块广告牌位于伦敦城中，为新创咖啡品牌 Bahio 投放，它由遗传算法驱动，通过分析文案、布局、字体、图片等不同特性的强度来测试不同的执行。

目前正在实行的该项目，启动时有约 1 000 张不同的图像及其他变化的创意组件，随机地向路人展示然后开始自我选择过程。该广告也测试字体和字号，布局和文字被选择、展现，然后用递归语法引擎精调。

未能吸引到观众的创意组件自动从流通中去除，而那些促成交互的则被加工进未来的执行——这个过程会在接下来的几个星期中展开。观众反应通过内嵌摄像头测量。创意组件的“强度”由路人的参与程度决定——他们看上去是高兴、悲戚还是中立。

“这个项目是广告的达尔文主义途径，尽管只是个实验，但指向了未来人工智能在广告创意中的有趣角色。”M&C Saatchi 的首席创新官 David Cox 如是说。

人工智能创造新型广告模式：路过的车不同，投放的广告也不同

随着电子广告牌的普及，一个构想也应运而生：在高速路旁的电子广告牌上投放有针对性的广告。今年夏天，美国也将就这一构想进行测试。

如果你在去年 11 月开车途经莫斯科的高速路，你也许会注意到，高速路旁的电子广告牌在你临近时会更换广告，换上的新广告似乎是专门为你投放的一样——如果你开的是宝马 X5 或者沃尔沃 CX60，你看到的将是捷豹 SUV 的广告。

如果是在晚上，广告中的 SUV 将会出现在一个暗色调的背景中，以凸显车的存在；如果是下雪天，广告中的 SUV 则会行驶在茫茫白雪之中，与现实中的天气呼应。

四、从前我们只是受众，现在我们是网“红”

如今发达的社交媒体和丰富多元的手机 App 使我们能够更加精准便捷地获取信息，逐渐渗透到衣食住行等与我们生活息息相关的领域。

1．衣服

搭配指导

以前：

• 不了解：对不同体形没有清晰认知，无法确定适合自己的风格。

• 找不到：在电视剧或电影中看到中意的衣服，无法得知是什么牌子，很难买到同款。

现在：

• 专业知识：各种专业搭配账号会让你了解到自己的身材更适合哪种着装，以及在不同场合如何得体穿衣打扮。

• 同款搭配：社交网络上有不少专门负责收集明星街拍、影视剧同款搭配的自媒体，有时还会直接附上购买链接。

便捷试装

以前：

• 试不了：很多彩妆和贴身衣物不让试用。

• 数量有限：大部分试衣间对于试衣数量有限制，如果过程中发现尺码不合适只能自己出去更换。

现在：

• 在线试装（妆）：输入身高体重各种围度或拍摄一张正面照后，能通过 AR、屏幕捕捉等技术，直接呈现穿衣试装效果。

• 智能推荐：后台会根据各人的消费习惯和偏好推荐各种同类产品。

一键购买

• 照片购物：直接上传物品图片，就能找到同款 / 相似款。

•VR 购物：VR 技术能让消费者仿佛亲自来到店内进行挑选购物。

• 超链接：商品介绍页中直接点击带色字体或是图片就能即刻跳转到购买页面。

• 即扫即买：看到喜欢的商品，直接扫描二维码就可以付款购买。

多样收货

以前：

• 手提：自己购买的东西，一律只能自己提回家。

现在：

• 快递柜：人不在家时快递可以放到专门柜里，退换货时也可以如此操作。

• 线上购买线下提货：消费者在网上购买了商品之后，可以去离自己最近的实体店收货。尺码不合适可以换，东西不满意也可以直接退货。

2．食物

美食攻略

以前：

• 范围窄：亲朋好友的推荐，只适用于他们居住或工作的熟悉区域。

• 不够亲民：推荐吃喝的专业机构，测评的基本都是中高端餐饮，对于普通大众的日常饮食来说参考价值不大。

现在：

• 范围宽：各种自媒体账号包含了全国各地、不同种类的餐饮测评。

• 实用性高：不同价位的餐饮都有涉及，适合各种场景需求。

临时找店

以前：

• 碰运气：来到一个陌生的地方，只能问问当地人有什么好吃的。由于个人口味的标准不一，碰运气成分比较高。

• 将就吃：不了解附近有什么好吃的店只能四处瞎转，转累了就只能将就找个附近的店。

现在：

• 评价多：同一家餐厅甚至同一个菜都会有各自不同的评价，方便个人辨别是否适合口味。

• 实时实地：美食 App 会根据用户所处位置推荐周边美食，并且通过搜索告知你心仪的美食店距离多远。

记录分享

以前：

• 记不住：吃完就忘，无法回忆起某天具体吃了什么美味。

• 无法分享：只能和朋友用语言转述表达，无法将美味佳肴具象化。

现在：

• 图片滤镜：专门的拍摄 App 能通过滤镜把食物拍得看上去更美味，利于在 SNS 上分享。

• 监测：有 App 通过 AI 技术，自动识别出现在镜头中食物的热量，帮助减肥人群监测摄入量。

在线买单

以前：

• 现金刷卡不便：现金携带不易，找零一堆很麻烦，卡有时也容易忘带出门。

•AA 过程繁琐：AA 买单时各种算钱找零，很费时间。

现在：

• 在线支付：可以线上直接团购，也可以线下通过微信 / 支付宝买单。

• 快速 AA：微信 / 支付宝都开设了 AA 买单功能，方便聚餐之后大家平分，也可以在群里进行群收款，省去很多精力。

3. 住宿

酒店类应用软件众多。不同的酒店 App 为人们的出行住宿提供多种选择，提供价位、环境和地段方面的信息，方便人们在线预订选择。

装修

在翻看的同时，可以直接购买自己喜欢的物品

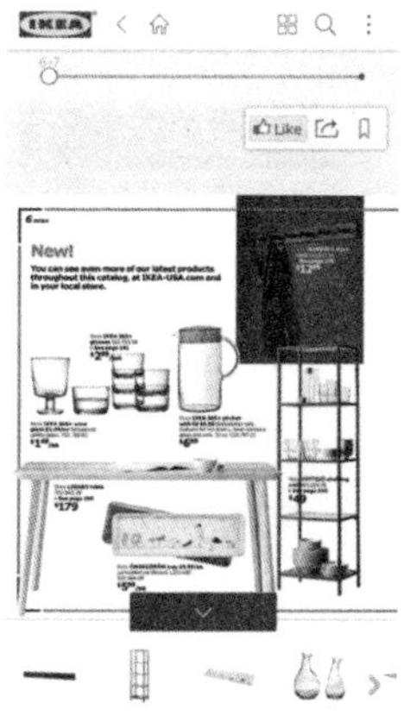

将设计师 / 家具厂商 / 用户联系起来的解决方案

推荐家居美物，并提供购买链接

提供大量案例和单品，方便消费者参考和选择

各种风格的装修参考信息都能在移动端 App 上找到，还可以直接找到行业链上下游的相关人士，直接购买自己心仪的产品。

4. 出行

短途出行

以前：

1. 步行（又慢又累）

2. 骑自己的自行车（无法随心所欲，骑行必须有往返）

3. 路边扬招出租车(时常打不到车,乱绕路)

现在：

1. 短距离，共享单车（便利：随时骑，随时停）

2. 中等距离，软件打车（速度：几秒展示出周围的空车分布，同时发出用车要求）

3. 指定距离，呼叫专车（舒适：个人专车环境好，费用相比之下较低）

长途出行

以前：

• 选择少：信息不透明，出行大交通选择较少，基本只能靠某一种特定方式。

• 不方便：只能排队干等，无法随时获取剩余票况信息，偶尔会由于突发状况临时赶不上。

现在：

• 选择多：火车、高铁、飞机都可以自由选择，官方渠道提供各种信息。

• 信息汇总：能看到各种实时信息，购票快，退换票能直接在 App/ 微信服务号完成。

异地交通

以前：

• 信息不对称：到了一个陌生地方，完全不了解当地交通线路，尤其是国外。于是只能选择跟团或是叫车。

• 安全问题：不确定哪些交通方案是可靠可行的，只能摸着石头过河。遇上当地公共交通阻塞，直接手足无措，不知道怎么办。

现在：

• 方便：无论走到世界何处，大部分国家都有自己国家的公共交通 App、打车 App，走到何处都能方便出行。

• 安心：车辆信息服务质量都会在 App 上清晰显示。

5. 游玩

音乐

影视

演出

旅游

• 微信公众号 / 吃喝玩乐 App：有各种榜单及各种测评集合，消费者可随时随地据此进行选择。

旅游攻略

行程 景点 特色

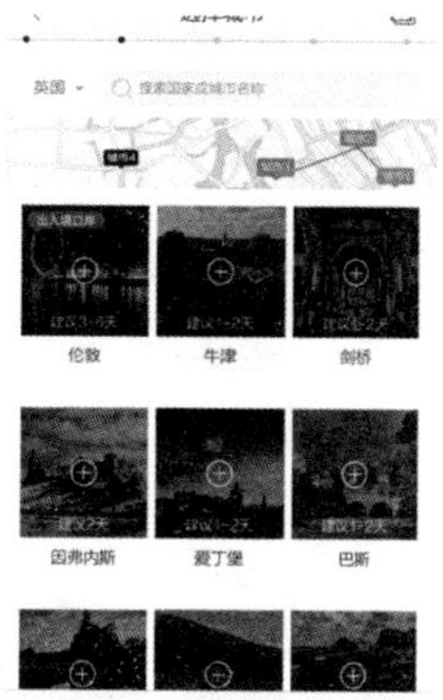

• 吃喝玩乐行：在外的每一步，都能找到详细对应攻略，只要有网，就能随时搜索查看详细咨询。

服务享受

听歌 视频 票务 旅游

• 线上线下打通：音乐 / 影视剧等可以下载到手机中，随时随地得到试听享受；演出 / 旅游前可以在线购买门票，线下直接取票消费。

行程辅助

地图

• 手机地图方便人们走到任何地方，都能找到方向，指引最快捷路线。

翻译

• 手机翻译软件解决了语言不通无法沟通的后顾之忧。无论是语言、文字图片，你都能明白在说什么。

拍照分享

• 各种图片处理软件，方便及时拍摄美图美景，在社交网络和亲朋好友中进行分享。

移动互联网的高速发展在很大程度上解决了以往信息不对称的问题，我们获取高质量信息的门槛逐渐变低，同时方便进行公开透明的筛选，极大提高了生活中衣食住行玩等各方面的便利性和安全性。

生活与移动互联网已经变得形影不离，我们只需要轻轻地点触指尖，就能够随时随地获取想要的信息。随着生活类手机应用不断垂直精品化的发展，个性化实时服务影响改变着我们的日常生活方式，我们的角色定位也从以往的信息接收者转变至如今的输出传播者，逐渐把握住自己的网络话语权。

五、品牌户外营销待升级，形成沟通闭环

1. 2016 年广告行业三大媒体发展情况概览

1.1 传统媒体广告市场发展纵览

传统媒体中，电视占据绝对比重，电台增长潜力最大

根据《尼尔森 -2016 年全媒体广告市场观察》报告中的数据，2014 年—2016 三年间传统媒体广告投放市场同比增长从 2014 年的 1%，再到 2015 年同比下降 6%，及至今年降幅又回升至 1%（数据截至 2016 年 11 月），我们可以看出传统媒体广告市场增长减缓，增长空间被挤压。

在不同媒体投放类型中，电视占据绝对比重，连续 4 年保持在 85% 以上。媒体变化主要体现在平媒和电台中：随着报纸杂志规模的精简和平台转移，尤其报纸媒体在 4 年间持续下降，杂志再缩至 1%，两者的让利空间都转移到电台媒体上。较去年相比，电台还拿到了电视媒体 2% 的占比花费，成为广告投放增长潜力最大的媒体。

传统媒体转型压力仍大，数字化脚步不一

传统媒体广告市场发展状况：传统媒体广告市场增长减缓，增长空间被挤压

近年来传统媒体市场增长减缓的现象大家都有目共睹，以互联网和移动互联网为代表的

数字媒体的出现，使信息的传播在突出时效性、聚合性的特点下变得更加便捷，突破了传统媒体在时间、空间、身份等方面的限制，很大程度上冲击了传统媒体的地位。

另一方面，传统媒体虽然已经看到自身强大的内容优势，并试图融合数字媒体实时互动的特质，但转型速度较慢，并且不同的媒体形式在这一过程中的升级和转变又有所不同。

面对互联网广告的巨大冲击，各个传统媒体类型的应对方式不同：

1. 电视媒体积极发展视频新媒体，稳定市场占比

电视媒体具有强大的受众基础，在移动互联网的冲击下，把握“内容为王”的优势，不断制作更多有内涵有内容的节目，同时大力发展视频新媒体，与移动互联网和电子商务相融合，逐渐打破固有思维，稳固其在传统媒体市场的占比。

2. 报纸杂志等纸媒失去大量受众，转型困难

移动互联网使信息脱离了“纸”的载体，人们看新闻看杂志不再需要购买实体报纸和杂志，并且获取信息的成本变得更低，报纸杂志等传统纸媒在这一过程中丢失了大量的受众，并且在移动互联网的冲击之下难以转型升级，从而在传统媒体市场也失去了竞争力。

3. 电台媒体觉醒快，“广播 +”打造全新传播形态格局

虽然电台媒体在传统广告媒体市场上的占比本身基数就比较小，但是在新媒体时代的语境下，电台媒体的觉醒速度快，努力找到媒体转型的发展计策，把握听觉的传统广告优势，同时尝试构建多元传播形态格局。

随着近年来交通行业的发展，私家车的数量不断上升，人们出行的时间越来越长，因此电台媒体具有不断增长的受众群，向未来看，电台媒体还会有新的发展空间。

1.2 数字网络广告市场发展纵览

2016 年网络广告发展市场现状分析

根据艾瑞发布的《2016 年中国网络广告行业年度监测报告》，我们可以看到，2016 年网络广告收入已经占到了不包含户外广告的五大媒体广告总收入的七成之多。中国网民人数的增长，人们使用数字媒体的时间会更长，未来几年，传统媒体如报纸、杂志、电视广告将会继续下滑，但网络广告的收入还将保持快速的增长。

移动网络广告占比持续增大，预计到 2019 年将占据八成数字广告预算

根据艾瑞发布的《2016 年中国网络广告行业年度监测报告》， 2016 年移动网络广告市场规模达到 1750 亿元，同比增长率达到 75.4%，保持着高速增长。可以说移动广告市场的整体增速远远高于网络广告市场的增速。

预计到 2019 年移动网络广告规模将接近 5000 亿元，随着用户使用习惯的转移，未来几年移动广告将在网络广告中的占比持续增大，到 2019 年预计占比将接近 80%。

2012 年—2019 年中国移动广告市场规模及预测

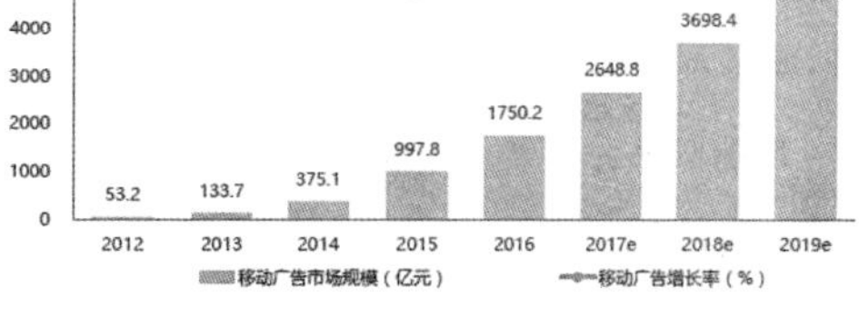

2012 年—2019 年中国网络广告 & 移动广告
市场规模及预测

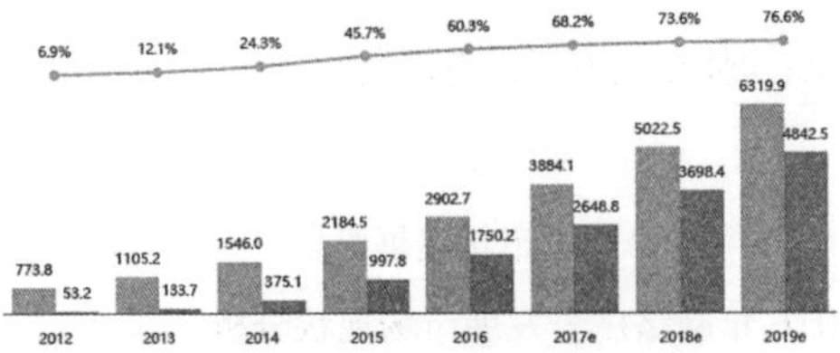

移动网络广告市场发展现状：中国网络广告市场规模增速极快，未来还将保持高速增长

原因探究：

1. 用户：用户在移动互联网的使用市场不断增长给移动广告市场创造了巨大的发展空间。

2. 技术：移动广告技术的不断更迭和新科技的应用给了移动广告市场规模更大的增长空间，基于大数据积累，结合用户属性，地理位置等指标而升级的精准投放技术将不断提高移动广告的投放效率。

3. 内容：基于用户观看内容而生的原生广告形式兴起，进一步扩展了广告形式和广告资源。

主要媒体类型广告发展情况：

1. 搜索广告份额出现了较大程度的下滑，原因在于政策与负面事件影响。

2. 电商广告的整体份额也首次超越搜索广告，提升至首位。

2016 年是中国电商市场孕育发展与变革的一年，电商、广告行业相关的鼓励政策持续释放，网购用户数量与行为成熟度不断提升，网络零售交易规模大幅增长，中国电商广告市场迎来了前所未有的发展机遇。

3. 视频贴片广告市场规模持续增加，处于快速发展阶段。

随着视频网站黏性不断提升，用户规模持续增加，视频贴片广告已经成为视频媒体中最为重要也更加成熟的一种广告形式。未来，随着内容付费习惯的养成，视频网站会员必然不断增加，在线视频网站的整体营收结构或将调整，视频贴片广告在整体营收的占比或将降低。

1.3 户外广告发展情况纵览

数据说明

本报告所有关于户外广告花费的数据来源由北京中天盈信咨询服务有限公司（China Outdoor Data Corporation）实地采集。

范围包括城市的主要区域街道、交通站、城市间主要高等级公路段的所有大型广告牌和网络广告牌，以及各城市主要线路的公交车身广告。

按照实际市场状况，我们将公益广告和空置广告牌都作为空置广告研究，因此该数据不纳入分析范围。为更真实地体现市场投放情况，交通行业中客运服务中的品牌（如深圳地铁等）也作为空置广告研究。

为了更真实地分析户外广告花费情况，我们将媒体数据中视频媒体、影院媒体、校园平面媒体等数据一并纳入分析范围。

户外广告媒体价格以刊例价为准。

由于本报告涉及的户外广告花费数据每年会不定期进行微调，数据监测范围也会不定期调整，因此，本报告数据以采集时间截至 2017 年 7 月 31 日从北京中天盈信咨询服务有限公司数据库提取的数据为准。

全国户外广告总花费稳步增长

2014 年—2016 年全国户外广告总花费对比图

（单位：百万元）

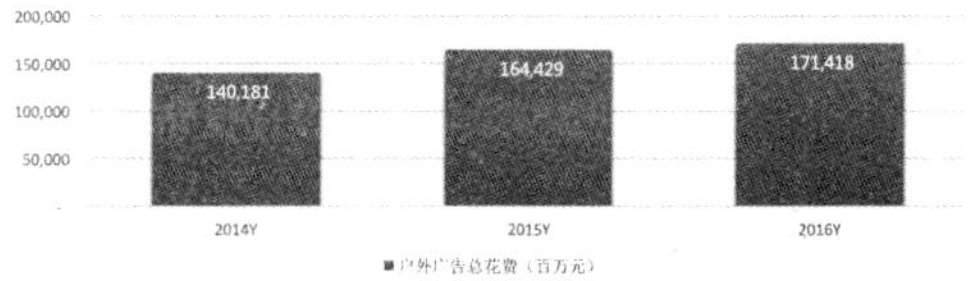

为了分析户外市场总体投放情况，根据中天盈信提供的数据，我们对比了 2014 至 2016 三年的全国户外媒体总花费情况。我们发现，2014 年全年户外媒体总花费达到 1401.81 亿元，2015 年有所增长，达到 1644.29 亿元，而到了 2016 年，该数字则达到 1714.18 亿元。

• 2014 年—2015 年，全国户外广告投放整体有 17% 的增长，而 2016 年对比 2015 年，增长比较缓慢，有 4% 的增幅。

• 近几年，数字媒体和无线终端技术的运用在广告市场有非常迅速的发展态势，网络、手机、数字电视、电梯楼宇液晶、地铁 LED 等形式的数字媒体广告的效用已得到越来越多广告主的认可。

户外市场发展情况与经济环境和行业发展为强联系

2014 年—2016 年三年间，户外广告总花费的数字总体呈稳步增长的趋势，但是逐年的增长幅度却相差较大，这背后的原因与当年经济大环境和各行业的发展情况有着千丝万缕的联系。

2014 年户外行业有稳定的增长，其中一个重要的驱动因素来自电商的投入增加

• 国民经济：2014 年我国核心国民经济总体放缓，呈现出增长平稳、结构优化的良好态势。

• 主要行业发展：电商成为 2014 年推动户外广告增长的主要行业，以电商和移动运营商为主力的邮电通讯行业继续保持品类投放第一。

• 户外媒体发展情况：户外广告逐渐开始试水线上与线下的融合形式。

• 消费者：国民收入持续增加，居民消费价格水平涨幅较低。

2015 年“互联网 +”成为新的经济增长引擎，移动互联网发展推动线下场景应用

• 国民经济：2015 年经济保持了总体平稳、稳中有进、稳中向好的发展态势。

• 主要行业发展：服务业发挥了重要作用，移动互联网成为我国信息服务业发展的新动力。

• 户外媒体发展情况：户外视频类媒体不断扩大份额，户外媒体数字化趋势显著。

• 消费者：在移动互联发展的背景下，消费者接触户外媒体时间加长，手机成为首要接入设备。

2016 年移动互联网从高速发展转为稳速发展

• 国民经济：2016 年经济社会保持平稳健康发展，实现了“十三五”良好开局。

• 主要行业发展：服务业发挥了重要作用，移动互联网成为我国信息服务业发展的新动力，从高速发展转向稳速发展。

• 户外媒体发展情况：网站行业和服务业成为户外媒体主要增长动力。

• 消费者：消费者信心强劲，呈现消费升级的趋势。

各行业广告花费投放占比情况

由于本章探究品牌主在户外广告花费的转

变趋势，因此品牌主所处的主要行业及这些行业在大背景下的发展情况就尤其成为探究的重点，我们选择了六个主要行业来进行探究，分别为：网站行业（特指网页类）、软件行业（特指移动端软件）、交通行业、邮电通讯行业、化妆品行业以及食品饮料行业。

我们分别分析了2014年—2016年三年间，各行业占据全年户外广告花费的投放占比，如下图。

各行业广告花费投放占比情况

不考虑CODC每年监测数据范围的调整幅度，我们从图中可以看出：

梦网等服务因为发展欠佳，减少了很多投放量。而2016年，国产手机兴起，移动电话的投放量同比增长迅猛，也带动了邮电通讯行业的投放占比增加。

户外各媒体类型投放情况

由于户外媒体的类型非常多，为更清楚地分析，根据各媒体主要特质，我们将户外媒体分为数字媒体和传统媒体以及影院媒体（数字媒体包括一切视频类媒体，影院媒体包括所有属于影院场景下的媒体类型，而传统户外媒体则是除去视频类媒体和影院媒体的其他媒体类型）。

2014年—2016年各行业广告花费投放占比对比图

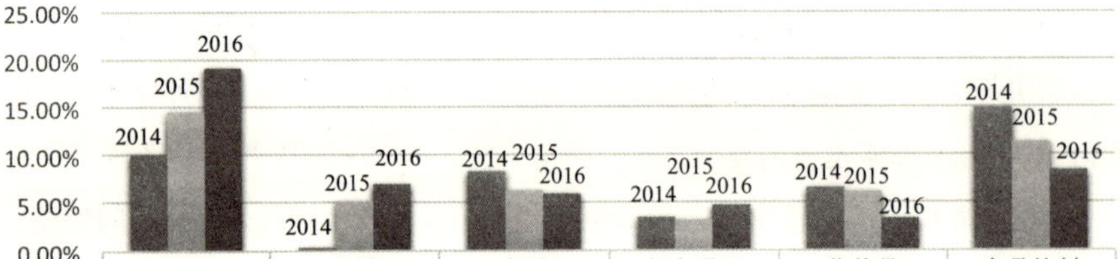

	网站	软件	交通	邮电通讯	化妆品	食品饮料
■2014户外广告花费占比	10.08%	0.39%	8.32%	3.51%	6.63%	14.90%
■2015户外广告花费占比	14.50%	5.21%	6.33%	3.22%	6.20%	11.33%
■2016户外广告花费占比	19.11%	7.00%	5.98%	4.79%	3.41%	8.42%

• 三年间广告花费占比持直线上升趋势的为网站行业和软件行业，这也印证了前面我们说到的互联网行业和移动互联网的迅猛发展。

• 三年间广告花费占比持直线下降趋势的是化妆品行业、食品饮料行业和交通行业，其中食品饮料行业逐年同比下降幅度最大。

• 广告花费占比相对比较波折的是邮电通讯行业，2014年处于3G向4G过渡的时期，该行业主要投放产品为电话卡和移动服务公司，移动电话的投放量也比较小。到了2015年，移动电话的投放量有所增加，但电话卡、移动

我们对比了2014年—2016年这三种户外媒体类型的投放占比情况，如下图：

2014年—2016年各媒体类型投放花费占比对比图

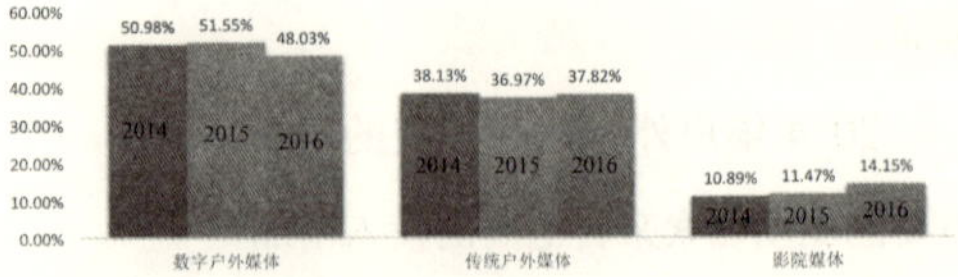

各行业户外各媒体类型投放情况

品牌主在数字媒体的花费 2014 年以来基本都是占比过半，到了 2016 年增速减缓，占比有了小幅的降低。

我们这里所说的户外数字媒体指的是视频媒体，是区别于广告牌、灯箱等传统媒体的新型户外媒体。2003 年数字户外媒体刚刚出现，从徐家汇一栋商务楼电梯口的第一台广告机的诞生，数字户外媒体的出现直接改变了户外广告的格局。到了 2014 年，数字户外媒体的发展已经接近成熟，广告主对于数字户外媒体的投放量也占到了户外媒体整体市场过半的占比。2015 年维持了增长趋势，但增速已经非常缓慢，到了 2016 年由于影院媒体的崛起，数字户外媒体受到了小小的冲击。

未来数字媒体还将是户外广告市场的主力军，大数据会让媒体效果变得越来越透明，随着移动支付的渗透，消费者消费方式的改变，数字媒体变为销售终端的趋势将会更加明显，落实物联网化，充分发挥数字媒体在场景中连通线上线下的功能，积极应用新技术发挥数字媒体的优势与受众充分互动是数字媒体发展的必然趋势。

传统户外媒体受到多方冲击，品牌主在传统媒体的投放相对保守

网络广告和数字媒体给传统户外媒体带来巨大冲击，同时影院媒体又逐渐崛起，抢夺品牌主的关注度，传统户外媒体受到这三面夹击，而近三年政府大力整顿违规户外广告，又让传统户外媒体的供应量急剧下降，我们可以看到 2014 年—2015 年，传统户外媒体占比有了小幅下降，而到了 2016 年这一数字略微上升，但事实是 2016 年结束传统户外媒体的供应商已经减少，因此品牌主对传统户外媒体的关注其实有所上升。

政府整顿后留下的传统户外媒体都是地处优秀地段、自身媒体条件较好的优质媒体，有其自身的优势所在，因此品牌主对传统媒体的投放只是相对保守一些，并没有完全将注意力转向其他媒体类型。

影院媒体迅速崛起，未来发展将从数量增长转为质量提升

我们可以看到，三种户外媒体类型中，唯一在三年间花费占比直线上升的就是影院媒体，影院媒体近几年发展势头良好，得到品牌主越来越多的关注，这和国内电影市场的发展、移动互联网的渗透以及人们休闲娱乐方式的改变都有着深切的关系。

1. 移动互联网的发展、在线票务市场的发展壮大，成为中国观影市场规模增大的直接推手，在线票务为影院降低运营成本，提升影票销量。根据艺恩咨询《2016 年中国电影在线票务市场研究报告》，手机是渗透率最高的购票终端，占据在线购票的 88.4%。

2. 2016 年是中国电影“重要而不平凡”的一年，随着中产阶级的崛起，人们消费模式的转变，观众的欣赏水平不断提高，娱乐休闲方式升级，电影院作为线下一个重要的生活场景，成为很多人娱乐方式的首选，到了 2016 年中国观影人次超过了 13 亿。

3. 在前面两个重要原因的推动下，影院媒体有了崛起的充分条件，然而连续几年的增长也开始面临饱和的潜在问题。影院媒体如何通过整合，提升自身媒体价值并配合品牌主进行精准营销，保持其封闭环境下的高效营销效果，是未来从量变到质变的重大考验。

2. 沟通理论助益户外营销策略升级

户外广告的机遇与威胁

在移动互联网广告深刻改变消费者从而促使品牌营销策略转变的情况下，对于户外广告来说，既是威胁又是机遇。

威胁在于移动互联网广告发展迅猛，直接影响品牌主将更多的预算和资源投入在移动互联网广告，从而“冷落”户外广告。

而机遇在于品牌主可以转变户外广告营销思路，升级营销策略，将户外广告与移动互联网相结合，从而达到更加优化的传播效果。

营销基本沟通理论

论及营销策略升级，我们需要从最基本的营销沟通理论追溯。

一个基本的沟通流程，由信息发送者和信息接收者组成，发送者将信息传递给接收者，接收者接收和反馈，而有效的沟通关键在于接收者在接受之后是否能够给以反馈。

我们将这一理论应用在户外广告领域，信息的发送者就是品牌主（也是产品提供者），信息接收者自然就是消费者。品牌想要将产品信息传递给消费者，必须通过媒体渠道，而户外广告就是这样的一个渠道。我们需要最大化传播效果，因此就需要消费者能及时反馈。

对品牌主来说，最为有效的反馈便是转化为销售量。

面对快速变化的市场环境，户外营销需要更为科学的营销策略。凯帝珂依据基本沟通理论在户外策划架构上进行了重大调整，形成了一套全新的营销方法和理论——Active Journey。

Kinetic—Active Journey

户外营销全新的策划方法

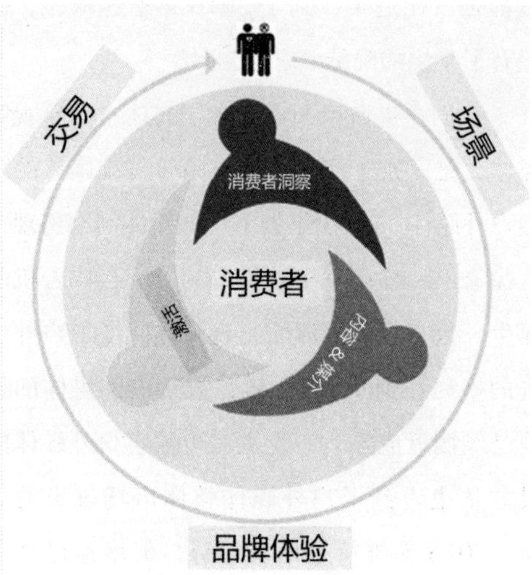

凯帝珂对以往奥美时代的整合营销、360度品牌管家的营销思路做出重要改变，重新设计了Active Journey的策划方法，整个系统提炼为三个元素：场景（context），品牌体验（brand experience）和促进销售（transaction）。

场景代表在不同的时间、不同的地点该如何策划内容？依据当时的状态进而设计出最贴近需求的“品牌体验”，这时的广告就不是硬性推送而是主动“拉近”消费者的购买动能，从而达到“促进销售”的效果。

深入洞察消费者的生活场景——BEATS无线耳机的地铁花式演绎

品牌：Beats

地区：上海

时间：2017年4月1日—2017年4月28日

媒体形式：Metro Creative Format

市场目标

BEATS 推出了新款无线耳机，该产品的目标消费者主打通勤人群，本次 campaign 希望能够大面积曝光，投放形式需要吸引受众的眼球。

媒体策略

针对客户诉求的主打通勤人群，在广告位选择上，我们选择人流量非常大的徐家汇地铁 L11&L9 换乘通道，以及 L2 南京西路两个商业中心站点；在媒体形式上，我们在 L2 南京西路 &L9 徐家汇站厅分别搭建了两个由 16 块 47 寸的电子屏组成的电子墙，同时在地铁 L11 徐家汇站厅的 6 根包柱上分别安装了 3 块 47 寸的电子屏，组成了“电子包柱”，所有看得见的电子屏内，都循环播放着 beats 最新的 TVC，视频内 19 位明星在《木偶奇遇记》的背景音乐 I’ ve Got No String 下，为你演绎如何花式使用无线耳机。

执行结果

从广告上线以来，效果非常突出，吸引到很多人群停下来观看 TVC 并拍照留念。由于选择的站点人流量非常大，预计至少覆盖 100 万 + 人次 / 天，专卖店的产品销量非常喜人。

提供独特品牌体验——耐克 PEGASUS“体验极速”活动

市场目标

通过高视觉冲击力的户外媒体，覆盖北京和上海主要的跑步路径和商圈，从而鼓励和引发观众的跑步运动，并提高品牌知名度促进店铺销量。

品牌：NIKE 耐克

地区：上海

时间：2017 年 6 月 8 日—2017 年 7 月 7 日

媒体形式：户外媒体（地铁媒体 / 大牌）

媒体策略

为结合 Pegasus“体验极速”的概念，通过户外媒体包括大牌和地铁包站组合，在上海和北京地区打造 Pegasus 极速体验，并主力占据世纪公园地铁站一带媒体。体验的开始于地铁车厢出发，车内媒体向观众加速讯息，当车门一开，通过我们在站厅设计的快速通道，月台的媒体会引导观众从车站一直跑到世纪公园，直接提高品牌知名度。

执行结果

6 月 8 日至 7 月 7 日，30 天期间，活动曝光率达到 141 万人次。其中我们在上海地铁 L2 占据 4 个车站媒体点位，包括南京西路、人民广场、中山公园和重点投放的世纪公园。除了地铁媒体外，我们亦投放了位于世纪公园的围板以及北京和上海重点商圈一带的大牌，致力加强宣传品牌理念。

选择位于北京三里屯 SOHO 中心的大型户外广告牌，配合 PEGASUS 亮眼的红色背景颜色，传递体育精神，激发人们跑步运动的动力。

为配合此次“急速体验”活动，我们专门在上海地铁 L2 世纪公园站的站厅设计了快速通道，快速通道的地铁做成了创意跑道的形式，激发参与者对跑步运动的热情。

与此同时，站厅的墙贴大面积铺设 PEGASUS 系列广告画面，营造热血的红色体育世界。

为了更好地配合此次品牌体验活动，我们还投放了极具创意的主题列车，由于活动站世纪公园站位于地铁 L2，我们选择了 L2 的列车，进行了内外包车。车厢内做成跑道形状，向人们传达脚下即是跑道，随时跑出精彩人生的理念。

车厢外则重点露出 PEGASUS 系列跑鞋的细节图，让人们全方位了解该系列产品的特性。

创意互动 促进销售——肯德基“一早怕什么”地铁互动投放

品牌：KFC 肯德基

地区：上海 北京 杭州

媒体渠道：地铁媒体

市场目标

通过地铁互动媒体宣传肯德基“帕尼尼”早餐系列，传递产品“一早怕什么”的理念，鼓励人们享受健康活力早餐，从而促进销售。

媒体策略

“帕尼尼”早餐系列的目标消费者瞄准年轻人群和通勤族，地点选在上海和杭州的重要地铁站厅通道，这些地方是通勤族和年轻人每天的必经之路，可以覆盖很大的人流量。同时利用代言人的粉丝效应和良好形象，近距离和消费者对话，增强互动性，我们策划了代言人的形象与消费者“击掌”的方式，来传递“帕尼尼”系列“一早怕什么”的精神。技术方面，安置在代言人手上的感应器便会自动记录下这次互动，同时，一旁的显示器会即时更新参与击掌活动的总人数。

执行结果

活动参与人次创新高，北京、上海和杭州三座城市的活动参与人次最终分别定格在91106次、80037次以及70053次，同时增加了肯德基门店该早餐系列的销售量。

跨屏互动 促进销售——Calvin Klein 七夕情人节投放

品牌：Calvin Klein Watches&Jewelry

地区：北京

时间：2016年8月3日—2016年8月9日

互动活动：8月9日 18：00-19：00（互动活动）

媒体形式：商业中心 LED 大屏

市场目标

找到创造性的方式来应对即将到来的中国情人节，用CK新出的“情人”手表造势。我们设想通过这次活动尽可能影响更多的人，并传递品牌的理念“LIFE IN THE NOW”。希望借此机会建立品牌意识，增加到店率和增加销量。

投放策略

我们的解决方案是使用LED大屏和手机来吸引目标消费者，在CK手表上指导他们，给予他们加入这次活动的机会。消费者可以扫描LED大屏上的二维码，用微信与朋友分享自己的照片，然后双方都能赢得一个由当地的商店提供的免费礼品，并且有机会在LED大屏上展示他们的照片。

投放结果

客户称赞了这次使用OOH LED大屏的新创意。一个小时后，就有808人扫描了二维码，504人将照片传送到H5页面，其中76张相片在LED大屏上展示。本次活动也增加了附近商店的客流量和销售量。效果最好的一家门店，较之去年同一时期，增加了50%的销量。

参与者在指导下扫描LED二维码，参与活动并上传情侣照片，分享到朋友圈。

活动参与人数火爆，北京西单大悦城和汉光百货的Calvin Klein门店消费者络绎不绝。

六、总结和未来趋势

1．户外媒体发展转变趋势总结

贝贝网是一家电商独角兽公司。2014年曾在阿里巴巴工作的张良伦创办了母婴购物网站贝贝网，并迅速成为行业最大的母婴电商公司之一。他在2017年度母婴大会上，做了一次演讲，在描述公司和行业状况的同时，也阐述了自己的思维方式。这种思维方式，十分值得今天的户外媒体发展作为借鉴，我们在本次报告中，对于未来户外媒体的发展与转变也可以从这个角度来思考。

它包括以下五个部分：

第一，重新定义自己所处的行业

消费者需要的是品牌通过场景化的创意，植入自己生活和消费空间，而不是靠信息的反复轰炸，他们希望能非常自然地接受广告，而不是被强制和干扰。他们的很多消费行为会由于特定的品牌设定的广告、体验或者互动的场景而触发。在营销中没有生活，对消费者而言就是冰冷的，只有涵盖生活场景的广告才会打动消费者。

反之，传播思维只停留在过去的户外广告，即使在新时代下升级了自身设备，抓住了消费者移动的场景，但如果没有深切研究该特殊场景下人群的需求点和痛点，无法找到信息连接点，一样会被市场迅速淘汰。户外媒体应通过与环境共生的场景创意策略，来引发消费者更加深刻的共鸣，挖掘消费场景中的痛点，并满足这些场景中的需求，户外广告只有制造场景、挖掘场景，将自身融入消费者的场景，才能真正走进消费者的生活。

过去，不论是广告从业者还是品牌主，抑或是户外媒体主，对于户外媒体的定位都只是单纯的广告信息载体，而移动互联网时代的户外媒体内容开始强调与其出现的时空环境相吻合，户外媒体是品牌根据场景推算消费者内心驱动力，给予消费者独特品牌体验的媒介渠道，此时能够立足于户外市场的户外媒体，都在悄悄适应这一趋势，将自身的角色转变。户外媒体不再是单调的单向传播者，而是主动与消费者对话和互动的信息传播者，是为品牌和消费者提供信息连接点的关键桥梁。

第二，站在行业的终局看现在

早在2000年刊登在哈佛商业评论上的一篇文章就极富远见地指出，未来世界将被无所不在的互联网笼罩。

此时“数字营销”不是指把消费者带到品牌官网，而是在消费者需要的时刻，提供他们所需要的信息。也就是说，“在对的时间，对的地点为消费者提供对的信息”，那么对于身处移动互联网时代的户外广告来说，传播商业广告的根本策略也不再是从前的单向传播，不给受众任何主动选择的机会，而是要深谙移动互联网时代的人群特质，主动与消费者进行连接，真正地解决用户的问题和痛点，与用户之间形成良性的价值交换。

纵观如今的户外媒体市场，我们可以发现，无法深入场景的户外媒体正在迅速消失，而留存下来的户外媒体，正在不断地与品牌共同挖掘消费者的生活场景，寻求信息连接点，即使整体市场还没有做到非常成功，但至少场景为王的概念已经深入到整体户外媒体市场。

未来消费者只需两块屏——移动屏 (Mobile Display) 和户外屏 (Outdoor Display)。结合移动互联网与新科技的户外营销方式，人们接受广告信息的渠道将是手机、平板或是可穿戴设备上的屏幕与户外屏幕的品牌互动体验及产品选购所组成。

第三，找到行业中不变的恒量

品牌主的营销方向永远追随消费者的需求

越来越依赖于移动互联网的人群随时随地

进行着消费和娱乐，消费者的消费模式和对品牌的认可方式都在改变，促使品牌主需要不断转变发展思维以适应消费者的需求。

所谓品牌，就是消费者心目中的定位

品牌与消费者之间有着所谓品牌关系，指消费者对品牌的态度与品牌主对消费者的态度两者之间的互动，品牌主必须主动调整营销策略以加强与移动中的消费者的充分连接互动。

营销的目的在于销售

虽然媒体的多样化给户外广告主带去了多项品牌曝光的渠道，但是也引发了很多广告主的选择困难症。尤其是面对经济的发展和科技的进步，户外广告媒体的日趋复杂，如何筛选和对比媒体变得尤为重要，品牌主只有认识到这一点，才能找到切合营销需求的合适媒体进行投放。

同时，数据的真实透明及有效性对品牌主来说，才是最重要的衡量指标，明智的品牌主从不会跟风投放媒体；换言之，品牌考虑营销效果的指标将不再只接受传统的到达率，同时在销售上的转换率的重要性将逐渐提升，品效合一将成为营销的根本目标。

第四，站在恒量的基础上去寻找变量

移动互联的出现

移动互联的出现，使得整个互联网产业正在发生从桌面互联网向物联网不可逆转的大迁徙，户外广告也正面临着巨大的挑战与难得的机遇。

移动支付打破了线上线下交易的物理边界

随着 Apple Pay 入华，支付宝和微信支付等移动支付越来越渗透到线下各行各业，户外借助 NFC 或 iBeacon 等技术实现用户近距离的移动支付，传统媒体和数字媒体转型成为销售终端的趋势将越来越明显。

新科技的创新

新科技的创新使户外媒体变身为消费者的对话者和互动者，与新科技相结合，增强媒体互动性和娱乐性、增强自动数据监测和实时效果优化投放能力，建立程序化平台对接广告主及跨媒体资源等都是接下来户外媒体实现角色转变的新变量所在。

2. 新科技颠覆未来户外广告模式

对户外媒体来说，如何将广告主的诉求更加有趣新颖地传达给受众，同时还能及时收取受众的有效反馈成为户外广告制胜的关键。

唯有如此，借助科技的发展才能让户外广告拥有更多创意形式和更有互动性的执行方式。

现如今已经应用在户外广告上的新科技，无论从执行还是创意方面，都给了户外广告更多的发展空间，未来我们还会看到有更多的新技术颠覆户外广告的传统模式。

新科技让户外广告的发展走向技术化，执行方式多样化

更多的展现方式

- 隧道 LED 动态广告
- 全息投影

屏显技术升级显示材料

- 柔性 LED
- 裸眼 3D 显示技术
- 量子点显示技术
- 透明屏幕显示技术
- 空气屏幕显示技术
- 电子墨水显示技术

精准营销成为现实

- NFC
- Beacon

新科技让户外广告的策划更具创意空间

虚实结合与沉浸式体验

- AR
- VR

交互式体验

- 互动投影
- NFC

户外媒体变身智能媒体

- 人工智能

未来还会有更多新科技颠覆户外广告的模式

- 红外感应
- 智能照明技术
- 镜面 LED
- 多屏互动
- 数字化纸质广告
- 3D 打印
- 激光显示技术

第五，找到改变行业的方法和武器

受众已经进入了一个读图时代，这个时代的显著特征就是浅阅读、娱乐化、互动参与。相比较传统的户外广告大牌而言， 数字户外媒体有了更多互动创意的空间。数字户外媒体的大数据应用也使得户外广告的投放可以更加精准和灵活。

研究表明户外广告吸引的网站流量，74%都来自于移动端，因此与移动互联网相结合，户外大屏与智能终端联动，提升媒体创意创新空间，开启数字化生活场景是户外媒体转型升级需要把握的关键。

数字户外媒体的发展，要求户外媒体公司提供更加科学的调研、监测与效果评估，同时，也并非要求所有的户外媒体实现数字化，传统的户外大牌仍然有发展的空间，优秀的广告创意和媒介创意仍然是户外媒体产生效果的关键。

数字技术的发展为户外媒体的数字化转型提供了技术支持。数字技术的发展以及受众数字媒介接触习惯的改变，使得户外媒体数字化转型成为可能和必需。

而我们不论从户外媒体介质的数字化转型角度来看，或是新技术融入传统户外媒体，或是数字户外媒体的开发与应用，如触摸屏的人机互动技术在出租车上的大面积普及，AR、LBS、QR 等新技术在户外媒体领域的应用，都将赋予户外广告全新的活力和产业机遇。

3. 结语

在移动互联网改变广告产业格局，并给了我们户外广告带来巨大机遇和挑战的同时，如何运用新科技颠覆未来户外广告的模式，并且不断升级转型，协助品牌，为消费者的生活、娱乐和消费方式带来更多更好的服务，将是户外广告营销未来增长最快的领域。

当消费者在生活中选择商品或服务时，为什么第一个想到你的品牌呢？这就是传统营销学所说的品牌的力量、mindshare 的力量，这些是营销中不变的根本；至于所谓的 reach、coverage、impression 或是 CTR 这些指标都不过是不同营销手段解决效果问题的方式，随着时间的流逝、生活方式的转变，营销策划的手段方法若仍然食古不化，无异于是缘木求鱼。

精准与交易是广告的终极模式

分众传媒董事局主席　江南春

我觉得无论是初创型企业，还是已经有十几年或者更长历史的公司，都不可避免地在移动互联网时代碰到很多困扰和纠结。你的商业模式在移动互联网时代怎么产生借力？是被互联网摧毁，还是存在于两者之间？

在此我跟大家分享一下，从三四年之前开始的移动互联网崛起，分众作为一家跟移动互联网原来没有太大关系的公司，怎么思考它在移动互联网时代生存的方法。我们当时的思考路径有三个：第一是在移动互联网时代，我们什么是不变的，我们的存量资产是什么；第二是移动互联网时代对我们传媒业来说，改造了什么东西；第三就是看我们在移动互联网技术带动之下，创造什么样的增量资产。

主动模式：信息爆炸、内容被取代、传播难度高

第一个部分关于什么是不变的。传媒业有两句话是对的，一个关于主动，另一个关于被动。"主动"就是用户主动获取信息的渠道与产品，"被动"就是把信息推到用户面前的渠道与产品。比如大学生这个群体，他的主动资讯模式是QQ、人人，生活空间是寝室、教学楼、操场。对于一个20到25岁的人来说，主动资讯模式就是微信、微博，生活空间是家、公司、菜场。

在主动资讯模式当中，移动互联网导致的结果是资讯模式多元化、碎片化，过去5年当中整个信息量翻了几倍。结果是，你走过、路过的信息很多，记得住的信息很少，有感的信息更少。广告本来就是一个不太被人记忆的东西，在今天的市场当中，大家看到，广告做上去的效果越来越差，一个新品牌被消费者记住所需要的能力和成本水平，变得很高。一个老品牌想说一个新信息，却很难被记住。大家都知道康师傅绿茶，这个产品存在这么多年，但你们知道它的代言人是谁吗。今天娃哈哈广告代言人到底是谁，真的有人知道吗？

今天消费者接受信息的能力越来越强，你每天在刷屏，昨天晚上刷过的信息，你还记得吗？这个信息究竟在你的脑袋里面有没有着落呢？真正记住的信息，比如说亚投行成立了，明星嫖娼了，除此之外消费者凭什么记住一个商品的信息，或者一个品牌的信息？他没有必要花这个时间去记忆。今天一个新品牌的广告很难被记住，一个老品牌想说新信息也非常难。

第二个部分，我们面临很大的挑战是，今天很多的内容开始被取代。比如说电视和新闻，自从有了手机端，这些节目的意义并不是那么大。拿娱乐版来说，加多宝中国好声音大家知道吧，所以赌对中国的娱乐节目还是靠硬道理。今天中国三千多个栏目，真正有影响的是3到5个，真正赌对的是3到5个冠名赞助商，这些冠名赞助商当中，加多宝还是OK的，当你做这个栏目赞助商，它的影响力还是足够的。

但是你只能做前3和前5，而且是冠名赞助商，因为在那种行为下，消费者消费的是内容，不会消费广告，做冠名赞助商植入内容，有无数镜头植入，消费者才能够记住。做娱乐就是植入到娱乐内容里面去，成为冠名赞助商。还有一种娱乐方式，就是进电影院，电影是消费者的娱乐核心。今天无法想象在2006年我会去投资华谊兄弟，根本无法想象今天《速7》有27亿元的票房，《港囧》有30亿元票房。这个时候我们看到的现象是，以影院为代表的娱乐业崛起。

第三部分是小米模式，即创造可以被传播的、内容成本最低的方法。可融入社会重大话题一定是成本最低的方法之一，因为成本最低，所以难度也最高。过去几年中，很多公司投入社会话题，制造一个传播点，创建一个品牌。过去几年里小米成功了，我们还看到有几个成功的？品牌在一个新的传播点之后，并不意味着就成了一个重大的品牌，变成了强大的品牌。过去5年当中，社交媒体已经占据大家收视的70%。什么渠道能创建一个品牌，我觉得屈指可数。最后只有5到10个。

上面说的是主动模式的特点。

被动模式：植入必经轨迹、细分受众、足够曝光

我觉得分众做的事情是被动模式。我们是二流公司。

我认为，一个人总要回家，一个人总要上班。从这个角度出发，分众工作就是把广告植入到消费者必经的生活轨迹上。

电梯里面有海报，楼宇电梯口有屏幕，里面放的是广告。消费者接受信息的成本几乎为零。我的想法是，不要让消费者太多选择，抓住消费者必经之路。一个人必然要回家，必然要去买东西，必然要看电影。如何把广告植入进去，成为他必经之路上唯一的一个广告？马路上路过多少个候车厅？100个候车厅，100个公交车身广告，在你家里就这两块板，最多两个电梯4到6块板。你早上爬起来，遇到的第一个广告和回去看到的最后一个广告无非就是那两个。你在狭小空间无法忽略它的存在，而且能成为你记住的广告。

下一步要解决的问题是，把令人生厌的广告加以改变。广告在内容型媒体上必须植入内容，而在纯粹内容性媒体上，纯粹插播广告没有什么太大效果。分众是一种渠道型媒体，我们要研究大家凭什么看广告？世界上最难的杂志是航空杂志，它的内容除了对航空公司的自我介绍，其他与乘客的关联度都不大，所以你无法知道航空杂志的广告是什么。大家知道封底无非就是卡地亚或者按摩椅等。但是你看一本财经类杂志，很可能看到基金黑幕、安邦保险。广告和无聊相比，广告比无聊还好一点，至少有点信息。我把一本航空杂志寄你们家，你们会看吗，你肯定不会看，但是在飞机上就会变成日常的行为。

分众从第一天开始做的就是细分受众，CCTV的工作就是让10亿人看3遍，我们要让1亿多人看30遍。你把20岁以下的抛去，把40岁以上的抛去，月收入在5000元以上的，让他看到足够的遍数，这个就是我们要做的事情。说说我们的框架：背后其实与小区物业相关，比如茅台、五粮液主要想做政府官员住的小区、铁道公寓、文化公寓等。而一般国美、苏宁附近的楼是人群密度较低的小区，汽车公司为什

么喜欢？因为奔驰汽车的目标客户就是入住3万元一平方米小区的人群。卖奶粉的为什么喜欢？因为买奶粉终端有可能就在这里。

存量和增量、数据搜集和匹配

我刚才说的，在移动互联网时代，这些存量资产没有什么影响，但是它的变量资产是什么？

感谢中国移动、中国电信在电梯里覆盖很差，大家进去多数只有电话信号，还没有3G信号。我们看到电影院灯一灭很少有人看手机，但是楼宇电视电梯口原来5%的人看手机，现在10%的人看手机，这个也是挑战。

这个挑战会带来什么样的增量？分众在移动互联网做了两个战略，第一个是向上云战略。比如某个地方的5000人在手机上搜索过什么东西，它搜索的内容会被这个经纬度绑定，我们可以知道这个经纬度过去5000人对“母婴”的搜索概率，甚至对“奔驰”的搜索概率是多少。我们可以把小区和写字楼经纬度标上14个大的品类、500个品牌，掌握这些品类不同的指数，这样我们就可以知道人群对品牌的需求是什么。还有一个是电商战略。我们跟很多电商合作，我通过电商送货了解到消费者的需求，比如说星河湾这个小区，其业主买的洗发水是海飞丝、飘柔，还是什么。

我们再看O2O战略，大家打开微信摇一摇，手机上就收到了优惠券，我们为此做了一个尝试，分众原来是强制性收视模式，如何把流量转化成实际用户？每个企业在移动互联网时代都会有它的O2O战略，有它的云端战略，每一个公司都不可避免跟互联网深度地融合。

分众变革是什么？两个数据有价值，瞄准终极模式

在移动互联网发展到今天，人们获取信息的方式有非常大的变化，但是我认为我们的“空间”没有受到太大挑战，除非你的生活轨迹改变了。所以在很多公司的广告营收往下走的时候，我们还大幅度上升。我们的客户是天猫，是京东，是滴滴打车，互联网公司都是我们的客户。

我觉得分众最大的特点，是当信息高度碎片化的时候，它的信息反而还比较集中。一个人无法回避上班、回家这个路线。

我们要做的变革是如何更精准和更互动。更精准从云端入手，以后可以想象一件事情，在电梯里，我们给每块屏幕投放的广告是不一样的。我的机器里面有Wi-Fi，能感应到一个人走进来，他只要开着Wi-Fi我就能感应到他的地址，我也可以感应到他的云端。这个地址过去一个月在淘宝天猫上买过什么东西，我就发一个指令，因为我储存有300个广告，当他靠近我的时候我给他推相应的广告，其实这在我们系统当中是很容易实现的事情。

很多人都讲大数据，其实只有两个数据是有价值的，一个是搜索数据，一个是购物数据。其核心就是要抓住消费者的品类需求和品牌需求：他对哪些品牌有兴趣，他对哪些品类有兴趣。

另外如何做得更有互动性，比如说现在很多人放二维码扫一扫，直接下载页面；还有就是如何形成交易的画像，这才是终极的模式。

户外广告是口碑传播的阵地

清晰频道户外研究和洞察高级副总裁 Andy Stevens

当今的广告主已将受众时间分配作为触达目标人群的一项重要指标。广告主清醒地看到广告投放的两个趋势：首先，大众在家收看传统电视的时间越来越少。据尼尔森的相关报告，与往年相比，2014 年电视的观看率迅速下降。该报告同时指出，大量的家庭正在逐步淘汰电视，取而代之的是宽带网络和流媒体，因而受众的时间分配就至关重要。其次，随着在线时间，特别是手机在线时间的增加，互联网广告无疑将成为广告主触达受众的重要途径。在数字广告近年来迅速增长的同时，投放网站的点击率低、流量造假等问题也使得数字广告的实际效果开始受到质疑。

《财富》杂志曾撰文指出：半数的在线广告其实根本没有被浏览，大量的流量和点击率被僵尸网站吞噬。但互联网依然是受众接触广告的重要途径。

仅仅以“接触时间”来衡量广告推广的实际效果是不科学的。清晰频道户外一直在探索衡量广告效果的标准。接触时间并不等同于持续的注意力，没有真正的注意力吸引，广告和品牌很快就会被遗忘。

美国媒体营销研究公司 Keller Fay 近期的一项研究表明，通过调查 36000 名 13 至 69 岁的在线用户，发现 83% 的口碑的建立都是在线下发生的，13% 的消费由此转化而来，付费媒体的效果也因此扩大了 15%。尼尔森的一份报告也证明了这一发现——朋友和家人的推荐是最能驱动消费的因素，紧随其后的是线上用户评价和品牌官网。因为口口相传是在面对面的情境下发生的，广告主如果仅仅关注数字媒介，很容易失去品牌的口碑乃至被遗忘。

除了关注受众的时间分配，广告主更应该注重的是媒介的话题性。Keller Fay 的研究发现，与数字媒体相比，平面广告、广播、户外媒体等更为传统的广告形式更能激发口碑传播。而户外广告制造话题的能力更是出奇地高。每年美国有 252 亿条口口相传的广告内容源自户外大牌。如下图所示，广告带动了 28.5% 的免费媒体传播，这其中的 11.5% 源自户外广告。

广告花费份额和再传播份额对比

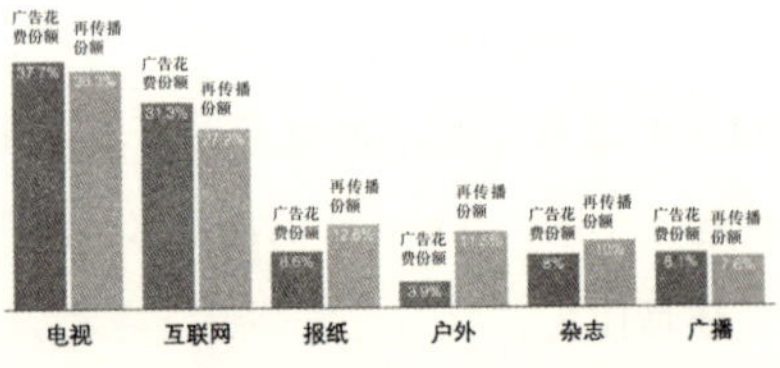

尽管户外的曝光率相对低于电视和互联网，但却能带来更多的口碑传播。在 Keller Fay 分析的六个行业中，户外媒体是目前为止最为有效的制造品牌及营销话题的途径。

广告要想让其广告花费带来轰动效应，就必须将口碑传播作为重要的效果评价标准，而不是仅仅局限于时间花费和数字媒体。户外广告正是为品牌制造话题的极佳途径。

广告主看好多媒介组合

凯度

2016 年初，广告主对整体经济、所在行业和本企业的信心全面下滑，其中对国民经济形势的信心跌至八年来的最低点。从 2016 年的媒介渠道预算分配来看，户外预算的平均占比为 12%。

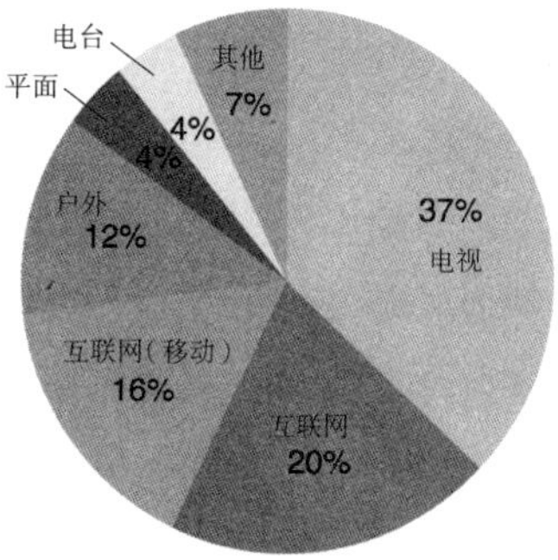

数据来源：CTR

从地域上来说，计划单列市（如宁波大连青岛等非省会城市）、省会城市和一线城市（北上广深）将是广告主在今年的广告投放重点。当广告主营销预算充足且有所增加时，计划单列市和省会城市将是优先增加投放的市场。当预算需要压缩时，三线城市（地级市）则是首先减少的市场。

从广告主的 2016 年投放计划来看，PC 网络、手机网络和电视是今年被最多广告主选中的营销平台。而且当广告主的投放预算有所增加时，会优先选择投放手机网络，其次为 PC 网络和电视。而户外则紧随其后，位居第三。

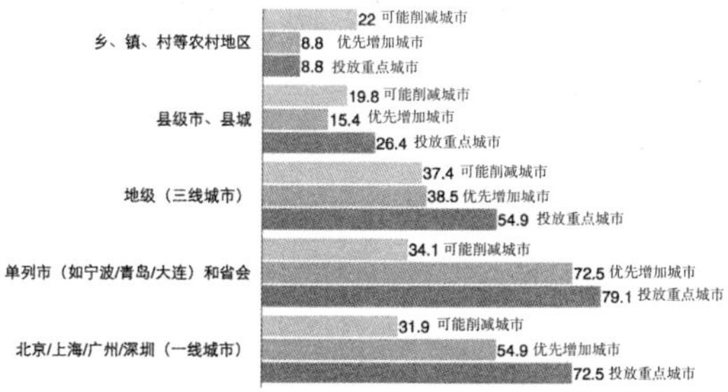

随着中国电影市场的持续火爆不断打破纪录，广告主对影院类广告也十分看好。在 2016 年广告主计划投放的户外媒体主要有：影院类，楼宇类，公交车类。

从总体营销观点来看，多媒体组合、移动优先和网络营销需要动脑筋是三大共识。高达 91% 的受访广告主认同“我越来越倾向多媒体组合的广告营销”。

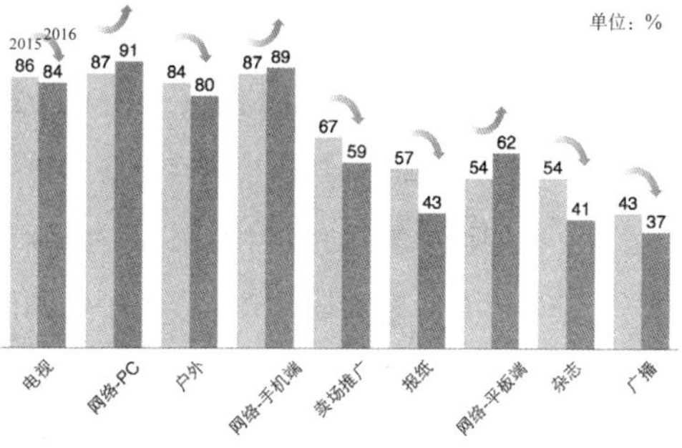

数据来源：CTR

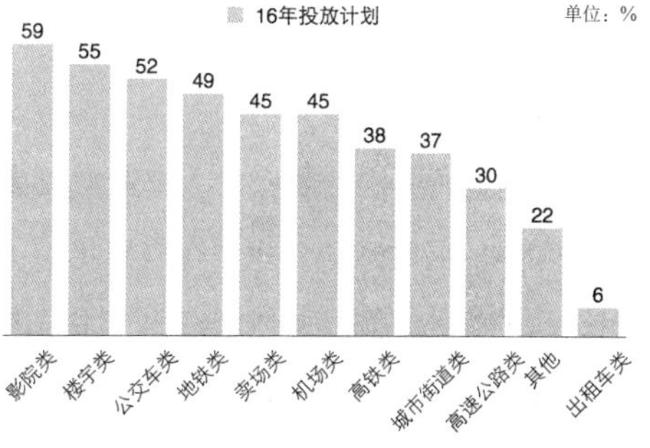

数据来源：CTR

精众化与跨屏联动拉升户外预算

趋势观察家 / 知萌咨询机构 CEO　肖明超

2015年上半年，户外广告的投放相对其他媒体比较稳定，一些规模化的户外媒体受到广告主青睐。随着城市化进程的加快和受众时空转换频次的提高，二三线城市规模化的户外广告资源的价值正在爆发。但受地产业等行业自身发展不景气的影响，以其为主要投放客户的户外媒体的投放量有所衰减，投放结构随之发生变化。

互联网行业青睐规模覆盖类媒体

京东、天猫、小米、滴滴打车、神州专车、饿了么等互联网行业的广告主，对户外媒体，特别是楼宇电视、电梯框架媒体一类能够实现规模化覆盖的媒体的投放在增加。这种投放结构变化的趋势一方面来自于互联网经济的发展和新型互联网商业模式的产生，另一方面则是来自于资本对互联网领域的介入。由于这一领域竞争激烈，资本进入后需要快速圈地、快速增强用户使用黏性，而户外无疑就是能够准确覆盖城市主流人群的媒体类型。

精众化投放趋势在加强

广告主对户外一些精众型、渠道型媒体的使用在增加。同时互动方式也在多样化，比如健身会所的媒体、院线媒体和高尔夫渠道的媒体。吉普、捷豹等汽车品牌在健身会所中通过互动与广告展示结合，为精众的目标群体传递品牌信息。

融合互联网催生户外新价值

户外媒体与移动互联网的连接和互动的新方式不断涌现。基于手机蓝牙、iBeacon、热点等技术，楼宇液晶电视实现了抢红包和派发电子优惠券，以及情人节和网络情人节的告白活动。用户通过扫描广告中的二维码和屏幕互动，获得优惠券，进而前往终端进行消费。由此可见，户外和互联网融合的趋势已成必然。基于位置的户外媒体对手机实时推送，能够驱动更多的人在周围消费。这也说明受众对移动互联网与户外联接的关注度在提高。另外，这种互联网与户外的联动、互动的模式也催生了规模化的户外媒体在解决广告主时效性问题上的新价值，从而扩大了户外在客户整体投放中的份额。

营销体系与跨界联动决定客户预算

首先，户外一定要有一个核心的媒体价值体系和概念——户外的渠道到底覆盖怎样的人群？是否和广告主的目标消费群体高度吻合？其次，户外媒体要有一套独特的营销哲学和话语体系。除了拼数量、拼规模，户外还要能解决其他媒介所不能解决的问题。例如：一些互联网公司选择投放楼宇液晶电视广告，就是瞄准了白领主流人群，他们是高频次运用移动App和电子商务的群体。实现规模化，媒体价值就能凸显。

同时，这种集中投放也可以使广告主明显感受到转化率。通过楼宇规模化、高频度的曝光，给线上广告主带来巨大的知名度提升。这些就是附着在户外媒体上的独特价值。户外要想提炼这些营销价值，就要有营销的逻辑体系。通过怎样的方式，解决客户哪些问题？作为户外媒体公司要精准描述目标群体、媒体定位和媒体能解决的问题。而不单纯是停留在曝光、提高知名度的模糊层面。同时要思考，户外媒体在整个大营销体系中，能不能和手机、网络等其他媒体进行联动，实现线上、线下的协同。只有做到这一点，客户才愿意扩大在户外的预算。

包括跟微信和 App 的捆绑的营销和与产品包装相关的促销和联动，都从整合和融合的角度告诉我们，今天的户外媒体不能孤立地看待自己，而是要反思自身在客户整体的营销和品牌传播方案当中扮演着怎样的角色，进而凭借户外媒体自身在时空和技术两方面的优势，获得客户更多的媒体预算。

使用数字户外来改变城市

德高联席行政总裁 Jean-Charles Decaux

智慧户外广告结合移动连接及程序化媒体，正在重新塑造我们所生活的城市空间。Stephen Lepitak 就此采访了 Jean-Charles Decaux，以找出德高引领行业变革之道。

全国轨道交通发展现状

近年来，整个社会都受益于移动通讯的演变以及手机可以连接线上线下的功能，手机使用率呈逐年递增趋势，这在城市环境中尤为如此，未来，随着 4G 甚至 5G 的出现，人们使用手机的频率只会越来越高。

日益复杂的数字户外技术正在改变广告大牌原有的角色，如行业现在可以在数秒内改变数字广告牌内容并生成最新的动态信息，行业也可以程序化购买广告，单单根据气温或位置来展示特定广告信息，或者数字户外还可以直接往路人的手机或手表上发送信息。

我们现在生活在一个户外广告既可以利用也可以帮助消费者的时代。户外可以直接与公众互动并且实时告知其新闻、品牌信息及附近折扣信息，这于消费者及品牌而言都是有益的。

“一个品牌如果要让其受众在户外广告的引导下来观看其最新的独家视频，需要保证其目标人群可以在现实中获取该品牌的内容。”德高联席总裁 Jean-Charles Decaux 如是说道，“户外要满足受众当下的需要，无论在哪里，不管是在城市、交通枢纽或是机场，他们都可以与品牌互动。”

据 Decaux 介绍，德高正在致力于更好地连接城市，并且帮助电信公司提升本地手机的连接度以建立更好的城市连接。“移动数据消费的增长速度飞快，在城市公共空间尤为如此，这就需要本地连接得以提升。”

德高在提升本地联接方面所做的努力，包括在杜塞尔多夫做的免费 Wi-Fi 项目，还有提高 3G 和 4G 的消费者联接度，如在阿姆斯特丹，逾 200 个公交候车亭安装了德高开发的移动连接基站。

互联互通城市的演变将取决于大众使用技术的情况，Decaux 承认，预测各样平台未来的演变很难，“我们更多的是要做好准备，拥抱所有可能的科技，保证我们知道如何应对大众实际所使用的技术。”

“数字革命已经告诉我们，颠覆有时可能来自某些无法预料的领域，因此，保持一个开放的心态很重要，在为我们的客户推出广告解决方案之前，我们愿意在测试中不断地学习。”

Decaux 举了近距离通讯（NFC）的例子，NFC 曾被认为是实现手机与户外互动的主要新技术。

“但是经验表明，事实并不是这样，NFC 已经演变为有效解决其他用途的工具，如交通或文化信息的传递等。那么，什么是手机和户外互动的最佳技术？我们的方法是测试所有的技术，对于这样一个复杂的问题，可能答案远不止是一个。”

科技让户外优势得以强化

Decaux 否认公众在户外被营销信息狂轰滥炸，户外是资源独占性的媒体，它可以让品牌从信息堆里脱颖而出。

“科技和联接将帮助强化户外已有的功能，而且百分百不扰民，公众在城市或交通环境里面遇到品牌传播信息的时候，他们可以选择是否想要与品牌做进一步的互动。”Decaux 表示，虽然一些品牌已经通过自有媒体策略获得了大量受众，但是他们仍将需要媒介和媒介专业人士来帮助其传递信息。

“户外的独特性体现在它可以帮助品牌占有某一地理位置，比如，在主要的国际机场或大型的公交枢纽，一个品牌可以进入并实际占有其中独特的位置。这方面最新的案例是 Tiffany 占据了洛杉矶新航站楼里的全新数字钟塔，这确实是一个独到的传播机会，可以为品牌提供一种极具吸引力的广告发布。”

数据源于人，也用于人

最终，随着所有传播都在数字媒体上进行，行业的专注点将转向数据及数据的处理。

“现在的问题是如何从大数据——大量有时却无用的数据中找出有用的数据，毕竟，营销和广告一直以来是有关人和人的行为方式、思维内容、反应模式的行业。”

“获得实时的行为数据将是更多地了解人们在城市中活动方式的关键，如他们去了哪些商店，他们在通勤中使用哪些手机应用等等。这将为品牌更好地锁定受众提供有价值信息，但是人毕竟不是公式，其行为不能通过数学方式来预测。因此，询问公众所想以及他们对一个广告活动、新服务或创新的反应仍然是极为重要的。”

如何通过优质的数据来指引行动是一个品牌利用互联互通城市机遇所要达到的终极目标。为了了解受众的个人情况以及受众数据背后的动机等因素，德高开发了可以提供消费者洞察的数字化工具，包括在英国、澳洲和法国等地的消费者洞察社区，受众可以通过这些社区为品牌信息传递提供其相应的思考与反馈。

品牌营销人员从来没有像现在这样有这么多的机会来与其目标市场进行沟通，随着物联网世界的兴起，这一现象将得以持续演变。未来，生活在现实世界就意味着在某些方面随时随地与线上互联，一切皆线上将成为事实。

新时代户外媒体迎接移动化

Blue Bite 联合创始人兼 CEO Mikhail Damiani

一、户外行业应重视移动化

许多年来，户外媒介领域相关技术专家、学者以及具有前瞻性的领导者每一年都会宣扬这样一个观点："今年是移动户外之年。"2012年、2013年、2014年和2015年都是这样，鉴于此，我预测，2016年同样也是如此。但就目前情况来看，尽管移动媒介已经超越传统的电视媒体，更加能够吸引受众的眼球，我们仍然没有看到户外媒体移动化元年的到来。为了顺应潮流的发展，相关从业者需要及时更新自身的观念，从不甚重视移动化到采用移动优先的战略。

目前，移动化元素和内容常常被户外媒体事后才想起，它们常常被视为"附加的"或者"锦上添花"的元素。但是，在目前，包括社交网络、店内销售甚至是 Youtube 的很大一部分客户来自移动端 。正如 LinkedIn 的 Jason Miller 所说："如今成功的营销者需要善于将所有的新旧销售渠道融合进整体的市场销售战略中。"

二、各类技术助力户外移动化

更关键的是，目前，我们已经有足够的技术和工具去迎接户外媒体移动化的到来。市场上已经拥有像 NFC 和 RFID 这类的近距离传输技术；低功耗的蓝牙技术；移动地理围栏技术和广为人知的 Wi-Fi 传输，甚至，像 SMS 和 QR 这类我们的老朋友等等，这些技术，通过专业的技术人员就可以很容易地配置完成，同时很容易上手使用，最重要的是，它们的费用，大多商家都能够轻松承担。我们可以看到许多对这些技术进行高效的户外传播的案例，比如谷歌、三星和派拉蒙影业公司等等，这些公司，通过在传统户外媒介上部署 NFC 近场通讯技术，使其能传输诸如音乐和视频这类的多媒体资源，迸发出新的活力。像 Under Armor 和 KIND Snacks 公司则在地理围栏（Geofencing）技术的帮助下，更好地进行与社会交流和新产品宣传销售。甚至，像 H&R Block 这家美国税务公司，通过完美地将户外媒体和 SMS 技术进行"联姻"，为纳税人节省了数十亿美元的金钱。但同时，更应该指出的是，诸如此类成功的户外媒体与移动技术相结合成功的案例较于近些年所开展的户外媒体传播活动来说所占比例仍然很小。

三、如何迎接移动化

为了有相应的进展，我们需要重新考虑有关移动设备的定义和它如何与其他媒体相互配合。FunMobility 公司发布的 2015 年市场指南把目光聚焦在移动设备如何改变我们对事物的看法上。"移动设备不是一个单纯渠道，它也并不仅仅是屏幕和 App；移动设备是现代生活的中心。它是我们生活的引擎，影响生活的方方面面：它影响我们购物、社交的方式，影响我们怎么样引导改造我们的世界"。"移动设备不应该被仅仅视为一个独立的个体或者是一个'附加值'，它应该被视为连接其他各种形式媒体的纽带；同时，它也可以为相关品牌创造全新的与顾客沟通、营销的方式，而不仅仅是简单粗暴的消息和广告推送。”

但是，值得一提的是，在任何不重视移动设备的战略中，想要有效地在市场营销中开展移动化和智能手机化都不现实。那么什么样的举措是不重视移动化和智能手机呢，举例来说，户外广告的内容和创意早已经做出，公司根据做出来的这些内容再设计如何适配手机等移动设备；将移动设备仅仅视为公司市场营销的一个单项；又比如，在绩效考核时，仅仅看中点击量、网站访问量和受众印象。

我们需要在户外行业里树立移动设备优先的战略。可以这样说，所有的技术都是现成的，它们就在那里，供人使用，但是单纯的技术并不能够对最终的用户有足够的吸引力，技术只是内容的载体而已。打个比方来说，人们不关心能够制作出冰淇淋的机器是什么，他们关心的是冰淇淋最终真实的口感。是的，你可以为冰淇淋制作机配置显示屏幕，配置 LED 照明灯光和红外线检测仪器甚至是内置的摄像头来让顾客欣赏美妙的冰淇淋是如何制作的。通过这样的展示，可能一群人会有兴趣关注冰淇淋制作机。但是，如果杯中的冰淇淋吃起来像放了几个月的骆驼奶一样（泛指不好吃的冰淇淋），也许，你就再也不想见到这台冰淇淋制作机了。同样的道理，移动设备的用户体验要比它所采用的技术重要的多，关于产品移动化的用户体验应该被视为项目开始前就被考虑的关键，只有这样，相关内容才能有效地进行传达。

移动时代的户外广告具备革新现有媒介互相连接的潜力，也能更好地为品牌服务，使它们更好地与受众进行交流。户外媒体可以说是移动时代的理想载体，它具备将移动设备有效地置身于场景中的能力，在指定的时间内，受众可以不断地接收他们所需的相关信息。

现在，各类户外媒体可以说是随处可见，高度饱和；同时，随着户外媒体渗透力的提高以及人们在户外的时间增多，利用碎片化的时间与户外广告互动的机会也随之增多。最重要的是，当户外媒体吸引了受众停留并且参与他们的活动时，户外媒体能否真正的提供个性化的、动态的并且和受众息息相关的内容？户外媒体主是否能真正抓住受众的吸引力，通过受众的参与来收集相关行为信息，通过这些信息的反馈来改进与移动设备的互动，为今后更好的参与做出调整？户外媒体主是否能在未来的户外广告、未来的实体与线上销售以及社交媒体中继续与这些参加的受众保持互动？这些对于户外媒体的发展来说至关重要，我真心地希望这些问题，能够得到肯定的回答。

即将改变户外广告的八大趋势

博视得美国战略副总裁 Jeff Tan

在未来 18 个月里，户外广告行业将会迅速演变。这个最古老的广告形式已经出现了显著的变化：移动融合，在数字平台和数据来源中的展开，正在改变着行业的感觉。

数字屏幕数量会显著增加——由于多种因素，包括改变城市政府立法和 LED 大屏幕显著降低的成本生产。作为户外广告的两个主要供应商，Outfront 及 Intersection 已宣布计划在全国主要城市稳步推出数字屏幕。Intersection 的“链接”项目将改变纽约市内街区的视觉形象：广泛实施的 Wi-Fi 热点正在取代街角电话亭，全部支持均通过大型数字屏幕的广告收入。

将有超目标的新发展。户外广告策划体系将结合数据来源，包括移动运营商数据、在线浏览行为和消费者购买记录。市场营销人员将能利用户外广告，针对移动中的微小特定人群。如在选举年，总统竞选将利用第一方投票和客户关系管理的位置数据，对准目标选民来实施。

实时的户外广告交易将稳步增加。更多户外供应商的库存将融入需求侧平台。该形式有能力向目标消费者实时提供基于先前导致汽车、旅游和零售广告试水的历史位置。在 2016 年期待更多营销人员扩大他们包括户外广告在内的实时积极性。

户外广告将变得更为智能——因为前瞻性思维的品牌们充分利用了互联网连接的屏幕、面部 / 对象识别和外部数据来源的发展。艺术和科学的融合，将导致基于人们如何反应的户外广告创意的自我优化。由数据源触发的动态内容，已经使广告商改变了基于实时的外部创意条件，包括客户关系管理数据、 天气、 体育成绩、 交通和社交媒体的情绪。通用汽车公司定期将动态创意纳入基于大量数据源的户外广告，例如，当温度下降到低于华氏 42 度时，加热的方向盘创意就会被展示。

采用专注于分析的 Beacon 将会增长。聪明的营销人员将利用低功耗蓝牙设备 (Beacon) 收集数据，以增加对消费者在店行为的更好理解。大型零售商包括梅西百货已经通过其商店的网络推出了 beacon，这提供了丰富的宝贵数据，如当红产品和通路、能跟踪商店促销登记册的权利等。

户外广告将成为将社交与手机策略融合的核心部分，而我们将看到更多以户外为核心内容的广告活动。作为其获得巨大成功的“分享一支可乐”活动的延伸，可口可乐在时报广场发起了一项数字广告整合活动，结合大型数字广告牌、 谷歌搜索数据、 移动和社交媒体，激活对行动的召唤。

户外广告将开始被视为一种直接反应的媒介。作为无卡支付，包括推特支付和移动支付，增强了对商家的牵引，消费者使用率的增加大大超出早期用户。 “无卡”的非接触式移动支付迅猛发展，Forrester 预计今年将增加一倍以上，并且在未来五年，光是美国的移动支付预计将从 2014 年的 520 亿美元增至 2019 年的 1420 亿美元 。沿着消费者的行动轨迹，户外广告会增加其相关性，作为一种主要的品牌意识驱动，形式感现在可以成为驾驭实时采购的工具。

广告业必将直面压力做出反应，这是由于营销人员对数字广告可视性和广告拦截变得越来越敏感。美国户外广告协会最近的“感觉这种真实”（#Feel The Real）活动，展示了户外广告作为百分百可查看媒介的有效性。预计，随着所有媒体渠道越来越多的审查，专业从事媒体监测的初创公司也会增加。

上述对于户外广告的预测，基于不断地塑造这个行业的技术进步。随着户外媒体的发展，我们期待有更多智能化的、具有高度针对性的和可测量评估的广告活动出现。

#Feel The Real 活动

户外媒体的社交属性

美国户外广告协会首席营销官　Stephen Freitas

户外广告存在于现实世界中，也正是其实体性，让户外媒体被誉为最理想的连接数字设备，并与之互动交流的媒体。尼尔森的调研数据也表明，当想要将广告转化成网络的二次交流活动时，户外广告的投放效率比电视更高。

分享是人类的本能，大多数人都渴望与别人分享交流。借着技术的东风，人们能够在数字时代更好地放大这种本能。引导人们去分享，也是每个公司在营销中需要好好考虑的。

人们行为方式的转变同样改变了他们的社交生活方式。虽然通过类似 Google 这样的搜索引擎进行检索仍然是人们获取信息最普遍的方式，但是，越来越多的用户在寻找信息时已经绕开了搜索引擎，他们中的很多人选择在社交平台中获取他们需要的信息，因为他们知道从社交平台上不仅仅能够获得相应的文字信息，更能够获得丰富的视觉信息。同时，因为社交平台是一个充满着沟通交流的公共领域，人们在获取信息时更能够获得他人的反馈信息，相关研究表明，从相似的想法和爱好的人那里获得的信息，往往会更具备说服力。

同时，虽然现有的技术已经能够连接受众，帮助受众检索，帮助受众购物，这是受众在数字时代参与活动最直接也是最简单的方式。但是，当搜索结果不明确或是涉及受众的未知领域时，我们需要通过广告等活动来帮助受众更好地参与其中。这也是广告的意义所在，帮助受众形成印象，消除困惑。数字时代改变了人们社交和参与的方式，所以进行营销时，我们不能仅仅把营销活动看成一次单独的独立的行为，哪怕以前一直都是沿用一套老路子。就目前来看，一场成功的营销往往很好地把付费媒体、自媒体以及“无偿媒体”结合起来。

付费媒体是我们通常所认为的传统媒介，包括户外媒体、电视、广播等等。自媒体包括企业的自由财产，如官网、公车等等私有财产。“无偿媒体”包括自发形成的社交分享，媒体报道，人际交流传播等等；而这里，我想强调，户外广告的新机遇就在于争取“无偿媒体”上。

目前，广告主对于社交分享以及通过分享，形成人们对于品牌的看法十分在意，社交网络常常被认为最有效的获取品牌好感的方式。这也是为什么现在各种复杂的营销策划中，广告主将获得“无偿媒体”摆在至高无上地位的原因。随着更多的顾客频繁地进行各种新式社交活动，在人们的社交活动中获取“无偿媒体”被许多广告制作者放在了策划的首位。在许多广告奖项中，我们也看到重要奖项都授予了那些能很好在社交平台上传播的广告。

现在，户外广告是广告主赢得受众社交平台传播的一门利器。因为户外广告的实体性，它可以天然地成为一个桥梁，将真实世界和虚拟世界连接起来。无处不在的户外媒体，能让受众先行一步对事物进行了解。产生兴趣时，受众会自行在网络和社交媒体上对户外媒体宣传的事物进行检索，进一步让受众产生对品牌的认知。事实上，一家名为 Media Behavior 的调查机构，通过调查研究发现，各类户外媒体能够反哺人们对于其他媒体的应用。

可口可乐在纽约时代广场开展的户外营销是一个很好的例子，这个户外活动展示了当户外广告与社交媒体很好结合后能产生怎么样的力量。众所周知，可口可乐是一个老品牌，怎么样保持品牌的酷劲是一个很重要的课题。对此，借助科技的力量可口可乐针对千禧一代特别策划了一场户外投放。可口可乐在游客上大做文章，在时代广场的游客可以在推特上输入入 #CokeMyName 标签后，附上他们的姓氏。通过事先设置互联网系统，时代广场上的数字屏会显示关于这些姓氏背后特殊的故事。同时，无需游客自己拍照，可口可乐在这些大屏上分配了相机，当出现姓氏的故事时，相机会自动拍照并且传给这个姓氏的上传者，方便其在社交网络上二次传播。实践证明这次的户外营销取得了成功。

在美国明尼苏达州进行的 Delta 牙科户外营销是户外广告营销另外一个好的例子，通过这次活动，我们可以看到户外营销是如何成为整个广告投放环节的关键因素。通过广告投放，美国家庭增加了关爱牙齿的意识。通过一系列推广（户外广告、电视、网站等），Delta 牙科诊所会引导受众进入一个介绍 Delta 诊所产品和服务的微网站，在介绍自己优势和特色的同时，受众还能在微网站上醒目的位置看到一项将自己的笑容分享给他人的活动。通过在网站上简易的邮件方式，受众可以一键式将自己灿烂的笑容传给 Delta 诊所。Delta 诊所也会筛选出灿烂的笑容，在其明尼苏达州所有的户外广告屏上进行展示。受众会对这种 UGC 内容特别亲切，因为广告的主角就是你我这样的普通人，这一特性也促成了这项活动在社交网站的多次传播。

可口可乐和 Delta 诊所的例子揭示了在户外活动中引导社交舆论的重要性。Facebook 的 CEO 马克·扎克伯格说过："广告本身就应该是有意义的内容。最好的广告应该是受众自己在一系列渠道里亲自创造的，这样的广告最能反映受众本质上的需求。"随着受众越来越注重分享，所以在广告营销中值得注意的是广告本身的内容是否值得受众分享传播。值得传播的广告总是有很高的质量，往往与受众关联性较高，在形式上也会根据受众的需求进行变化。

4A 公司和其他广告机构的职责就是通过各种可能将各种媒介渠道进行打通，为受众带来最适合的广告。新出现的社交媒体传播为广告主和广告机构带来了新的机遇，毕竟原先自上而下单线条式的传播方式已经无法起到社交二次传播的效果。社交媒体贯穿于每一个媒体之中，贯穿于传播交流策略和营销的每一个方面。

幸运的是，目前诸如 Wi-Fi ,iBeacon 等技术可以为户外广告插上想象和沟通的翅膀。从上面所说的两个例子我们可以看到，用各种技术精心设计的户外广告可以与其他媒介，尤其是移动设备协同合作，最大程度实现受众社交的需求，也为广告主、品牌商带来良好的收益。为户外广告注入更好的社交属性，也是户外行业需要努力的。

户外媒体的未来充满潜力

EVP，Chief Revenue Officer Outfront Media Clive Punter

尽管在过去的15年中广告世界发生了巨大的变化，类似社交营销、移动营销、程序化购买等等新名词层出不穷，我仍然相信，最古老的户外媒体仍然非常时髦，它的春天仍未到来。

广告行业的发展历程

自20世纪90年代起，西方世界的广告行业历经三段发展路程，容我为大家慢慢道来。我进入广告行业时，当时的广告所追求的第一要素是曝光率。传统媒体是这一广告时代的霸主，统治了整个广告行业，因为它们决定受众能够看到什么、听到什么，什么品牌有机会走进受众的记忆里。

利用传统媒体最大化、最大频次的对品牌进行曝光，对受众轰炸是当时广告业的不二法门，忆往昔峥嵘岁月稠，户外媒体在那时也有着十分稳固的地位。

1990年代末，互联网的诞生拉开了广告行业第二阶段的序幕。诸如雅虎、谷歌这类互联网的弄潮儿像携带了新世界钥匙的婴儿，它们打开了广告世界新的大门。这一阶段的广告主要是改受众像小白鼠般被动接受为积极主动参与；衡量一个广告、一个媒体好坏的标准不单单是它的曝光率如何（当然它仍然十分重要），更多的需要参考受众看到广告之后进一步的反应（比如是否产生兴趣而进一步搜索）。

广告考核、衡量指标的变化也对广告行业产生了巨大冲击，Zenith甚至将自己更名为“The ROI agency”，来表达自身对于受众反应的重视，这也从侧面印证了互联网对广告行业的冲击。而对受众定位追踪分析主宰了第二段广告行业历程。

第二阶段的广告之路一直持续到新世纪初，随着Facebook、Twitter、LinkedIn等社交平台的出现，广告行业的第三段探索浪潮也正式揭开序幕。在这一阶段，广告行业、尤其是户外广告变得更为主动，没有任何互动，单纯为了记忆而刷曝光的广告很快会被淹没。为了让广告更好打动受众，营造更好的广告，“场景营销”的概念应运而生。为品牌搭建合适的场景让合适的受众亲历其中，用有趣的、不单纯广告的广告方式让受众不自觉认同品牌是第三阶段的鲜明特点。

在第三阶段，之前令所有户外广告人胆颤的互联网广告、移动广告也突然变得可爱起来。手机等设备可以与数字媒体相结合形成病毒式传播，这样广告传播便能覆盖更多受众。手机作为消费者外化的代表，与手机连接成为最值钱的金矿，而户外媒体的实体性使其成为不二人选。鉴于此，在现阶段，广告公司、广告主们纷纷斥巨资在数字媒体上投放广告，并且分外注重户外媒体的包装和内容质量，以求受众在参与时能有好的情感需求。

在这一阶段，广告设计的理念也经历了从

单纯激发受众的产品需求到通过实现消费者内心的满足，自然而然产生好感。这一由外而内引导的过程也是第三阶段广告行业的特点，这也就不难理解为什么第二阶段的弄潮儿雅虎在下一阶段举步维艰了。

随着消费者越来越喜欢在社交网络上发表他们的观点、言论，广告人也意识到在网络上与消费者持续对话的重要性，通过各类活动在消费者想要发表社交评论的半途中进行引导，为目标受众树立品牌好感度也是当前广告者常用的作法。目前优秀的广告公司善于将线上、线下营销打通，给消费者参与、发帖和分享的机会，同时这些广告公司也将活动产生的数据视若珍宝，不断的详加分析为精准服务做着改善。近期的调研数据预测，2017 年数字媒体将会有双位数的增长，所有一切都昭示着数字世界的光明前途。

为什么和户外广告相关？

在受众为中心的时代，所有媒体都在渴求与受众连接，所有广告渴求受众在社交媒体上进行分享。我认为以下三个方面奠定了户外媒体在新时期重要的作用。

1. 实体比虚拟更容易产生需求

户外广告的实体性在这个时代大放异彩，对比其他虚拟媒体的下滑，它仍然能很好地引导消费者产生购物需求。初入广告行业的我那时将行业泰斗莫里斯萨奇先生的“广告，请不要道歉”的箴言奉若瑰宝，我一直认为这句话针对户外广告再合适不过。许多品牌和公开的发布最适合在户外媒体上宣传，因为实体性可以为品牌带来附加的意义。恰当的创意、投放在合适的点位，当古老的媒介遇上现代理论，让我们来看看户外媒体能迸发出何种魅力：

苹果公司大概是利用户外媒体，将企业和品牌文化描述得最淋漓尽致的厂商。类似“Shot on iPhone”这样的户外展览将苹果的企业精神淋漓尽致地展现，这也促使许多企业纷纷跟进学习：例如 Facebook 在户外媒体上的“Live 直播”营销；Twitter 也凭借它为人所知的“#”符号，利用户外媒体在美国大选期间出尽风头。以上这些例子都是线上的公司在线下开展营销，引导舆论再恰当不过的例子，也充分证明了新时代户外广告的枢纽性。不仅仅是 Facebook 和 Twitter 这两家互联网巨头，像华纳兄弟、通用汽车、安海斯布希、可口可乐等各行业巨头，都在汲取户外媒体的巨大价值。户外媒体附加属性和使受众直接产生购买欲望的能力正是当前其他媒体缺乏的。

2. 数字户外即将到来

虽说目前户外媒体距离全面数字化尚有很大距离，但是大家可以愈发的确信户外数字化的趋势是正确的。想象一下未来的城市街道中：所有 App 都基于云端，具备 Wi-Fi 功能的 Beacon 使媒介直接具有内容生产能力，同时基于地理围栏所产生的数据能使厂商对于受众的定位前所未有的精准。换句话讲，未来的数字户外就像在社交社会中衡量印象和表达的工具一般，将一切营销活动变得可衡量。如此数字化的户外媒体才是真正的数字化，它未来的趋势不容小觑。

3. 户外媒体将成为目标实现媒体

想象未来遍布数字户外媒体的世界是多么的令人振奋，在这个世界消费者在数字户外的时长占据了他们日常的 70%（即除去睡眠时间外的有效时间），户外环境无疑占据了人们大部分日常生活。随着技术的革新，户外媒体甚至可以与汽车相连而为汽车驾驶者提供有用信息。在合法的途径内，数字媒体可以更精准地获取目标消费者，从他们的手机、手环、汽车等设备获取他们的生活轨迹、生活习性与爱好，更精准地进行预判，在恰当的时候为消费者提供恰当的广告信息，让广告不再惹人厌恶是可以预期的前景。受众数据库、地理围栏和社交网络三者结合，集大成的未来户外可以最大程度实现广告主投放的目标，成为最优的效果实现媒体。

综上，户外媒体的实体性是其最宝贵的价值，它存在于特定的场景之中，能够完成其他媒体不具备的需求导向作用，能够为消费者提供品牌体验并完成购买，这也是其他媒体所不具备的。技术的发展孕育着无限的可能性，作为技术的海绵，户外媒体所蕴含的潜力也是不可估量的，就像潘多拉魔盒般，它正等着我们去打开，请诸位拭目以待。

户外广告连接新技术与科技公司

Clear Channel 策略部执行副主席 Sean McCaffrey

技术正以炫目的速度飞速发展，各类 App 的诞生与可携带的智能设备的性能升级帮助消费者用一种全新的方式、全新的角度与周遭世界产生联系、发生交互。而这种全新的交流方式不仅对于消费者是新奇的，对于市场营销者来说同样如此。分享、评论、流媒体——消费者通过感知现实世界，实时的对品牌产生多维度的印象，这些印象从各方面影响最后的购买决定。在技术的助力下消费者感知品牌、感知现实世界的渠道越来越多，品牌也希望顺势而为，参与到消费者购买决定下达前的各个环节。

店面、店饰装扮、零售店显示设备、收音机、购物辅助工具、产品评论等都可以藏匿于消费者口袋中。数字化、现实性的流动不断加强，虚拟世界与现实世界的不断融合永久性地改变了我们探索世界、产生偏好、购买产品以及与品牌产生交互的方式。因此，以往的“一次性刺激 - 产生购买”“单次营销—产生买卖”的行为在如今亟需改变。营销者需要在更复杂的营销网络中与消费者产生联系、发生交互，并且这样的交互在产生购买行为前是持续不断的。

碎片化的媒介环境加剧了品牌传播难度，导致营销工作努力构建消费者与品牌有效沟通的桥梁。当许多品牌都在碎片化的媒介时代寻找线上交互灵感时，有趣的一件事情发生了：许多世界领先的科技、数字化公司正加大对户外营销的投入。通过户外媒体，它们将品牌规模扩展到线下，又通过户外媒体加强品牌体验营销，放大品牌影响力。

在广告主心目中，户外广告价值愈发重要。调研机构 Kantar 研究表明，对比 2015 年，户外广告投放额的前一百家企业中，有 68 家企业在 2016 年加大了户外广告的投放力度，增长幅度为 3.1%；其中，有四分之一的企业为科技企业，这一趋势在未来预计更为明显。

领先的品牌在户外媒体上看到了哪些机会

如今，消费者花费更多的时间走出家门，出行于户外场景中。在不同的场景体验中，手机成为连接场景与消费者的枢纽，而户外媒体也突然间发现它们有了新的关联性。目前，户外媒体功能不再局限于传递有冲击力的品牌信息，更能够与其他媒介很好融合。

以移动终端优先的品牌正加大在户外广告的投入，它们也在不断加强户外广告广为人知优势项的投入。与以往的区别在于如今的消费者更移动化并可以连接。像 Facebook Live、Snapchat、Netflix 等品牌已经意识到它们原本的线上环境高度竞争化，为了取得领先的传播效果，它们必须从众多品牌中站出来。要做到脱颖而出，单纯线上数字营销已然不够，品牌主纷纷寻求线下营销让消费者有机会参与互动，通过真实与虚拟的串联来维持品牌原有客户，并获得潜在客户的好感，最终赢得新生意。

换言之，就像可口可乐想方设法去售卖它们的饮料，麦当劳尝试各种渠道去促进三明治的销售一样，这些新型经济的品牌需要做的就是培养消费者的习惯，引导消费者学习、成长，一旦消费者有了新产品的意识，品牌需要做的就是通过宣传让消费者使用自家产品。万变不离其宗的是，新型经济、新型产品还是需要沿着老路去推广自身的“新生意”——赢得市场份额、促使重复消费、获取品牌忠诚用户。

Google 正是深谙此理念的品牌，2012 年 Google 戛纳广告节全场大奖便是很好的例子。在这则案例中，Google 借助众多户外媒体发布了跟媒体所在地点相关的兴趣点信息和活动，合适的户外媒体呈现合适的信息，并以此推广 Google 的音频搜索 App。其实这则案例与长久以来可口可乐、麦当劳等传统品牌“一英里内获得可乐、三明治”的套路并无不同，Google 与可口可乐、麦当劳一样，深谙户外媒体地点的重要性，在合适的地点、合适的时间，将信息传递给合适的人，自然能取得非凡的广告转化率与良好的效果，最重要的是，要执行这样的案例并不一定需要户外媒体数字化。

在地点与场景如何结合上，这些领先的数字化品牌同样明确一条基本的道理——消费者希望体验真实世界。行之有效、富有创意的户外广告目前可以超越原本单对单传播的局限性。比如，Drake 在多伦多执行的户外广告案例，单块广告牌获得了超过 7800 万次曝光；可口可乐在美国时代广场的一块屏幕上也曾投放过一则名为 #cokemyname 的营销活动，这则活动在全球范围内获得了 2.5 亿次的曝光。

在你常浏览的社交网站上，随处可见体育明星、演员和其他公众人物分享他们户外营销活动的案例。通过户外媒体，消费者与这些公众人物有着难得的共同渠道去观察他们发布的内容以及内容所产生的影响力，因为他们的内容可以一同被显示在全球任何一个城市的最大户外广告屏幕上。对于消费者来说，这是一段很棒的旅程。通过户外媒体，消费者可以将他们的渴望与情感在真实世界表达出来，而不仅仅是在虚拟世界中。

凭借目标定位创新技术，户外广告放大移动营销威力

考虑一下遍布真实世界的户外媒体与各式各样移动化行为碰撞能带来怎样的火花？精心策划与布置的户外广告，借助着各类户外测量平台，已经能够很好地将目标消费者户外的行为进行统计与测量。未来，Google 预计超过 50% 的移动设备搜索将会伴随本地化信息，同时 17% 的搜索行为发生在人们的户外行程中。

就像电视朝着视频整合方向发展，电台朝着音频整合方向发展一样，户外广告应该更多地发挥地理位置属性，并根据地理位置移动化营销。事实上，很多领先的品牌已经意识到并且有所反应。户外广告独一无二的视觉冲击力能够将移动营销能量最大程度的放大并且在真实世界有所体现，进而扩大品牌在移动文化时代的影响力。

换句话说，在这样一个触摸、点击的时代，所有事物就像页面浏览一样，户外广告越来越多的被视为战略性媒体，并且被放在购买与策划的优先级。原因无他，户外媒体存在于真实的世界，具有着强大的传播效力，无论人们在哪里工作、居住、旅游或是购物，户外广告总能将消费者包围，给予他们沉浸式的体验。

场景化营销时代来临

中央电视台品牌顾问 李光斗

从传统PC时代到现在的移动互联网时代，交友、阅读、购物、出行、游戏、视频……智能移动端的出现完全颠覆了人们以往的生活方式，社会信息空前爆炸，媒介资源铺天盖地，时间呈碎片化发展。由此，企业在品牌树立和营销推广方面的策略也在发生巨大变化：强调即时互动，基于PC端和移动端的多平台全覆盖，从争夺流量和入口转为多场景布局(人们聊天时会想到微信，购物时会想到支付宝，这背后其实是基于社交或支付场景的应用设计)。可以说，推崇PV（PageView/页面浏览量）的流量时代已经过去，围绕人们日常生活中随时随地的衣食住行，所产生的场景触发(SceneTouch)，即“场景化营销”时代正在来临。

这一趋势主要围绕用户，把看似无关的应用跟消费者所处的实际情境相连接。在移动互联网条件下，基于大数据、云计算、物联网和人工智能，提供贴合用户体验的场景应用；行业融合，依据用户的碎片时间整合各类产品、服务；根据不同目标群体的特性分类管理，对市场进行有针对性的场景设定，由此获得广泛推广和精准传播，让消费行为在潜移默化中不由分说的自然完成。某种意义上，借助符合用户生活形态的场景化设计，重塑产品的渠道和链接方式，是今天在移动互联网条件下决定营销成败的关键。

流量模式明日黄花

“流量”，传统意义上被认为是衡量互联网行业水平高低的重要指标。从PC到移动互联网，流量大约经历了四个阶段的变化过程。在互联网的世界刚刚向世人打开时，无论搜索引擎、网址导航，还是电子商务，一切都充满了新奇。这一阶段，基本上任何流量都能吸引大批用户进行关注，流量变现的转化率很高。

第二阶段是“导流”：在这个过程中，流量的转化率逐渐降低，原本单一粗放即可“套现”的方法不再适用，互联网的设计运营开始细化提高，诸如“聚合搜索、导购”等模式盛行一时，但这一阶段仍属“流量生意”的范畴。

到了第三个阶段，移动互联网的出现开始改变社会生活，手机代替PC成为主要的信息接收终端，时间呈碎片化发展，消费者由此变得移动、分散，原本的流量模式受到很大冲击。人们更关心产品和服务是否足够满足自己的个性需求。曾经被追逐抢占的流量逐渐边缘，据此构建的商业模式开始贬值。

最新一个阶段，随着互联网+概念的提出，移动互联网概念妇孺皆知，智能工具的普及，使流量垄断的局面难见踪影（即使微信占据了人们大部分时间，但并不意味这批流量可以和PC时代的价值等同。换句话说，现在的流量在变现过程中的耗损高于以往任何时期）。移动互联网世界，一切开始要求精确，没有金刚钻的瓷器活儿注定被遗忘和淘汰。

碎片化时间

“时间碎片化”是当今社会对个体存在的一种典型描述。今天的人们，拥有海量的社交渠道和媒介资源。空前的快节奏生活，使以往需要占用整块时间才能完成的事，现在大多被拆分解构：乘车赶路，交友聚餐，甚至睡觉前和醒来后，大家面对的几乎都是手机，生活、工作的界限开始模糊……由此，如何在移动、分散、碎片的环境中，抓取用户注意力，第一时间在众多竞争者中脱颖而出，高效促成消费，成为摆在每个商家面前的难题。

场景营销，互联网不再焦虑

有人说，互联网思维一切围绕用户，以消费诉求驱动生产经营，市场主权完全交到消费者手中。初看此言充满了理想色彩，但当天平从一端滑向另一端时，企业也开始隐忍一种焦虑……上文提到，在传统的 PC 时代，互联网行业争夺流量和入口（对淘宝商家而言，流量即交易）。而移动互联网时代，涉及营销的流量转化率较低；即便吸睛夺目的产品表现能够获取部分流量，但过分追踪用户，企业自己的主动权随即丧失，面对个性多样的市场变化疲于应对 —— 无论多好的产品，总会被复制超越乃至乏味，缺少必需一定的消费逻辑，黏性需求丧失成为互联网焦虑的症结。

智能应用让用户变得慵懒、挑剔，他们真心希望一切都可以做好并送到嘴边。伴随移动社交和自媒体的迅速崛起，简单粗暴的界面投放广告，在甲乙之间开始被无视和嘲笑（P 图算个 P）。结合智能设备的各类 App 应用，要想在移动、分散、碎片的条件下真正打动用户，最好的方法莫过即时互动：设置一个贴近用户实际生活的场景，让消费者在亲切自然中被触发打动，随心接受商家提供的信息，这为治疗企业的互联网焦虑提供了全新思路——营销推广由以往的信息轰炸开始向个性化的互动体验转变。饥肠辘辘时有“饿了么”，打车用“滴滴快的”，买电影票上“格瓦拉”，寂寞找“陌陌”…… 这些经典案例所代表的市场行为都是在消费者最需要时准确出现。宿务太平洋航空根据香港的雨季特点，用防水喷漆在大街上喷绘广告，平时隐形，但雨天会显现“来菲律宾跟阳光玩游戏”的广告语，并附二维码提供入口。通过这种活灵活现的宣传，其飞行业务获得显著增长。佩服地说，彼时彼地的场景营销，可称得上直达诉求本质的人文关怀。

互联网思维的本质是开放平等，而非单向主导。无论是消费者驱动的 C2B，还是企业产品驱动的 B2C，你情我愿的眉来眼去才是交易促成的最大捷径——在对产品优势和消费市场争夺的背后，其实是设计消费场景和营造平台入口的比拼。BAT 三巨头中，阿里和腾讯在市值方面远超百度，其中有一个很重要的原因：在真正贴近、融入大众的生活场景中，阿里和腾讯相比百度拔得了头筹（百度没有开发出现象级的超级 App，如微信）。而数量众多的二流 App 在移动互联网的入口之争中，完全不在人们的视野内，甚至微信公众号大有取代轻度 App 的趋势。有业内名人曾说：“移动互联时代，以超文本链接为核心的 Link 模式完全失效，因此导致了流量的碎片化，移动流量的核心特征是场景。”

体系延展

场景化时代，企业借助移动设备、社交媒介、大数据、传感器和定位系统，除了可以精确获知消费者的个人状态，对消费行为进行有针对性的营销推广外，还能从宏观角度，抽象得出相关领域的分布存在和发展趋势。在国外有一家名叫 Bitcarrier 的公司，根据公共交通建立了一个场景平台：通过多种传感器和城市电网 2000 万个端口收集数据，然后制作城市交通情报网。相关部门由此得出公共交通流的发展趋势和分布变化，并据此进行实时调整，这为城市治理提供了极大便利。

基于搜索定位和归纳分析的综合服务是场景化时代应用的一大趋势，并且早已超出商业营销的单一范畴。在国外，对场景的出色模拟甚至可以预测犯罪的发生，在公共安全领域成为警方的得力助手；在国内，基于购物和社交的服务相对更为凸显。这主要是不同社会的发展特性和企业在选定商业模式时的不同倾向所造成的。腾讯在广州、上海等地启动了“智慧城市”战略；阿里的蚂蚁金服也在北京启动“互联网＋城市服务”战略。两个巨头的布局大致相当，主要是依托各自优势构建场景平台，向市民提供综合的城市生活服务：涉及车辆交通，医疗挂号，生活类缴费等方方面面。随着时代发展和技术成熟，可以预见，场景营销的大时代正在来临，社会生活将由此改变。

媒介即习惯

叶茂中营销策划机构董事长　叶茂中

各种社交网络、自媒体的出现，让几十年前常沦落为飞机稿的户外类广告，墙内开花墙外香，只要有趣，即便线下到达率欠佳，也能在线上激起不小的反响。所以，与其说是创意的进步，不如说是中国消费者审美的进步，以及技术推动的结果。

波兹曼提出“媒介即隐喻”，我想还可以通过这样一种方式进行注释，人们只看到那些他们想看到的东西，习惯看到的东西，最后的结果是，媒体的内容反向匹配于受众的喜好和习惯，成了对这个世界隐秘的解释。

从 2015 年戛纳评奖的结果来看，苹果 6 的平面作品不出意外地榜上有名，甚至还是个全场大奖，可以算得上众望所归。这是平面媒介对消费者习惯的一次成功展示。

当原本完整的生活被进一步碎片化和个人化之后，大媒体的传播环境被逐渐弱化，去中心化的传播形式决定了个体的注意力由大群体向小群体，由整体向个体进行转变。消费者越来越重视品牌和产品与自身的关系以及自我化的表达，媒介观正在发生着快速的转变，可以用苹果 5C 的 slogan 加以概括：生来多彩。

在这样的信息接受习惯之下，险中求稳的创意形式，无外乎是挖掘自身产品特点，尽可能地和消费“个体”结合起来。用独特的视角，融入消费者的日常化场景，看似点对面的传播形式，起到的却是点对点的沟通效果。

可以看到 2015 年获奖的作品，都存在这样的倾向，把脉是很准的。

然而，也有不足之处。从实效来看，除苹果 6 的户外作品取得了很大的市场效应之外，其他几幅作品，隐约有一些自嗨的味道，在媒介形式的创意上也有所不足，在结合“户外媒介”的特点上还有所不足，仍然局限在平面设计的创意范围内，不如 IBM 前几年的“智慧城市”来得有趣。

当然，瑕不掩瑜。从结果来看，是创意迎合了中国消费者的审美，也带动了中国消费者审美的一次进步。希望随着受众信息渠道的改变，审美的改变，未来我们可以看到更多有趣的户外广告。拭目以待！

火，在延烧——数字、电视与户外广告的对话

知本策略首席策略长　谭泽薇

世间事更迭之快，迅雷不及掩耳。然而雷声隆隆之处，总藏有开云雾散之机。最近数字与户外两个媒体行业，两种光景；新的腹背受敌，老的昂首阔步。新老之间映照出几许问题，也带我在迷雾中梳理思路。谢谢数字、电视与户外媒体，它开启了今天的对话。

历史在重演，只是换了主角

过去一周，数字广告行业突然面目全非，虽然导火线已经埋藏了一段时间——包括不透明、数据造假、缺乏真正第三方监测等揪心议题。此刻，一个个品牌相继表态告别互联网最大广告展示平台 Google（包括 Youtube 视频网站）。通用汽车、Toyota、VW、AT&T、沃尔玛、百事可乐、福斯全国电视网、J & J 不过是最新一波品牌加入抵制行列。

客户怒吼，是好事。我真的一直相信，有什么样的客户，就有什么样的供应商；有什么样的客户，就有什么样的行业。2004 年，曾经因为国内电视收视率缺乏黄金标准，在实力媒体任内，写过一篇文字：“美国电视行业怒吼，我们却照单全收。为什么？”当年，我将电视收视率问题的根本，还原成几个行业或许需要的“自省”；今天看来，这些当年和电视相关的省思，似乎依然适用于数字媒体现状：

1. 几百亿元的电视广告量，是不是都投在了该投的地方？谁给我们保证？

2. 旧问题还有待厘清解决，新市场又见开发。两家调研公司（当初指的是尼尔森与 CSM）竞争“速度”，却未能证明“品质”。谁给我们仲裁？（今天，我们则迷失在秒针和 AdMaster 之间。）

3. 一旦样本偏颇，分众节目更加弱势，叫好不叫座的节目提前夭折。谁给我们另一种视野？（今天，互联网上点击灌水，同样造成劣币驱除良币危机。）

4. 科技夹其“新颖”优势，到底是创造更多迷思，还是回答期盼已久的答案？科技不会自动解决问题，那么谁来匡正电视市场视听？

虽然一直没有谁在“匡正电视市场视听”，但有心人还是戒慎恐惧地用着数据。前两天，和多年不见的“活海参”重逢。两个小时的交流中，他回顾了在杭州某台担任广告部副主任、某卫视节目部副主任之后，总结出“数据指导了我的一生”。我很动容。他指的是电视收视数据如何助他制定广告销售策略、如何设计广告资源在频道上的安置，今天他在内容公司依然依靠数据盘活旧资源价值、还用以刺激并满足国内外客户需求。

这些不符合“大数据”典型意义的“小数据”，在默默地帮助他认识问题、寻找机会、创造商机。在他坦诚激情地数说着当年尼尔森数据如何帮他找到自己的价值的时候，他不知道我正因着他的回溯、心里澎湃地进行着一场辩证思考：

1. Content or Context——内容还是播出环境，哪个更影响成败？

2. Big Data or Big Idea——大数据、还是大创意，哪个更建设不凡？

我喜欢看见行业怒吼，因为冲突让我们冷静，还唤醒我们重新看待事物的本质。只是，没想到，这些年后，生产大数据、正当红、正被赋予高度营销功能期待的数字媒体，却被五花大绑地拷问结构与生产逻辑。目前，牵涉到的视频广告量可以高达100亿美金，甚至更多。Google也承认，“品牌安全”问题，确实在全球性范围受到影响。

Content or Context

我无意重复细数此刻数字行业面临的巨大尴尬。Facebook，Google，YouTube这些在数字广告交易平台上掌权的玩家都在声声歉意中，花大力气地企图控制局面。宝洁、耐克、现代汽车的跳脚、英国Havas广告公司停止一切Google和Youtube数字广告的声明，虽然没有丝毫动摇宝洁对手联合利华有关数字营销的承诺，也丝毫没有影响Adidas高调宣布停止所有电视广告、只做数字营销的表态，但是当你的广告出现在支持恐怖分子活动的互联网版面上的时候，你不得不心惊，那程序化购买的数据盒子里究竟装了什么逻辑。

大数据催生的程序化购买强调“精准”；这“精准”表彰几件事情：我可以将“对的广告”在“对的内容Content里”推送给“对的目标消费者”。偏偏，当我们“并没有因为‘精准’而看见和我们相关的广告”时，跳脚的是我们这些TA，我们这些消费者；但我们跳脚没有用。当这一切或许都“对了”的时候，广告偏偏出现在错误的页面环境“Context”，这和“BrandSafety品牌安全”相关、重要性显然凌驾一切的问题，跳脚的成了出钱的客户。这事就大了。

真正撞击出巨大行业挞伐的，发生在2月份超级碗赛后。现代汽车的“现场＋原生”向美军致敬的伟大创意电视广告，居然成了支持伊朗恐怖组织Hezbollah的视频前贴片！而这个组织曾经在1983年于贝鲁特用卡车炸弹冲撞一海军基地，造成241位维和部队士兵牺牲。类似广告出现在极度具有争议性的视频前后事件，除了牵涉现代汽车，还有T-Mobile, Airbnb, ABI, P&G等。如此极端事件，比再多的调研报告都更锥心地让我们真切感受：数据再大、流程再自动化，你如何在挑选版面或者节目“内容”的时候，也让“环境”可控？

有趣的是，Context这个概念在“电视媒体购买”上的意义一直遇冷，直到这大事发生。一桩数字媒体的购买风暴，却向电视显明Context的可能积极意义。

数字Context对于“电视购买”的参考意义

广告代理中从事电视购买与谈判的朋友都知道，近年每逢中央台招标，一定会在招商会上强调“中央台作为国家大台，有着最优质大气的播出环境”。它主张“这优质的广告栖息环境，有利于你的品牌展现。”中央台高举的就是Context的作用。对于众多国际客户而言，这或许只是Nice to have，不是选择频道投放的关键考虑。但是对于本土品牌，这无疑具有一些吸引力。

无巧不巧，在数字“环境”议题正处风口浪尖之际，美国尼尔森前几天在ARF（Advertising Research Foundation广告研究基金会）年度论坛上，发表了一份调研报告，用具体数字说明“影响电视广告效果的五大因素”中，电视广告播出 Context 真的赫然在列。

在这份“电视广告 Campaigns 推动销售关键因素”调研里，尼尔森集合了来自美国四家全国无线电视网、超过 80 个“以电视投放为主要媒体”的广告 Campaigns，发现推动销售的因素依次为：广告创意、广告触达率、目标群锁定、广告接触前的实际购买倾向和广告出现的 Context。

这份调研提醒我们，如果为了让品牌在电视上曝光，进而在屏幕上用尽各种方式露脸，却不考虑广告出现的播出环境，这样的广告展现不但不加分、还会扣分。

至于互联网上此刻有关 Context 的议论，确实让数字广告平台无法回避“品牌安全”的保障问题。风浪尚未平息，然此刻若有任何安慰，那或许是让我们清楚认识如下：

1. 看往来流量，不如看创意质量；

2. 算 CPC（点击成本）不如算实际“销售成本”。因为这些里面没有水分。

无论是面对数字媒体、还是传统媒体，我们从未像今天这样将焦点投向 Context，一如对待 Content 一般重视。

Big Data or Big Idea

前两天还发生了一件让小伙伴刷屏的事件——网易云音乐在杭州地铁一号线、以及江陵路地铁站的户外广告，让人看了又看，转了又转，身边小伙伴甚至当场下载音乐软件；这个广告活动势必转化效果惊人。凭的是什么呢？

自己用网易两年多了，忠粉，每天吃完早饭第一件事就是打开我的私人 FM。不但看留言，还留言。网易难以想象地拓展了我的音乐世界，从冰岛的 Olafur Arnalds 到法国的 Gerard Darmon，有时候自己下载的音乐冷僻到不见一个留言；虽然感觉“孤独”，但是内心小小自豪，我会告诉音乐家：我发现了你！我看见你音乐里面的人生！我也享受了你人生里面的音乐！

因此，我赞叹网易聪明，它将点赞数最高的 5000 个乐评，随机布满地铁车厢天上地下，它让你一面乘坐地铁，一面移情别人的人生、还思想自己的。网易太清楚，是我们这些自发形成的音乐社区，让网易成为我们每天的陪伴。网易太灵巧，它不是用广告“对我们说话”，它是“让我们说话”。他们将用户上传的真实体验文字和表情生成广告。过去一年，在美国许多品牌广告中，我们已经看见这样的沟通选择，包括 Airbnb，包括 Amazon Echo。今天，网易彻底用上了，也彻底叫我们看见：它生产大数据、使用大数据为我们每一个人、每一天更新适合自己口味的音乐，但是它更明白，这些大数据是用来回应我们的需要、链接我们的情感、让认识的不认识的一起共鸣平凡人类的音乐世界。

原生内容构成了广告 Content，我们天天来来往往乘坐的地铁成了 Context。

Big data 服务了 Big idea ；简单、直接、相关、动人。

上周电视台研讨会期间，主任说道：“广告经营不是为了一点点广告费，而是为了拉动地方经济转型和升级……”这种情怀，让我这广告媒体人汗颜；然而，我还是鼓起勇气在会上表达：“广告必须好看，经营广告形式，要像经营节目内容一样费心……”广告若是寡淡无味，或者形式贫瘠无趣，环境障目凌乱，品牌如何得以建设、区域经济何以升级？近年，发现品牌越来越避免向我们述说它的伟大，反倒更多是让我们这些消费者表达我们的用户体验；无论是最潮的 Airbnb，还是三星、现代，都记得：消费者才是广告片中的主角。既然如此，就让他们表达！

Big data 发现消费者为什么群聚、在哪里聚合。Big idea 让一切“聚合”对品牌产生意义。当一切结合得优雅、而有品位，Big idea 必然强大地点燃 Big data 的作用力。

今天下载了法国演员歌手 Gerard Darmon（赫拉德 . 达蒙）的专辑 On S’ Aime，非常喜欢里面一首曲子“The Winner Is（赢家是）”。发现其中有个乐评获得了 17000 个点赞。一个曲子挑动如此多共鸣，它若是出现在 3 月中旬以前，相信地铁车厢中一定有它。谁是赢家？法语歌词里如此表白：“The winner is life. The winner is love. 赢家是生命，赢家是爱。”

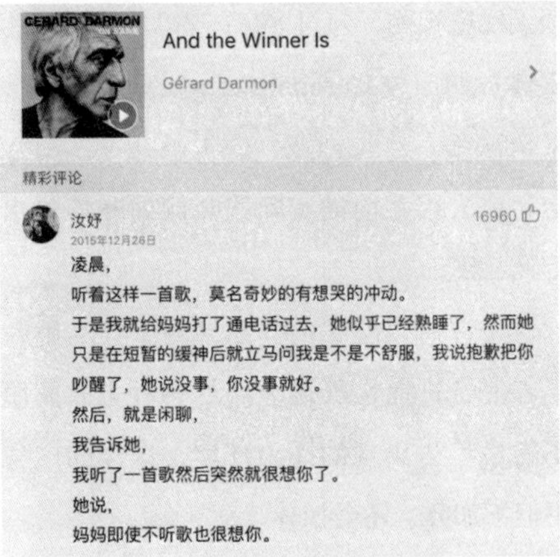

在“广告”Content 与 Context 这事上，在 Big idea 与 Big data 和程序化购买这事上，你认为“赢家”会做出什么样的选择呢？

户外媒体价值分论

移动互联时代的产品传播之道

分众传媒首席战略官　陈岩

移动互联时代的传播架构已经改变：主动的是资讯模式，被动的是生活空间

传播无非就是两个角度，一个主动、一个被动。主动传播，就是这个人的“资讯模式”是什么。被动传播，就是这个人的“生活空间”是什么。因此，传播只要抓住消费者最主要的“资讯模式”和最主要的“生活空间”就足够了。

现代资讯模式时代，产品传播面临三大挑战，第一个挑战是中国信息传播的多元化、碎片化。现在人们晚上打开电视的概率是38%，打开之后还要面对大概120个频道，1万多个节目，电视广告插入其中被看到的难度就变得很高了。过去5年中国人的信息量增加了6倍，多元化、碎片化的信息导致消费者对老品牌记不住新信息，对新品牌压根就没听说过，这就是产品传播的难度所在。

第二个挑战是消费者记得住内容记不住广告。比如中国好声音冠名赞助商是加多宝，很多人能记住，但是对于其他广告，记住的人却寥寥无几。因为消费者记得住内容，而对广告不产生记忆。

第三个挑战是在这个社交媒体为主的时代，80%的资讯来自微博、微信，如何创造可以被传播的内容是个问题。互联网上的信息量太大，你点开然后关掉，95%的信息被遗忘了。

相比之下，被动的“生活空间”使用效率较高。无论一个人的资讯模式多么多样化、碎片化，总要上班、总要回家、总要去吃饭看电影。而分众传媒的本质就是一个“生活空间”媒体：把广告植入到消费者的主要生活轨迹当中去，在必经的空间，分众成为唯一的选择。这种被动空间的强制性收视使传播效率很高，并且对广告主来说媒体平均成本比主动资讯模式低很多。

从分众案例看产品传播破局之法：社媒联手生活空间媒体，全线引爆O2O

今天传播通路已经大变革，消费者在不同时间、空间里面媒介的行为都在发生非常大的变化。进入移动互联时代，手机随时随地的连接，带我们进入更广阔更高效的O2O时代。通过对传播构架的改变、对广告的深刻理解和对消费形态的深刻洞察，我们发现针对目前的传播挑战，有几个解决方案，用好了成功案例比比皆是。

首先，在移动互联时代，人的资讯模式在剧变，但生活空间其实不太改变。我们的思路就是把广告植入到消费者必经的生活轨迹当中去，成为他们唯一的选择。必经生活轨迹无非是生活、工作、购物、娱乐，对应就是公寓楼、写字楼、卖场、影院。而且必经之路还需形成唯一化选择。物联网、移动互联网时代导致信息取得成本为零，但是信息的选择成本太高。所以产品有效传播的第一点，必经之路要形成

唯一化选择，要找到一个收口的地方，线下正是公寓楼、写字楼等地点。

产品有效传播的第二点是把广告植入到内容中，让广告成为话题，让每个看到的人为你传播：1. 广告即话题，话题即广告。2. 人人都是媒体，人人都在传播。今天某个媒体的作用已经不是你覆盖了多少，而是你能够撬动多少资源。所以分众用生活化媒体引爆社交媒体引起全媒体的关注，或者先做社交媒体的故事，做起来之后落地到生活化媒体，转化成实际的销量。让品牌在生活化媒体传播时能结合事件营销、娱乐营销，引爆社会话题。

小米就是这样做的：第一是在主动的资讯模式上抓住微博、微信，创造可以被创造的力量，第二是在被动的生活空间上落地到框架，再把知名度扩散。按照黎万强在《参与感》中的一段话，就是先做美誉度，后做知名度。小米的具体做法是先做 100 万粉丝，让大家在小米的社媒上都成为意见领袖，然后把这 100 万粉丝的美誉分享在网上，在新闻发布会两个月之后落地做公寓楼内的框架媒体，一个月内全国各大主要城市遍地都是小米 4 的框架广告，很多人看到这个广告后就开始搜索，一搜美誉度和口碑就直接影响了消费方向。这就是典型的先做美誉度后做知名度。简单来说就是社交媒体做能量，落地到生活媒体做销量。

分众一直把移动互联网的崛起看作一个机会！正是在这样的战略判断下，我们运用新技术与手机融合，做了许多诸如扫二维码、极速 Wi-Fi、iBeacon 等创新营销方式，锁定中国商业价值最高的 2 亿主流人群做品牌营销爆破点，实现场景、移动 O2O 入口导流等，让分众变成移动互联网的重要端口，帮助广告主的产品有效传播。

2014 年 9 月，蒙牛乳业联合分众传媒、奇虎 360 在全国范围内推出一项“精选牧场纯牛奶之打劫精选牧场”活动，在装有分众液晶显示屏的电梯口（连接免费极速 Wi-Fi），下载并安装新版 360 手机卫士后，只要“摇一摇”手机，就能参与打劫活动，获得优惠券，中奖后进入蒙牛幸福动车商城或蒙牛天猫旗舰店即可兑换奖品，中奖率 100%。显然，这次借助分众最新技术与 360 一起玩的营销活动，蒙牛收获的不仅是通过分众媒体向一亿多都市主流消费者高频次传播蒙牛精选牧场这个新品牌，更重要的是通过分众与 360 的摇一摇对接，实现与用户 O2O 的互动，每天让 1000 多万用户深入了解蒙牛精选牧场的价值，在趣味性的打劫背后是大量的电子优惠券的派发，将大量的用户导向蒙牛的电商平台，轻松实现品牌知名度的提升与流量的爆发增长。这场由线下发动的一天实现千万级用户手机互动的活动堪称 O2O 营销经典。而在蒙牛活动不久之后，知名外卖应用饿了么与分众传媒也开展了一场抢外卖的 O2O 营销，成功占领了上海白领外卖市场。

移动互联时代，手机 24 小时在线可以引领产品传播进入更广阔更高效的 O2O 时代。在注意力越来越碎片化的时候，线下生活化媒体反而体现出其不可替代的价值。

场景营销让产品成为解决方案

凤凰都市传媒首席市场官　杜劲松

移动互联网时代的到来改变了消费者的触媒方式，也将户外媒体行业置于痛苦的转型期之中。信息来源及通路的愈发丰富，让消费者应接不暇，触媒效率随之下降。失去消费者的关注度，广告就会失去意义。

基于整个传媒行业的变革和户外行业面临的实际问题，凤凰都市传媒开始了对场景营销理念的探索。根据户外媒体本身的传播特征，尝试了诸多取长补短和扬长避短的方式。

如何让消费者更加关注广告，是整个传媒行业都在努力探索的一个根本性话题。广告所传递的信息是否对消费者有用是区分有效广告和垃圾信息之间根本性的临界点。我们也由此而着手致力于探求如何让广告更有效果，即探求消费者在特定环境下心理需求上的差异。消费者的心理和需求是一个动态变化的过程，例如：当你在路上的时候，导航仪是你关注的有效信息，而当你在家里时，你不会再关注有关导航仪的信息。这一变化过程随时空、环境、人的需求的变化而发生改变。而消费者在不同时空中，对“有用信息”的界定有所不同。这就要求广告能把“有用信息”落实到具体的时空环境中。研究这种特定的需求，才能真正对户外媒体营销有帮助。我们对场景营销的诠释就是：洞察场景之中消费者的需求，让产品成为解决方案。

精确洞察场景之中消费者的需求，即区分不同场景之下消费者的需求与行为到底有何不同，我们将场景分成了六个大类：

1. 自然场景

户外媒体的场景营销与天气、气候因素密切关联。大屏与受众互动，要与周围的自然环境呼应、结合。

2. 人文场景

消费者处于特定的时空环境下具有对应的行为，比如：在堵车、约会、逛街等这些常见的特定人文场景下，消费者的特定需求是什么。

3. 地理场景

位置是户外广告最重要的卖点，也决定了消费者的行为和类别。比如交通枢纽是行人换乘的必经之地，而步行街则是人们休闲聚会之处。户外广告创意要结合在特定的地理场景之中，与目标受众进行交流。

4. 事件场景

利用特定社会事件，比如高考、节庆、奥运会等，结合热点事件进行户外广告传播，让场景营销充满新奇与趣味。

5. 情感场景

消费者本身对特定区域的定义，比如上海静安寺就满载着老上海情结，而北京的王府井则寄托了全国人民的情感。特定的消费时空，寄托着消费者独特的情感因素。

6. 消费场景

消费场景中蕴含了消费者的购买习惯和方式。通过户外广告创意，让消费者实现临门一脚，完成消费。

通过对场景进行归类，与消费者的具体行为相匹配和享用，可以简化场景营销的实施过程。洞察消费者在场景中的特定需求，才能让产品成为解决方案。让广告出现在消费者需求最旺盛的时候，把广告做给有需要的人看。例如，在下班晚高峰期，通过交通系统媒体，向疲惫的白领受众展示保健品广告。当产品出现在目标人群最为需要的时候，消费者对广告的印象就会更深刻，才能真正提升广告的传播效果。场景营销对于户外媒体行业最大的改变就是不再仅仅只是关注消费者能否接触到，而应该更关注消费者是否在合适的情况之下接触到了合适的信息，并取得合适的反应。

凤凰都市传媒推出的兰蔻轻呼吸防护露的创意发布，就是基于这种思路。经过对产品和广告传播场景的分析，发现人在阴影处或是在室内会自然而然地忽略紫外线与污染物对皮肤的伤害，但其实肌肤无时无刻不被污染和伤害，我们利用了地理场景和自然场景的概念为客户设计了一种“恐吓式”的传播方案。通过在户外大屏上实时提示现场环境，包括：紫外线、AQI等指数，通过摄像捕捉等技术，结合创意手法，不停地提示消费者正在受到的伤害，通过对于这些隐形伤害的提示来 “恐吓”和激发消费者对于保护肌肤的重视程度，同时在屏幕一侧推出二维码，扫码即可得到兰蔻轻呼吸防护露产

品，提供针对消费者需求的解决方案。

场景营销策划的四个步骤：

1. 连接

将广告与消费者连接在一起，兰蔻的案例，以紫外线和 PM2.5 作为连接，引发消费者关注，提示其可能正在受到伤害。

2. 行动

提供消费者行动的理由和方式，例如扫描屏幕二维码，获取更多防护知识和产品试用装。

3. 体验

将消费者引流到线下进行实际的产品体验，于活动当天让诸多消费者到专柜试用。

4. 分享

自媒体时代，受众视分享为快乐。当他们得到了肌肤防护知识时，一定乐于分享传播。通过自媒体的力量，将原本只在君太百货前呈现出的内容，传递给更多的受众，从而扩大了广告传播的覆盖范围。

通过分享凤凰都市传媒在场景营销方面的探索和经验，我们希望能给业界提供一些思路和启发，共同打造出更多精彩的场景营销案例。

数据解析中国高铁成就及高铁媒体价值

田涛

中国的高铁在全世界处于领先地位，如何在这个领域创造出更多的传播价值，值得我们思考。中国的高铁既有规模，也有速度，不仅是高铁疾驶的速度，更是发展的速度。这样一个看上去眼花缭乱的图，就是我们今天的高铁规模（见图）。

到2014年，整个高铁运营的里程数已达16000公里，占了全球高铁里程数的60%。

我们通常会把整个市场的媒体发展阶段主要分成资源型增长阶段和价值型增长阶段。资源型的增长，就是不断地由媒体的新资源来推动其传播类别的发展。而价值型增长，则是外围型的增长动力枯竭后，要进入另一种增长，因此需要不断地想办法进行内容和渠道的创新。今天，高铁还在享受外缘性增长红利，它的长度、里程数不断地增加，而且使用它的消费者，即高铁的乘车人数也在不断地上升，高铁媒体在这个阶段的生存相对比较平顺。随着国家的投资，整个的规模，外围型的增长，就给它带来市场红利。2009年—2014年，整个的运营里程增长了六倍，这就是今天的高铁媒体。相比之下，传统媒体则面临着各种困境，比如报纸和电视媒体，它们不再享受这种外缘型动力所带来的增长。

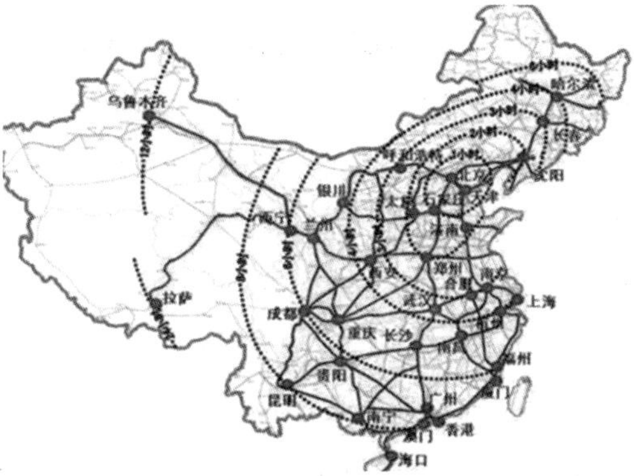

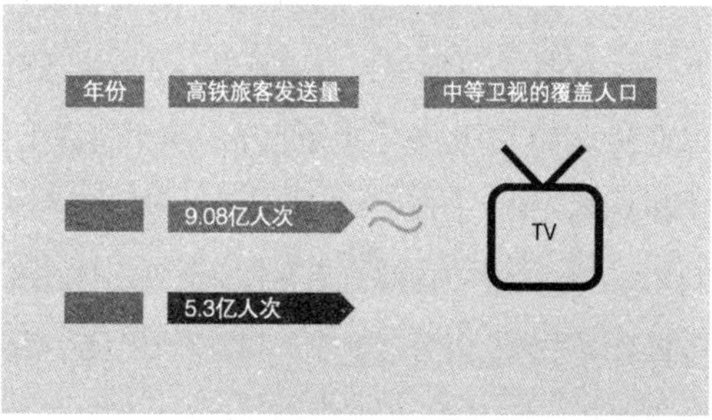

来源：国家铁路局

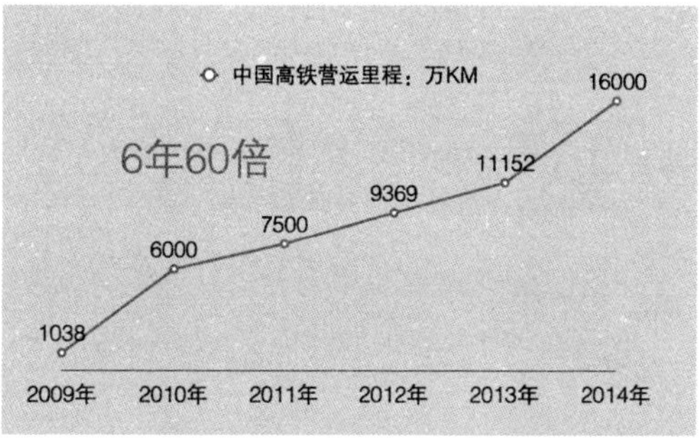

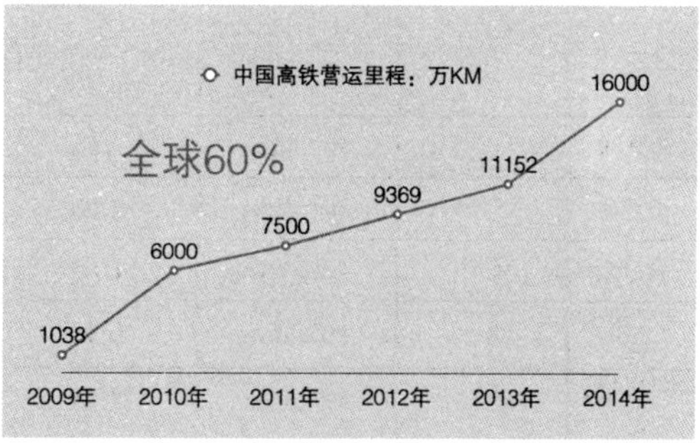

高铁媒体是“精众”媒体

整个高铁的基础设施规模和受众规模在不断扩大。2013 年，使用高铁的人大约是 5.3 亿人次，2014 年，为 9.08 亿人次。9.08 亿人次意味着什么？今天中国可推及的电视人口大约 12 亿多，中国的网民大概有 6 亿多，而我们会看到在这个媒体上可推及的触达的人口总数超过了 9 个亿。9 个亿意味着什么？大约是 1 个非洲， 或 3 个美国，或 2 个欧盟的人口数。CTR 刚刚做过一个中国现域消费者的调查，调查显示，我们现在所面临的这个市场的规模多有震撼力。有很多企业都说现在找不到市场，找不到目标消费者,要走出国门……但是相当于 1 个非洲，或 3 个美国，或 2 个欧盟的消费者就在这摆着，相当于一个中等卫视的覆盖，我们可以通过各种各样的方式，各种各样的工具去撬动这个非常巨大的消费规模。

以五一小长假为例,2014 年 5 月 1 日到 3 日，全国高铁共运送旅客 4600 万人次，2300 万人。如果这样大家还没有直观的印象，我们就来看整个全国 31 个省级卫视上星频道。高铁媒体可以推及的人口总数差不多相当于一个中等规模、中部卫视的推及人口。利用好这个媒体，相当于利用好了一个在中国的上星频道。高铁媒体还和电视有所不同，因为这个“新频道”专门触达精众和动众，专门触达那些含金量相对比较高的、流动的受众。整个高铁规模兴起，让经济纽带的联系性、连续性、维系和紧密程度得到提升，例如环渤海、长三角、珠三角、武汉和中原等经济圈。

经济圈	主要城市数量	城市间平均距离	乘坐高铁时长
环渤海	9 个	507.6km	2:53
长三角	5 个	201.4km	1:08
珠三角	4 个	420.9km	1:45
武汉城市圈	7 个	107.6km	0:46
中原经济区	7 个	456.3km	2:13

我们预测未来 6 年高铁规模会继续增长，绝大部分的地级市都会被覆盖。未来，高铁传媒规模将进一步膨胀，到了 2020 年，整个高铁的规模会相当于一个第二梯队卫视的头部。

高铁媒体依托高铁的发展能为企业提供速度、规模和精准。判断一个媒体的传播价值，首先要看它的规模——是不是能够，特别是为我们快速到位地提供足够的消费规模？是不是

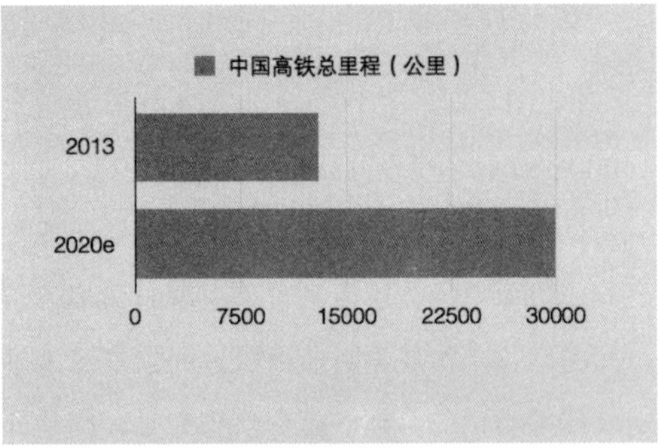

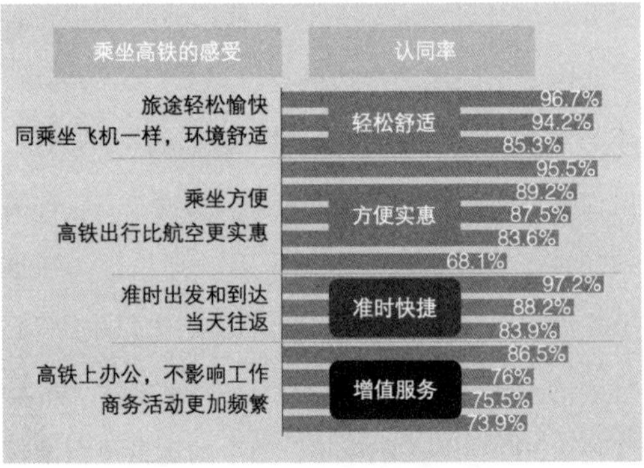

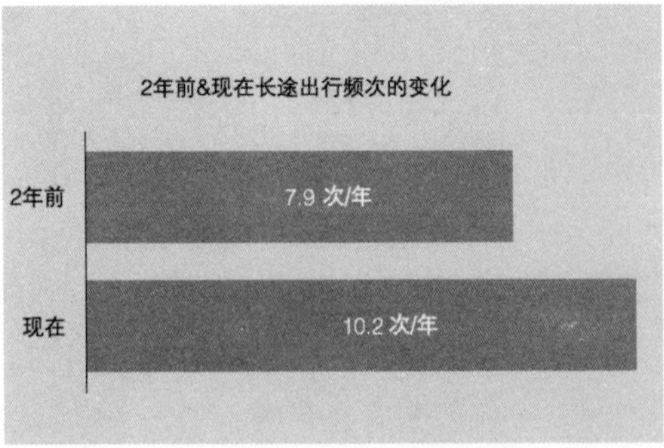

满足品牌的目标消费者所在，也就是这个平台的受众是不是品牌的目标消费者？

高铁的良好体验是建立消费者对品牌搭载信息渠道的最重要的基础。CTR 通过对乘坐高铁的受众进行调查，发现受众对于媒体的抵触感，或者说感觉自己在被干扰的现象在这个媒体上是不存在的。感觉这个媒体对自己的活动是一个帮助，是一个改善，让旅途更加轻松愉快的受访者占到了 95.7%，让消费者在愉快的心态下去接触品牌很重要。如果受众是愉悦的、舒适的，整个品牌的传播就会变得更加有效。

通过对两年前和现在人们出行习惯的调查，我们发现：人们对高铁和动车的选择上升了 36.3%。两年前的年触达大约是在 7.9 次 / 年，现在上升了 30% ，而且还保持着 30% 的上升速度。这就是今天速度与规模给我们带来的变化。反而普通列车在下降，飞机有小幅的上升。高铁媒体是一个规模与精准共存的传播平台。但是在这样一个动辄可以覆盖上亿消费者的媒体当中，如何能够做到既有规模，又有精准，即“精众”？

通过对高铁乘客画像，我们可以清晰地看到公务员、企业老板、企业管理人员、普通的管理人员的占比以及他们在年龄的教育方面的变化。今天乘坐高铁出行的人群，与各类媒体的覆盖人群相比是相当优质的，因为他们在动。

高铁乘客是这个社会，这个市场当中高端人士的一个汇集。通过对比教育和收入，可以看出高铁乘客人群相对高端。这就是“精众”，即规模和精准双重复合要求。

消费能力、个人月收入、家庭月收入以及月支出，这个人群都是偏高的。我们也可以有其他的媒体去覆盖 1 个非洲，或 3 个美国，或 2 个欧盟规模的受众，但是我们还要去覆盖这部分人口当中具有高消费能力的人群，通过其示范传导作用，制造口碑。

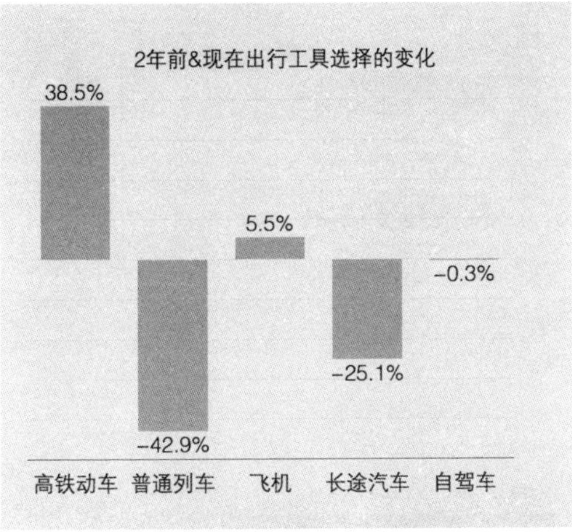

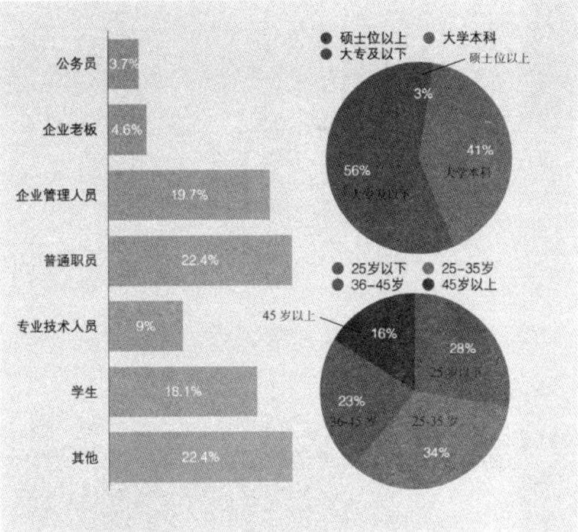

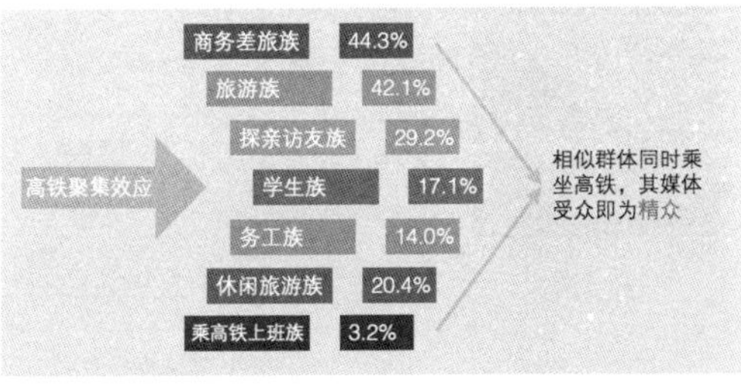

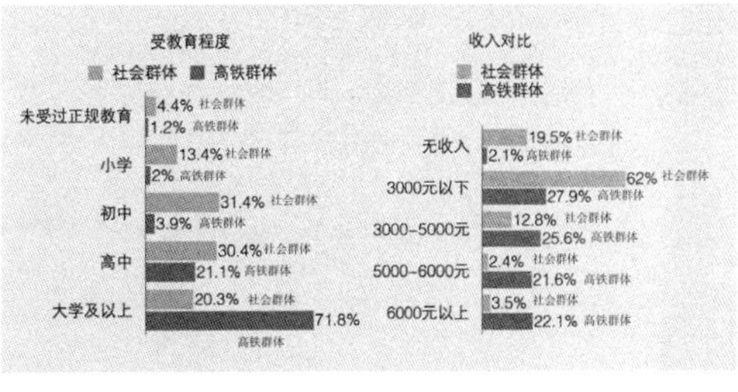

高铁在各个区域停留的时间以及高铁媒体的到达率很关键。高频次，高触达。例如乘客在候车区42分钟，通道2.7分钟，车厢平均2.9个小时。

当消费者重复地有深度地去接触这些媒体之后，就会产生叠加效应。不同高铁站的LED大屏的到达率为85%，同一个高铁站看到的LED的大屏数3.2块，同一个LED被看的次数为2.6次。

高铁LED大屏的位置处于相对封闭的空间，有良好的视觉、适合的高度以及很高的实用性——乘客进高铁站第一件事，是要在LED大屏上找自己的登车口。

高铁媒体和电视媒体实际上是互补的——一个是在开放的空间，一个是在私密的空间。高铁媒体在公众的场所高频次感触，精准化传播，电视媒体基本上是私人空间，受众广泛，但是现在变得更加低频次。高铁媒体也与航空媒体进行动态互补。

高铁媒体与移动互联网相互包容，共生共处。互联网的企业和高铁媒体合作，两者接触的时间点不冲突，与移动互联网的这种窗口效应也不冲突。当人人都低头看手机，高高在上的大牌就看不到了。高铁媒体实现了传统户外和移动互联的包容共处。

因而广告主对于高铁给出了这样的评价：广告更具强制性，比电视性价比高。

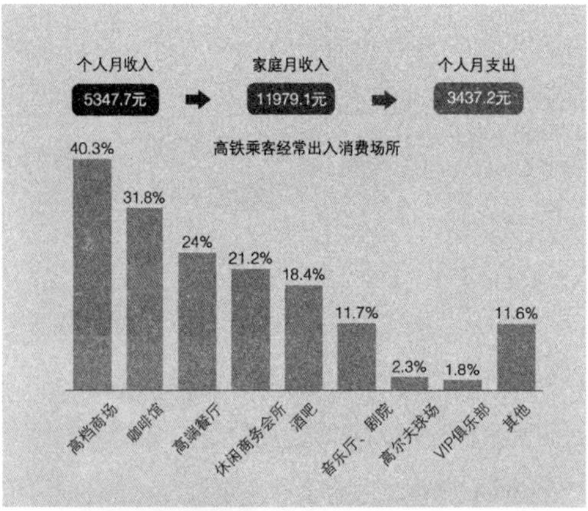

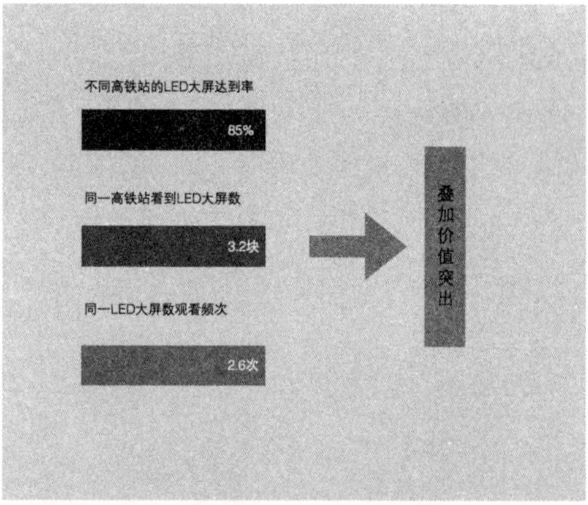

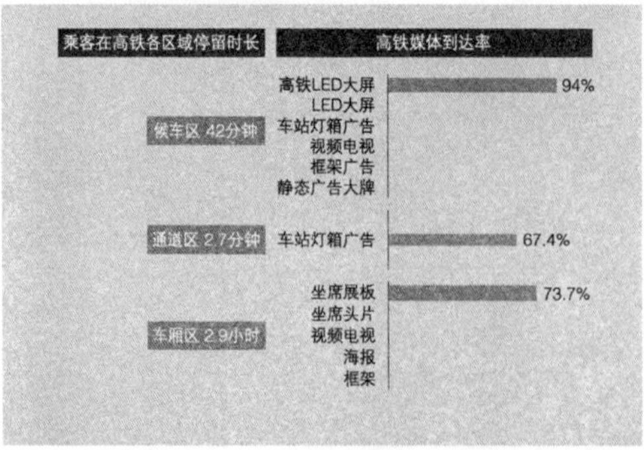

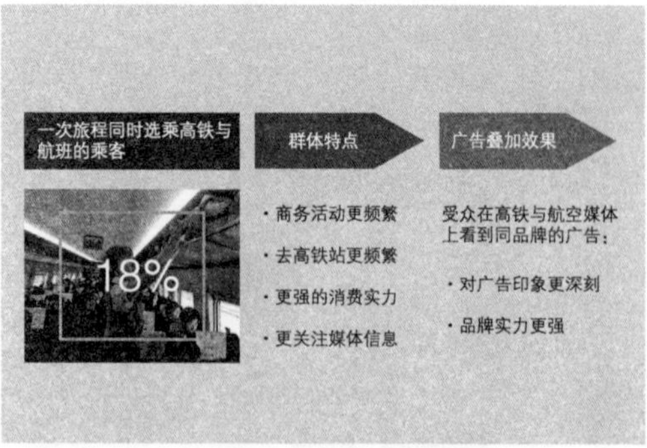

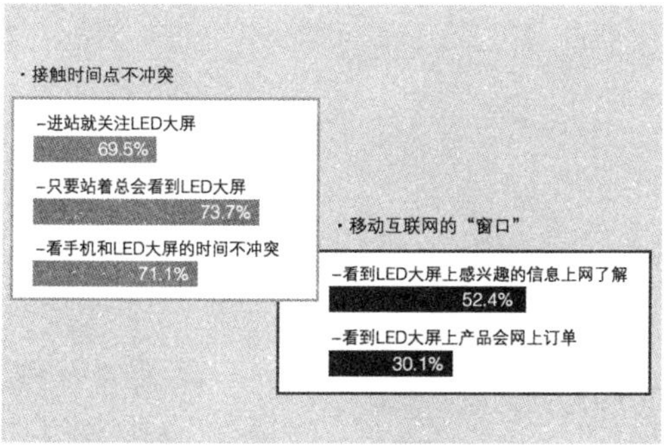

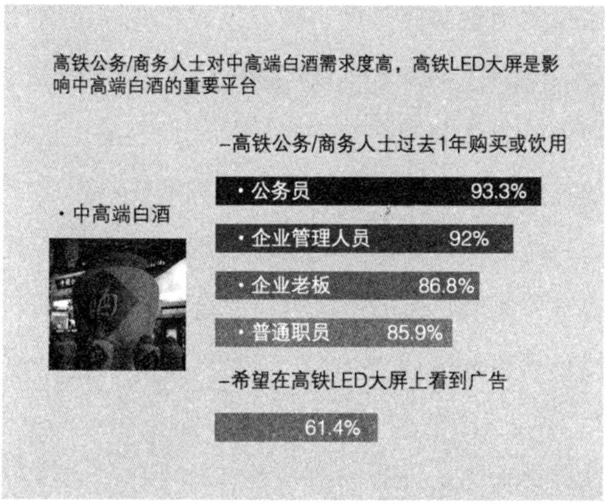

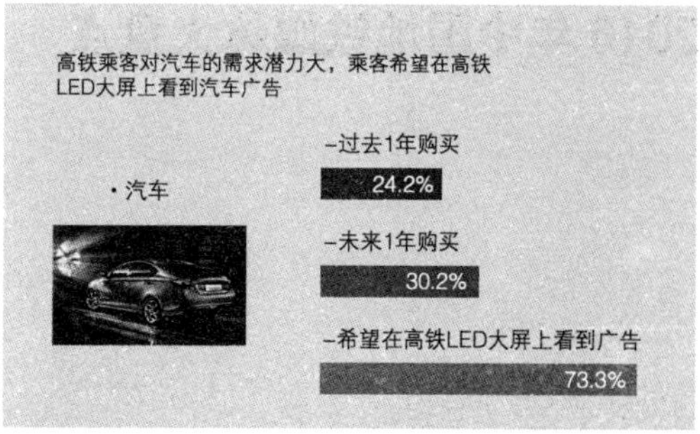

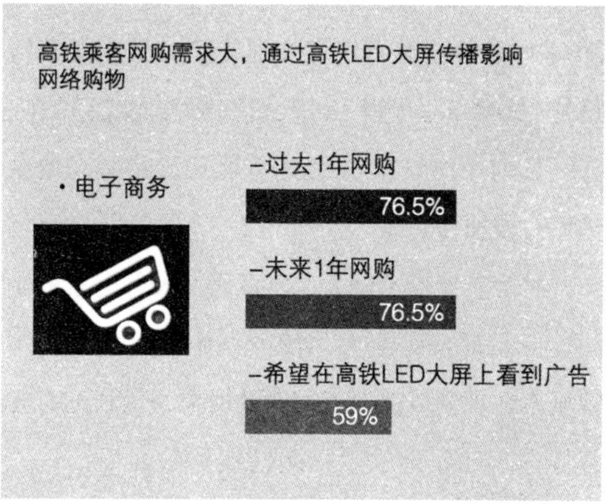

高铁媒体对应的消费群体

酒类企业是高铁媒体非常重要的广告主，高铁受众占非常大的比例。过去一年93.3%乘坐高铁的人饮用过酒，未来也都会有非常大的比例，希望在高铁上看到酒类广告的介绍达到61.4%。

此外，家居建材、汽车、电子商务、快消品也很依赖高铁媒体。

结论

今天，如果想找一个有规模，有精准，无论是硬件设施还是受众规模快速发展的媒体，中国的这种独一无二的高铁现象，会给我们带来一个非常非常好的传播平台。

2016 年中国地铁媒体大盘点

CODC

全国轨道交通发展现状

截止 2016 年 12 月 31 日，中国大陆共有 29 座城市开通运营轨道交通线路，开通运营线路为 130 条，总里程 3849 公里，设车站 2630 座。

目前中国城市轨道交通运营线路中，地铁仍然一枝独秀。

尽管有着投资巨大、建设周期长等因素的制约，但是地铁运量大，较少占用地面空间，多数城市在规划城市轨道交通的时候，从长远考虑都倾向于建设地铁。从运营线路数量看，地铁占比 80%；从运营里程看，地铁占比 86.32%，均占八成以上。

除了承担满足市民出行的社会使命，地铁广告媒体已经成为户外主流媒体之一，具有很高的广告价值经济效益。

2015 年 1—12 月至 2016 年 1—12 月户外各媒体投放比例

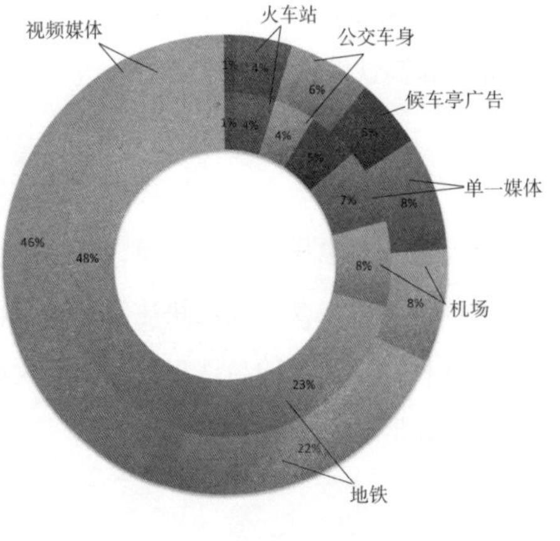

全国地铁媒体广告投放花费继续攀升 2016 年同比增长 1%

回顾 2016 年地铁媒体整体市场大盘，广告主投放地铁媒体热度不减，投放花费同比增长 1%。其中，视频和地铁媒体投放花费比例扩大。而单一媒体和公交车身媒体投放比例缩小，其他媒体形式投放比例与 2015 年同期持平。

在全国户外媒体投放花费净值呈负增长态势下，地铁媒体仍然逆袭稳定发展。2016 年全国地铁媒体投放总花费约为 274 亿元，同比增长 16%，净值同比增长 1% 。同比 2015 年，地铁媒体投放花费净值由负转正，呈现回暖态势。（2015 年地铁媒体投放净增长为 -5%）

2015 年 1—12 月至 2016 年 1—12 月地铁媒体投资花费

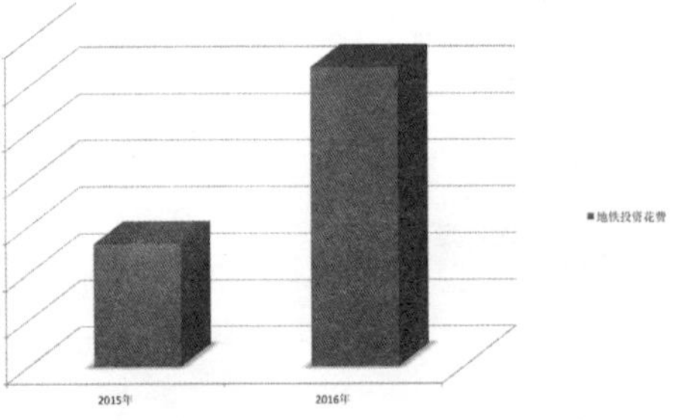

（单位：百万元）

2015 年 1—12 月至 2016 年 1—12 月地铁媒体品牌数量（个）

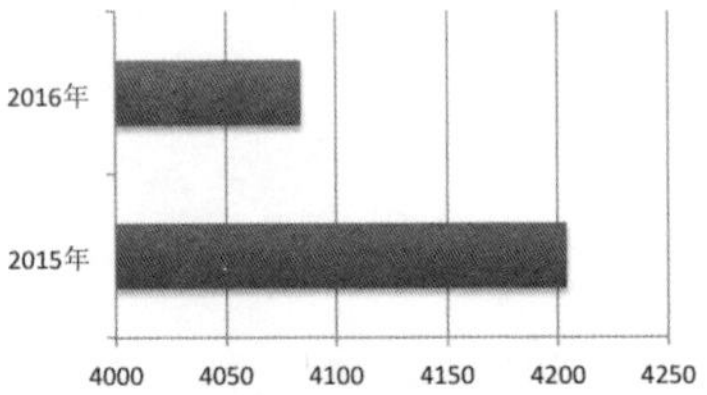

2015 年 1—12 月至 2016 年 1—12 月地铁媒体上刊率

（单位：百分比）

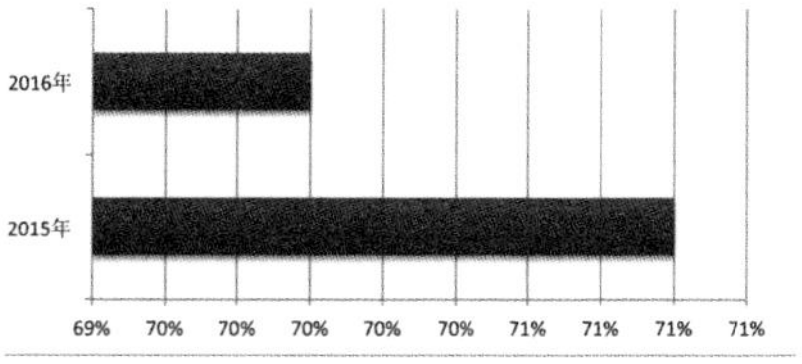

2015 年 1—12 月至 2016 年 1—12 月单个品牌贡献值

（单位：百万元）

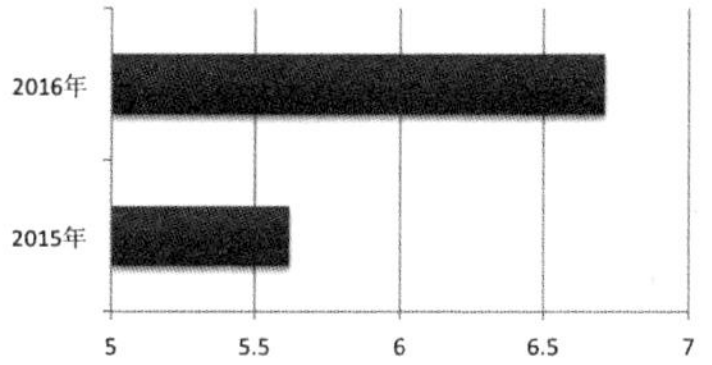

2016 年投放全国地铁媒体的品牌数量比 2015 年减少 120 个，下滑 2.9%。

由于单个品牌贡献值增长，带动全国地铁媒体投放总花费同比净值呈正增长态势。

2016 年全国地铁媒体上刊率低于 2015 年，降低 1%。

整体市场结构变化

一二级市场投放花费净值回升，三级市场投放花费净值继续探底。

从 2016 年净增长率看，一级市场地铁媒体投放净值呈正增长态势，二三级市场地铁媒体投放净值呈负增长状态。

从净值同比 2015 年看，一级市场地铁发展线路成熟，地铁媒体广告投放花费净值由负转正回升速度较快；二级市场地铁媒体投放净值虽有回升迹象，但仍在负区间徘徊；三级市场仅收集苏州一个市场，由于品牌数量的减少，导致三级市场地铁媒体投放净值继续探底。

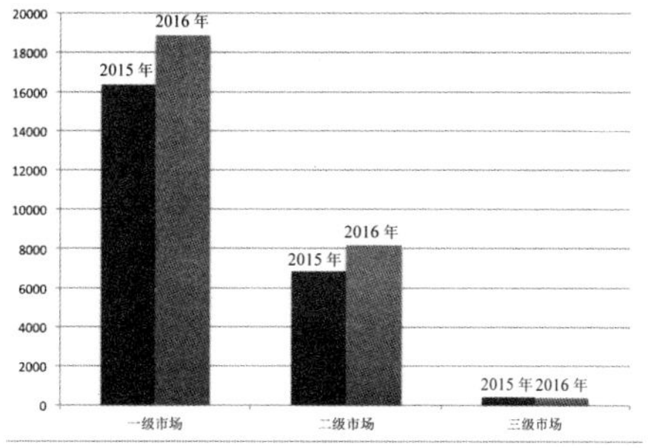

2015 年 1—12 月至 2016 年 1—12 月地铁媒体各级市场投放花费

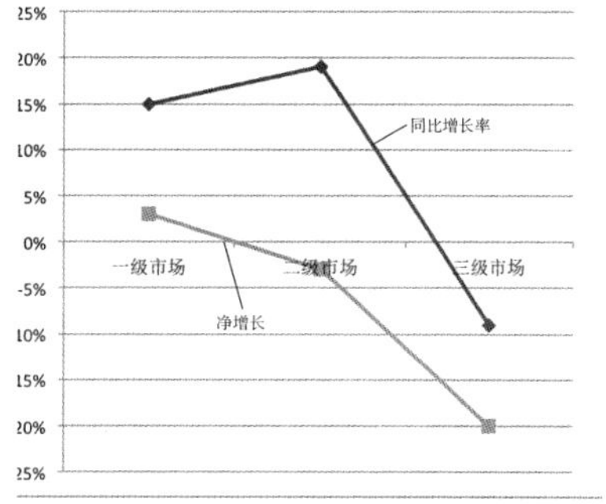

2015 年 1—12 月至 2016 年 1—12 月地铁媒体各级市场投放花费增长率

值得注意的是，北京地铁媒体投放花费净增长抢眼。

2016 年，北京地铁媒体广告投放花费超过上海跃居首位，且北京地铁媒体投放花费净值表现抢眼；除此之外，深圳、西安、天津和武汉市场地铁媒体投放净增长呈正增长态势，上海净值与 2015 年保持持平，其他城市地铁媒体净值均呈负增长态势。

市场分级	市场	2015年	2016年	同比增长%	净增长%
一级市场	北京	6571	7622	16%	11%
	上海	5867	6954	19%	0%
	广州	3925	4287	9%	-8%
二级市场	深圳	2581	3390	31%	1%
	成都	971	1012	4%	-3%
	南京	492	948	93%	-5%
	杭州	940	909	-3%	-12%
	西安	676	723	7%	6%
	天津	441	541	23%	4%
	重庆	406	378	-7%	-17%
	武汉	149	153	3%	4%
	沈阳	189	117	-38%	-61%
三级市场	苏州	425	387	-9%	-20%
总计		23634	27422	16%	1%

整体客户结构变化

近年来，网站及娱乐休闲对地铁媒体青睐有加，成为其支柱客户。2016 年，网站、娱乐休闲和服务业是地铁媒体支柱行业，三个行业投放比例高达 60% 左右。其中网站和娱乐休闲行业投放占比增长突出，服务业下滑 2%。除此之外，软件和邮电通讯行业投放比例也有小幅增长。

2015 年 1—12 月至 2016 年 1—12 月地铁媒体 TOP15 行业投放比例

（单位：百分比）

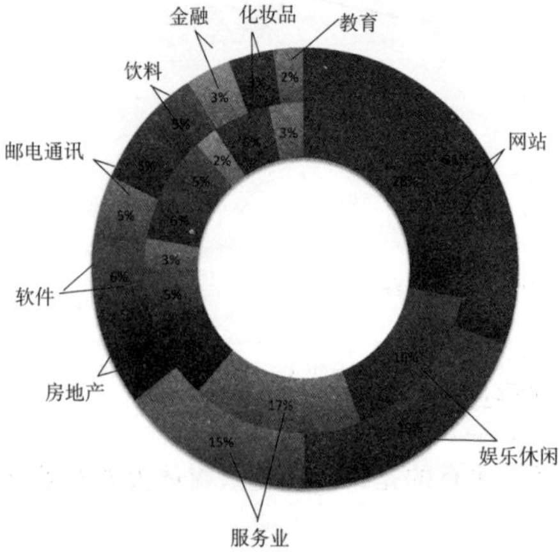

电商品牌稳坐地铁媒体主力客户三甲

2016 年“京东商城”“天猫网”“OPPO”投放地铁媒体花费同比增长 100% 以上，进一步提升对地铁媒体依赖度。而“1 号店”“蘑菇街”“肯德基”投放地铁媒体花费同比下滑 25% 以上，遗憾落榜 TOP10 榜单。

国内品牌投放花费占约 7 成

地铁媒体仍以国内品牌为主。国内品牌投放花费占地铁媒体总花费的 76% 左右，其次国际品牌占 11%。从各品牌属性客户数量看，2016 年有越来越多的国内品牌投放地铁媒体，国内品牌的数量同比增长 74%。

2016 年品牌属性广告投放占比

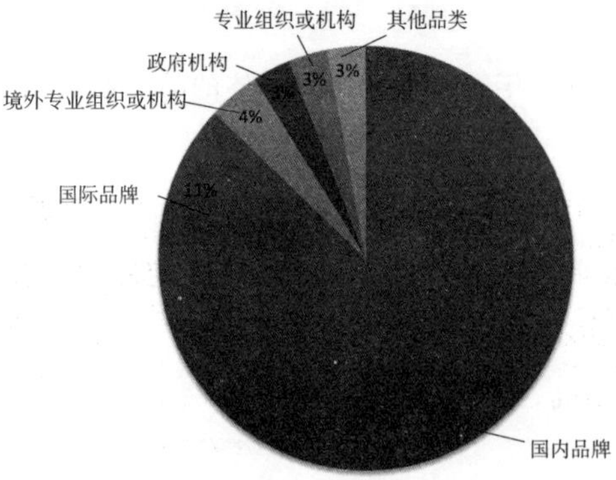

品牌属性	投放花费		品牌数量	
	投放花费（百万元）	投放占比%	品牌数量	品牌数量占比
国内品牌	20787	76%	3031	74%
国际品牌	3096	11%	388	9%
境外专业组织或机构	993	4%	19	0%
政府机构	865	3%	266	7%
专业组织或机构	726	3%	181	4%
其他品类	955	3%	207	5%
总计	27422	100%	4092	100%

以“体验 + 技术”挖掘地铁场景新价值

上海申通德高地铁广告有限公司市场总监　范辉

随着移动终端、大数据、传感设备和定位系统的各种新技术层出不穷，户外媒体对于“场景”的研究和运用呈现出空前创新活力，与互联网在虚拟空间上的创新交相呼应，标志着户外媒体与互联网行业并肩迈入了场景时代。

从目前户外媒体的探索经验看，场景构建并非空中楼阁，它必须基于对户外环境潜在场景机会的发掘，其核心是对用户行为和心理体验的研究。因此，场景时代的到来，使得潜在场景机会成为一种财富。统而言之，户外实体空间蕴含着十分丰富多样的潜在场景机会，这也恰恰是让许许多多媒体公司、创意公司和技术公司着迷的地方。但具体到某一个户外环境，情况的差异就会很大。

根据我们的研究，通常有两种情况会影响到某一类型的户外环境潜在场景机会的挖掘和构建：第一种情况，我们知道，场景的核心是用户，而某些户外空间在整个大的用户户外空间生活圈中所占比重过小，空间与用户接触点过于单一，这使得其场景机会的厚度不够，难以深入挖掘；第二种情况，某些户外空间的确存在比较深厚的潜在场景机会，但是其所能构建的场景却具有巨大的可替代性，我们知道，在移动互联网环境下，任何场景都不是孤立的，往往会出现若干个场景构建机会并行的情况，在此情况下，低效率的场景很容易被其他平台效率更高、体验更好的类似场景所替代。

也就是说，户外空间要构建用户场景，挖掘场景价值，首先要具有足够的潜在场景机会，让用户在空间中具有一定的附着度；其次，户外空间的场景构建要有独特性，形成差异化，才能具有存在的价值，否则其场景模式在实践中就不成立。

技术为体验插上翅膀

申通德高在几年前便开始关注和研究地铁媒体的场景价值，这期间经过了两个各有侧重的阶段：第一阶段是技术阶段，在该阶段，上海地铁广告引入了大量当时在业内堪称前沿的技术，如 LBS、人脸识别、摄像头捕捉、增强实景等，希望通过技术层面的创新，来发挥地铁空间的优势。这些新技术被广泛运用到 2012 年和 2013 年的广告案例和受众研究当中，取得了不错的成果；第二阶段是体验阶段，通过上一阶段的实践，基于案例中所暴露出来的问题，领悟到用户体验是地铁广告的价值核心。地铁广告场景的构建中，创意永远是灵魂，而技术只是为创意插上了翅膀。因此，2014 年上海地铁涌现了很多具有优质受众体验的广告案例。

2015 年，上海地铁的场景运用进入了一个新的阶段，地铁空间特点与受众之间的关系得到了更深入的研究，以此作为地铁广告创意运用的重要依据。2014 年，德高全球总部在包括上海的全球五大都市地铁开展了为期一年的

“Metro Stories”的地铁受众研究。通过该研究，我们对地铁受众与空间之间的关系，尤其是地铁受众在不同地铁空间结构中的心理特点和行为特点有了更为深入和全面的理解。这使得申通德高在基于乘客体验的地铁广告场景运用方面有了更多的思路和依据。

移动互联网助力地铁场景营造

地铁系统本身具有强大的机械性，也就是说，固定的线路、站点和站内动线，对乘客的行为高度约束并具有规律性，最为重要的是，乘客心理上对此习以为常，乐于遵从，这是构建地铁广告场景模式得天独厚的基础；其次，地铁乘客在地铁站不同的空间结构位置，心理特点和潜在行为偏好不同却具有共性，这就造就了地铁广告场景模式的多样性。再次，地铁人群的确都是低头族，由此我们发现一个很有趣的结果——在没有手机的时代，乘客们在地铁中看报纸、读书、聊天的时间与移动互联时代看手机的时间高度重合，也就是说，手机替代了原来乘客的报纸、书籍和社交时间，但并未替代地铁广告的关注时间。地铁广告是注意力媒体，而非内容型媒体，因此手机与地铁广告接触机会之间并未产生冲突，相反形成了巨大的互补性。综上所述，基于地铁的规律性，通过发现和善用多样化的地铁潜在机会，与移动互联网技术和社交媒体融合，就能创造出优质的地铁广告场景。

互动技术弥补实体空间局限性

基于这一认识，上海地铁广告在 2015 年引入了场景构建的新思路，从原先的打造差异化，向实现融合迈进，将案例放到整个移动互联和社交媒体大环境中加以审视。在此选取两个申

通德高案例，借以浅析地铁广告场景的运用。

第一个案例是自如网的“增强实景样板房”，在线房产服务品牌自如网将“实景卧室”搬入了上海地铁。这间卧室不仅装修温馨精致，吸引了来往年轻乘客们的关注，重点是其运用 AR 增强实景技术结合体感互动技术，为乘客营造各种浪漫美好的生活场景。乘客只要站在样板房示意区域，在电子屏识别到人体以后，便会将乘客带入到虚拟的生活场景中。例如：利用 AR 技术在乘客手中出现一只花洒，乘客移动花洒浇花，屏幕中便会出现一大片草地。第二种情景，AR 技术会给乘客手里一只雪球，让乘客体验在大雪纷飞的冬日打雪仗的乐趣。之后，屏幕会预留 10 秒钟给乘客与样板房和虚拟场景进行合影，乘客可以通过微信扫描二维码下载合影。

该案例的成功之处在于虚实结合的巧妙运用。实体空间最大的优势是身临其境的体验，这是目前虚拟空间在体验方面尚无法替代的，尤其是对于住房这样一种以空间舒适体验为卖点的商品。但实体空间的缺点是变化的局限性，而增强实景技术的运用又很好地弥补了这一局限性。在这个广告所构建的场景中，虚实结合的空间体验，使自如网在网络媒体上所形成的品牌体验具象化，实现了虚拟空间与实体空间之间的连通。

第二个案例是乔雅咖啡的“多维车厢体验”，该品牌在徐家汇地铁站投影通道搭建了一节由车厢改装的“咖啡馆”。车厢内三块精心设计的电子屏分别播放着广告片和互动指南吸引来往乘客。踏进这节车厢，能闻到通过香薰技术散发出的阵阵浓醇醉人的咖啡香味，让乘客仿佛真的置身于咖啡馆。而本次创意车厢的核心亮点，是车厢中每一个拉手都换成了一部小手机，乘客扫描该手机屏幕上的二维码，自己手机页面就会出现一只咖啡瓶。只要通过反复摇晃这部手机，自己手机屏幕上的咖啡瓶容量会逐渐增多，直到装满整瓶咖啡。

最后，手机屏幕会自动跳出一个兑换码。乘客凭此兑换码，可以到车厢旁的自动售货机免费领取一瓶咖啡。并可将获奖的小欣喜通过微信分享。

在人流密集经过区域附近搭建实体地铁车厢，吸引目标人群的关注和参与，且参与方式便捷有趣，很好地吻合了该区域人流的心理状态。吸引 - 参与 - 中奖 - 分享 - 围观 - 扩散，形成闭环。地铁空间、移动互联终端、社交媒体实现了高度融合，充分体现了移动互联网与地铁广告的互补性。

地铁空间的多样性和技术的飞速发展，对于地铁广告场景的探索目前仍处于初始阶段，但打造地铁空间差异化，并实现其与移动互联网和社交媒体的融合，是地铁广告场景今后发展的方向。

以沉浸式户外场景触发受众“五觉”

雅仕维传媒集团

当代社会瞬息万变、节奏越来越快，普通的广告画面已经难以吸引路人的目光，而移动互联网也让不少路人成了“低头族”。户外广告如何立足？雅仕维传媒集团多年来探索“空间管理与经营”理念，突破传统灯箱的限制，利用媒体资源的所有空间，透过激发受众“五觉”、融合最新技术的创意广告，显著提升宣传效果及美化环境，成功为广告客户、受众及业主缔造三赢局面。

“批发—零售”式经营亟需颠覆

户外广告行业传统的经营理念是一种“批发—零售”贸易式手法，即从业主手中批量获得媒体资源，再零售式逐个卖出，赚取差价。在这种经营模式中，对经营者来说最重要的是从业主手上获取广告资源的价格，及广告资源的位置，而不是经营者的能力与经营手法。由于不注重通过创意及整体策划提升自身经营水平，导致行业整体经营理念未得到长足改善。

“空间管理与经营”理念触动受众“五觉”

传统媒体、传统行业纷纷往线上走的同时，整个互联网行业却急于“落地”——走向线下，而户外广告是互联网行业最佳的“落地”平台。

根据中天盈信 (CODC) 的数据，2014 年全国户外广告总投放额比 2013 年增长约 9.4%，电商是引领户外广告增长的最强动力，以电商为主力的邮电通讯行业牢牢占据所有投放行业的 No.1。2015 年双 11 期间，阿里巴巴在全国众多地铁、公交、广告牌、电梯间铺天盖地大量投放宣传广告，消费者只要出门，就能接收到双 11 的信息。户外广告的强制触达、高到达率，使其成为互联网 / 移动互联网产品不可或缺的信息（流量）接入端。

然而面对日趋变化的广告市场，户外行业必须改变只为占据优质位置进行跟进下单的经营模式，否则不仅麻木了受众，浪费了良好的资源、也会逐步落后于时代的发展。利用广告空间触动受众“五觉”，提升广告效果、挖掘空间内每个位置独有的特色，并整合最新科技技术，为广告主呈现更加多维、立体的呈现效果，便是“空间管理与经营”理念的精髓。

无锡地铁肯德基咖啡香味广告

1. “空间管理与经营”理念提升广告效果

在对户外媒体经营手法的探索过程中，雅仕维提出了“空间的管理与经营”理念 —— 通过合理地运用经营空间内的一切位置，融合创意，形成立体式多媒体广告表现手法，集“视觉”“听觉”“触觉”“味觉”及“嗅觉”五觉为一体，极大地提升了广告效果，并美化业主环境，丰富受众的亲身体验。

在地铁里开咖啡厅？我们帮助肯德基 KFC 实现了这个可能。在客流繁忙的无锡地铁三阳广场站，乘客穿梭在高耸的 16 根立柱中，咖啡香气阵阵扑鼻。大量覆盖性创意贴纸打造出视觉冲击。而气味装置更让咖啡味弥漫至车站大厅，仿佛置身咖啡馆，自然沉浸在咖啡魅力中。将广告画面与产品的醇香巧妙融合，打造出广告新体验。多感官之间的火花碰撞，完成了一次从视觉到嗅觉乃至味觉的完美升级。

迪士尼广告发布前

深圳地铁 4 号线迪士尼广告发布后

2. 以空间管理触发人体“五觉”

“空间管理与经营”理念充分将“五觉”融入在户外广告作品中。在为迪士尼 10 周年庆典于香港地铁的发布中，雅仕维通过主题列车、车站主题区、通道品牌区等多媒介组合，发起“捕

深圳地铁 4 号线迪士尼广告发布现场吸引了众多乘客目光

捉幸福奖赏”创意企划。地铁站里完整再现了充满童趣的迪士尼卡通形象和各种梦幻场景，乘客可直接扫码、拍照、分享朋友圈参与“迪士尼门票”有奖庆典互动。迪士尼场景的进驻不仅让地铁环境焕然一新，也让乘客在匆忙旅途中感受欢乐热情的迪士尼文化，获得愉快心情，推动该企划一上线即成为全城讨论热点。广告效果得到了多维、立体化提升，也为受众留下深刻印象。

3. 挖掘冷门空间价值

区别于传统的行业经营手法，“空间管理与经营”注重挖掘经营空间内每个位置的特色，通过创意将价值较低的位置成功销售，甚至在有限的空间中打造全新媒体。如在港铁为香港迪士尼打造的一款“抓鬼”广告，就是为了配合宣传迪士尼万圣节举办的主题活动。通过手机应用程序在地铁空间扫描各种“鬼怪”图案，乘客可以获取优惠券等各类奖品。为提高游戏性，各类“鬼怪”图案被贴放在地铁空间较为隐蔽的位置，如柱子后面、升降机门、售票机背后等等，在与乘客进行充分互动的同时，将价值较低的位置成功销售，这是传统户外广告经营理念和跟进下单的经营模式无法做到的。

旧街场白咖啡，是源自多年前马来西亚拥挤市集劳作人员喜爱的一种咖啡。为了展现这

个咖啡品牌特性，经过缜密的分析策划，最终建议客户投放港铁九龙塘站的一个区域。该区域柱子很多很密集，显得十分拥挤，而且柱子之间互相遮挡，绝非通常认为的好的位置。九龙塘地铁站也只是一般的站点，不像港铁中环、铜锣湾这些受客户青睐的站点。但九龙塘站通过创意策划布置，恰恰能完美展现出旧街场这种拥挤的特性。此外，通过加入气味装置，使得整个品牌区域洋溢着该品牌独特的咖啡香味，将旧街场白咖啡的品牌特色与味道向乘客完美呈现，受到客户极力赞扬，案例也获得业内众多奖项。

香港地铁万圣节“抓鬼”广告

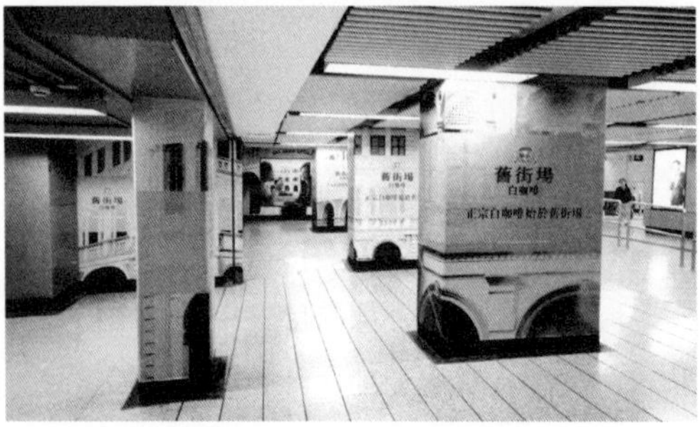

香港地铁九龙塘站“旧街场白咖啡” 地铁广告

雅仕维曾经为 BMW 在香港红磡停车场发布大型创意广告。这是一个大型的停车场，可做广告的是一个 T 型位置。由于特殊的建筑结构，从外可看到建筑内车辆停放及行驶。雅仕维因地制宜，通过真实的场景与虚拟画面相结合，营造 BMW 汽车从建筑内飞跃而出的效果，极具创意地利用整体空间展现BMW品牌冲击力。

4. 打造全新媒体，挖掘空间价值

除了创意利用地铁站的冷门位置，雅仕维还突破常规，在机场行李提取处、电梯等位置重新定义空间，通过规划设计、技术突破，打造全新的媒体形式，充分利用每一寸空间，达到了极好的效果。

2016 年，雅仕维为阿里巴巴在杭州萧山国际机场行李厅打造了天猫国际品牌空间。在超过 2000 平方米的国内行李传送带上，以全贴膜的形式，让“小黑猫”与宣传语轮番出现，为枯燥无趣的等行李时间增添了些许乐趣，也让天猫国际品牌在杭州机场赚足眼球。

普通广告位

杭州萧山国际机场天猫机场行李提取处广告——
“把时间还给旅行”

昆明长水国际机场—JEEP 克莱斯勒巨幅电梯贴

再例如，在昆明机场的一处高层电梯，雅仕维利用 280 平方米的巨型电梯贴为 JEEP 克莱斯勒打造了充满视觉震撼的发布效果。电梯贴采用单透膜技术，既能将广告画面完美体现，又不影响电梯采光，气势宏大、创意吸睛。以空间管理理念，挖掘潜在媒体价值，给客户带来了意想不到的发布效果。该案例获得了 2015 年 ROI 金投赏媒体公司组银奖。

利用空间创意提升投资回报率

雅仕维传媒集团创始人、董事会主席林德兴表示，“空间管理与经营”理念，是指创意

香港地铁红磡站 BMW 品牌车“飞跃而出”

利用空间，达到美化环境的目的。传统户外广告常常是单纯地利用媒体资源展示广告画面，媒体的位置和幅面大小等不可变因素是广告效果的关键。这种情况下，客户想要获得良好的广告效果，也必须支付高额的广告费，投资回报率相对较低，这也成为影响广告主投放策略的重要因素。雅仕维充分运用创意激发商业潜能，为客户带来了更大的附加值，提升广告主的投资回报率。2015 年 10 月，雅仕维传媒集团凭借“空间管理与经营”理念和专业的媒体规划能力斩获第八届金投赏 ROI 三项大奖，其中包括连续第三年获得的“年度最佳媒体”奖。

“科技再进步，人始终还是人。我们要考虑的是如何做到产品的人性化，符合大众喜好。广告要做的，是用特定的文化去影响受众，留下正面形象，从而吸引更多人来喜欢，这也是我们广告的精髓。”林德兴先生说。

LED 大屏的现状与未来

传立媒体业务发展及户外专项总经理　庄列泳

第一部分：中国 LED 大屏运营现状分析

城市化改变了城市格局，也推动户外大屏的发展

户外广告是环境的产物 ，不断持续的城市化改变着我们的生活环境，城市化发展的轨迹主导着户外广告发展的趋势。

各地位置优秀的大牌在资源和收入增加、LED 设备成本下降以及城市灯光美化的政策要求下，陆续改建成 LED。在过去一年，市场对各地位置优越的大型 LED 屏的接受度有相当大的提升，预期在未来几年这个投放势头应该会持续增加。同时，受益于播出系统的弹性和人流聚集的优势，大型 LED在当地的创意运用将是未来可以期待的方向。未来，LED 大屏投放与运营蕴含机会与挑战。

户外广告随城镇化发展的趋势

- 集约化 —— 广告资源逐渐被大公司整合把控
- 数字化 —— 广告载体从印刷品升级到电子屏
- 规范化 —— 政府定期整治区域整体规划
- 互动化 —— 广告内容中加入更多的互动元素

LED 继续蓬勃发展

LED 技术从 2004—2005 年开始被逐渐应用于活动展示和媒体平台，从 2007 年开始，在全国以城市为单位的政府户外广告整治过程中，作为整治重点的大型户外平面媒体的替代，由于其环保特性和与国际广告新技术趋势接轨的特征，得到政府主管部门的认可，并成为各个城市户外媒体主主力发展的媒体形式。

今天，LED 媒体已是城市的一部分，展示着城市特有的风采。

LED 与传统大牌相比 持续地此消彼长

面积大于 100 平方米的单一媒体数量（30 个主要城市）

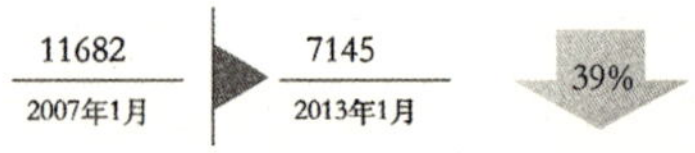

LED 屏幕数量（32 个主要城市）

LED 不再是新媒体，已经逐步趋于成熟

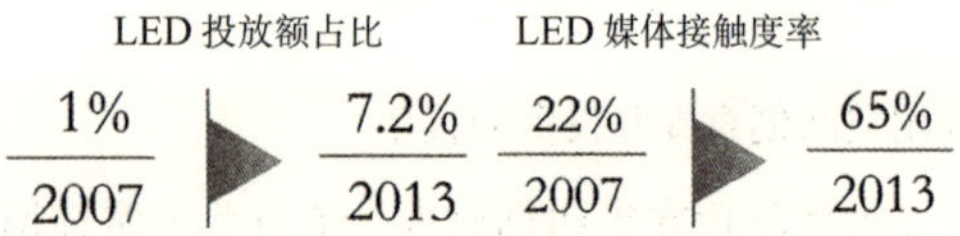

作为新兴的数字化户外大型媒体，近三年大型 LED 的客户投放量增幅平稳，每年增长比例在 25%—30% 。

分月投放看，大型 LED 的投放旺季出现在农历年前、五一、十一期间，而淡季出现在暑期、11 月以及农历年后。

一线城市大型 LED 的投放量趋于稳定，1.5

线城市的投放额增幅明显，特别是以重庆、成都、南京、杭州、武汉为代表的区域性中心城市。

一线城市中，酒类和娱乐休闲是大型 LED 投放主力，但其投放量已呈现下降态势。邮电通讯和服饰业投放开始放量，工业和办公行业的高增长主要由广州燃气和京瓷贡献。1.5 线城市中，酒类、娱乐休闲和服务业是大型 LED 投放主力，但增幅趋缓。邮电通讯、服饰和电脑及配件行业投放开始放量，建材和办公行业的高增长主要由三菱电梯和京瓷贡献。

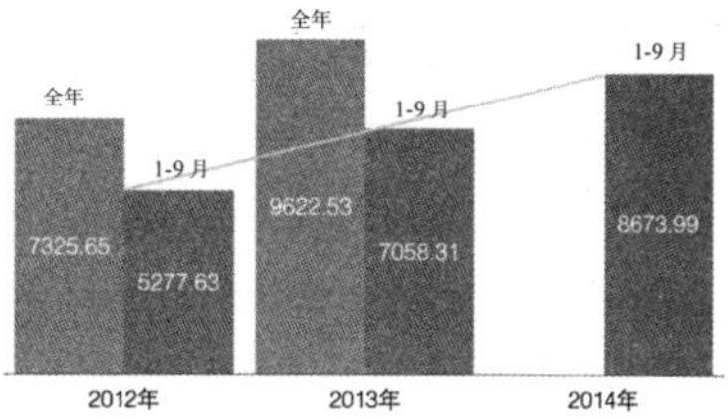

二线城市中，酒类和娱乐休闲是大型 LED 投放主力，但其投放量已呈现下降态势。邮电通讯投放开始放量，建材及电脑机配件的高增长主要由腾讯和撸塔传奇 (手游) 贡献。

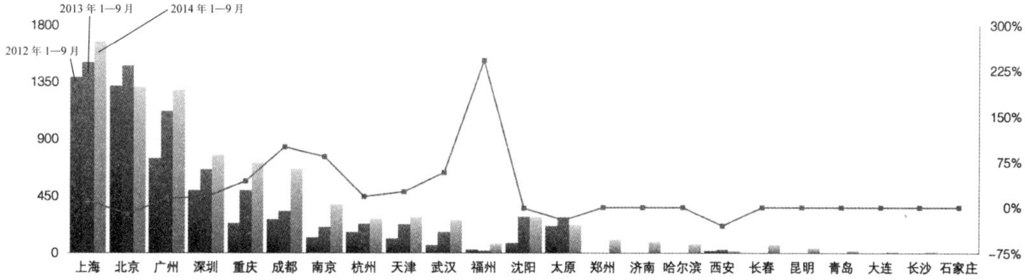

分级别城市 2015 年 1—4 月户外投放同比走势

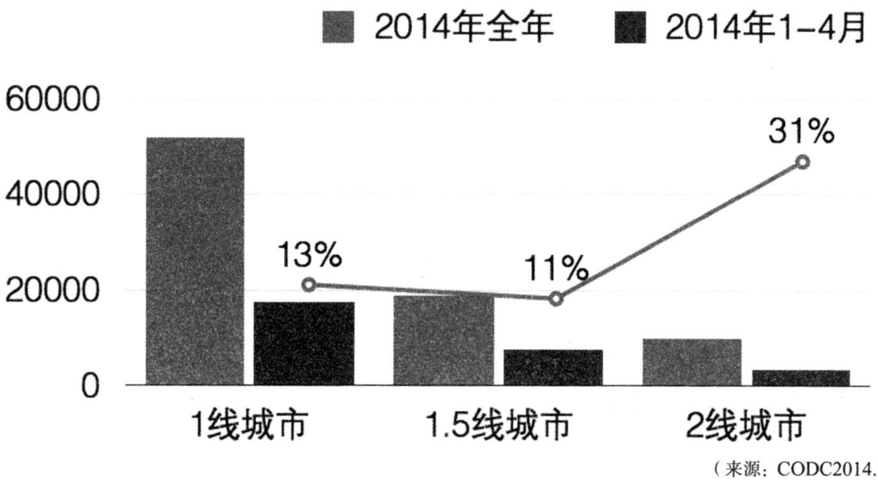

（来源：CODC2014.1—2015.4）

一线城市的户外投放总额稳中有升，1.5 线城市增幅放缓但依旧维持两位数增长，二线城市的高速发展带动户外媒体投放增长。

全行业户外投放排名——TOP20 （来源：CODC2014.1-2015.4）								
2014年全年			2014年1-4月			2015年1-4月		
排名	品牌	投放额（百万元）	排名	品牌	投放额（百万元）	排名	品牌	投放额（百万元）
1	苏宁	1305.73	1	农夫山泉	339.34	1	苏宁	392.34
2	中国移动通信	959.75	2	康师傅	307.06	2	肯德基	267.90
3	康师傅	810.29	3	肯德基	288.98	3	京东商城	257.29
4	肯德基	758.93	4	苏宁	281.65	4	中国移动通信	256.04
5	1号店	721.44	5	1号店	208.23	5	猎聘	248.78
6	三星	619.11	6	三星	183.25	6	1号店	245.21
7	淘宝网	479.20	7	京东商城	168.29	7	58同城生活	222.38
8	恒大冰泉	475.41	8	娃哈哈	155.99	8	国际爱护动物基金会	194.61
9	农夫山泉	451.46	9	淘宝网	146.98	9	中央电视台	177.84
10	京东商城	448.74	10	中国联通	144.52	10	康师傅	176.34
11	支付宝	412.03	11	国际爱护动物基金会	139.00	11	三星	170.36
12	国际爱护动物基金会	376.37	12	伊利	138.99	12	农夫山泉	161.41
13	中国电信	371.62	13	王老吉	138.83	13	全景图片网	155.10
14	宝马	359.93	14	广州地铁	127.04	14	中国工商银行	154.93
15	国美电器	355.84	15	乐事	124.27	15	脉脉	139.23
16	广州地铁	354.06	16	中国电信	117.52	16	中国电信	137.09
17	伊利	353.43	17	猎聘	116.30	17	天猫网	136.46
18	安利	353.36	18	世界自然基金会	115.45	18	国美电器	130.71
19	娃哈哈	342.51	19	兰蔻	107.97	19	金剑南	128.08
20	乐事	337.82	20	苹果	107.28	20	途牛旅游网	126.40

全国大型LED投放排名TOP50		
排名	品牌	投放总额（百万）
1	洋河	492.82
2	娃哈哈	131.40
3	老板	125.28
4	苏宁电器	118.14
5	三星	114.07
6	太平人寿保险	110.83
7	红星	98.66
8	中国移动通信	96.05
9	剑南春	92.62
10	摩拉菲尔	88.56
11	金剑南	87.91
12	五粮液	86.84
13	东风日产	69.69
14	中国劲酒	68.08
15	广汽丰田	67.54
16	欧米茄	65.26
17	LG	61.13
18	天猫网	59.36
19	方太	55.09
20	中国农业银行	52.92
21	东风悦达起亚	51.88
22	广州燃气	47.38
23	优衣库	47.32
24	中国电信	47.24
25	东风本田	47.14
26	好运街	45.66
27	来思尔	43.73
28	长安福特	41.75
29	国窖1573	40.18
30	希思莉	39.77
31	泸州老窖	38.63
32	稻花香	38.41
33	天梭	38.22
34	成都	37.02
35	浪琴	35.85
36	上海新天地	35.42
37	劲牌	35.25
38	伊利	35.00
39	奥迪	34.91
40	中国人寿保险	34.55
41	58同城生活	33.17
42	上海	32.58
43	宝马	31.66
44	丰田	31.09
45	斯沃琪	30.94
46	汾酒	30.62
47	多牧多	29.59
48	广百百货	29.48
49	钱江晚报	29.17
50	奔驰	29.13

第二部分：LED大屏未来的发展

LED的卖点有哪些？

• 资源整合　• 灵活播放　• 品质竞争

• 互动体验　• 监控管理

LED的未来改进方向

• 从资源上看，LED已经成为一个真正意义上的城市商圈类覆盖的主要媒体形式，但是，资源的高度分散和区域阵地的重复建设，使媒体的功能和价值受到削弱。

• 建造上的很多隐性规则使用户无法真正了解价格与品质之间的关联，恶性的价格竞争无疑将使建造环节越来越不稳定。

• 从系统上说，绝大多数LED还在使用传统的单机播放的系统，也背离了LED作为户外视频流媒体形式的规模化覆盖和网络化播放的发展方向。

• 单向的广告信息传播缺乏主动关注，同时全广告信息也必会引起受众的视觉疲劳而降低关注度。

• 缺乏良好的监控手段和服务意识，影响客户利益和媒体信誉。

LED 将成为 DOOH 时代的杰出代表

• 实时播放，多屏联动

• 内容提升关注

• 差异化效果导向

• 品牌与促销结合

• 技术优势与互动呈现

未来的 LED —— 户外电视（OOH TV）

• 实时：通过播放平台的系统控制，以及卫星、Wi-Fi、多媒体云技术等新技术的支持，完成实时播放及网络化控制的多屏联动模式。

• 内容：结合内容的非纯广告信息平台，可以提高受众的主动关注可能。

• 差异化：在资源、效果、内容等方面可以形成差异化，以效果为导向，以内容为基础的多市场或多区域覆盖资源的平台。

LED 将进入 2.0 时代

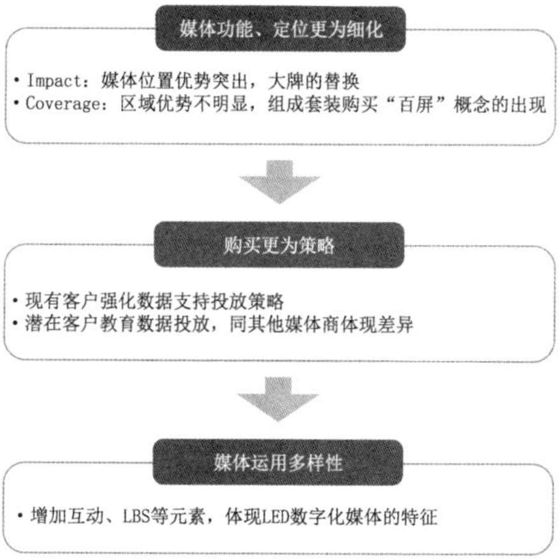

• 品牌与促销相结合：突破大牌的品牌投放属性限制，利用媒体全覆盖的特性和发布灵活的特点，结合更多的产品和促销信息，应对多种客户需求提供多方位解决方案。

• 技术与互动：通过电子化展现及网络化后台技术，将融合多种互动技术，例如 Wi-Fi 覆盖、蓝牙互动、二维码拍摄、受众参与游戏、LED 转播、LED 投票、LED 与网络内容的互动等已具备技术条件的互动方式，充分提升媒体平台的互动和受众参与。

从客户角度看 LED 投放

客户传播目标——客户选择投放的考量点

全城覆盖

• 媒介符合商圈主干道覆盖定义，同时具备较好的品质

• 有 TV reach 补充功能

目标区域覆盖

• 符合目标商圈覆盖原则

• 符合区域性针对覆盖原则

冲击力及品牌

• 大面积展示，画面冲击力特性

• 品牌展示功能及领导者形象

门店指引

• 门店地理位置指引功能

• 完全针对门店服务内容的媒介需求

客户传播目标 ——客户选择投放的考量逻辑

例如：广州北京东路步行街 LED

实地测算有效可视时间为 10 分钟。播放时长为 9:30 —22:30。OTS 达到 1 次，则需要 10 分钟看到一次。此屏幕整体播放 13 个小时，故至少需要购买 78 次才能达到设定的 1+OTS。

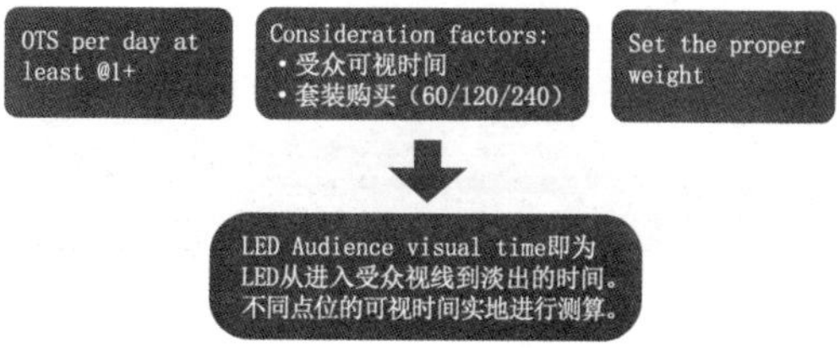

城市	区域	位置描述	人流	播放时长	可视时间	OTS1 次 / 天最低频次	最大客户数	周边广告单位价	全屏总价	购买频次	单客户总价	对比大牌	价格参考	
				小时				（元 / 平米）		次 / 天	元 / 天	效果系数	元 / 天	CPM
北京	西单	西单大悦城	154000	15	5 分钟	180 次	30	800	125952	120	4198.4	1.80	5038.08	51.7

CPM 测算：LED 每日均价 / [日均人流量（中天数据）×（购买频次 / 最低 OTS 1 次 / 天的频次）] ×1000

（参考定价：由于 LED 的动态效果，可参考 LED 周边大牌价格 ×1.2 效果系数 /LED 客户数进行价格比对核算）

Example: CPM=5038.08/ [154000×（120/180）] ×1000=51.7

客户传播目标——影响客户决定的其他考量点

- 电视的成本
- 城市其他户外资源的情况
- 单一媒体 ROI
- 受众及播放特征

受众及播放特征的关联性

干道屏 – 给车看 静态及 Flash 画面

商圈屏 – 给人看 短版本视频画面

LED 的运营要件

1. 传播理念

在户外与移动中的受众进行沟通。

2. 传播的基础优势

“差异化”，不仅仅在位置、传播方式、播放方法或者互动形式上，更要在传播形式和内容上为客户度身定做，从传播解决到策略解决，甚至是内容解决；

“内容”，不仅限于传播与互动，利用 LED 互动的传播形式，创造内容、创造话题，创造二次传播，也是 LED 提升价值的最重要手段之一；

“效果量化”，我们看到户外大数据时代的曙光，但是一定需要从动线和效果两个方向综合去看，我们不仅要为品牌与城市人群做到达的沟通，还可以为促销和精准人群做互动沟通，甚至可以和有意向的消费人群做导引沟通。

LED 的运营之去大牌化

1. 突破品牌推广的瓶颈

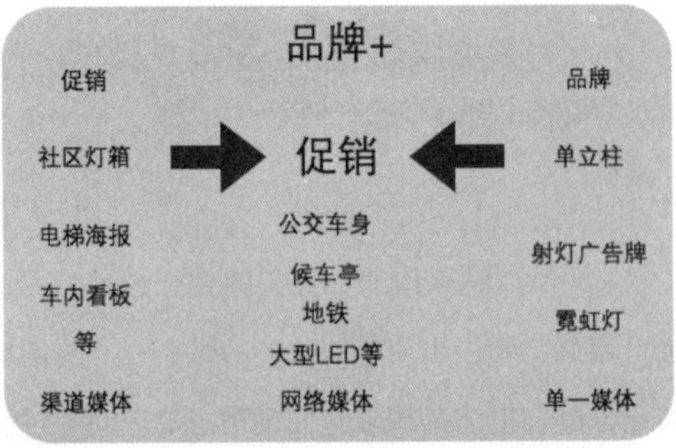

2. LED 运营的三维结构

• 点——点是核心，也是决定资源的标准，运营中点是质量概念。

• 线——线是纵向，有深度的资源运营核心对市场中点的综合性控制。

• 面——面是概念，有广度的资源运营核心是策略和内容的解决广度。

• 三维——三维是未来，资源的利用依靠数据、创新、内容、整合等技术实现。

LED 在移动互联网趋势下的新价值

移动互联网盛行的时代 户外还有价值吗？现在家外除了户外还有 Mobile。

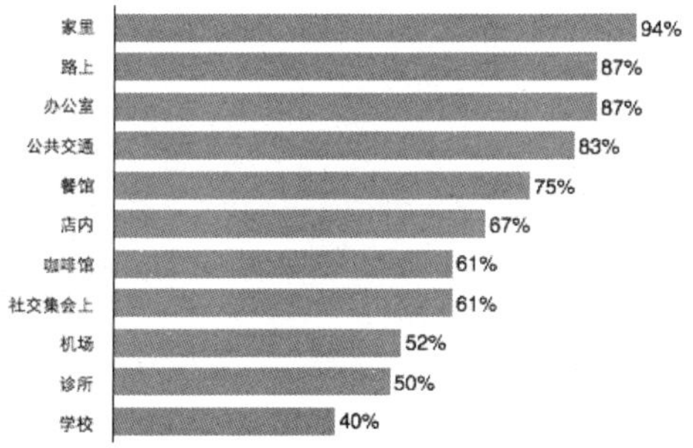

O2O 凸显出户外的独特场景价值

户外的核心价值不仅存在于常规的线下，更体现在线上线下交汇的部分，品牌决定而非平台决定，内容是制胜关键。

户外人群中大约有五分之一是低头族，数据显示：在早晚两个户外出行的高峰期，使用手机上网的人分别占户外人数总体 19.7% 和 24.1%。

位置相关生活服务最受欢迎。截至 2014 年，手机地图的使用率依然逐月递增，手机地图和手机打车移动应用日常使用频率较高，结合地理位置的生活服务也受到用户欢迎。

移动应用的使用高峰 2/3 以上都在户外。移动上网高峰时段是午餐时间和晚间黄金时段，其次是下班小高峰时段，2014 年 12 月人均每天花费 62 分钟在移动上网，比 2014 年 6 月下降了 12 分钟，人均单次使用移动应用时长为 4.53 分钟，较 2014 年 6 月下降了 6%。

人们关注手机，并没有影响到对户外广告的关注。数据显示，移动互联网、液晶电视广告和电子大屏广告有大量的重合受众。

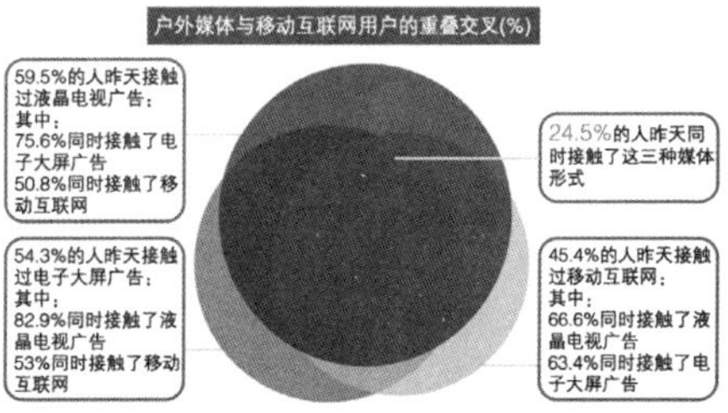

以家外为核心的沟通时代已经到来

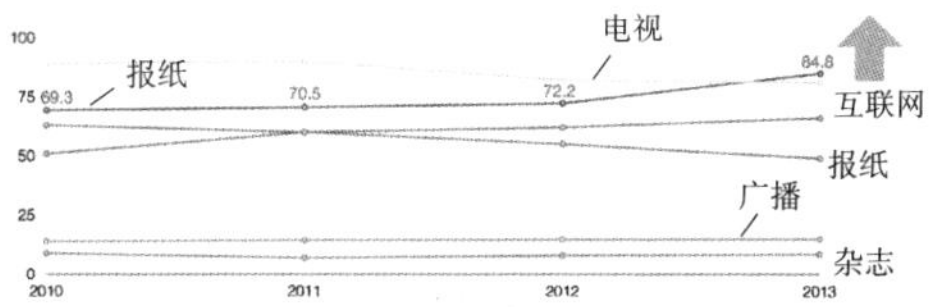

户外媒体连续两年达到率最高

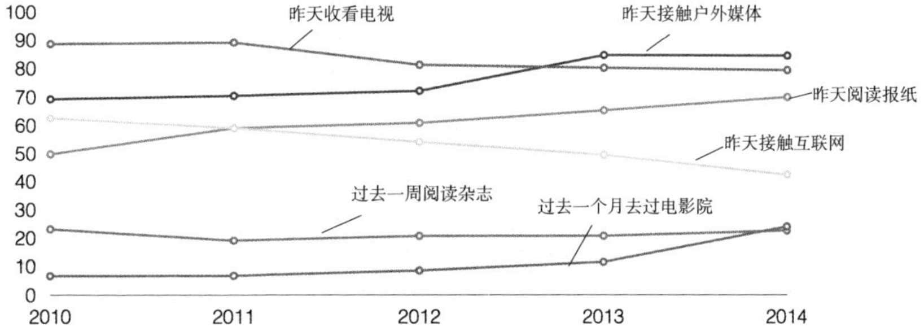

正在发生中的“趋势”有哪些?

整合成一个营销　动线中沟通　生活中即时处理　告知上升到互动

内容营销凸显重要　高速移动联网　消费者为中心的场景联动　24小时品牌关联

在新的趋势之下，受众是中心，内容是手段，媒体是介质。户外媒体取决于地理位置。

驱动综合户外媒体平台的元素由以下构成：

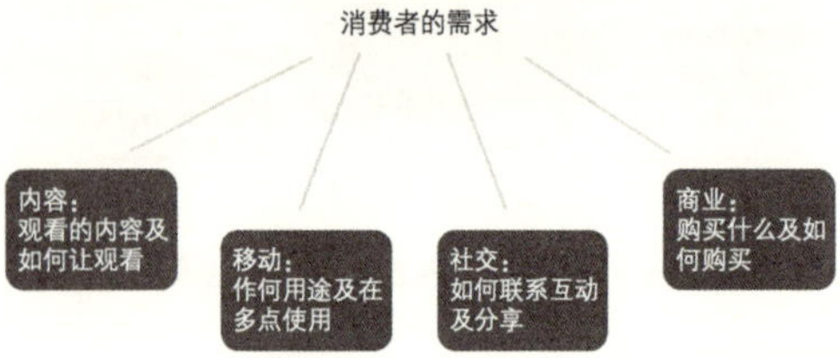

家外 O2O 传播未来的核心定义

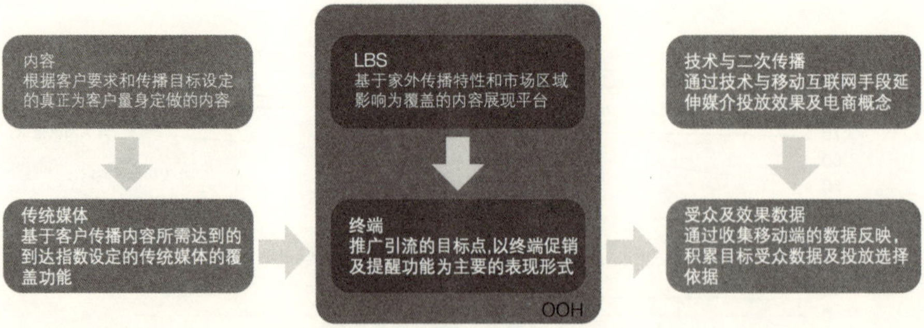

LED 新技术的发展和应用

物联网时代来临，户外不再只是一块广告屏。

邬贺铨院士指出：“与其说物联网是网络，不如说物联网是业务和应用。因此，应用创新是物联网发展的核心，以用户体验为核心的创新 2.0 是物联网发展的灵魂。”

物联网及移动泛在技术的发展，使得技术创新形态发生转变，以用户为中心、以社会实践为舞台、以人为本的创新 2.0 形态正在显现，实际生活场景下用户体验也被称为创新 2.0 模式的精髓，户外广告从此不再只是一块屏的概念而已。

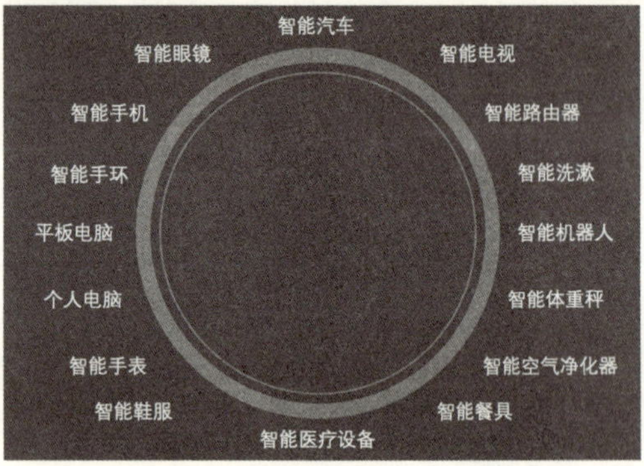

可穿戴设备

2012 年因谷歌眼镜的亮相，被称作“智能可穿戴设备元年”。在智能手机的创新空间逐渐收窄和市场增量接近饱和的情况下，智能可穿戴设备作为智能终端产业下一个热点已被市场广泛认同。

可穿戴设备具备部分计算功能，可连接手机及各类带有终端的便携式配件，包含以手腕为支撑的手表类（包括腕带产品）主流产品形态，和以脚为支撑的鞋类，头部支撑类以及智能服装、书包、拐杖、配饰等各类非主流产品形态。

面部识别技术

面部识别技术是自动识别，并从数字图像或视频图像核实一个人，比较五官和构建面部数据库的计算机应用程序。

增强现实技术

增强现实（Augmented Reality，AR）是基于一个物理的、真实的环境，把原本在现实世界的一定时间空间范围内很难体验到的实体信息（视觉信息、声音、味道、触觉等），通过电脑等科学技术，模拟仿真后再叠加，所映射的实时直接或间接的影像技术。

Oculus 在 CES2015 上首次展示了 Crescent Bay 的样式机。Crescent Bay 在原来模型的基础上作出了改进，变得更轻，且具备 360° 的跟踪能力，可令 Rift 的外部摄像头跟踪设备前后方的环境，从而使得用户移动更加方便。

Oculus 最近还与 Marriott 万豪酒店合作，为客户提供沉浸式的旅游体验，用户可通过虚拟现实眼镜瞬移到夏威夷、伦敦市中心。

iBeacon

基于蓝牙低耗能技术（BLE），iBeacon 硬件可以创建并搜集在手机或平板电脑传输数据信号范围内的消费者访问资料，还可以实时推送信息。

未来 LED 的运营方向

既然 LED 前景广阔，那么回到经营上来，我们如何规避误区，找到运营方向？

1. 规避误区：呼吁回归本源、有效到达率、为客户销量负责、户外电商化……

2. 找准媒体的卖点尤为关键——在挖掘媒体价值的基础上寻求差异化：

- 城市及区位特征
- 受众特征
- 设置及形象特征
- 技术拓展空间
- 针对不同客户特征的优势凸显
- 投放产生的效果利益

强势媒体互动化，竞争媒体差异化，新兴媒体个性化。

如何从投资管理角度运营公司？

投资管理的内涵——高效管理客户的投资，用投资的眼光看待媒体。从 Trading 交易（价格）到 Invertment 投资（价值），与志同道合的伙伴一起发展。

从投资管理的角度应该这样来审视及运营媒体公司：1. 有市场宽度的媒体公司，在不同市场内具备同类型媒体资源，可以为客户提高同策略、多市场、全覆盖方案的媒体公司。2. 有市场深度的媒体公司，在单一市场内具备可以满足客户多种策略需求的资源，在单一市场内的单一媒体类型可以有突出优势的媒体公司，良好的媒介拓展能力和经营服务意识的媒体公司。3. 有发展概念的媒体公司，在移动技术和资源上有很好的发展空间和成为主流的潜力，有良好的客户拓展能力与合作精神的公司。

户外 LED 传播技术新趋势

广东南方新视界传媒科技有限公司总经理　郑君

这是一个由技术引发传播路径深刻变革的时代，把握能带来受众心智变化的新技术，抓住新技术带来的受众心智变化是媒体获得持久生命力的王道。不可否认的是，移动媒体正在占领受众心智的制高点。无论更新的移动媒体如何以新技术对报纸、电视等传统媒体甚至传统的互联网发出怎样凌厉的攻击，并不断蚕食其受众，但户外 LED 媒体却没有因此受到波及，反而强化了其独特性，引起受众和广告主越来越多的关注。不过这不表示户外 LED 媒体可以独立于这个频繁更迭盟主的媒体江湖之外，相反，如果能顺势而为，主动拥抱移动技术，并能够在占领受众心智的其他新技术应用上实现突破，无疑将使户外 LED 媒体获得更高的江湖地位和更广阔的发展空间，全球同行都在为之探索。

关于市场的认知

LED 媒体产业发展空间巨大。一方面，包括LED媒体在内的户外媒体有独特的空间属性，一直拥有稳定增长的受众。随着我国城市化和人们出行方式的变化，户外媒体的受众量还远未达到市场的“天花板”。

据《2014—2018 年中国户外广告行业市场前瞻与投资战略规划分析报告》指出，2013 年我国户外广告投放额为 566 亿元，同比增长 9.90%。而 2005 年—2014 年间，我国户外广告行业以年均近 20% 的增速高速发展，其中一二线城市 LED 显示屏的增量尤其显著。随着城镇化的进一步推进，未来三四线城市户外 LED 广告的增长量必会更大。

事实上，近年来城镇化进程加速也促使户外 LED 行业的热点下沉至地级市。目前国内一二线城市核心点位 LED 大屏资源已基本被圈地完毕，加上审批程序趋向严格，资源开发相对有限，LED 行业正在走向精细化运营阶段。三四线城市户外 LED 则属于蓝海市场，尚在高速扩张阶段。据不完全统计，2013 年我国地级及以下城市户外广告收入规模才 8783 万元左右，2011 年—2013 年年均复合增速却高达 99.85%，呈现高速发展态势，拓展空间相当可观。加上 LED 显示屏多样化的信息展示、各类信息灵活发布，甚至可以成为地方政府部门政务信息公开、公共服务、应急预警发布的终端，这些都为户外LED大屏的深化发展创造了良好的条件。

另外，户外媒体的电子化趋势将使 LED 媒体受益。近几年，随着信息化的快速发展，户外广告作为城市形象的重要组成部分，不断地完善和创新，并且由开始简单的墙面涂写、木板、铁牌、灯箱向画面设计、色彩运用、工艺造型向更加精美、丰富、生动活泼，且更具时代感的广告设施过渡。

LED 媒体本身就是电子信息技术发展的产物，从表现形式来看，在可预见的未来，还不太可能被另一种产品所替代，其无疑是目前户外媒体最重要的发展方向，并能与“互联网+”有效结合，前景广阔。

LED 媒体产业正步入成熟阶段

表现一：市场环境在变化，LED 广告在高速增长，但行业竞争日益激烈，出现并购整合潮，与资本对接加快。

近年来，中国户外 LED 显示屏广告市场规模每年都以两位数的速度在增长，远高于同期的广告增长。市场在增长，市场期望值也在增长，资本争相涌入，国内一线城市 LED 媒体市场风起云涌，销售竞争越来越残酷，可以看得到是，市场上大部分单屏经营的 LED 媒体公司都是亏损的。竞争的加剧，导致 2014 年行业净利率收入锐减，一定规模的媒体纷纷谋变：凤凰都市传媒 2014 年出现销售和利润双降，但市场上关于其 IPO 的传说一直没有停止；郁金香传媒则投入了上海新文化的怀抱；香榭丽投靠粤传媒，在运营上获得了新生；联建光电动作频频，设立联动文化和与分时传媒对赌后，市场又传出要收购精准分众传媒 28.4% 股权和航美传媒 5% 的股权，进一步明确了其数字户外传媒集团战略布局；一些区域性媒体则将目光盯向了新三板，加快资本对接以满足行业竞争的需要。

表现二：资源开发的激烈竞争将直接加剧行业洗牌，近年业界发生的种种现象足以印证这个结论。

深圳深南大道的一个办公楼上，一块不到 300 平方米的 LED 屏广告位资源，拍出了 6 年 3600 万元的高价租金；广州某传媒公司以超过年千万元的高价收购某核心位置 LED 屏；在上海，某核心位置 LED 屏的改造，征地费已经被抬到了 1500 万元。这样的例子不胜枚举，行业巨头是在有了一定积累后，千方百计提高行业门槛以实现竞争优势或加速行业洗牌，这对于单屏运营的媒体来说，将不可避免地被整合、被淘汰。

LED 媒体正突破传统的传播方式，进入多元传播时代。一是联播和多屏联动传播。以南方报业 LED 联播网为例，其充分利用互联网技术，并自主开发了功能强大的后台播控软件，实现了分布于广东省各城市的 LED 大屏可即时同步播出，而且 LED 户外屏不仅可作为广告载体，还可以播放新闻、资讯等各种丰富的视讯内容，形成了全新的“公益+新闻+信息+广告”的户外媒体传播模式，对受众而言，具有更高的信息价值和黏性。这些都是传统的户外广告载体所无法完成的。

二是视觉表现更加多样化。裸眼 3D 技术已经成熟，相信不久将应用于户外 LED 媒体。将来，更多引领潮流的视觉表现新技术将逐步被运用到户外 LED 媒体市场。

三是从单一的传播到受众的参与和互动。当前 LED 媒体行业纷纷在研究将 LED 大屏与时下流行的 Wi-Fi 网络、微信二维码、手机 App 等结合，打造“网屏互动”的新媒体形态，以受众体验为核心，强调参与和互动。

改变户外 LED 行业走势的四大关键词

随着数字技术、信息技术、互联网、云计算、移动互联和社会化媒体的快速发展，受众接触媒体的时间被进一步分割，碎片化为 LED 媒体在有效时间内吸引更多目标受众注意力、进一步提高转化率创造了契机。市场正在发生的深刻变化，正在唤醒 LED 媒体对技术开发的内在动力。综合国内外同行的探索实践，以下四大关键词对受众影响最大，将是未来户外 LED 大屏技术走向的主要影响因素。

互动。当今户外LED媒体行业竞争的焦点，集中在如何通过科技如微信、App、AV技术等的运用，实现受众与媒体的互动融合。

实践证明，户外LED媒体的经营一方面要强调自身稳定的传播价值，同时也应根据互联网时代商业传播特点和内容需求，引导广告主把户外广告作为创意传播的平台，通过户外广告的投放，拉动互联网的内容，产生创意传播的效果，解决广告主的核心问题。

这也就倒逼着行业要突破媒体思维，根据数字生活空间的特点，把自己变成生活服务的平台，而不仅是广告传播载体。在数字生活空间，人们需要的是能够解决自身问题的服务，这也就不难理解电商给我们生活带来的巨大改变了。

互动，就是服务。对户外广告而言，最重要的是要找到服务的方式和服务的价值，而不是单纯的广告传达。在受众决定一切的时代，我们还可以借助互联网的无限性和移动通讯设备的贴身性，来向每个信息暂停点和每个信息接收点扩散关键词，比如手机、掌上电脑等手持终端，都可以成为融合发展的对象，从而跳出户外媒体的局限，达到拓展传播领域的目的。同时在新媒体的平台上可以创造多种多样的互动、消费自选、个人定制、专业化信息服务等新媒体形式，这些都是户外LED广告未来可以进一步发展的落脚点。

不断加强互动功能的户外LED新媒体，不但可以成为受众更为便捷地获取信息和交流信息的平台，而且也会吸引越来越多的受众主动参与到传播活动中来，更为重要的是，还将由此引发规模更大的二次传播。当户外新媒体的互动功能完全融入受众的日常生活中时，传播效果必然呈几何级数增长，户外媒体“必选”的价值自然可以凸显出来。

轻应用。轻应用是一个诞生不久的名词，不去考虑其准确含义，但大体是不需下载就可以使用的应用，比如现在的“e家洁”，就是寻找附近当钟点工的保洁阿姨的应用，没有必要装一个独立的App。如果一个地图App就可以找到附近的代驾师傅、保洁阿姨、空闲出租车、送餐店铺等，除非使用频率非常高，不然就不必每个应用都下载一个App，只需在地图上找到其入口直接使用。

事实上，面对当前大环境，不融入互联网无异于自掘坟墓。对广告行业来说，户外广告与互联网结合乃大势所趋。由于近年来通讯技术的不断进步，使得互联网裹挟着户外广告不断改头换面，也为企业发展创造着无限的可能。

以媒体数字化为例，这几年户外媒体的数字化趋势大致可以归纳为两个方面：一是通过新技术在“老产品”上的融入和嫁接实现产品的升级换代，二是全新的户外数字媒体与广播、电视等传统媒体及互联网、手机等新媒体平台的全面融合。这种新媒体带来传播方式的大变局，颠覆原生业态，使更多新的媒体技术在户外应用成为可能，甚至可能使户外媒体在户外商业销售闭环中担当更重要的角色，在O2O中为商家提供更多的服务。

“互联网+”是一个趋势，加的是传统的各行各业。互联网与户外LED媒体产业的深度融合，注定是行业发展的必然结果。随着新媒体平台的不断涌现，LED广告及内容传播通路模式打破传统渠道的束缚是必然。实现路径应该是从受众便捷性考虑的轻应用。

大数据。户外LED媒体也有自己的用户，

而寻找到用户，以及了解用户的“收视行为”就必须建立媒体的数据库。户外LED媒体的数据库不同于传统媒体及网络媒体，它的受众是变动的，既没有时间和空间的限制，在收视的过程中也不会留下痕迹，但是“媒体融合”为数据库建设提供了一个很好的思路。

户外LED媒体是静止的，但是其受众是移动的，移动的受众每个人身上又有一个几乎不会中断的信号发射器——手机，所以通过对LED媒体周边的受众进行范围的界定，并追踪手机用户的信息便找到了户外LED媒体的受众。2014年，广东南方报业新视界传媒有限公司开始与中国联通广东省分公司合作，设定了近400个指标，从用户属性、行为轨迹、消费行为、兴趣爱好等角度开始建立户外LED媒体的受众数据库，这部分大数据将有助于户外LED媒体实现精准营销。

除此之外，户外LED媒体的内容设置也是大数据需要解决的问题。每一个媒体都有自己的容量标准，电视有节目时长，报纸有版面，户外LED媒体也应该有自己的容量——屏载量。屏载量包括两个标准：一是广告轮播总时长，二是单个广告的时长。这两个标准的设置将取决于媒体周边受众的可视时长。通过研究路况的复杂性、车行和人行速度去确定受众从看到LED媒体的信息到被动结束收看的时长，从而去设定每一个媒体的屏载量，使媒体内容得到最优传播效果。

另一方面就涉及到LED媒体的广告设计。通过实践经验证实：电视广告和平面媒体的广告不适合直接放于户外LED媒体上使用，这主要是由于媒体与受众的距离决定的。所以户外LED媒体的广告设计应有自己的设计原则，而这就要通过大数据去研究受众观看户外LED媒体的视觉中心在哪？他们动态的收视行为有哪些特征？偏好动态的还是静态的？这都是大数据需要解决的问题。

视觉冲击力。户外广告作为城市形象、景观、文化、生活形态等概念的重要元素，其未来的发展也必然会被城市发展的趋势所左右，这几年城市正逐渐往环保、宜居、未来化发展，结合趋势不难预见，“未来化、数字化、环保化、虚拟逼真、绚烂互动、巨大”等特点，无疑将成为户外广告的发展坐标。

LED媒体传统户外广告的传播方式，已经很难在众多同质重复、等质等效的广告信息竞争中脱颖而出。以裸眼3D与新型投影成像技术等为代表的信息传播技术，特别是数字多媒体视觉传达技术，在这几年抢尽风头，让大家脑洞大开。在这一形势下，户外新媒体还是要考虑受众的需要，丰富媒体的视觉表现，实现传播效果的跳跃升级，完成以前难以想象的传播广度。

事实证明，户外广告在与科技的共舞中，可以不断满足受众求新求变的视觉需求，创造出一个又一个的经典传奇，用创新为自己增添无限魅力。

新科技的应用

微信互动、裸眼3D、二维码、NFC、AR、3D打印等技术得到了越来越广泛的应用。新技术与户外媒体相结合，通过互动和视觉、嗅觉、听觉刺激受众的感官，延展或增强各种媒体的发布效果，增加媒体的趣味性、参与性和体验感，增强传播效果。另有数字化功能带来的服务性，即向受众提供周边的实用及应急信息。

广东南方报业新视界传媒有限公司大胆尝试并成功实现了户外LED与微信的互动技术应

用。路人只需拿出手机，扫描屏幕上的二维码，关注新视界官方微信并发送信息，该信息随即同步出现在大屏上。此类互动技术能够为广告主提供更多更有效的服务，而不局限于广告投放。

2012年，英国全国家庭暴力中心（NCDV）在尤斯顿站（Euston）推出一个互动数字标牌活动，以帮助提高人们对家庭暴力的认识。该活动于2012年4月30日发起，运行在大幅面的数字标牌显示屏上，鼓励路人通过他们的手机控制屏幕场景来参与这项活动。活动名为“把他拉走”，由LWT（London Weekend Television）创建，Grand Visual出品，其画面为一男一女之间的家庭虐待，并附有口号“用你的手机立刻停止这些，上ncdv.org.uk/stop网站把他拖走”。现场一共五块屏幕，包括四块数字屏幕和显示二维码的D6幅面屏幕。用户可以登陆网站地址或者扫描二维码立即开启互动。参与者可以控制角色，通过手机进行远程控制，原来出现在现场第一块屏幕上女性身旁的男性，将被拖走到第四块，并且同时在第五块屏幕上显示求助电话和网址。

NCDV“把他拉走”活动

立体光栅印刷技术（lenticular printing）。2013年4月，西班牙广告公司Grey受到非营利性青少年保护组织Anar基金会的委托，采用立体光栅印刷技术制造了户外宣传广告牌，巧妙地利用成年人与小孩的身高差来传递不同的信息。

立体光栅印刷技术的使用可以使广告牌起到避开有可能是直系亲属的施虐者，告诉那些受到家庭暴力的孩子们求助号码的作用。以成人的身高可以看到正常面容的小孩，但是站在孩子的角度，却是一张嘴角带有瘀伤的图案及求助热线。

3D打印技术。12月1日是世界艾滋病日，有数据统计每18秒就有1人因为艾滋病去世，一旦得了艾滋病就会被所有人疏远，病人往往在人们的冷漠中去世。如何才能使人们关注艾滋病人呢？

德国Kempertrautmann West公司受德国艾滋病基金会的委托，在市区中心广场设立了大型互动广告牌，用官方所拥有的艾滋病人的名字组成广告文案，并打出主题语，“在这世上，每18秒就会有一人因为艾滋病而去世”，而后面的3D打印机器每18秒就制作出一个泡泡十字飘向空中，代表某个因为艾滋病去世的人。白色的立体十字架漂浮在空中，令人动容，引起民众纷纷驻足观看和分享。

AR增强现实。在2013年哥本哈根乐高（Lego）世界展览大会上，Lego和因特尔合作，为前来观展的小朋友们准备了一场15米的短跑小赛——“Shadow Runner”活动。该活动通过AR技术，小朋友们可以跟自己喜欢的Lego人比赛跑步。孩子们可以从跑道镜头的大屏幕中看到自己与Lego人的比赛过程。而比赛也会被记录下来，以邮件的方式发送给孩子们作为纪念。

3D实时水上投影。2013年，UbiBene公司为了帮助SONY推广Xperia Z，在法国巴黎

SONY Xperia Z 水幕 show

北部的维莱特低地（Bassin de la Villette）的湖面上，利用 3D 投影技术和高达 20 米的水柱，打造了炫彩夺目的水幕 show，参与者还可以将手机与控制电脑相连接，把自己所拍摄的内容作为水幕 show 的一部分，如一个小伙子为了讨女友欢心，上传了求婚视频等。

让传统的户外 LED 媒体插上科技的翅膀、开启崭新的时代是全球同行共同的奋斗目标。当然，除了用新技术武装自己，还要坚持品牌、完善终端、创新营销模式、有社会担当，这才是户外 LED 媒体长远发展的价值取向。

社区场景营造提升户外营销价值

大贺传媒股份有限公司江苏大区总经理　王健

社区媒体（Community Media）是指根植于各中高档社区内、形成网络化布局的媒体。在当下消费受众碎片化的传播时代，社区媒体拥有独特的传播优势。

具体分析社区媒体场景化营销的传播价值，具有以下五大优势：

优势一：零距离接触、终端营销。

社区大门、主干道、活动中心、广场及单元楼门口都是社区居民每天经过并停留的地方，设置在这些区域的社区媒体令目标受众无法回避，真正做到与消费者零距离接触。

优势二：精准细分、有效传播。

根据“横店影视城”各分景区特性进行社区栏异形创意

企业可以通过分析潜在消费群体的居住特点，选择相应的社区媒体投放广告，到精准锁定，有效传播，避免浪费市场宣传费用。

优势三：强迫阅读、高效到达。

媒体处于社区必经之处，画面冲击力强，具有强迫性，较之相互干扰较大的传统媒体，社区媒体还具有受干扰度小的特点，因此能直接深入到人们的日常生活中，使宣传更具有针对性。

优势四：广告时效长、效果好。

社区媒体每天宣传时间至少在12小时以上，有专职人员及时维护，定期清洁，避免人为破坏，并保持广告历久弥新。有调查表明，消费者在产生购买意愿前直接接触到的最后一个媒体就是社区媒体。

优势五：覆盖广、制作精美，结合公益、接受度高。

工商银行银联机社区终端发布，将社区媒体栏改造成具有转账、还款、缴费等功能的终端一体机，品牌宣传同时达到便民需求。

社区媒体覆盖范围广，有社区就有社区媒体。社区媒体外形美观，版面色彩鲜艳，材质环保，定期更换公益画面，美化社区环境，吸引居民的视线。社区媒体采取公益广告与企业信息相结合的形式，公益宣传易于获得社区居民的认同，附带其上的企业产品广告和品牌形象宣传也更易为受众接受。

生活中消费受众大部分时间活在场景下，社区场景化营销是一种对消费者心理影响的过程。

基于社区媒体的传统优势，对其进行创意

化使用，利用线上线下推广模式重新构建品牌场景，减少传统广告传播过程中耗损，增强广告黏性和传播效力。对此，大贺传媒几年来不断研究创意相关的社区媒体场景化营销模式。比如：

• 品牌定制：根据品牌形象特点，对社区媒体实体进行定制形象改造，根据品牌形象特点，建立社区品牌微缩景观、集成形象，形成品牌综合展示阵地。

• 综合应用：基于社区媒体实体，通过社区媒体应用开发，集成社会化媒体推广通道、形象展示、信息告知多种传播功能。

针对不同季节不同景点不同主题的景观设计

“好孩子”品牌社区橱窗设计、执行和宣传

“康师傅·本帮烧”社区新品宣传，产品促销

• 配套活动：配合品牌广告发布周期，以定制化社区媒体为依托，配合品牌相关社区推广促销活动。

同时，在不断创新的社区场景营造中有效地达到我们及客户品牌需要的深度传播和实效传播：

集成品牌形象展示、产品促销信息、社会化媒体通道、社区活动等于一体，对品牌全方位展示，实现社区广告受众的深度影响；

以品牌形象展示阵地为传播点，社区营销活动为发酵点，能够及时转化广告为消费者行为，广告转化率高。

媒介持续考虑将社区这个不可绕过的场景成为客户的销售渠道之一，通过内容的表现或者二维码的使用，连接客户的线上线下，让线上线下有良好的互动，进而形成关注和销售。当然也需要平衡，如何在对客户品牌宣传、关注和销售转化之间进行合理收费，费用上适当优惠采取媒体费、关注部分＋销售部分结合。相信社区的特殊场景在这个方向上会有突破。

公交场景开启户外营销战略新布局

巴士在线科技有限公司市场部高级品牌经理　谷保军

互联网之初，场景营销是互联网范畴的专属名词，而互联网与移动互联网的生活化应用让场景营销渗入至消费者的生活实用层面，那么当下的场景营销是一个什么样的概念，我们用一个实例来阐述：当消费者下班回家，TA们有乘坐公共交通的需求，上车有支付的需求，乘车中有音乐、阅读、游戏、社交、购物、观看移动电视等等的需求，下车有购物、晚餐的需求……这一系列需求的融合就是一个场景，一个基于乘车的场景。而如果以合适的方式满足TA们在该场景下的需求，这对于TA们是极大的便利，而对于广告主更是一种最能接近TA们、了解TA们、捕获TA们的闭环，这样一个总体的营销即为场景营销。

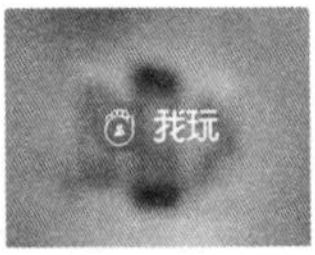

移动社区实现O2O营销落地

互联网与移动互联网的冲击让户外媒体都在转型升级，作为中国公交移动媒体覆盖最为广泛的巴士在线从2014年率先开启场景营销战略布局，通过自有的公交移动电视大屏、公交蓝牙近场通信设备、公交Wi-Fi、公交场景下的移动社区应用、公交场景下的移动视频应用等等资源合力构筑公交场景下的移动营销闭环，而在这个闭环中不得不提到“我玩”移动社区，它是目前巴士在线除公交移动电视以外，公交

场景中最为主力的业务板块。

巴士在线“我玩”公交移动社区，是用互动娱乐产品为公交用户提供基于公交场景的移动社交、移动娱乐与移动营销服务的应用，基于巴士在线媒体平台的强势覆盖与4G/Wi-Fi及蓝牙近场（iBeacon）通信数字化平台多向改造，通过巴士摇一摇、巴士Wi-Fi、我玩App等互动娱乐产品实现移动电视媒体品牌客户双屏互动的移动营销，以及公交站、公交沿线中小商户LBS移动生活服务，重构人与商业的连接，真正实现O2O营销落地。

移动视频颠覆公交电视传播方式

除了公交移动社区之外，“我拍TV”移动视频则是为公交场景下内容生产闭环所开发的移动电视内容产出平台（公交移动电视内容的

UGC），依托全国移动电视媒体平台覆盖优势，颠覆目前媒体内容生产方式和传播方式，为用户提供视频录制、节目特效、一键包装、视频社交等产品与服务。同时用户通过“我拍TV”生产的优秀视频内容还可被巴士在线移动电视媒体平台采用并播出，让4G时代每个用户都能成为专业的制作人、自己的主角，打造一个以用户为中心的现象级平台。

公交场景下的产品化应用让户外营销更饱满

场景概念的提出让场景营销白热化，但目前场景营销在客户品牌拓展中的案例并不多见。2015年中秋节之际，巴士在线携手中粮福临门，邀请张韶涵、郝云、李祥祥、苏醒、魏晨等知名影视明星共同助阵，开启了一场基于公交场景的跨界整合营销，首创公交场景的产品化应用。通过25个城市的公交移动媒体资源，号召乘客使用“我拍TV”、“我玩”参与到#回家团圆拥抱幸福#的活动中来，上传自己对团圆的理解、对家人的感恩、对亲朋好友的祝福。而在数据后台，25个城市的公交移动媒体反向从中精选出优秀素材与故事内容，制作成移动电视栏目

和微电影输出至公交移动电视上去，同时举办北京/上海/西安三地的落地活动，在新浪微博、腾讯微信中开辟专区，让整个营销活动更饱满。本次活动历时1个月，整合公交移动电视、公交场景下的手机应用、社交媒体等资源，配合落地活动，多维度传播，累计覆盖7.59亿人次，参加或访问达14万余人次，自媒体相关点击超过20万次，全国约有70家媒体对该活动进行了相关报道。

本次以公交场景为核心的整合营销属于首次尝试，能够获得客户和受众的认可，主要归功于巴士在线基于公交场景资源的整合能力与技术实现能力。巴士在线目前已成立全新的数据研究与分析部门，同时搭建覆盖全国公交资源的消费者数据收集整理与分析网络，继续补强技术实现能力，计划于2016年逐步开启基于大数据的公交场景程序化购买平台新布局，为品牌实现更多与消费者沟通的机会。

“互联网 + 影院”场景思维升级影院营销价值

晶茂电影传媒

2015年中国电影总票房突破440亿元，观影人次突破12亿，这意味着平均每个月有超过1亿观众走进电影院。但看电影这件事，日常却不平常，区别于用户随手玩手机或看电视，走进影院有成本也有场景。伴随移动互联网的发展，“场景”的意义在今天并不简单。腾讯通过构建社交场景来提高游戏产品用户黏性，阿里通过完善的生态服务创造支付宝的支付场景，滴滴优步通过定义多样的打车场景来锁定用户……碎片化的时间和移动互联的空间凸显了影院场景的价值，讲求转化效率的互联网+时代催生了“场景营销”。

场景营销的核心在于识别客户，如何根据客户所处的时间、地点和意图来推送对的信息，抓住用户每个生活片段的需求“碎片”？所谓“场景”既糅合了用户的地理时间维度、生活方式、也包括O2O形态的消费体验等概念。影院媒体本身就是一种很好的场景 —— 与生活商圈高度匹配的影院点位，固定可循的观影习惯以及影院数字化的多屏空间，都使影院媒体具备了场景化的价值。

移动搜索场景——电影院里大写加粗的两个字“专注”

二维码为品牌企业提供了一个超级入口，即任何渠道的广告推送都可以携带一个小小的二维码去实现用户导流。中国互联网在60秒内可以发生600万次网络搜索、360万次App下载、2.3万条新广告发布、3.3万次网购交易……但无论是扫码或搜索行为都需要场景的配合。

在内容“去中心化”的今天，如果说还有一种媒体，可以把观众锁定在屏幕前，还原传教式的传播场景，又兼具社交属性，那就是电

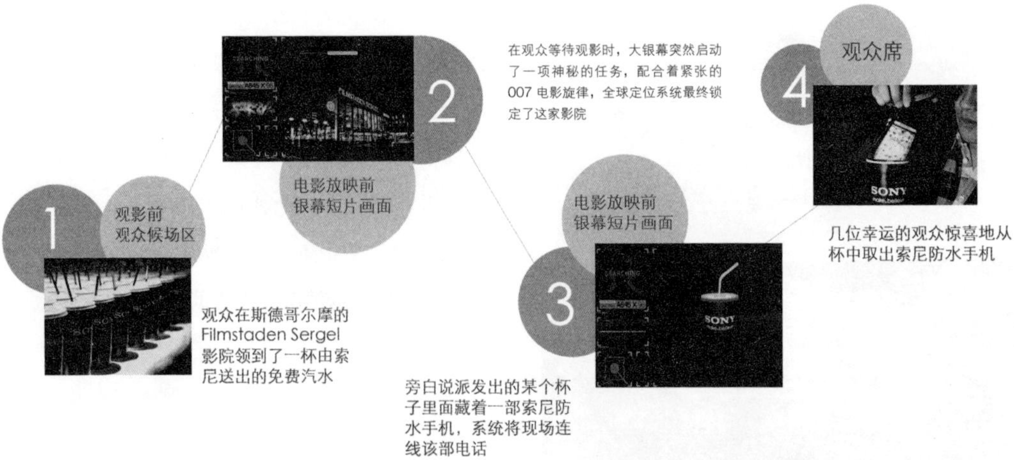

影片《007大破天幕危机》放映期间的索尼广告

影院。人们进入影院就是为了追求高度集中密闭的环境，以获得“去现实”的观影体验。电影放映前的观众在黑暗影厅内突然被切断了所有感官信息源，这个时候，有观众的注意力，有银幕广告的激励，实现一次手机互动搜索 / 下载行为，反而成了一件成本极低的事，这比“让一个仓促的行人驻足去扫户外大牌上的二维码”，“让看到视频广告就切换浏览页面的观众点击一次网络广告” 的可能性大太多。

虚拟场景——在电影院来场 cosplay 才是正经事

为自己的产品构建场景，激发用户活跃度这件事带有浓浓的 BAT 画风。最成功的案例莫过于阿里创造了双十一这样的虚拟购物节，引发的消费狂欢让人惊叹——据说大家双十一的快递还没收到，双十二就来了。

但其实电影院早就成为玩虚拟场景的绝佳场所，影片内容、影院氛围所提供的意境恐怕是任何广告无法媲美的。

007 系列电影大破天幕危机上映期间，索尼在影院阵地以促销的名义给观众每人送了一杯可乐，并在电影映前广告中，播放出现索尼的饮料杯，旁白说派发出的某个杯子里面藏着一部索尼防水手机，系统将现场连线该部电话。电话被拨通，幸运儿从可乐里面拿起手机，这种对影片内容的巧妙还原，让全场的观众都兴奋不已。

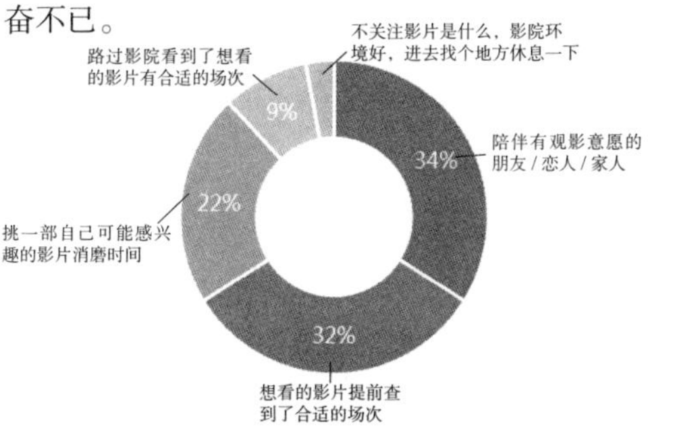

数据来源：艺恩咨询《2014 年—2015 年中国电影观众研究报告》

社交消费场景——没有吃喝打车一条龙服务怎么能叫看电影

观众走进影院是为了“大片”还是为了“大家”？据调查（数据来源：艺恩咨询《2014 年—2015 年中国电影观众研究报告》），34% 的人为了陪伴有观影意愿的亲朋好友去看电影，朋友、情侣、家庭为了满足节日里的社交需求而走进影院成为最大的观影动力之一。影院的社交场景触发了更多消费需求的可能性，需要周边配套有休闲娱乐餐饮，然后产生消费。

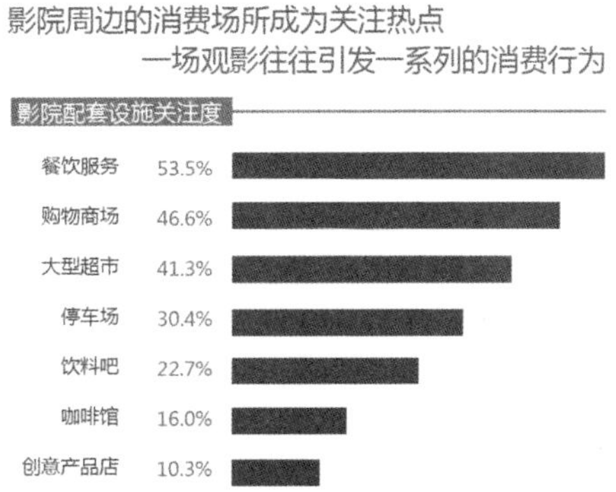

数据来源：艺恩咨询《2014 年—2015 年中国电影观众研究报告》

“场景思维”下的消费决策路径不再是传统的“注意 — 兴趣 — 回忆 — 购买”，直接、及时才是互联网 + 时代下的新节奏。下雨天，身边的广告牌向你推送附近可以买伞的商铺；傍晚下班路上收到周围餐馆的信息推送；这些都是理想状况下的场景营销。关键在于，当消费者在某种情境下有这样那样的需求时，媒介和消费渠道两者都没有缺席，“场景化消费”才有可能。能够兼具位置和媒体功能，除了智能手机、户外大牌，还有一个就是电影院。

影院所链接的消费通路多元而且独特。在线下，影院大多选址于商场，影院点位本身就是与实体消费渠道高度匹配；在线上，影厅大银幕、影院空间的 Smart Wall 互动大屏、影院各类静态展示和阵地活动等，都可能与大家的智能手机产生化学反应。举个例子，2015 年心想 shot 咖啡机在网络发起众筹，掀起了品牌借势营销的热潮，在此期间，通过影院映前广告的投放，和影院阵地的线下推广，使众筹活动获得更多的反响和用户转化 。

再比如，一汽丰田全新皇冠上市推广期间，品牌在四个城市十大影院量身定制 Smart Wall 大屏全真互动体验，同时在全国范围内大规模投放电影映前广告，点面结合，向观众全面展示了品牌别具一格的创意。

这些案例还仅仅是影院场景营销的冰山一角，更多想象就会有更多可能。观影前，观众大多在影院周边餐饮消费；散场后，在商场周边娱乐、闲逛或者有打车需求也很常见。观影人群的行为模式和需求都有规律而“场景化”的，能否对这块大银幕深入挖掘，精准营销，确实值得思考。

从 CES 看户外技术的发展方向

资深户外媒体广告专家　刘志彦

每年的 CES（消费电子展）历来是全球各大科技公司刷脸斗技的最好场所，不少黑科技都以 CES 为窗口，跃入大众眼帘，慢慢走近大众的生活。

2017 年的 CES 于 1 月 5 日至 8 日于拉斯维加斯如期举行，50 年历史的 CES 在新时代更显年轻，前来参展的厂商与观展人员也创下新高。户外广告作为技术的海绵，它的发展与各类新兴科技密切相关。未来的户外广告有哪些新的技术？有哪些新的玩法？

展会概观

据了解，本届 CES 展会共吸引到 4119 家企业参展，参展人数超过 16.5 万。值得一提的是，本届展会充满了东方元素，有超过 1300 家中国企业参展，超过参展企业总数的三分之一，再次创下中国企业参展数量的新高。

强调与消费相关的技术、产品的商业展，对广告的未来有着关键的影响。户外是消费者出门工作、活动最重要的媒介，也将会随着消费科技的发展而产生变化。

这届 CES 展现出科技对未来户外的影响，我们认为可以重点观察以下四个方向：屏幕化、智能化、服务化、影像化。

关于户外屏幕化的未来

展会上，大屏和小屏都变得越来越清晰，成本也越来越低，屏幕技术可以说已经到了登峰造极的地步，随着屏幕在户外的应用也将越来越广泛，世界正朝着屏幕化方向加速演变。

一、技术日臻极致

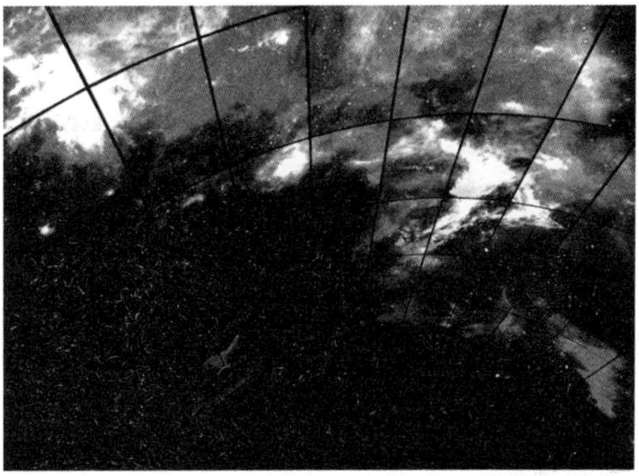

LG OLED

OLED 与 QLED 在色彩和显像真实完美的追求上，已经达到成熟。

本届 CES 上，LG、SONY 等纷纷推出自己的 OLED 产品。OLED 电视兼具色彩真实、广色域、结构超薄、响应时间快等优势，主要推广压力来自较低的良品率所引发的高昂售价。

在 QLED 量子点技术方面，三星隆重推出了 75 英寸的量子点电视机新品 Q8C，借助 HDR 技术支持，最高亮度可达 1500-2000nits。而 QLED 技术的传统优势，高色域表现也在新金属材料的帮助下获得更大的提升。

二、更薄更轻更易安装

屏幕越来越薄，可以像墙纸一样紧贴墙面。比如，微鲸与康宁公司联手打造的这款 4.9mm 超薄互联网电视，融入了“三极限超薄”（机身最薄处仅 4.9mm、机身最厚处仅 25mm、机身离墙距离仅 28mm）三大全新理念，是全球首款三极限超薄分体机。

而 LG 最新发布的 W 系列 OLED 电视的厚度仅有 2.57mm，采用了分体设计，看起来就像是一台墙纸电视机。

三、拼接实现震撼效果

继去年的 LCD 天幕，LG 今年拼接了 OLED 隧道。

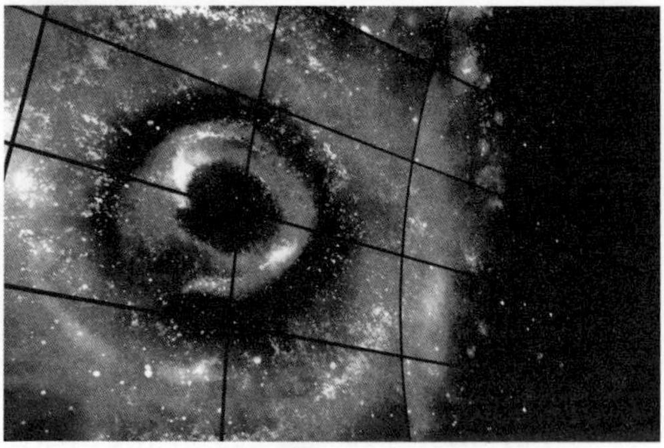

LG OLED 隧道

此次 LG 将 OLED 电视通过星空隧道的方式呈现，即呈现出曲面电视的可塑性，也能让消费者更直观地感受到 OLED 带来的震撼效果。

SONY 更在本次展会发表 CLEDIS，效果惊艳。

CLEDIS 显示屏，即超高密度 LED 显示屏。由于采用超高密度 LED 显示技术，在两米左右的视距范围观看中，完全感受不到传统 LED 屏幕中的像素颗粒感，拼接单元的衔接处，也完全没有类似液晶拼接屏幕中的拼缝及割裂感。

CLEDIS 技术还有一个重要卖点，即由于显示屏幕由显示单元拼接完成，从而理论上不存在尺寸及分辨率支持限制，目前主流的 4K 内容，以及未来 8K 甚至 10K 乃至更高的精细影像内容，都能够通过索尼 CLEDIS 显示屏完美得到展示。

四、透明显示屏运用更广

显示屏与冰箱结合

显示屏与汽车结合

显示屏无处不在，冰箱、汽车等等。随着屏幕和玻璃技术的发展，可以将任何表面都变成一个显示屏，一个互动和智能的终端。

五、投影的应用将会突破

在本次 CES 展会上，索尼发布了一款带有黑科技的投影仪。这台投影机不只是能把 Android 手机的屏幕投射到墙上，用户还可以直接对投射的画面进行触摸操作（有点类似于之前的投影键盘）。

索尼黑科技投影仪

未来，除了屏幕可以作为户外广告的载体，随着投影、AR 等技术的发展，空气也将成为传递影像的媒介。

关于户外串联互动的未来，即户外在城市中智能化、服务化的演变

随处可见的智能设备

或许，您会觉得，户外为什么一定要连接，一定要智能化。道理很简单，在 CES 上，随处都是智能的设备，小到个人可穿戴设备，中到智能家居，大到智能交通，智能已成科技发展主流，户外媒体在同样的环境共存，只有兼容。

首先，我们来看看 CES 的小型智能设备。围绕人的生活，从头到脚，由内而外，智能设备简直无孔不入。

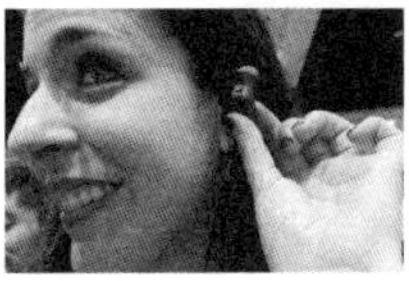

PKparis 蓝牙无线耳机

这个是 PKparis 的蓝牙立体声无线耳机。

这个是 Cosmo 的智能头盔配件。该装置可以安装在任何头盔的背面，与陀螺仪集成，用作眼睛水平的后制动灯，指示自行车或摩托车何时减速。

Cosmo 智能头盔配件

这款 E 皮肤的智能 T 恤，配备了 14 个独立的传感器，不仅能够监测你的生命体征，而且会在你锻炼的时候给你指导。它甚至在你睡觉时跟踪你，并允许你使用你的全身控制一个游戏角色。

智能 T 恤

这个 PKvitality 的 SkinTaste 生物传感器，由 0.5mm 长的微针阵列组成，微针刺穿皮肤

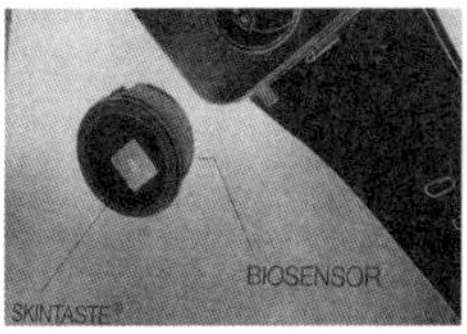

SkinTaste 生物传感器

并探测间质液，直接从血液中吸收葡萄糖等化学物质进行化学分析。

而其他诸如智能牙刷、手环什么的，现在市场上已经有许多产品，就更不用说了。

然后，我们来看看中型的智能家居设备。从门外到屋内，从冰箱到床榻，从人到动物，智能设备所能覆盖的服务范围，可谓无所不包。

LG 家电系列

LG 公司在 CES 新闻发布会上就宣布，从 2017 年起，所有家电产品都将内置 Wi-Fi，实现互联。其中，LG 冰箱，软硬件结合，充分体现了智能与连接的主题，可以说就是未来家电的标配（包括三星也在 CES 上展出了 Family Hub2.0 冰箱）。通过“贴纸和标签”功能，用户可以知道冰箱里的具体物品在哪里，以及保质何时到期。冰箱还内置了一款广角摄像头，让用户可以远距离观察冰箱，以防食品购物清单上遗漏了什么。此外，这款冰箱搭载的 webOS 也开启了互联网浏览和应用程序，帮助一些用腻了手机和平板的用户在自己的冰箱上试一下大屏滑切的快感。

宠物活动监控设备商 Whistle 推出了旗下第三代产品 Whistle3，可以帮助铲屎官时刻定位爱宠位置，追踪它们日常锻炼情况，并增加了实时定位跟踪功能。若爱宠不慎走失，主人还通过手机 App 上的 GPS 定位功能寻回爱犬。此外，Whistle 简化了 App 的操作并新设了一个平台，将扩展更多的有趣功能，如宠物临床情景模拟、宠物交友等功能。

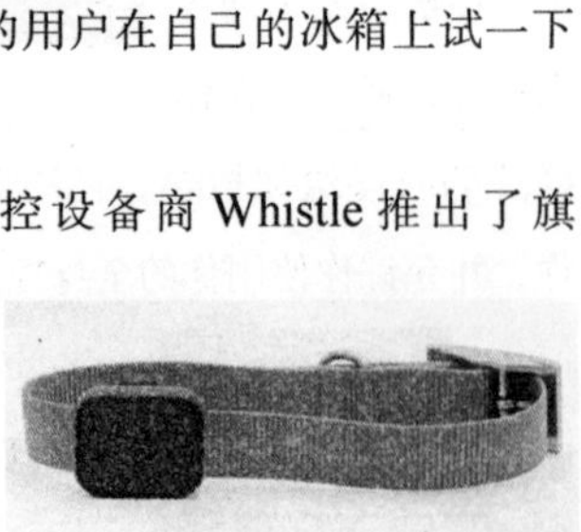
Whistle3

睡眠号智能床

在 CES 上展出的睡眠号智能床，可以稳定地调整上下，并能够监测心率、呼吸、睡眠深度等身体状况。

最后，我们看看大型的智能交通工具。汽车也是一个户外媒体，而且是越来越智能的媒体。

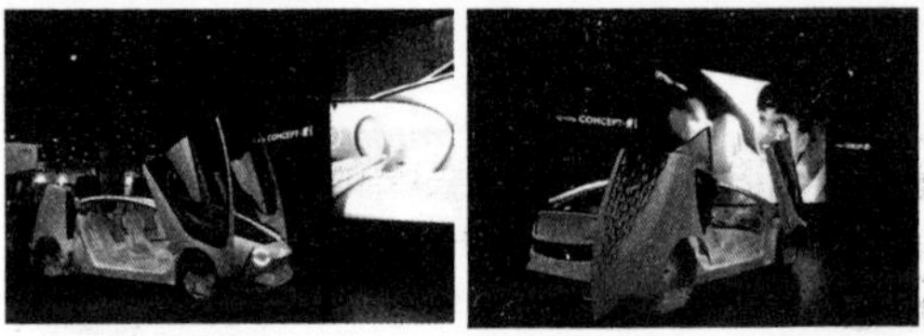
Concept-i 概念车

丰田汽车推出了一款名为 Concept-i 的概念车，其最为核心的人工智能莫过于可以和使用者进行交流的智能助手“Yui”。该车的初衷就是打造一款能够与人互动，灵敏聪明的智能车，它可以记住乘客的特征，掌握乘客的喜好，从而更好地为乘客服务。

NeuV(New Electric Urban Vehicle)，定位城市使用的电动车辆，是本田与 Cocoro SB 公司合作开发的一款情绪化的电动汽车，之所以说它是情绪化，因为它所配备的是一款“情绪化”引擎，通过采集与驾驶者的对话以及心情，从而设定相应的动力输出风格，满足驾驶者的心理预期，成为真正的出行中的“知己”。

NeuV 电动车

现代汽车推出了一款“healthcare Cockpit 健康驾驶舱”。该项技术可以采集乘客的包括生理和心理两个方面的状态，通过合理地调整坐姿，具备座椅按摩，调节氛围灯颜色和亮度，调节温度和音乐等设施，从而保证乘客一直处于心情愉悦、放松的状态上。

还有宝马、奥迪等等，这么多车品牌也不过是一部分而已，甚至有人说 CES 展如今快要成车展了。

所以，不是户外是否要智能化，而是户外如何智能化。从现实的角度而言，在物联网时代，户外智能化的第一步就是要建立连接，包括硬件的连接以及软件的升级，如此才能实现信息的串联，并且借助 AI 人工智能的力量，让户外的互动与效率还有公共服务功能得以大幅提高。

在这方面，CES 的一款垃圾桶和邮筒可以为行业提供一些借鉴。智能垃圾桶叫做 GeniCan，当你丢弃一件东西时，GeiniCan 会扫描这个垃圾，并将它加入你的备用购买清单上，你可以在与 GeniCan 连接的手机 App 上查看。这减少了用户需要自己回想并列出购买清单的麻烦。

美国邮政推出的智能邮筒，套路也差不多，查询时，你只需要对着邮筒说“Hello Blue Box”，便可以开始查询你的邮件状态，接下来你可以问邮筒“When is pick-up time 或者 Where is the nearest post office 等问题”。当然，除了通过语音与邮筒进行交互外，用户还可以通过智能手机上安装的 App 来实现邮件状态的查询。

智能邮筒

智慧贩售系统

一些有远见的公司已开始进入智能户外和零售领域，比方说康得新在 CES 上推出的“Touch Found”智慧贩售系统，还有松下推出的智慧城市包括智能候车亭等项目等等。

松下智能候车亭

未来，数字户外软硬件的持续升级，同样也会将户外带入智能时代，做到基于网络或场景数据的程序化创意内容分发，智能户外就像是个机器人，可以语音互动，可以生物识别，就像是你忠实的户外小伙伴，随叫随到，在您身边。

我们可以看几款 CES 上的机器人，这就是户外未来可以有的摸样了。

Olly

比方说 Olly，一个带有扬声器的、有个性的 AI 机器人，集成了相机、麦克风和人工智能，这个环形机器人不仅能够理解语言，而且还能够通过训练理解你的情绪。Olly 的深度学习能力并不止于与人类互动，它还可以从智能手机的数据中学习。

Alexa

更值得介绍的是亚马逊的数字语音助手 Alexa，亚马逊某种意义上而言在幕后接管了本届 CES 展会。许多公司在今年的 CES 展会上发布了基于 Alexa 的硬件产品，如联想智能音箱就内置了亚马逊 Alexa 语音助手。通过让开发者想出在服务中部署 Alexa 的新方法，让联想、LG 等 OEM 厂商开发整合 Alexa 的自主硬件，亚马逊将自身定位成物联网领域的一个关键软件厂商，在允许用户选择喜欢的硬件同时，让他们留在自己的生态系统中。Alexa 能够将用户连接到第三方应用和互联网，为用户提供天气信息、订餐、打车、播放来自亚马逊和 Spotify 的音乐。最重要的是，它能让用户无缝购买亚马逊网站上的商品，就像 Echo 所做的那样。

Alexa 接管本届 CES 展会也凸显出了科技行业发展趋势的变化：和硬件相比，越来越多的厂商开始更加重视软件。硬件已不再是 CES 上的亮点，它是体验新软件创新的一个工具。云计算、人工智能和机器学习都在物联网、移动和增强现实领域开创了新体验。

展望未来，如果户外和类似 Alexa 这种系统结合起来，会有多大的理想空间呢？智能户外，恐怕很快就会成为现实。

关于户外影像化的未来

如我们之前所讲的，未来，除了屏幕可以作为户外广告的载体，随着投影、AR 等技术的发展，空气也将成为传递影像的媒介。

室内篇：互动投影、智能摄像头，还有 VR 等等。

1. 投影

不局限于维度（二维或 3D）和精度（4K 已成 CES 投影标配），而是趋于营造一种沉浸式的体验。

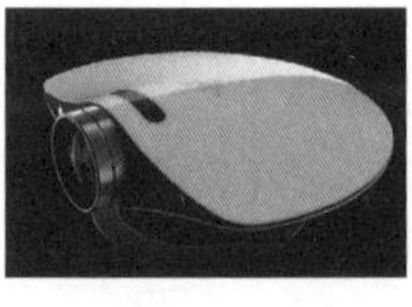
Project Ariana

雷蛇在 CES 大展上发布了一款 Project Ariana 投影机，基于 Razer Chroma 炫彩灯光技术打造，它将 RGB 照明概念引入室内投影，内置超宽鱼眼镜头、一对 3D 景深感应摄像机与专用校准软件。

基于 Razer Chroma 与游戏实时联动，创造灯光与视频效果。这样为玩家提供从游戏外设，到智能照明，到视频投影的一体化游戏沉浸式体验。投影也将越来越具有互动性。

在本次 CES 展会上，索尼就发布了一款带有黑科技的投影仪。

这台投影机不只是能把 Android 手机的屏幕投射到墙上，用户还可以直接对投射的画面进行触摸操作。

2. 智能摄像头

当摄像和网络与人建立连接，也将越来越智能化。

智能摄像机小雪人 CP1

Vimtag 推出了一款智能摄像机小雪人 CP1，它无需连接电脑，直接连接 Wi-Fi 即可使用，为用户提供安全监控、实时查看、远程关爱、实时对讲、录像存储等音视频应用服务，满足家庭、商铺、企业对音视频使用、分享和娱乐的要求。当有异常人闯入时，摄像机会第一时间把信息推送至主人手机上，而且还能通过摄像机的扬声器直接和室内说话，威慑小偷。

3. VR 设备

其实 VR 已经不是新鲜的玩意儿，国内不少商场都开辟了 VR 体验的场所，不过，在今年的 CES 上，可以看到 VR 一些新的演变。

首先是 VR 正在往精细化方向发展。

FOVE 在今年的 CES 上，宣布他们全球首款集成眼球追踪功能的消费级 VR 头显产品，在 2 月份正式供货。

FOVE 头显

FOVE 0 头显配备了 5.8 英寸屏幕，面板分辨率 2560 x 1440，集成的眼球追踪技术跟踪频率高达 120 帧每秒。值得一提的是，FOVE 0 不需要进行校准，它可以不断地对用户眼球进行扫描，并刷新数据，这正是相较其他追踪设备更为先进的地方。

除此之外，VR 还在往无线方向努力。

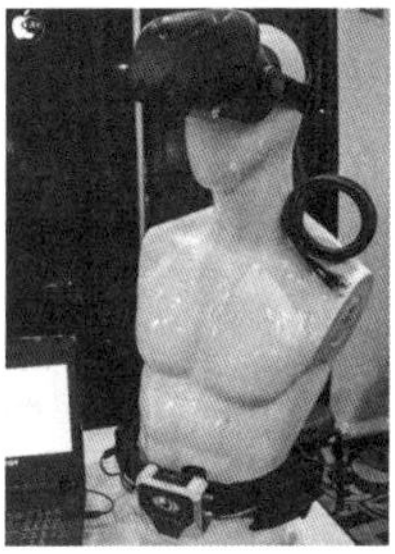

MACH-2k 的售后硬件解决方案

如澳大利亚创业企业 Immersive Robotics（IMR）用专有的压缩标准和一个名为 MACH-2k 的售后硬件解决方案，为 PC VR 头戴式设备打造世界上第一个无线解决方案。

总而言之，影像将越来越脱离空间、电线等物理的限制，进入互动、沉浸、无界的体验之中，足不出户逛世界，甚至可以闻到影像当中的花香、感受影像当中阳光温暖的时代将会到来。

室外篇：从硬件方面来看，不管是 360 度拍摄的摄像头，还是 AR 眼镜的升级，户外影像设备向着高精尖的方向进军。

1. 摄像设备

运动摄像、360 摄像，这些都不再是什么稀奇的事儿，佳能、理光、尼康等都在 CES 上推出了类似的设备。

理光（Ricoh）

如理光（Ricoh）宣布了

最高支持24小时持续360度视频直播的新武器——Ricoh R。该产品的设计初衷是通过和VR头显的配合，让消费者实时感受360度直播内容。

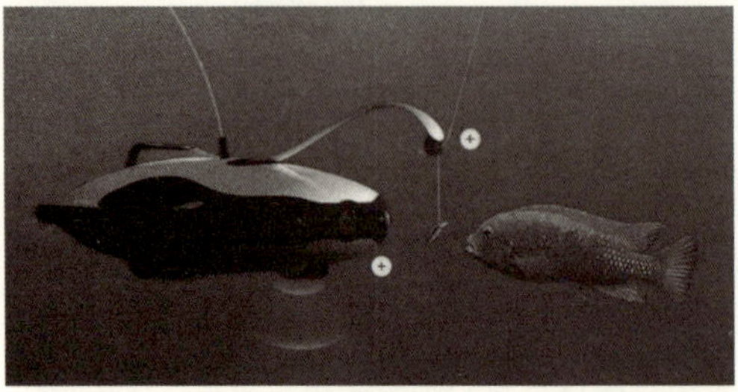

PowerRay 水下无人机

这个是PowerRay水下无人机，可以探测和拍摄鱼类，该设备可通过VR眼镜控制。可以说上天下海，地球已经没有什么可以阻挡人类的拍摄了。

2. AR

AR之风吹了好几年，连联想都推出了自己的AR眼镜。在这里，特别分享两款AR产品。

亮风台展出AR眼镜HiAR Glasses，实现了语音与手势的整合交互，输入指令时并不需要再借助更多的设备。

亮风台 HiAR Glasses

Usens与Epson合作，为AR眼镜加入手势交互。这款眼镜采用硅基OLED显示技术，搭载英特尔Atom四核处理器。

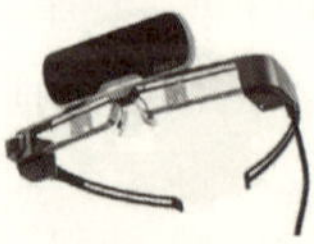

UsensAR 眼镜

Usens的手势交互模组Fingo通过USB与Moverio BT—300智能眼镜连接，可放置在眼镜的顶端或通过支架固定在设备上，实现无手柄的自然手势交互体验。

AR走向互动还不够，还需整个大的科技生态系统的配合，融入人们的日常生活，不然始终成不了大气候。

其实，不管是投影，还是AR或VR，它们对户外广告而言，目前还只是起到辅助作用，有待继续演变，其应用才能够成熟。且让我们继续观察、期待。

说到这里，我们有关CES的分享就要告一段落了，从CES看户外技术未来走向，屏幕化、智能化、生活化、影像化，这只是为大家打开一扇窗，去观察未来行业发展远景，说到底，衡量一个智能技术的好坏，就是看它是否真正能够满足消费者日常的资讯或娱乐需求，而且，这离不开业界知行合一、有胆有识的去实践、去试验、去走出一条真正适合行业成长的科技之路来。

未来的变化快速，需要随时、持续的关注，保持最新的动态，才能预做准备；拥抱科技，畅想未来，耳闻还是不如眼见。

适应时代做户外广告创新

凯帝珂中国智库副总经理 何浩铭

早在2015年，凯帝珂就提出了未来的三个趋势：第一，消费者已经从媒体的受众变为媒体的用户；第二，目前户外行业已经不是屏幕而是一个场景；第三，大数据在这个时代尤为重要，其中的小数据尤其值得户外行业分析。当我们提出这个概念后就得到了全球总部的反馈，中国户外行业的发展速度似乎已经领先全球其他地区。原因很简单，因为数字化的潮流，移动互联网的风起云涌和电商O2O大战在中国风生水起，在这种情况下，我们不仅要从全球其他国家去了解和学习他们的经验，还得自己摸着石头过河去琢磨。很高兴通过和全球总部的沟通，从2015年12月后，我们的提案已经变成了凯帝珂全球通用的理念，凯帝珂的公司标识也进行了重新的设计，新的Logo变成三个彩色齿轮结合起来的形象，核心概念简单来说就是“我们重新定义户外行业，把以屏幕为中心变为以消费者和受众为中心”。

新的理念要求凯帝珂必须拓宽关注的领域，尤其是整个社会潮流和背景。现代社会人们在家的时间正在减少，不含休息时间也只有三四个小时；而在户外的时间却越来越多。这就要求我们在和消费者、和品牌商沟通时，要紧密追随消费者的运动轨迹。同时，新的技术使得户外广告的概念和形式也在不停地变化，户外广告是不断前进的，媒介形式也不是固定不变的。还有一些具体问题，比如说什么是OOH？过去我们单纯地就认为它是大牌，是一个能够互动的数字屏，如此而已；但是随着理念的延伸，我们将OOH的概念定义为“凡是消费者在户外的生活轨迹中，品牌能够和消费者进行沟通的媒介渠道”就是户外媒体。根据这个定义，我们甚至可以认为手机是户外媒体，电台也是户外媒体。

在回答客户近些年有哪些改变前，我们不妨反过来想，在行业不断变化的这些年，我们有哪些客户是从头到尾没有变化的？我们发现有五件事情客户永远都在关注——我的消费者在哪里？他们是什么人？要怎么和他们沟通？在哪里和他们沟通？用什么方式和他们沟通？要解决客户的疑问，简单来说，所有的品牌沟通其实就是为了三件事情：一是希望能够和消费者建立品牌之间的联系；二是建立了联系之后如何通过沟通来带给消费者最好的品牌体验；三是通过线下体验如何更好地促进用户消费。

为了能够解决这些问题，我们重新设计了我们的策划系统，整个系统只有三个元素。第一个是“场景”——场景代表了在不同的时间、不同的地点该如何策划内容。在这个部分中，受众在这样的时间和地点中看内容，他们的心理状态是什么尤为重要。

“善存”的案例从执行来说并没有高难度，创意也并不复杂，那为什么会变成场景营销的范例呢？因为它抓住了一个要点：受众在地铁

善存——磁性贴派发案例

的时间不是早高峰上班就是晚高峰下班，在那个时间点下大家经过地铁想的主要是和吃有关的问题，所以善存的那则营销广告就把握住了早高峰、晚高峰用户的心理：想着吃的同时时间又非常紧张，所以消费者是没有多余时间和广告进行互动的，“拿了就走”就是最重要的需求，虽然善存这则营销没有用到什么先进的技术，但是因为贴合场景，把握住了消费者内心需求的状态，所以是一个好的户外广告营销。

从善存营销的分析和架构来说，我们也需要进行改变。凯帝珂为什么要成立智库部门？

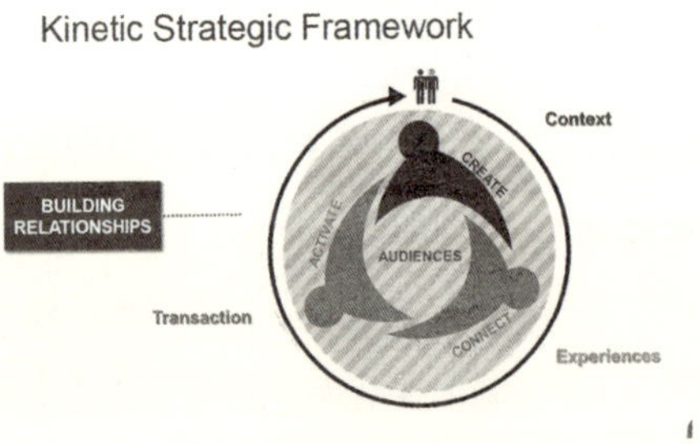

因为我们每年都会执行许多案例，只有通过系统的整理，我们才能最完整地总结过去的经验和心得，把其中最有价值和最值得学习的东西用于我们未来的案例中。现在我们每个月会把重要的潮流、趋势、案例文章和先进技术都收录我们的月报中。去年，全球其他国家和地区也学习中国开始做这样的总结归纳。

除此之外，我们还做了什么？这些年我们发现，户外行业客户最重要的需求已经不是“买得好、买得到”，他们现在最常提到的是“创新的执行、创新的想法”。客户需要的是有什么创新的方法能够达到前面所说的三个效果（增强和消费者的关系、传达品牌理念、增加交易）。针对这个问题，我们在内部培训时要求全体同事都要有解决问题的综合素质。我们一直认为创新不是一成不变的，新的技术只要合适就可以应用在户外广告中，类似 Beacon、AR、VR 这样的新兴技术我们已经采用很多。技术一直在推陈出新，我们希望的是能系统地、科学地应用这些技术，而不是拍脑袋、盲目地应用技术。

再来谈谈我们另一个产品 SAS。前面提到过，户外广告的所有创意都可以在社交平台上有好的二次传播，我们之前短缺判断一个户外媒体的创意是否优秀、有多少人受到户外广告的影响等数据，有了社交平台后，户外广告在这些平台上二次传播的频次和效果比传统的人流量、车流量有效得多，我们已经在英国推出了 SAS。虽然中国的社交媒体和国外有很大的差异，但仍有必要做这个平台的储备。另外一个是凯帝珂的策划平台 Aureus，我们可以在这个平台上进行策划、市场洞察、媒介资源的获取、分析客户等，节约了很多的资源。凯帝珂把自己定位成 Connection（连接点），我们想做成优质的品牌、媒介、新技术模块连接平台。

户外媒体物联网时代新思路

博视得中国区首席战略官　李倩

户外媒体是物联网重要一环

2016年的中国户外传播大会中，博视得提出了“线上—线下整合生态系统”和“全场景营销”这两个概念，经过一年的实践，我们很荣幸地看到这两个理念得到了全行业的追求、认同。2016年的演讲大多围绕“Why”与“What”展开，而2017年的演讲主要围绕方法论展开，我的整个演讲将回顾过去一年博视得在户外领域发展的经验，并针对物联网的趋势预测未来户外广告的发展方向。

物联网的推行离不开5G技术的支撑，而5G为大家带来了“极高、极大、极低”这三大关键利好，隐藏在三大关键词外的信息有：5G时代，民众不再需要连接Wi-Fi，随时随地看视频、听广播也不再是奢侈的行为。5G为物联网时代万物连接提供了技术赋能，对于户外广告行业来说，不论是大牌、候车厅、还是广告屏，都将会成为新时代物联网节点的组成部分。不少企业也看到了户外广告在物联网时代的潜力，比如腾讯就在去年提出了“智媒时代”的概念，这也是我们今天所谈的万物皆媒的另一种说法。

在新时代，人与环境和媒体并不局限于垂直或交互关系，人、环境、媒体三者互为平台，人与人之间、人与物之间、人与设备之间进化到了新型的关系。当我们谈论和环境做互动时，这种互动不仅仅存在于现实环境中，也存在于虚拟环境里。博视得在线下营销环境深耕多年，针对万物皆媒的时代环境，也总结了互动的三大元素：交互、内容、场景。

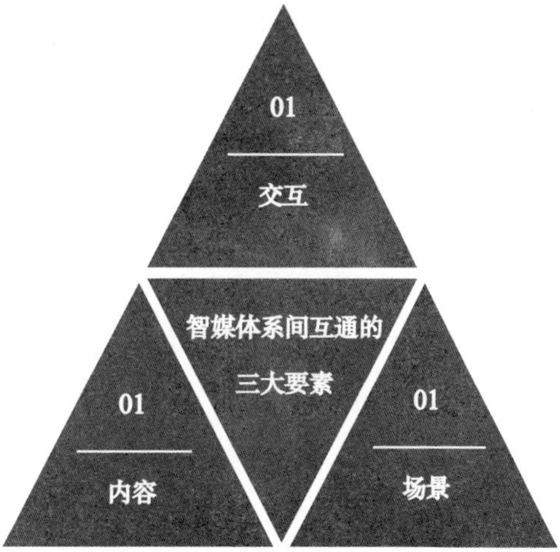

户外媒体互动三要素：交互、内容、场景

交互：不仅是受众的手机连接了户外媒体这么简单，它包含两面：一是指媒体对技术、数据的赋能；二是指技术、数据对户外媒体完成覆盖；

内容：是互动的重要一环，在万物皆媒时代受众成为传播的核心，消费者关注的选择很多，对于没有兴趣的内容是不会给予一秒钟的同情，我们要用合适的内容吸引、提醒受众能够关注；

场景：不止是真实的环境，更包含了虚拟的线上场景，所有的交互与体验都依附于场景实现，未来的户外媒体不仅仅有现在常见的大牌、广告机，任何在线下场景中与消费者发生关联的任何媒体形式，都可以被纳入我们的范畴。

所以，针对新时代互动的特点，博视得对于媒体和营销法则进行了重新定义：户外广告应该以人为核心，以场景为载体，以内容为驱动，让户外媒体能实时与消费者关联，让品牌营销更有效。

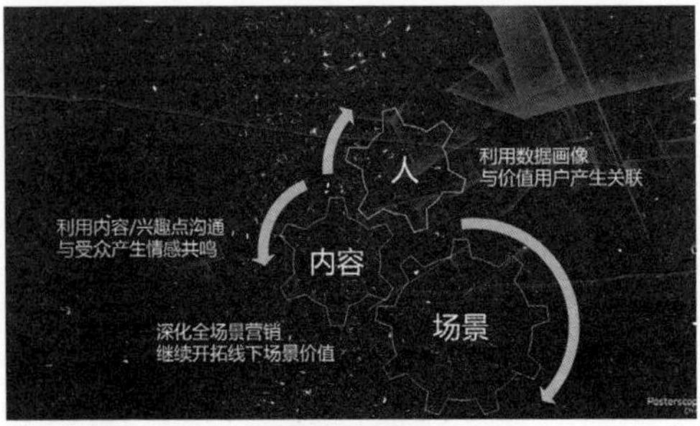

如何实现户外媒体智能化

以上和大家分享了宏观的营销层面观点，那么我们户外媒体在全媒体中究竟扮演了怎么样的角色呢？在技术充分为户外媒体赋能的今天，我们的媒体可以起到的作用远远不止广而告之。在大连接的环境下，户外媒体可以为消费者带来独树一帜的体验，而通过发达的支付手段和社交平台，户外广告更能直接实现转化。未来的户外广告需要具备充分的智能化，这一趋势并非遥不可及，很快就会到来。

实现智能化我认为有三个主要步骤：一、平台的数字化。不论是传统的户外大牌、海报媒体，还是最新的数字媒体，都可以实现数字化。实现户外全媒体的数字化需要有强大的数字平台，这个平台可以帮助媒体主捕捉受众的动向与数据，可以联网联播联控，更可以帮助媒体主实现自动化的管理，最大程度地减少人为的干预。二、传播的互动化。传播互动化对应上文所说的交互，同样的媒体、同样的内容，当消费者处于不同心境、不同时间所产生的感想是不同的。大多数人上班心情是沉重的，下班心情是愉悦的，类似的推广、互动内容也应有所判断区分，当内容与消费者相关了，符合他们当下的心境了，户外广告自然有效果了，现在大家所认为好的互动是优秀的交互，有趣的小游戏这固然不错，但是在做这些之前我觉得还是要明白传播内容要与消费者匹配。三、创意场景化。场景在物联网场景下越来越重要，万物皆媒环境下每个事物、每个人都可以成为媒体，如何协调好场景中各个媒体的关系是户外广告人需要去思考的方向。

技术是手段，而非一切

国内外各类的技术展相信大家已经参加不少，在这些技术展上，各种技术让人炫目，也让我们知道，我们户外媒体想要达到的各种效果在市场上已经有大量的技术可以实现，比如我们可以在全球范围内选择 AR、VR 技术厂商叠加在我们的媒体上，无论多前端的技术目前市场都有大量的供应商任我挑选。我认为，对于行业来说真正的难点不是选不到优秀的技术，而是说想明白选取哪些技术叠加在我们的媒体上，达成最好的广告效果，建立起合理的商业模式。还有一点大家需要注意的是，随着物联网技术的发展，监测手段越来越齐全，以往我们只需要给出车流量、人流量就能得到客户的肯定，而现在越来越多的客户要求获取实时的、精准的数据，这些数据可以告诉媒体主哪一块媒体获得了最多的关注，用户与媒体间产生了哪些行为，对于媒体主来说，通过这些数据，我们获得了之前无法获取的 API 数据，而对于广告主来说，实时的数据方便其观看、调整，实现投放效果最大化。

在物联网时代，借助着 5G 网络的高速连接，我们每一个个体都是大网络的一个单点，每个人都可以看作是一个个媒体。未来户外媒体的任务就是如何精准识别每一个个体并与之对接，传递有温度的广告给最相关的受众。

平台＋内容，营销成功的秘诀

拿之前博视得执行的立邦刷新案例来说。在案例执行前，我们很好思考了以下三个问题：第一，搞清楚要帮助客户实现哪些品牌需求；第二，明晰需求后，要探索有哪些创意可以实现，要重点考虑在线下实体环境中，现有的媒体的特性是什么，有哪些局限性，我们升级改造、制作创意的可行性有哪些。第三，需要制作哪些相关的内容去感动受众。

好的内容能为营销带来更好的体验，而当消费者有了好的体验，就可以实现更好的产品转化，立邦刷新案例只投放了一个月，但不论是从立邦微信后台的粉丝增加量还是从消费者看到户外广告后的扫码引流到线上购买，都有着非常明显的效果；更重要的是，后期调研显示，许多消费者在线下多感官体验后，对于立邦的品牌好感度有了很大的提升。所以不管是从直接转化率还是从间接的品牌形象增值来说，客户与我们都认为这次的营销活动是成功的。总而言之，好的平台我们要搭建，有了平台后，我们更需要与客户一起去构思好的内容，“平台＋内容”是取得好的传播效果的秘诀。

好的内容能够为营销带来更好的效果

社交化，未来户外媒体发展方向

社交化也是户外广告行业未来的发展方向。户外广告因为其实体性和震撼的表现力，是天然引爆社交讨论的引子，但是令人遗憾的是，现在行业大多数媒体主、代理商在执行优秀的户外投放时，仅仅考虑到怎么样给受众带来最好的体验，而忽略了“线上＋线下”的打通，忽略了社交平台的重要性。消费者体验完后没有渠道在线上讨论，不能在社交平台形成讨论与多次传播的户外营销无疑是一种巨大的资源浪费。

博视得也一直在做线下广告社交化的努力，近些年我们做的案例无一不是在线下获得美誉的同时，也在社交平台上引发了广泛的讨论，这既建立在对于消费者兴趣点的精准拿捏上，又建立在与客户社交平台、团队的合作配合上。在与客户商讨时我们便会提出两个方案：给予博视得充分的社交平台、社交媒体的掌控权，或是博视得先提供创意给客户的社交团队，社交团队形成完整创意后再整体落实，二选其一保证线下与线上的更好衔接。

我们所要做的，就是根据客户的需求，在数据库中找寻到合适的受众，配合最合适的媒体，用创意的方式用品牌精神打动受众。

“一半海水，一半火焰”的交通媒体

中国传媒大学广告学院资深教授　黄升民

交通媒体作为户外广告的重要分支，市场的表现可以说是一半海水一半火焰，既有增长的亮色，也有下滑的阴霾，这种曲折起伏的背后原因需不需要深究呢？

就在笔者琢磨这件事情的时候接到清华大学崔教授的电话，说起今年编辑传媒蓝皮书遭遇的困惑。他说这次遇到反映广告市场的两组数据：

一组是由专业调查机构提供的，根据广告刊例价数据统计，2016年中国广告行业是3%负增长；

另一组是由国家工商总局提供的统计数据，广告行业同年实现了8%增长。

崔教授问这一降一增的数据应该如何解读？

笔者认为，不同的统计口径当然会有不同的结果，专业调查公司的数据是对广告刊例价的监测，国家工商总局的数据则来源于各个广告从业机构的营业额统计。对于不同的数据，学界也有不同的使用方式。言及大局，L型走势下行压力徒增是一种惯用的说辞，而就具体行业而言，强者愈强逆势飘红也是不无可能。

回到本文主题，交通媒体的情境也是如此，有升有跌，欣喜与压力并存。

航美传媒、北京地铁通成、永达传媒所代表的航空、地铁、高铁媒体市场都保持增长，全线飘红，而高速公路、公交车身作为传统交通媒体大户受冲击严重，市场下滑，出现负增长。

为什么会下滑？

原因有很多，诸如政策影响点位拆除造成高速媒体资源减少，再比如公交媒体虽拥有最大规模的人群数量，但主流人群分化、用户价值不被认可已无力挽回走低态势。

在广告行业新常态的视野下讨论交通媒体的升降起伏，既有亮点也存在暗流，如果单纯只强调一面，那就不够实事求是了。行业发展产业演进需要趋利避害。

如何解释那些增速发展的交通媒体的市场繁荣？经过对航美传媒为代表的6家机构案例深访调研，有三点判断已经非常清晰：

判断一：追求高价值人群的流动

交通媒体不仅需要汇聚巨量客流，更需要筛选优质消费者，他们年轻、富裕、消费意愿积极，根据帕累托定律，成功触达这20%的消费人群，将有机会撬动80%市场效果。

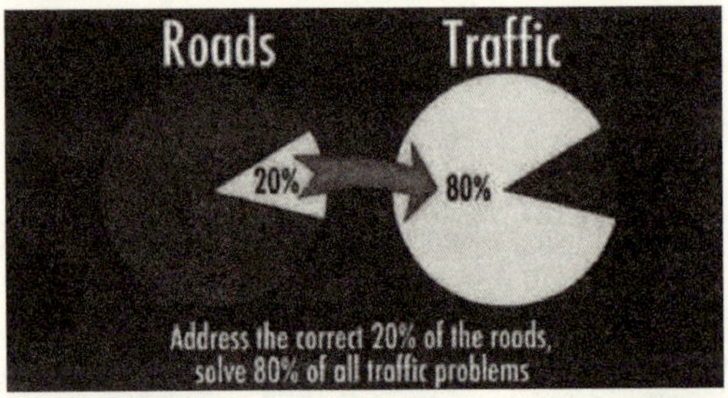

此外，消费人群的高端和稳定对于企业品牌来说也是定心丸，而这也在一定程度上解释了航美传媒等作为触达核心高价值人群的必经

渠道在传播环境巨变之下还能拥有免疫力的原因所在。

判断二：跳出思维定式，老媒体也有新价值

媒体通常会被冠以传统与新兴之分，但就是在所谓传统户外类别中的交通媒体样本中我们看到了融媒体的趋势。一个跨越时空、虚实结合，打通移动与定点，连接人与服务、包容公共空间与商业空间的新型传播平台正在兴起。

通过技术武装、搭载场景思维的交通媒体，似乎获得了新的生存支点。

判断三：因时而变，因地制宜

交通媒体基于人、场景、数据正在不断演进变化。

○通过服务人的出行，交通媒体形成了人的生活轨迹和消费周期回环；

○基于人的流动，一个集购物、旅游、聚会等真实需求的触手可得的场景回环应运而生；

○同时用户互动以及可能的流量转化，将积累大量数据，包括客观环境的信息数据、受众互动的行为数据、线下转化的交易数据等又可沉淀为一个数据回环。

三个环路串游，彼此连接，打破时空界限，接触点无限延长，创造的商业价值也无线延展。

我们处于一个百年未遇的新环境新时代，既然如此就有必要重新定义我们的核心业务。就拿交通媒体为例，什么是交通？并非专指出行工具，而是意指往来通达，串联贯通。

交通媒体的内在核心也基于此，匹配人的生活流动轨迹、在实际的场景中触达，并在底层打通数据，方寸之间，是不是会发现一个无穷天地呢？

变则通，历来如此。

电梯媒体创意的八个维度

中国传媒大学广告学院院长　丁俊杰

广告人梦寐以求的是什么？花不完的金钱？比甲方更有地位更有权势？或者是一杯喝了可以永远不会累的咖啡？还是和总统比肩的地位？答案更有可能是源源不断产生优秀创意的能力。

在获得创意法则之前，你需要重新理解媒体

每个成功的创意都是对媒体的要素挖掘的结果，广告总是依附于一定的媒体，就如同你要烧一桌好菜，就需要先明白你有哪些食材，每种食材有什么特性。

媒体远远不止有一种信息载体本身的特性，比如图片、色彩、设计、文字、蒙太奇等狭义媒体表现层面的元素，它也包含了诸如场景、消费者、市场、竞争对手、产品以及时代特征等元素。媒体，从更广泛的意义来理解，是历史与文化传承的一种中介物。

万宝路广告

万宝路男子汉广告的成功是成熟的广告摄影艺术在平面媒体中的应用，画面清晰到甚至可以看到广告中牛仔们粗糙且性感的每一个毛孔，这是品牌形象理论的成功应用案例。

大众汽车“Think Small”广告则重新建构了报纸媒体广告的设计法则。

大众汽车“Think Small”

被誉为“20世纪最成功的电视广告”的苹果“1984”的一分钟广告，之所以能够名留青史，是对全球最昂贵的广告时段超级碗中场休息和当时最负盛名的导演雷德利·斯科特的电影化广告的深刻洞察。

就连近几年的宝马汽车的H5试驾广告、“网易云音乐乐评地铁”、“百雀羚长广告”，也分别是对H5媒体、地铁媒体、长屏媒体不同媒体特性洞察的结果。

你比别人更能深入地理解媒体，你就有可能得到深入理解媒体所带来的丰厚“红利”。

电梯媒体本身即是一种很特殊的媒体

那么，对于电梯媒体来说，我们如何深度理解它，并挖掘它身上的元素呢？

其一，与现代化和都市化相伴而生。

一百多年来，电梯伴随着城镇化进程的不断深入，和高层建筑一起，参与建构了我们的都市化生活形态，不断演进中的现代性推动了都市化的进程，而都市化在一定程度上催化了电梯媒体的传播价值。

其二，不是“信息的流动”，而是“人的流动”。

电梯媒体上的信息流动方式与当前的移动互联网传播截然不同。电梯媒体上的信息本身静止不动，而依靠人群的流动来完成传播。

其三，不仅是一种信息，而是一种生活的空间和仪式。

作为一种媒体形态，电梯空间成了不同社会空间、精神空间与物理空间的一种过渡与切换，人们通过电梯媒体，来回穿梭在家庭与工作空间，对比城市与乡村生活感受，孤独与狂欢状态之间。

其四，或被动或主动的接受信息的场景。

“无聊经济”的理念是一个很好的说明，在一个没有网络信号的空间，与一群陌生人相处，相互之间的距离打破了陌生人之间本应该保持的安全距离，在这种场景下，电梯媒体可能是唯一的信息展示物，也是传播学中“使用与满足”理论的一个写照，在那个时间和空间里，电梯媒体是电梯中的人们眼神的逃避和心灵的安慰的最佳场所。

理解电梯媒体，它不只是一种你所看到的户外媒体，它的背后，是时代的都市化与现代化，是场景里受众的心态情绪与生活仪式，是受众信息生态圈里的重要一环。正如特伦斯•戈登在麦克卢汉的代表作《理解媒介：论人的延伸》的序言中提到，“但他（麦克卢汉）指出了理解这一切新技术的道路：不是理解新技术本身，而是理解新技术间的相互关系及其与旧技术的关系，尤其理解新技术与我们的关系——与我们的身体、感官和心理平衡的关系。”

丰富电梯媒体的思考维度，创意方能引爆主流

创意维度一　媒体自有的元素

每一种媒体都是独特的，电梯媒体也不例外。它有它的大小和规格，有它特殊的观看人群，有它特殊的观看距离和观看场景，基于人与媒体的关系，建构一系列适合电梯媒体特性的文字、图片、色彩的创意法则。每一种媒体的成熟，都是在不断地建构和更新自身的独特元素，所以，报纸、杂志、户外 LED、网络、电视、广播，一切媒体皆是这样的过程。

创意维度二　媒体与时间：时间维度的创意

电梯媒体的受众是一群较为稳定的群体，他们会经常在日常的生活轨迹中看到电梯媒体。从时间维度来看，这即是一种可挖掘的创意资源。小米 6 手机在电梯媒体上展示了时间维度的创意，为了突出其强大的照相功能，小米首先发布了一则女主角用手机遮住脸的广告，而后，同样的位置，会更换为女主角的全部面容的广告。当这样的广告出现在过往的熟悉的人流路线时，电梯媒体利用时间维度的“蒙太奇”手法来做创意。

创意维度三　媒体与同类媒体：不同空间的创意

同一个小区，或者同一幢写字楼，经常会有多部电梯。人们会随机选择乘坐最方便的电梯，这就为创意提供了一种可能性。不同电梯之间的内容可以实现隔空对话，消费者会在其头脑记忆中完成戏剧化的创意呈现，依然是小米 6 手机，消费者可能会感慨，“昨天我在 A 电梯里看到的好像是遮住脸的广告，为什么今天这个广告完全没有遮脸呢？”这种陌生化的差异和对话，和人群的独到的运行规

律有关，是电梯媒体自身所具备的特性。

创意维度四　媒体与人：熟悉的陌生人的应用

使用电梯的人群的流动方式，以及与社区、物业、相关服务群体的交往与沟通，是一种相对稳定和熟悉的社群，结合“物业云”和“百度云”数据，电梯可以实现一种相对精准营销的方式。2016年京东在全国十多个城市投放了“身边的小哥”广告，广告画面的主角就是所在管辖区域的快递小哥。消费者可以看到在自己的生活圈里、文化习惯下，每天为自己送货的这位“最熟悉的陌生人”出现在自己社区里的电梯广告上。

京东“身边的小哥”

创意维度五　媒体与受众：受众的手机

电梯是一种特殊的场景，消费者会等待、停留在这一封闭的物理空间一段时间，这就为线上线下空间的切换提供了更多的可能。自媒体的二维码、天猫（京东）电商搜索框、百度搜索框、各类应用商店搜索框成了连接现实与虚拟空间的场景入口。电梯媒体的广告多了一种需要设计和表达的元素，更多了一种目的：如何让受众打开随身携带的手机来扫描或搜索。

创意维度六　媒体与数据：新的数据收集和处理技术

早在多年前，电梯媒体即已经开始利用自身可连接的 Wi-Fi 来实现精准化的“强关系”建构。通过 Wi-Fi 与受众连接，收集相关用户使用数据，继而沉淀数据，为用户画像，在此基础上，实现个性化精准化的信息推送。

创意维度七　媒体与其他媒体：多级传播的链条

社会化多级传播正在主宰这个时代的传播秩序，电梯，每天都有数百万的人经过和短暂停留，这本身即是一种巨大的传播能量所在，电梯就像是一个拥有数百万活跃用户的大 V。电梯完全可以扮演意见领袖的角色，成为事件营销中的那个事件的发生地，那个传播过程中能量添加站。

创意维度八　媒体与用户内容：用户创造内容

从当年的西单民主墙，到最近的知乎、云音乐、京东的户外广告，用户创造内容又一次成了热点。当我们都在感慨，广告公司的文案还不如用户的智慧时，电梯媒体能不能借用如此的思路呢？

那么，电梯媒体到底是什么呢？

它既是媒体，也是场景，也是内容，也是渠道。品牌传播的终极目的是建构人与商品意义的关系。围绕这一目的，电梯媒体可以释放自己的价值，吸纳一切形式，来建构人与商品之间的关系，最终建立人与人之间的关系。

数字户外如何突围

中国传媒大学广告主研究所所长、教授　杜国清

一、顺应广告主需求，数字户外突围方向

（一）O2O 营销，提升即时销售转化率

传统户外媒体的地标性特点使其成为不可替代的媒体，但辩证来看，不便移动、信息单一、互动简单也成为其传播弱势。利用 Wi-Fi 热点，户外广告牌不仅是展示广告，而是进化为互动营销终端。户外媒体可以实现与互联网和移动互联网的结合，完成多屏互动，促进广告主的销售业绩提升。

案例：分众 2014 年 Wi-Fi 热点改造计划，实现 O2O 营销。

2014 年 9 月，蒙牛乳业联合分众传媒、奇虎 360 在全国范围内推出一项“精选牧场纯牛奶之打劫精选牧场”活动，安卓手机用户在装有分众液晶显示屏的电梯口（连接免费极速 Wi-Fi）或在任一有网络的地点，下载并安装新版 360 手机卫士后，只要“摇一摇”手机，就能参与“打劫”活动，获得优惠券，中奖后即可进入蒙牛幸福动车商城或蒙牛天猫旗舰店兑换奖品，中奖率 100%，且用户可以重复参加。该活动参与人次迅速突破 3000 万，且每天以接近千万人次的速度增长。

（二）提升互动体验，以数字户外作为媒体组合策略中的引爆点

1. 技术推动下的互动体验升级

技术的不断进步也推动了户外媒体体验性和互动性的增强。增强互动与体验既是吸引消费者的手段也是广告主的需求。在我们的课题组走访广告主的过程中，收集到了来自一线广告主的大量声音，例如，某日化企业市场部相关负责人谈到：“传统媒体我们主要集中在户外，移动与公交车，尤其今年做的最多的是公交车，以产品广告的形式。互动我们也很关注，包含传统的媒体都在想怎么跟移动端结合，怎么跟互联网结合，然后让消费者连接得更快一点。”某电器品牌部负责人对于户外媒体，也强调了互动与体验，即“赋予传统的东西新的活力”，要增强户外的互动性和体验性。

近年来，伴随着广告主此种需求的上升，业界也一直在做相关探索，如百视通新媒体与第十大道集团在上海共同注资成立好十传媒，进军数字户外和移动互联网新媒体广告市场。SMG 上海文化广播影视集团有限公司副总裁张大钟说：“在 4G 移动互联网大发展和中国城镇化带来的数字户外广告市场连年保持快速增长的背景下，国际品牌广告主们自 2014 年起会不断增加相关新媒体广告预算份额，好十传媒将立足数字户外和移动互联网广告解决方案以更好地帮助国内外广告主们建立他们的品牌并实现销售。”好十传媒计划对上海市中心区域 1500 块公交车站电视屏进行改建，由 32 寸单向屏改为 55 寸高清 LED 互动大屏，还将通过 AR 等技术手段加强互动体验。通过 IP 地址码定位编

组技术，可针对每天上千万人群流量的黄金商圈、核心区域内的定向时段精准广告投放，为广告主的创意实现提供了更多可能。户外媒体的体验互动会做得越来越好，这也成为户外媒体发展的重要突破点。

2. 优化内容，给消费者更丰富更深刻的体验

除了新技术的应用，户外媒体势必要在户外广告传播内容和形式上进行优化。如 2014 年一季度，分众先后播放了某个品牌长达三分钟的“纪录片”，核心的传播理念融入、植入到更多的内容之中，从强制性广告暴力变为用户为中心的体验优化，从追求简单的展示、到达，到更多的追求用户的主动接受程度。

在户外媒体广告内容优化之后，还力求带给消费者更加丰富和深刻的体验，在人人皆传播、人人皆媒体的时代，要充分调动消费者的积极性，让他们主动传播。如老板电器为其“大吸力”产品在 2014 年上半年的一次户外传播活动中，定位的视觉锤是蓝鲸，其就将整个地铁车厢内部全部做成海洋的环境，以体现大吸力“鲸吸”的特点。鲸是地球上最大的一种生物，肺活量非常大，把它和大吸力做一个关联，增加了和消费者沟通的亲密度。虽然说这是一个传统的广告，但是在这次传播活动中消费者觉得新鲜有趣好玩，得到了特殊的体验，从后期消费者反馈来说也是比较好的。消费者发了很多微博微信，引起了社会化传播的较好效果。除此之外，该活动还获得了很多媒体的主动报道。

3. 优质的互动体验，让户外成为引爆二次乃至多次传播的源头

户外媒体也应当充分利用自身特点和优势成为引爆二次乃至多次传播的源头。某家电市场部的负责人认为，其实户外做得好是很容易引起人们关注的，人们在外面走抬头就能看见户外广告，避免不了，因此在内容上如果能够做到足够有趣，形成互动，就会很有传播力。

很多户外传媒公司也认识到了这一点。如某媒体公司负责人就和我们分享了他的看法：消费者也有一些变化，比如他们的生活越来越跟手机、互联网紧密结合，所以相应的未来在广告形式上可能更多地要考虑互动的方式。消费者的主动性也越来越强，他们可能会主动地为客户带来二次传播，带来的传播效果会比一次传播大得多。现在消费者接触信息都是过滤式的，他不感兴趣的可能就会回避。但是如果是有趣的内容很有可能引起消费者的兴趣，甚至引起他们的转发。所以所谓的精准捕捉受众最有效的方式就是他是最具有融合力的媒体，他可以把其他媒体融合在一起。我们觉得现在的广告形式必须要与当前消费者的生活形态越来越紧密地结合在一起。比如新技术的运用，注重引发消费者二次传播等等。户外媒体其实就是一个引爆体，就是一个触发点，现在户外媒体的方式越来越和手机、互联网联系在一起了，只要能触发一个点会引起其他媒体自发的报道。

二、展望：充分把握广告主营销传播重实效的延续性特征与趋势

在不断适应广告主需求的调整中，户外媒体的角色也在转换中，同时也在探索新的盈利模式。如公交电子屏凭借游戏助力广告，合作建立公交 Wi-Fi 平台，进行商业模式转型创新，未来将同时结合 O2O、LBS 打造融个人游戏、娱乐社交等增值服务于一体的服务平台等等，都将有望在后续市场发展中带来新的增长点。

值得注意的是，在当前广告主自身经营压

力较大的情况下，实效成为广告主考量广告效果的重要指标和长期态势。户外媒体经营者需要持续并长久关注广告主的这一延续性特征与趋势。

（一）追求传播活动到销售业绩的高转化率

中国传媒大学广告主研究所的调查数据显示，2014 年选择将销量增加作为判断广告活动有效性第一标准的被访广告主比例达到了三分之二以上。在 2014 下半年广告主研究所开展的广告生态调查实地走访中，广告主对于实效营销的要求越来越高，各行广告主都表达了这样一种观点：在经济形势不好的大背景下，企业的经营也受到了一定的影响，甚至出现了下滑。在营销传播的投入上企业更加谨慎，希望媒体给提供全方位的、效果好的服务，最好能给销售带来实实在在的转化。不少媒体广告相关负责人也表示，2014 年的广告主投放大都会与到店率或成交量紧密挂钩，如果效果不好，下次就不会继续投放。

（二）注重精准传播和多次传播

广告主的实效传播还表现在对传播效率提升的追求上。传播效率的提升又表现为精准传播和多次传播两大特点。广告主研究所数据显示，2014 年被访广告主选择媒体的主要依据是，媒体与目标受众的吻合程度的选择率最高，达到 73.3%。近两年来，大数据应用的兴起为广告主的精准传播提供了强大的技术支持，助推了广告主精准传播的热情。

另一方面，激活消费者的二次、多次传播愈发收到广告主的青睐。数字媒体时代，消费者既可以创造内容也可以主动传播内容。广告主也希望在整合多种媒体进行传播之后，引发消费者的二次传播，从而进一步提升营销传播的效果。在课题组的实证调研中，多家企业负责人也表示要充分利用、鼓励消费者的自发二次乃至多次传播，让品牌信息在媒体之间相互联动，让消费者感兴趣并主动传播。

户外媒体营销十法

《亚洲户外》出版人　黄淘

户外媒体的功能在不断延展，营销方式也在不断创新。我们从实践中总结出户外媒体营销的10类方法，希望举一反三，促进户外传媒业更好发展。

一、改变媒体获取方式，专注媒体运营

长期以来，户外媒体公司通过向阵地方支付租金来取得媒体的经营权，公共阵地资源的招标拍卖还在不断推高阵地成本，媒体经营方疲于应付租金，难以为改善媒体品质提供更多资金。另一方面，租赁经营期限普遍较短，迫使经营方急功近利，无法专注于媒体本身的运营，导致媒体品质不升反降。这反过来，又恶化了户外媒体的大众观感和营商环境。

有效的解决之道，是和场地方或政府构建紧密的深度合作，不再只是被动而又简单的租赁关系。

行业经典案例，当数1995年组建的重庆公用站台设施投资开发有限公司（以下简称“站台投资公司”），该公司由二家国有企业法人和二位自然人共同发起设立。二家企业法人分别是重庆城市综合交通枢纽集团公司和三峡水利电力集团公司，这二家国企分别占有站台投资公司35%、34%的股份，二位自然人则分别占有站台投资公司21%、10%的股份。站台投资公司负责全市公交候车亭的建设，而候车亭的广告则交由站台投资公司全资设立的重庆天地广告独家运营。站台投资公司合伙人的精心挑选及股份比例的科学配置，确保了公司资源及管理层的长期稳定，重庆天地广告公司一心一意专注于媒体品质的打造及传播价值的提升，自然而然成为重庆广告界举足轻重的杰出公司。

党的十八大提出混合所有制的发展理念。眼下红火的PPP模式，地方政府谋求和社会资本合作，共同参与公共基础设施建设。绝大多数户外媒体本来就是城市公共设施的组成部分，户外媒体公司要主动改变，不再被动挨打。

二、整合新闻媒体，敲开客户大门

报纸广告断崖式下降，电视广告不做老大也很多年了，户外广告公司的日子相对好过。在物联网环境下，户外媒体的价值被重新发现，户外媒体公司要有自信，主动联合本地的电视、报纸、广播等新闻媒体，组合起来服务客户。

越来越多客户意识到投放单一媒体的效果欠佳，影响面有限。既如此，户外媒体公司何不用自有媒体去置换新闻媒体的版面或时段，将电视节目、报纸版面、广播时段、本地门户网站等媒介资源与户外媒体进行有机整合，为客户提供全媒体的整合营销方案。在与本地新闻媒体合作中，还可通过记者以采访的名义约见难得一见的大老板，然后借机为对方推荐一个整合营销的全新选择，经由打包组合来带动空置户外媒体的销售。相互借力，组合的价值优于单体。巧用新闻媒体的威力敲开客户大门，令原本拒绝户外广告的客

户愿意尝试多渠道、全方位覆盖的饱和攻心方案。

三、跨界置换，变废为宝

对于媒体公司而言，现金是支付广告费用的最佳选择。在经济不景气的情况下，中国很多企业更需要做广告，只是不一定乐意全部通过现金支付广告费，用商品抵扣就成为首选。很多媒体公司以置换酒水、汽车、房子、旅游休闲品等作为公司福利或客户礼品，但这些商品的自用量是很有限的,更多的商品即使置换过来也难有用处，很多业务就因为僵持在这里而难以成交。

三角债置换为解决这一棘手问题开阔了视野。例如，一家生产瓷砖的企业很想投放户外广告，却苦于现金短缺。瓷砖这一特殊商品对于多数媒体公司来说，是一个无法快速处理以取得现金的负担。有位细心的媒体人通过调查，了解到该瓷砖企业同时也是本地一家开业不久的五星级酒店的债权人。媒体公司对五星级酒店的需求及其转化率自然高于瓷砖。于是通过瓷砖企业的协调，用五星级酒店的客房与餐饮服务等置换给户外媒体公司，换得瓷砖广告的户外投放。

现在的客户越来越不喜欢投放硬广告。户外媒体公司可以与演艺公司、电视综艺节目跨界合作，用户外媒体广告置换在各类节目中植入品牌的机会，然后服务那些不愿意做硬广告的客户。

四、双向股权投资，与客户共进退

一个新品若同时满足四个条件：对应消费者的刚需，高频次重复使用，利润空间较大，受原产地或其他稀缺性限制令其他人难复制，这个产品就值得投资。户外媒体公司若同时也看好该产品的运作团队，认可其发展前景，就可将一段时间、一定数量的户外媒体资源折合为现金，作为一种投资，占有该产品所在公司的原始股份，帮助该产品做大做强。

今后，媒体公司和一部分客户的关系将是同舟共济的生死关系，双方必须相互砥砺、全力以赴。客户会因媒体公司不间断的大量广告而在市场上赢得生机，客户所在公司的原始股份自然保值增值，早晚会有新的投资人加盟客户所在公司。媒体公司择机而退、见好就收，通过原始股份的变现而大量回收本要流失的户外媒体的时间价值。

许多户外媒体公司上了新三板，这些公司可通过向大的广告主定向增发来吸引他们投放广告（比如每投放 500 万元广告即定增 1% 股权），这种做法也使媒体主与广告主结成更密切的合作关系。通过一部分股权的定向释放来引入大客户，借此向市场显示公司稳定的预期收益，不仅提升了公司在新三板的估值,还会吸引更多的投资人。

五、联合起来，以行业对接行业

单个企业的力量或许过于微薄、不足为信，但以集体名义去沟通便是另一番景象了。如重庆的广告商会代表本地众多户外媒体公司，不定时组织与本地旅游协会、房地产协会等客户所在协会的沟通。广告商会不仅集合了各类媒体资源可供客户们广泛挑选，还可担保广告商会会员的投放行为。协会与协会面对面沟通，每次谈妥的都不止一二个客户，易于产生多对多的效果。

加入行业协会、商会，为媒体公司对接广告主搭建了一座可信的桥梁。作为一个经政府备案的、由当地一批领头人发起的行业组织，协会、商会对本地会员单位有一定的影响力和约束力，在市场上也具备较强的公信力。协会对协会、行业对行业的直接沟通，可信度高，执行力强，业务成交的概率也很大。即使合作中出现问题，也容易化解。

六、革新媒体品质，吸引客户主动关注

户外媒体公司可通过改造媒体提升自身的档次和价值。改造方式多种多样，如通过巧妙的外观设计使媒体更引人注目，添加互动技术增强与受众间的联结，将户外媒体材质翻新增加品质感等。

“一眼看起来是广告的广告，不是好广告”。老百姓对广告的鉴别能力和抵制手段越来越强。革新媒体的人，应把媒体不仅当作广告载体，更要让它融入到周边环境中，成为新的景观与亮点，并从同类媒体中脱颖而出，让广告主眼前一亮，愿意为之买单。

喜新厌旧是人的本性。再好的东西若长期不变，也会熟视无睹。好在，户外媒体是对实体空间的创意应用，可变性最强。在春夏秋冬及不同社交场所，人身上的服饰是不同的。人心如此，户外媒体也当如此。

七、两权分离分工协作，各得其所

不少户外媒体公司老板擅长与政府部门或业主打交道，能够拿下媒体点位，却不见得擅长管理与运营这些媒体。若是经营得当自然欢喜，若因经营不善导致亏损，那是自食其苦。

不妨将媒体的营销权委托给当地具有专业素养、口碑良好的专业公司，谈好总包价、签完协议，你就可以一门心思维护政府与业主关系，拿下更多媒体点位。媒体开发权和营销权的两权分离，扬长避短，各得其所。

某些营销策划大师有搞定大客户的能力，需要在媒体投放上放大他们从客户那里得到的收益，这些营销策划机构没有必要成立媒介部，媒体公司应主动和他们合作联动。叶茂中营销策划公司和路铁传媒的合作，就很不错。有分工才有合作，专业的人做专业的事。

八、按秒分发，深耕本地做增量

大部分户外媒体按日或月计费，这对广告主来说，花费高而效果却不一定好，致使广告主对传统的户外广告敬而远之。

当今，物联网技术突飞猛进，媒体公司可以对自身的户外媒体做局部改造，安装一个几十元到几百元不等的小设备，就能赋予户外媒体新的功能，按秒分发广告，面向更精准的受众，同时增强户外媒体的互动性，加深受众对产品的印象。如此一来，不但让媒体公司的效率显著提升，也使客户投放广告的成本极大下降，效果可观。

与此同时，按秒分发使原先无法负担高额广告费的大量中小客户也有能力投放户外广告，广告主数量将大大增加。户外媒体作为本地媒体，能够服务本地大量的中小企业，满足本地居民多元化的就近消费需求，构建黏性越来越强的本地营销生态圈，生生不息。

九、定向公益开花，媒体铺子结硕果

户外媒体作为最后的大众媒体，是公益活动的最佳载体。户外广告做的不像广告，而做成公益，才能产生更大的传播效果。

我国每年有几百万大学生毕业，很多大学生一毕业就失业。武汉道森传媒公司主动捐款，设立湖北省高校毕业生创业基金，经由团省委选拔大学生开设媒体铺子，将道森传媒的社区媒体资源分包给媒体铺子里的大学生去销售。

道森传媒的公益行为博得了政府与广告主的

好感，公益捐款发票可以冲抵公司所得税，用公益资金开设媒体铺子、回购社区媒体资源解决了部分大学生的就业难题，媒体铺子贴近周边客户满足了他们的广告需求，一举多得。

十、既引流又导购，积极介入新零售

广告主投放广告的最终目的不是广告，而是销售。在核心的消费场所，无论这些场所的里面，还是其周边，都有户外媒体的存在。在以消费者的体验为核心、大数据驱动的新零售中，户外媒体的作用不仅不可或缺，而且更加显要。

通过户外媒体真实体验到了效益，消费者才可能有感，进而由线下引发线上的二次传播，既引领又导购。这已成为共识，越来越多的广告主正在应用户外媒体的这种促销功能。

在物联网环境下，智能化的户外媒体本身就是新零售的终端。在中国，移动支付技术日臻成熟，消费者随时随地的支付习惯也已经养成，中国户外媒体在新零售中大有可为。

地标大屏的引领作用与话题效应

《亚洲户外》出版人　黄淘

在“四多四少”环境中脱颖而出

从事户外广告20多年，见证行业的起起伏伏，使我对媒体行业有着深厚的感情。当下，纷繁杂乱的广告市场令人眼花缭乱，我们行业中的三类主体——媒体主、广告创意人与广告主，普遍对“四多四少”的现实感到棘手——信息量太多，真正能够到达受众的信息又太少；似是而非的解决之道太多，真正靠谱的、有效的又太少；商品的品类越分越多，但能打动消费者、被记住的品牌越来越少；各种媒介发布的广告浩如烟海，但能够进入受众内心、转化率高的却很少。

如何破解“四多四少”困窘，在这个时代起到引领作用？我们首先要搞清楚引领的意思，所谓引领是要在这个信息严重过剩的混沌环境中脱颖而出、引发连锁反应。脱颖而出是第一步，也是最难的一步，太多的广告刚一冒头就被淹没了。因此，破解的第一步先要帮客户的信息脱颖而出，紧接着再通过恰当的技术手段和表现形式引导受众的思想——引起议论、引导持续发酵、成为热点引爆全城，最后促成转化。

地标大户外的三大优势

地标大户外得天独厚的天然存在，使它具备其他媒体不具备的特质。

首先，线下真实的体验引发线上的二次传播。户外媒体的真实性、确定性决定了其对受众的影响是可以测量的、能反复验证的，而且，受众自己体验过的靠谱、有趣的东西才敢去线上表达。越来越多的客户意识到线下媒体不可替代的精确贴近价值和随时开启功能，中天调研数据显示去年对中国户外广告增长贡献最大的前二大类客户分别是软件、网站。线上与线下的融合已成主流。如何融合？我们都得站在客户的角度，从转化率、从营销闭环的角度去衡量。《亚洲户外》二年前推出户外场景营销的新理念，户外媒体与附近的受众一起构成一个个真实的场景，广告的内容如何植入这个场景、并与受众互动，我们已经推选了大量的经典案例。随时随地的支付习惯已经养成，户外场景中完全可以实现营销的闭环，这也就是为什么那么多纯线上的企业包括阿里、京东等巨头大量投放户外广告的原因。相比线上的虚拟和不确定，地标大屏的显著性存在让人的视线无法忽略，它还是一种实力的象征，君临城下号令众媒，投放地标大屏给人更为靠谱的感觉，靠谱在当今那是难能可贵的。

其次，受众群体不断细分，受众的时间也碎片化，地标大户外可以有效聚合。在过去不断强调精准的情况下，大量的媒体都专攻细分领域，碎片化的媒体对应的是碎片化的消费行为。大户外的强制性到达率是公认最高的，户外媒体也是唯一的大众媒体。地标大屏二十四小时不间断的刷屏，饱和性的占领着受众的眼球，其冲击力是其他任何媒体替代不了的。地标大屏持续不断影响一个城市的男女老少，将碎片化的受众重新聚合在一起，所播放的巨型广告不断震撼受众、持续引发二次传播，自然起到群体聚合与信息引领的作用。

第三，地标大屏与市民的接触频次最高，处于商圈之巅，能够开启、引领一个城市的消费。国际调研机构有过调研，消费者看到同样户外广告的次数每天平均为三次，这在所有媒体中是最高的。有人会说，我每天看手机几十、上百次，看电视也十几次啊，但你打开手机、遥控电视，关注的是内容，同一个内容你不大可能一天看多次，其中的广告刚露头就被滤掉了。户外广告一天三次，一周十余次，重复不仅产生记忆，短时间高频次的重复更让规律容易发现、可以验证、进而让客户相信。要知道，让客户信任是多么的重要、又是多么的不容易！

在信息的汪洋大海中，地标大屏就像灯塔一样，使优质的、靠谱的广告迅速脱颖而出。如果把城市比喻为一条龙，那么地标大屏就是龙头，引舞整个城市的商业；如果把老百姓的日常生活比喻为一篇文章，那么地标大屏就是文章的标题，标题决定了一篇文章的命运，也影响着一座城市生活的基调。

地标媒体如何引领城市生活

现在的老百姓对广告的敏感度越来越高，防火防盗防广告，一眼看起来像广告的广告也就一定不是好广告了。这就倒逼我们，广告不只原生，更要成为话题。那么，话题的引子在哪里？话题如何催生和引爆？实践证明，地标大屏本身就可以成为话题，更是撬动一个城市话题的有效制高点和绝佳入口。

话题效应，是更好发挥地标大屏引领作用的关键。话题必须是城市中多数人共同探讨的内容，而且话题是自生自发的，通过持续发酵使市民在很长时间内反复讨论。必然被看见、且一周十余次被看见的地标大户外，直接影响的市民不仅数量众多，且因地标大户外处在城市的核心商圈，其影响的大都是高端群体，这样的示范推广与叠加效应是很明显的。

回顾近些年顶级的成功广告案例，不难发现这些广告的共性：制造话题并引导发酵。地标大屏作为一个城市的龙头，先由它去开启一个城市的话题，然后每隔一段时间把话题深化后的成果再现于大屏之上，整合好二次传播，最后引导到品牌自身或品牌的消费上，形成完整的营销闭环。如何发挥地标大屏的龙头作用和话题效应，这需要广告主、创意方与地标媒体方相互配合，量身定制。相信通过多方的携手联动，整个行业将再上一个新的台阶。

地标媒体有戏?

上海市广告协会户外广告委员会主任　裘东明

什么是地标媒体?

概括来讲，地标媒体主要有两种：

1. 依附于公认的地标建筑或地标性空间的户外媒体

2. 利用户外媒体创新设置所创造的地标性城市空间（后者以纽约时报广场、伦敦皮卡迪里广场为代表）

地标媒体是比其他户外广告形式更有效吸引注意力并能出色提升其所在空间区域的不动产价值的媒体，地标媒体的价值与媒体位置的层级与辐射能力相关。

先举一个例子。

2015 年 8 月 2 日，纽约曼哈顿的地标建筑帝国大厦外墙被打上了保护濒危动物的高亮度投影，在几个街区外都能清楚看见。

著名建筑物一反常规的轰动效应：超乎寻常的更多关注，激发观众再传播的热情。这也是户外广告创新的理由和创意的初衷之一。

什么是城市地标?

纠结：大裤衩、小蛮腰还是新天地、什刹海?

空间特征：亲切的乡土风貌与突兀的资本名片并置；

视觉片断：炫耀摩登的天空与流淌文脉的大地同在。

地标的英文 LANDMARK，指陆地上的标记。人们往往用来指标志性建筑。地标其实就是某个地方的第一视觉、第一印象和第一记忆。

这也往往在现实中被理解为高大上档次的，被理解为震撼突兀的，是“之最”和“唯一”的。近年来各地争相建造最高大楼便是明证。

但事实上当代依然是个流量经济的时代，这就产生另一个问题，即城市地标需要流量的证明（互联网对文本和图片上传及搜索的点击数）。

中外建筑大师争相建造“地标性建筑”，除了迎合当代资本和权力空前自恋的“名片情结”以外，也带来建筑空置和通货膨胀的空前压力。以致各大城市尤其是二线以下城市在“去建筑库存”的过程中，不约而同地想到将建筑媒体化和利用地标媒体创收的思路。

不仅是新建的大厦，城市建筑空间中还有许多“存量”，需要改变用途，重新发挥效用，产生新收益。一些城市发展过程中沉淀下来的居住建筑、工业建筑，现在也被大量进行开发性改造，变成有怀旧意味的商业或文化创意产业园区。

一些人文景观被改成为新的旅游休憩地标，自然也为户外广告和标识制作行业开启了一展身手的机会。户外广告行业必须先把我们与地标的关系定位想清楚：这地标现在是干什么的？怎样添彩而不添乱？如此，尊重地标特点并“随类赋彩”就十分重要。

地标的显著性

城市地标是地图上标注的空间显著标志物。

瞩目性，意味着足够大的体量或极富个性的外表；被标注，表明在具体环境方位中有极高的辨识度。

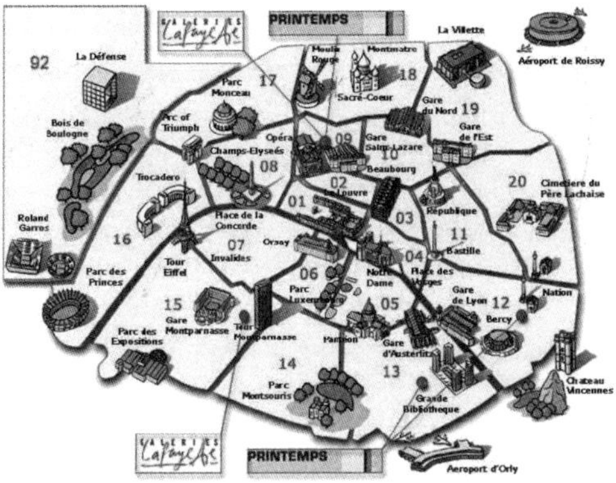

图 1

图 2

图 3

巴黎的城市地标地理位置示意图（图 1 ）。城市地标不仅是城市的文化财产和旅游财产，也是市民归属感与认同感的形象化资源。

华人绘制的曼哈顿（图 2 ）。移民局和自由女神，布鲁克林大桥、华尔街、中国城、大苹果、帝国大厦和洛克菲勒中心，时报广场，SoHo。

上海世博会时期绘有城市地标建筑和场所的地图（图 3 ），体现了那个时期城市管理当局的成就感。

那个时候，把广告拆了很多。现在回过头来看，如何处理好多样性和相容性发展才是关键。

地标的多样性

城市地标是城市多样文化和复杂功能的象征。

举个例子。沿着凯旋门到拉德芳斯，巴黎，一个从古典到现代的环。

现代巴黎的城市结构是在奥斯曼男爵 1850 年代规划的基础上形成的。巴黎各处散落着许多古典和当代的城市地标，为人津津乐道。

巴黎圣母院，始建于1163年，属哥特式建筑。雨果的同名浪漫小说，更使这座宗教建筑闻名天下，游人不绝，为巴黎增添不朽光彩。

卢浮宫，世界四大博物馆之首。始建于 1204 年，原为法国王宫，住过 50 位法国国王王后，1793 年改为博物馆，是法国文艺复兴时期最珍贵的建筑物之一，以收藏古典绘画和雕塑闻名于世。1980 年，法国总统密特朗请贝聿铭翻修卢浮宫，于是有了玻璃金字塔。

埃菲尔铁塔，矗立在塞纳河南岸，是当时席卷世界的工业革命浪潮的象征。1889 年巴黎为世界博览会而落成。游客必到，留影无数。

蓬皮杜艺术中心，皮亚诺和罗杰斯设计，1977 年竣工。外部钢架林立、管道纵横，根据不同功能分别漆上各种颜色。因这座现代化的建筑外观极像一座工厂，故又有“炼油厂”和“文化工厂”之称，成为高技派的代表作。开馆至今，前来参观人数高达 1 亿 5000 万以上。

拉德芳斯，位于从凯旋门放射出的轴线西端。在奥斯曼男爵规划 100 年后的 1953 年，这里只有一幢建筑。1985 年 7 月，拉德芳斯新区的建设工程正式上马。拉德芳斯区的总体设计体现了现代和未来城区的多功能设计思想。

巴黎把老佛爷百货和春天百货也列入城市地标的范围。借助地标本身的关注度，并变为媒体，产生聚焦眼球和再度传播的新能量。

老佛爷百货有一次把自己的外立面做成一个洛可可风格的 LED 光雕。地标具有辐射性强，在全球性大都市的地标上进行的媒体创意，自然容易获得全球性的关注。

地标广告的处理

依城市地标而生的广告，搭乘注意力便车。

注意力经济的活力来自于相得益彰；区分临时和长期性媒体需匠心独运。

重要城市地标蕴含着市民的认同感与归属感，做广告需要十分慎重。

法国雪铁龙公司曾经租下埃菲尔铁塔 9 年，在塔身上发布它的名称。

仍以巴黎为例。巴黎卢浮宫外墙告示。长期性设施，但内容经常更换。

巴黎卢浮宫广场立牌。临时性设施，设置与撤除都十分方便。

巴黎卢浮宫外墙修缮脚手架围挡广告牌。临时性设施，大幅面，并部分再现原有建筑面貌。

巴黎拉德芳斯区域的 LED 屏幕媒体。

巴黎拉德芳斯区域的媒体。立式数字广告牌，长期性设施。大幅玻璃贴，临时设置。地标媒体的广告价值与流量正相关。

巴黎拉德芳斯地区的户外雕塑。米罗的作品。文化艺术是地标场所空间的有力传播媒介。

巴黎拉德芳斯新区的媒体。立式数字广告牌，长期性设施。大幅玻璃贴，临时设置。每天上下班职工 18 万人，每年有 800 万游客。

氛围营造，文化艺术形象是一种强有力的附加值。巴黎拉德芳斯拱门前面的现代户外雕塑。

营造时代感氛围，雕塑造型艺术是比建筑更为灵动的重要媒介。巴黎拉德芳斯地区的户外雕塑——红蜘蛛。

巴黎拉德芳斯地区的户外雕塑——大拇指。其实，品牌也可以参与或赞助文化氛围营造。

巴黎老佛爷百货外立面广告牌位置是固定的，而外墙灯光富于变化，形成了商业地标的独特风格。

圆形广告柱，以及铸铁风格的地铁入口和沿街公寓阳台的铸铁栏杆，形成巴黎街道的独特标志性元素。

风格也是地标的要素。巴黎的书报亭别具一格，与同样风格的圆形广告柱一起，深受广告主和市民的喜爱，成为街道的独特地标。

铸铁风格的巴黎地铁入口。通过传媒内容与介质的和谐映衬来提升地标价值是巴黎的主要方法。

广告地标的处理

由广告打造的城市地标，创造崭新的空间美学与效用。

地标的经济价值因市民和游客的审美驱动而提升；临时性内容和长期性媒体的创意带来丰富的流动性。

全球户外广告的品牌化场所：伦敦皮卡迪里广场。体现各种策略的户外广告屏幕在这里扎堆，也设置了城市公共空间的新美学。

再来看看截然不同的纽约。时报广场以嘈杂和喧嚣的动感广告，把自己打造成这个星球的地标，被称作“全世界的十字路口”。

时报广场是一个户外媒体扎堆的地方，它是“媒体营造场所”的典范，在42街到47街以及百老汇大街夹角所形成的这段不算太大的围合空间里，户外广告不动产不但真正提升了这个街区的不动产价值，还因此切实提升了整个纽约市的商业地产价值。

但户外媒体使地标资产升值，关键并不在于其是否买断安装的位置成为固定媒体，而在于它能否切实带来注意力，带来流动性。2011年3月初，时报广场上出现了许多用纸浆做的绵羊雕塑。这个户外装置作品被称为“数一数羊”（Counting Sheep）。艺术家的本意是让人们在喧嚣的场景中回归自然，通过数一数几只羊来放松一下。谷歌上有500多万条消息，传播提升了时报广场的文化品格。

1945年8月15日，是日本宣布投降的纪念日（V-J Day），也是第二次世界大战终战日。70年前的这一天，在时报广场诞生了一张著名的照片。

后来美国人在纽约时报广场用放大的雕塑来纪念这一美丽瞬间。雕塑的高度为26英尺。这种纪念性雕塑也是重要的城市地标。谷歌上这雕塑照片有598000张。

“重新亲吻”（Re-Enact Kiss）活动。随着倒记时“5，4，3，2，1，拥吻！”2015

年8月15日星期五，在时报广场，来自世界各地成双成对的男女噘嘴相亲，以那个著名的吻来庆祝第二次世界大战结束70周年纪念。

战争与和平是考验人性的永恒主题。日本宣布投降的那一天（V-J Day）是值得纪念的，世界反法西斯战争最后胜利的日子是值得纪念的。70年过去了，人们用接吻倒计时这样的行为艺术来提醒人们胜利来之不易。谷歌上有这类消息1970多万条，再次说明传播的力量。

匹配是硬道理

世界变化快，户外媒体：重资产还是轻资产？

整体或零碎，长期或临时，固定或移动；

当代媒体的重点是聚焦关注并获得消费。

时报广场是个全球大屏幕密度最高的城市地标。有一块很大的超高清屏幕（美国人叫最大超高清数字广告牌）。这块世界最大超高清屏幕有2400平方米大小，跨越第45—46街的整个街区，每周可以面对200万成年人。

这块超高清大屏的首秀是由谷歌从2014年11月25日起包下整个屏幕直至2015年1月，宣传谷歌旗下的两大产品“安卓”和“谷歌地图”。当时谷歌用这块屏幕让消费者参与互动游戏。

这块新广告牌使用三菱的Diamond Vision显示技术，近2400万像素，令全球最高4k超高清LED户外大屏的1500万像素相形见绌。这块超高清数字广告牌由清晰频道旗下的Spectacolor负责销售，起始售价是每月200万美元。

但大有大的难处，并非所有客户都像谷歌那样有钱任性。现在这块2400平方米的无缝超高清大屏不得不分割出售，进一步明确宣告了碎片化时代的降临。

整体性分割，碎片化降临，不是美学的颠覆，而是流动性匹配的需要。

流动性正在重新寻找匹配的资源对象。那么，整体性如何表达？地标媒体到底是重资产好还是轻资产好呢？

整体性聚焦目光的户外广告手段并未消失。2015 年 8 月 2 日，曼哈顿的地标性建筑纽约帝国大厦上部的 40 层外立面被投影照亮。上演了一出被称为濒临绝种动物的价值一百万美元的灯光秀。

濒临绝种动物的巨大投影图像把帝国大厦当做画布。

海洋保护学会创作了这个华丽的灯光表演，这一维权事件被称为“投射变化：帝国大厦”，以推广其新纪录片《与灭绝赛跑》。

该活动的创作者说，如何让全世界都知道我们失去了什么？他说，动物的价值包括鳐鱼、雪豹、狐猴和其他濒临绝种动物。

这次活动的时间安排有一些偶然，最近狮子明星塞西遭遇猎杀暴行而死亡，提供给这次投影以恰当时机。灯光秀的最后一分钟展示了这头津巴布韦兽王。

筑纽约帝国大厦上方的外立面投影，使用了 40 台 2 万流明的投影机集成，用清晰的动态视频画面照亮了 114 米高 × 57 米宽的面积。

大型户外投影机的可租赁和可移动，使地标媒体产业增添了时间与金钱上的弹性和活力。

地标媒体的适用技术

要求：大幅覆盖建筑立面，迅速改变场所观感。

投影、网屏、贴膜、造型……

互动链接、氛围营造与控制。

帆船酒店 2014 年 12 月 1 日晚举行盛大的 15 周年焰火庆典。1999 年 12 月 1 日，号称七星级的阿联酋迪拜帆船酒店正式落成营业，从此它成为世界上最奢华酒店的代表和迪拜的地标性建筑。

焰火映衬下的迪拜帆船酒店在外墙上投射出“阿联酋迪拜将主办 2020 年世博会”的字样与图案。

2015 年 6 月，悉尼城市灯光节。投影是一种在成本上可以更为自如的技术。

每年一度，激光和投影使悉尼歌剧院这个全球性地标更多彩。

互联网时代，有人说已进入了小众时代，看看户外空间，你就会知道这仍然是个大众文化的时代。

大众文化需要大众消费，需要流量，需要众乐乐，在这种时候，品牌决不会无所事事。

悉尼 VIVID FESTIVAL 激光投影。未来依然存在着主流文化消费，实际上也会融入很多品牌的文化，艺术地阐释的品牌主张。

地标性商业地产项目的媒体立面更是五花八门。城市需要夜生活。除了投影，LED 照明技术也大有进步。

巴塞罗那的地标性建筑——奥运村附近的水务局大楼灯光秀

LED 隔栅屏的原理早有了，但开始发力是从 2010 年上海世博会开始，并在 2015 年米兰世博会全面发扬光大。这种技术给地标性建筑立面发光和表皮的多样化提供了许多可能。

移动互联网时代，户外媒体的一大功能就是成为链接的节点，而地标的机会就更多。未来广告牌摄像头将具备场景识别与场景分析的功能。

在斋月期间，可口可乐发起了一项“去掉标签”活动。在我看来，这是新一轮图像思维运动的开始，并使当下读图时代因数字传媒的摄像头识别（计算机读图）的加入而前途无量：图形简洁，容易记忆聚焦，也易于联想或拓展，从而更丰满。如这个重庆观音桥新建大屏可以搞一些活动，消费者只要站在摄像头前，举一罐可乐，便可现身于大屏幕。三维场景、两维图像、一维数据。互动重构观感。移动互联网时代，户外媒体的一大功能就是成为链接的节点，而地标的机会就更多。

假设上海淮海路这块广告改为数字屏幕，假设它的摄像头捕捉到对面许多挥汗如雨的受众，那么，大场景分析 + 大图像激励 = 智能户外媒体的社交亲和力 + 消费氛围控制力。消费决策从众，聚焦形成入口。未来户外广告仍是共享范畴。数字广告牌的作用，不是所谓精准的一对一，而是把握引起人群共鸣的节点，地标媒体尤其如此。所谓互联网 + 户外广告的场景价值和媒体价值，就是要+户外地标媒体的“注意力价值”、“再传播价值”和“即时消费价值”。

马德里市中心地标：太阳广场。这个广场是伊比利亚半岛的中心点。屋顶霓虹灯广告数十年不变，这个酒广告也成了地标上的经典。

在某种特定的日子里，城市的某个地段空间，突然变成了具有特定价值标志的表演场地。第五大道每年一度的梅西百货感恩节大游行，已经成为纽约市民预期的节目。这种水准的创意、设计、制作、活动策划我们有了吗？

开发地标媒体，就是发掘无与伦比的视觉焦点。必须十分重视媒体在视野中的唯一性。有时候，体量大、视线好、流量足，未必是地标媒体的决定性条件。

深圳。深南大道由西向东。华强北电子商城区域。视线很好，但车速很快。两侧 LED 大屏鳞次栉比，目不暇接。媒体设置密度过高，缺乏唯一性。怎样让人记住？

屏幕具有在视野中的无可替代性，无其他相同 LED 屏幕干扰。背景中在建高楼是 660 米高的平安大厦。由于与不久将来中国的最高楼共时并置在同一取景框内，媒体业主拟扩大原有屏幕面积，向下方延伸 1000 平方米。卖点与动机：与中国最高地标共闪耀！

地标是一种具有强烈个性并被广泛认同的空间形态，地标媒体亦如此。文无定法，心有灵犀。流动性才是硬道理。你想好怎么做了吗？

（部分图片来源于网络）

户外场景营销优选案例赏析

案例精选

场景一：地铁

案例：小红书——地铁狂撒“红包雨”

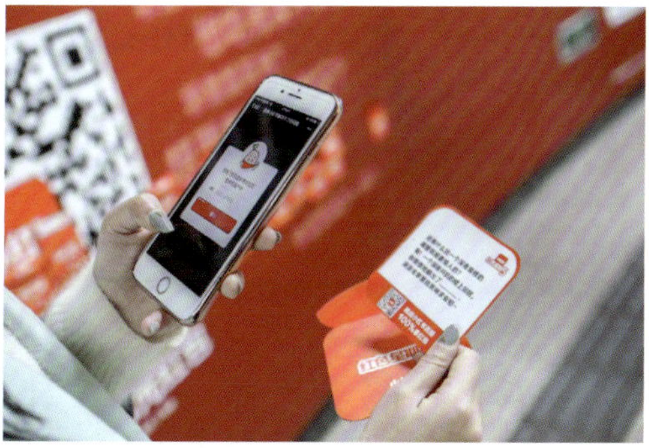

今年“黑五”，小红书以“会给你全世界的好东西”为主题，打造属于自己的“红色星期五”。

小红书在北京地铁朝阳门站和东单站进行创意广告投放，通过地铁派发红包的形式，将红包内装入印有二维码的趣味问题卡片，通过扫码的形式回答问题领取红包，领取到的金额可在“红色星期五”当天的小红书 App 上使用。

小红书整个营销活动取得了令人惊喜的效果，一面墙的小红包在不到一小时内被路过乘客一扫而光，精心准备的每一个问题也令参与者乐在其中。本次活动引来大量乘客参与，大大提升了小红书活动的推广力度。

案例：亚瑟士

ASICS 作为全球顶级跑鞋，成为 2016 年北京鸟巢半程马拉松赛事官方合作伙伴。

赛事前夕，在离鸟巢最近的奥体中心地铁站，亚瑟士进行创意广告投放，用地贴将地面变成跑道，营造赛事气氛。

此创意符合产品定位，引起大量乘客注意，为赛事营销起到很重要的作用。

案例：曼城足球俱乐部——蓝月亮超级内包车

正值炎炎夏日，在北京鸟巢体育场曼城与曼联进行一场足球赛。

比赛前夕，曼城俱乐部在北京地铁 10 号线包下一列车，进行创意内包车广告投放。

曼城俱乐部又被称作“蓝月亮”，所以车厢整体使用蓝色系。车内最具特色之处是座位上贴有队员的号码，并且对应队员的名字。球迷们可以找到自己喜欢的队员，对号入座！

案例：自然堂——用笑容点亮水立方

奥运会开幕前夕，自然堂与中国跳水队合作，为奥运健儿加油喝彩！同时，自然堂分别在国贸和朝阳门品牌区域进行大型媒体投放。

国贸水蓝色的通道，如梦如幻。朝阳门大型互动屏，使用人体感应技术让乘客与屏幕之间互动。当乘客站在屏幕前，笑容会跳动在水立方。乘客可以通过扫描屏幕下方的二维码，将自己的照片上传参加自然堂点亮水立方活动页面。所有上传的照片，将在特定时间呈现在水立方之上。

自然堂希望通过点亮水立方来为奥运聚赞加油，为中国梦之队点亮奥运夺冠路。

案例：ofo-2017，我们在行动

新年伊始，北京地铁通成携手 ofo 将 2017 年公益项目正式拉开序幕。在日均客流量超过 40 万人次的北京地铁朝阳门站设置“我们在行动”展区，吸引众多乘客为之驻足，以骑行互动的形式吸引乘客参与。

北京地铁通成通过触发技术将单车与大屏幕连在一起，当有人开始骑车时，大屏幕中的画面开始动起来，骑车人仿佛置身于蓝天白云的公路中。骑行结束后，屏幕上会出现节约碳排放的数字，让参与者从节约碳排放量这一数字中了解骑行对环境保护的意义。

案例：爱室丽家居——住在爱里面

爱室丽家居以“住在爱里面”为主题，在人民广场“举办”了一场小型家居展。在原本来福士通道的墙贴空间内搭建起特殊展示柜，展柜内是制作精美的微型立体餐桌、沙发、双人床等家具，并配以布料装饰。另外还利用光影的效果与小饰物结合，刻画出一幕幕生活场景，饶有趣味又温馨动人。墙面上错落有致的展示板、展示柜中细致的家具模型，配合暖心的文字，吸引了大量乘客驻足欣赏。

案例：东风日产——新 TIIDA，动起来

东风日产以“新 TIIDA，动起来”为主题，在人民广场投放了一波互动创意广告。在品牌专区通道内搭建起一面由 9 块 46 寸 LCD 屏组成的电视墙，电视墙前的地面上有一个红圆圈起的大拇指标识，当乘客站在这一互动区域内挥手，即可触发感应装置，屏幕上随即出现二维码，用手机微信扫描二维码就能进入游戏环节。使用真实拍摄的行车视频作为游戏画面，并利用体感捕捉技术，参与者在 30 秒内跑动起来，画面上会显示步数，达到一定的数量就可在电视墙旁边的自动售货机内领取相应的奖品，成绩也会被记录下来进行排名。更有意思的是，游戏结束后，参与者的跑动过程会以 4 倍速度在电视墙上回放，扫描二维码还能下载跑动时拍摄的照片。

新鲜的趣味互动游戏吸引了大量乘客参与其中，在 4 周的投放期内地铁影响人群高达 5000 万，线上传播也异常火爆，网络视频播放量高达百万。

案例：ELIXIR殿堂级梦幻通道

35万地铁乘客每天经过的徐家汇1/9/11号线换乘通道大变身了！是的你没看错，就是这么blingbling，这么金碧辉煌，让人流连忘返！

这是ELIXIR怡丽丝尔在上海地铁投放的创意广告。通过“水玉光”片金光灿灿的效果希望让乘客们可以“遇见更好的自己”。这180平方米的金碧辉煌的天花板，是30位手工艺家耗时184小时、用162000片直径6厘米的亮片、串成了27000串“水玉光”串、外加5400串“流星灯”和1040盏“强效灯”，经历了60个小时的安装后，呈现在大家眼前的效果。这全长可以从徐家汇一直铺到外滩的“水玉光”片，让来往徐家汇换乘通道的乘客们，在几十秒的步行时间里拥有殿堂级感官体验，说它是网红一点也不夸张！

案例：百奇——创想新乐趣

不同于传统的单身节，日本的11月11日是Pocky Day，又名百奇节，是朋友恋人欢聚的节日。为配合百奇节在来福士广场开展的路演活动，品牌方格力高选择在人民广场15号口，即通往来福士的通道，投放互动电子音乐涂鸦广告。

此次案例中运用到墙贴、地贴、雷达感应以及电子屏搭建。通道一侧的墙面是街头涂鸦墙效果的墙贴，另一侧则是超长互动电子屏，配合色彩丰富鲜艳的大面积地贴，营造出一个动感活力的空间。连接电子屏半边的地贴是5条色带，标有“踩下方块试试 屏幕会和你互动”的字样，使得往来乘客饶有兴趣地边走边踩。当乘客脚踩在一个颜色的区域时，电子屏上所安装的雷达感应会捕捉到这个行为并触发音响播放单轨音乐，音乐与地贴色块上标出的乐器相对应，同时电子屏上会迸发出涂鸦图案和字样。当乘客连续踩下好几个方块时，几个单轨音乐会产生合奏效果。参与互动的乘客越多，音乐会变得越丰富完整，而不断出现的涂鸦元素也会使电子屏逐渐变成一面电子涂鸦墙。热闹的互动现场正契合了本次活动的主题：创想新乐趣。

案例：雀巢巴黎水

时值夏季饮料销售旺季，雀巢巴黎水在人民广场3号线换乘区域投放了一组创意广告。70平方米的3D地贴和墙贴展现出了巴黎的城市风貌，一旁的热气球实物装置更增添了一股浪漫气息。乘客扫描墙面上的二维码即可参与互动游戏，获胜者还可凭兑换码在巴黎水瓶形的自动贩卖机上领取一瓶巴黎水赠饮。

有趣的互动小游戏和清爽的气泡水吸引了众多乘客驻足参与，在4周发布期内总共领取了2000多瓶巴黎水，游戏参与者超6000人次。

案例：沙宣

为推广新上市的洗发水产品，沙宣在上海地铁四个核心站点投放了一组创意广告。超模刘雯作为沙宣灵感大使，出现在了四个站的站台包柱上。针对洗发水可以让毛躁的秀发瞬间变得平顺这一产品特性，并利用列车进站会有进风的环境特点，我们对站台包柱进行改造，安装了触控电子屏，营造出列车进站“吹起”电子屏上刘雯的长发，列车驶离后飞舞的长发瞬间被洗发水抚顺的效果。

这一创意形式成功吸引了消费者的注意力，并快速在社交媒体上形成话题热议。

案例：生活物语——以物致心 做生活的粉丝

618粉丝狂欢节期间，天猫以“生活物语——以物致心 做生活的粉丝”为主题，联合七大品牌在上海地铁徐家汇站品牌专区发布了一组创意搭建。通过木雕、涂鸦、镜面折射和静物模型等艺术手法，将区域内的7根包柱和一面7米宽的墙面打造成一个临时的艺术展厅。每一个品牌装饰一根包柱，根据品牌自身的内涵进行风格化设计，用不同的材质营造出不同的视觉效果。这些包柱真实地还原了物品与人们相伴的场景，揭示一件件物品背后一幕幕美好的生活场景，通过这种方式向消费者传达天猫品牌特有的文化内涵。

除了案例发布期间在地铁站内的展示，为配合“生活物语”的宣传主题，申通德高还在线上做了“恋物展”主题征集活动，通过微信公众号向网友征集他们生活中热爱的物件、分享与物件相关的小故事，最后做成集合在微信上进行展示。

地铁站内的创意展示配合我们的线上活动，形成了向地铁乘客传递生活情怀的宣传方式，引起他们的共鸣和回忆。乘客们纷纷拍照留念并在社交媒体上分享。

案例：微鲸新声代

微鲸电视作为《中国新歌声》节目的唯一赞助商，为宣传其“新声代音乐计划”，在南京东路地铁站厅内搭建了中国首个户外触摸式互动音乐体验墙。乍看之下，互动墙面平淡无奇，只有一些线段连接音乐元素的涂鸦，实则墙体上8个标有手掌的图案是8个触发点。参与互动的乘客只要轻轻触摸其中一个触发点，墙体后隐藏的音响就会播放对应的音乐，同时墙体上方安装的投影仪会投射出动画，当8个触发点同时被触摸，整个墙面会配合潮流音乐呈现出动感的效果。8段音乐和视频都是为互动体验专门设计策划，整个创意给参与者在触觉、听觉、视觉上带来了多维互动体验。

该案例投放后，吸引了大量年轻人到该处参与互动体验，并且结合这8段音乐为背景的可病毒式传播的舞蹈视频，在移动互联网媒体上广为传播。

案例：三生三世十里桃花源

优酷土豆为延续重磅IP古装大剧《三生三世十里桃花》极佳口碑，情人节当日，于北京地铁4号线西单站大放甜蜜浪漫气息！带来七大创意惊喜：仿真桃花树，开运桃花符，花香香氛、主题曲随行、花瓣投影、鲜花派送、发微博赢好礼。整个活动精彩不断，气氛层层推升。

墙贴上，限定版开运桃花符，20多种签文由乘客任意选择领取，现场同时配合清新宜人的花香、动人的主题曲随行播放，以音乐和香气拉动气氛，瞬间提升整体氛围。地面上的花瓣投影动态旋转吸引乘客驻足关注，与知名花商特别定制的限量版花束现场派送，给爱情送上一份祝福，派送时刻将现场气氛推向高潮！

拍照上传微博，互动赢好礼，美轮美奂的场景，十足的话题性引起了业内外强烈反响，各类线上传播媒体纷纷自主报道，微博主题互动，数十万转发量，二次传播效应强劲有力！

案例：卢浮宫地铁VR艺术展

为迎接在深圳皇庭广场举办的“法国卢浮宫珍藏艺术品展”，深圳会展中心地铁站举行了一场“卢浮宫地铁VR艺术展”体验活动。

选取深圳会展中心站厅，合理科学地空间改造，进行“卢浮宫艺术珍品展”地铁分会场设计，充分利用地铁空间优势，打造迷你分会场，通过充满艺术感的壁画和射灯，在地铁场景下，再现卢浮宫经典版刻典藏。

会展中心客流日均36万人次，展会信息精准地触达深圳的商务高端人群和白领上班人群，地理位置优越，紧邻皇庭广场展览大厅，乘客VR体验艺术展后，即可参与现场抽奖环节，有艺术产品、明信片、马克杯、门票优惠等，为乘客带来直观的艺术体验和冲击，扩大展会的品牌知名度和好感度，为展会直接导流。

在营销活动进行的过程中，除了地铁艺术全包车和传统灯箱广告外，通过微信公众号、微博、网站门户、传统报纸等传播渠道对活动进行宣传报道。以“地铁文艺指南：如何假装在法国”为话题，进行话题的引爆和广告的二次传播，受到了广泛的关注。

案例：碧桂园VR看房

背景：2016年深圳房地产市场保持火热，虎门碧桂园推出英伦风洋房别墅，拟通过自身产品的区位、户型、环境和价格等优势，吸引深圳市场的购房人群。

传播策略：选取深圳北站换乘站厅的主题厅站（站台包柱、吊旗、玻璃贴）进行品牌媒体宣传，通过大气的媒体氛围，让品牌和产品信息精准地触达深圳的商务高端人群和白领上班人群。

在换乘站厅大型媒体发布区域内设置VR看房体验区（类营销展厅），以虎门碧桂园的英伦风格进行场景的布置，直观地传递楼盘产品特色，并吸引目标受众的关注。以时下热门前沿的VR技术代替传统的沙盘展示，让潜在客户能更直观地了解产品信息。

通过VR看房过程中的一些感官交互体验，加深潜在客户对碧桂园品牌和楼盘产品的印象，并触发目标客户对广告信息的二次传播。

案例：“全球生活体验馆”艺术展

唯品会与德高合作在重庆地铁推出了“全球生活体验馆”艺术展。美国、澳大利亚、韩国、日本和意大利五个国家各具特色的异国风情，通过艺术化的表现手法呈现在乘客面前。

红旗河沟意大利馆：感受欧洲文艺复兴的艺术气息

近2000平方米的穹顶用最大胆的手法淋漓尽致地呈现了欧式生活图景，一幅幅文艺复兴范儿的油画让你有种走进了欧洲艺术殿堂的错觉；6号线的三个通道内，正进行着一场“世界名画展”，艺术家们将意式精工厨具与天然石材相结合，完美地展现了欧式厨房的浪漫情怀。站厅墙上古典风格的罗马柱让整个站厅内的装饰更显雄伟气魄。站厅内欧式生活长卷，将欧洲地道的餐桌复刻在乘客眼前；装满欧洲艺术品和百货精品的展柜，让人在一种仪式感中深切地体验到惬意与高品质的生活追求。每周二都会有两位铜人“雕塑”般站在站厅内，他们全身涂满金铜色，配合摆出各种造型，积极地与每一位乘客合影。

两路口澳洲馆：走进“风吹草低见牛羊”的澳洲映象中

通过主题站厅的大面积发布，墙贴+灯箱+包柱的媒体形式，以澳大利亚蓝天绿草为主要背景的大型墙贴，给人“风吹草低见牛羊”般的诗情画意，完整连贯的画面中有极具澳洲特色的动物们带着奶粉、保健品等“特产”，搭配站厅包柱，使整个发布空间被浓郁的澳洲风情所包围。

澳洲艺术展柜摆放在站厅较为空旷且醒目的位置，用厚重的大地色系以及淡雅的田园艺术画作，勾勒出澳洲的自然与舒适，展柜中陈列着深受众多海淘者喜爱的澳洲盛产的食品、保健品等，展柜旁还摆放着一只冲破画卷的巨型奶牛，轻抚它的鼻子，会有意想不到的惊喜“礼物”。

发布期间，每周二、三都会有工作人员在现场向过往乘客派发唯品会的纪念礼品，以此进一步增加受众对品牌的关注。同时，全站也覆盖了 iBeacon 信号，乘客通过手机微信摇一摇，即可领取唯品国际的现金抵用券。

较场口日本馆：在樱花国度与招财猫亲密互动

用浮世绘艺术手法勾勒出日本的名山秀水，以墙贴 + 灯箱的媒体组合形式体现，飞舞的樱花花瓣散落在创意橱窗上。

在换乘通道内，通过用剪纸 + 产品实物拼接的设计，展现出日本老字号品牌；除此之外，由墙贴 + 地贴 + 玻璃贴打造的日本海岸蓝色浪花翻滚而来。

两间日式互动小屋通过互动投影技术实现的趣味游戏让许多乘客产生兴趣，参与互动；搭配投影营造的樱花漫天飞舞的情景，还原了日本樱花季的浪漫氛围。

另一间互动小屋内摆放着一只巨大的日本招财猫，手里拿着的手机还在登录唯品会的页面。它不仅能与你合影，还能从口袋中拿出许多的礼物。

招财猫旁是一个 3D 的邮戳，上写“唯品国际 · 精致扶桑”字样，中央采用镂空设计，背景以樱花树和日式建筑为主，供人们前来合影留念。

沙坪坝韩国馆：奔赴一场与韩国男神女神的跨国之约

1 号线沙坪坝站是年轻人购物休闲的好去处，同时也是学生们的聚集地。唯品会为这些“哈韩”一族准备了飘洋而来的韩国精品和一大波韩国男神女神。走进沙坪坝站通道，就会被两侧墙贴上的韩国清新水彩长卷所吸引。画中，对岸韩式传统建筑若隐若现，木舟上满载着好多物品，而韩国的男神女神们正在为你而来，奔赴一场跨国之约。

唯品会将地铁站厅变成了韩国购物街，由灯箱改造而成的艺术橱窗展柜，将韩式精致完美呈现，琳琅满目的韩妆产品、护肤品、日用品，打造出浪漫满屋的艺术气质。这条街上，还有人气爆棚的“国民老公”宋仲基和“长腿欧巴”李光洙的人形立牌，立牌前不时出现被吸引、驻足的乘客，拿起手机与男神们合影留念。

观音桥美国馆：邂逅创新与融合的波普文化

观音桥步行街是重庆著名商业街，也是时尚达人所喜爱的休闲去处。唯品会用浓郁的美国色彩装扮了观音桥北站厅以及换乘通道，将这里打造成一场集创造与融合的波普文化盛宴，揭秘美式流行文化。在站厅和通道内的墙贴和灯箱上，可以看到全新的“英雄联盟”，熟悉的美国代表形象都以脑洞大开的新奇拼贴方式及跳跃的色彩呈现在公众眼前。

由一块15米长的超级大灯箱改造而成的橱窗展柜为乘客展示了唯品国际热卖的美国美食、美妆。醒目的位置和引人入胜的画面，成功地吸引了过往乘客的极大兴趣，看到喜欢的商品，拿起手机扫描橱窗上的二维码，心仪之物即可买回家，摇一摇，还有优惠券可以抢。

五大站点、十几类的创意整合发布、6000平方米的发布面积以及500多名工人连续施工作业促成了此番耳目一新的营销活动，而它的规模和声势也已成为公众及媒体热议的焦点。

案例：立邦——在地铁将梦想刷新

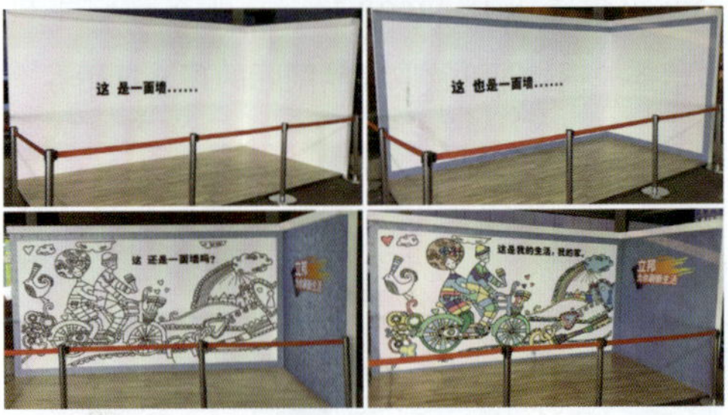

市场目标：博视得携手立邦刷新，将绚丽多彩的立邦梦想画面包围上海地铁镇坪路站的换乘通道，不仅能够刷新枯燥乏味的地铁生活，也让路人对“立邦刷新生活”产生浓厚的兴趣。

媒体策略：把18块灯箱看作一个有机的整体，将明亮温馨的画面与简洁的文字相结合，诠释出刷新服务可以为不同的空间与心灵带来的改变。其中的两块灯箱内置了感应LED变色装置，当有人经过的时候灯箱就会自动变色，让大家从视觉上直观地感受到刷新前后的变化。此外，还在转角处的对面设置了8平方米的体验区。通过时间与空间的变化，展现一面墙由空白到最终形成一幅完整的彩色艺术画面的过程。

执行结果：此次立邦艺术墙预计的媒体覆盖人数可超 700 万，而微信浏览量超 15 万人次。

案例：全民超神——创意情景橱窗展示

MOBA 是多人在线战术竞技游戏的统称，全民超神是其中一款手机游戏。本次投放目的是宣传无论玩家在任何地方、任何时间，无论是忙于工作的上班族，还是奔波于课堂的大学生，无论是日常生活，还是旅游度假，都可以随时随地拿起手机玩一把《全民超神》，或者和身边的朋友、同事开一把黑。

选择在公共区域投放引起注意，传递游戏的场景营销。以橱窗 + 真人秀的形式展现来诠释游戏理念。模特们代表着不同身份，分别在休闲的咖啡馆、日常的浴室、旅行度假的海滩等场景中玩着《全民超神》，而中间的“第五场景”则展示的是游戏的核心玩法：推塔。

场景交互真人秀亮相之后，引起了上海市民的“强势”围观。与此同时，在微信订阅号上获得了 49788 次阅读量。

案例：澳大利亚旅游局

背景介绍：澳大利亚旅游局为吸引受众前往澳大利亚体验感受当地风情而做的一波投放。该投放的主要媒体渠道为户外广告，针对的受众为具有一定消费能力的阶层。该投放不仅在一线城市引起广告效应，在二线城市同样 build brand awareness。

媒体策略：此次，澳旅选择的重要市场为：北京、上海、广州、重庆、青岛、南京、杭州、深圳、成都。可谓传播面极广。从 reach 和 impact 两方面来进行媒体投放。依靠基美、德高、百灵的大范围媒体资源优势，使得整个活动从广度上有了上升。

执行效果：上海地铁的实物展示成列着澳大利亚丰盛的食物及吉祥物袋鼠，让路人驻足欣赏。上海新世界户外大面积墙贴和静安寺换乘通道品牌区域都吸引了受众的眼球。

案例：杭州地铁：美女“专车充电” 为你而来

有不少网友在微博、朋友圈发布消息称杭州地铁车厢有美女出没，免费给手机没电的人充电，还上传图片以示真实。这些消息经大量网友转发评论，一度登上话题热议榜。

这是一手游《梦梦爱三国》与杭州地铁站合作推出的一项“专车充电”活动，当天，该公司派出了12名女孩子，分散在车厢，随身携带充电宝，免费为车厢里手机没电的人充电。

案例：杭州地铁首个实物展柜亮相武林广场

卡萨帝在杭州地铁1号线的创意广告以实物展示的形式展现在乘客眼前。

杭州地铁1号线武林广场站，隶属线路内最为优质的站点， 位于武林商圈核心。周边集杭州大厦、武林银泰等一系列高端购物场所，网罗众多都市年轻群体，客流量巨大。卡萨帝展柜选点武林广场，正是其目标客户群的集中地带。

此次实物展示区域位于武林广场站厅，灯

光照耀下的展柜熠熠生辉，吸引着熙来攘往的乘客。展示柜中摆放着冰箱、洗衣机、酒柜、及卡萨帝星云套系厨具等一系列生活家电。

冰箱中的水果、饮料，酒柜中的红酒，烤箱里引人垂涎的面包及洗衣篮里的衣物，营造出了温馨浓郁的家庭氛围， 也巧妙地展现了卡萨帝家电给人们生活带来的各种便利。

对于杭州地铁里首次出现的实物展柜，不少乘客都很好奇地驻足观望，并不时有乘客掏出手机拍照分享。

案例：牵手闺蜜，美即带你走进奇妙冰雪世界

MG 美即面膜携手全球动画史票房冠军《冰雪奇缘》，以 3D 艺术画形式再次登陆广州，与广州市民亲密接触。

美即面膜发挥奇思妙想，将“从窗户爬进去冰雪世界中”“与迪士尼公主手挽手合照”等情景带到了人流攒动的广州地铁公园前站中，以品牌社区结合 3D 艺术画及站厅超级灯箱媒体形式展现。

贯彻“停下来，享受美丽”的品牌概念，美即与迪士尼合作推出限量版主题产品的广告中，利用公园前站品牌社区的人流及环境优势，更别出心裁地加入 3D 艺术画墙贴，吸引了众多市民的眼球。来到现场拍摄的市民大呼过瘾，与迪士尼《冰雪奇缘》玩转创意瞬间。3D 画墙上的 Elsa 和 Anna 亲密地背靠背、手挽手，吸引了众多女生纷纷结伴前来模仿动作、合影，更有市民在 3D 墙前模拟影片里经典剧情，过一把迪士尼公主瘾。

案例：魔兽世界——体验真实与虚拟的交错纵横

在上海地铁徐家汇换乘通道，出现了一扇神奇的门——外形百分百还原了魔兽世界中的黑暗之门。站在门前，你会看到加尔鲁什居然在地铁站出现，越走越近，忽然拿着斧头砍向屏幕，屏幕在“砰”的一声中呈碎裂状。

这样的场面让好多过往的乘客都感到新奇不已。有人好奇另一侧到底发生了什么，绕到后面一看，通道里并无刚才在屏幕中出现的魔兽人物，而立在门前，一切又尽是魔幻的感觉。其实，这样把虚拟场景与现实场景巧妙结合的画面，是通 Augmented Reality（增强实境）技术实现的。中间三块 46 寸电子屏拼合成的大屏幕，显示摄像头所记录的真实世界的同时，也播放着事先制作好的动态画面，以此实现了“虚实难辨”的有趣景象。

不到半月，这股“魔兽世界”的热潮又席卷了上海地铁人民广场站：在 1、2 号线换乘途中的显眼位置，出现了一个 55 平方米墙面加 135 平方米地贴的“霜火岭”场景。超大 3D 手绘画面，绘出了“霜火岭”冷峻陡峭的悬崖和诡秘耀眼的熔岩，真实再现了游戏中的动人场景。由地面而起的包裹感，让整个区域即刻拥有犹如坠入深渊的视觉冲击。线下 3D 效果的震撼，吸引了很多乘客参与线上的活动。与霜火岭合影拍照并分享到朋友圈，就有机会获得魔兽世界游戏点卡。这样线上线下结合的方式，让很多玩家不仅身临其境地体验了游戏世界中的感觉，更让其有机会在线上互动中得到优惠，更进一步加强了魔兽世界与玩家之间联系的纽带。

案例：Kindle——“万书丛中过，一部全带走”

静安寺地铁站出现了一条长达 25 米的书架长廊。木质书架中摆满了琳琅满目的书籍，不经意间，你仿若走进了哈利波特魔法学院的藏书馆。

这其实是 Kindle 发布的一次创意广告。这个令人叹为观止的巨大书架有 2.8 米高，25.6 米长，玻璃书橱中，密密麻麻摆放着 2000 本畅销书。这些书籍，是亚马逊组织网友投出的“最为大众喜爱”的 2000 本书。被选中的参与者只需扫描二维码即可获得购书优惠券。通过这样的线上活动，充分调动了用户自身的活跃度，再配合精致而舒适的“书架长廊”体验，让许多过往人群都放缓脚步，侧头观赏着广告。广告投放的最后三天，亚马逊特意更换了书架两旁的灯箱画面，推出了数十本特价书的扫码销售，将本次创意所吸引的注意力直接引向购买力。

从书籍的不易携带和琳琅满目难以选择，到 Kindle 的便携小巧和海纳万书，Kindle 的本次创意投放，使用了这种优雅从容而不经意的对比，配合适时的线下推广，完成了一次聪明而完美的营销策略。

案例：英雄联盟——360° 游戏主题体验站

为了宣传新赛季和全新优化的视觉效果，英雄联盟在上海地铁 1 号线黄陂南路站中，综合运用电子媒体、传统媒体和创意游戏等多种形式，为往来乘客打造了一个英雄联盟创意主题站！

3 号出口处 12 平方米的墙面利用裸眼 3D 技术，将盖伦、提莫、阿卡丽等英雄们与大龙搏斗完美呈现，栩栩如生。站在画面两三米远的地方，可以体验到最完美的 3D 视觉效果。墙虽然是平面的，但里面好像呈现出了另一个英雄联盟的世界。

与整个墙面相互呼应的是站厅里的两根大龙“缠身”的包柱。玻璃钢制作的立体龙身，每一个鳞片和牙齿都逼真还原了大龙的造型。大龙的眼睛和张开的嘴巴中都涂上了绿色的荧光粉，加上 LED 的打光效果，呈现了真正的“画龙点睛”。

而在 2 号出口附近，4 块 55 寸的高清电子屏滚动播放游戏宣传片，配合 20 米长的裸眼 3D 墙贴，动静结合的视觉冲击力让许多人过目难忘。

除了画面震撼，带有摄像头的互动拍照机更是此次创意发布的又一大亮点。在这台互动拍照机前，乘客可以化身为“阿狸、蛮王、莫甘娜”等英雄的 Q 版形象，拍出与英雄们毫无违和感的照片。除此之外，多款语言气泡，以及多种背景、搞怪墨镜都可以随意搭配组合，让参与者可以拍出不同的创意。拍好的照片不仅呈现在屏幕中，更是可以一键打印，直接带走。

英雄联盟此次综合宣传给参与者带来的体验，既新鲜有趣又充满视觉上的冲击。不管是异形制作的大龙形象，还是裸眼 3D 墙贴的设计，都是将虚拟游戏世界在现实中具象地呈现出来，给人们留下直观且深刻的印象。而互动拍照机则是让参与者可以与游戏产生新的互动，给公众自己可以创造英雄的感觉！这样与自身产品深度结合的体验，让英雄联盟在目标受众中实现了美誉度和回忆度的双赢。

案例：疾风之刃——体验奋力“燃尽一击”

腾讯为了宣传旗下游戏“疾风之刃”，在徐家汇站 14 号出口处，塑造了一条奇幻通道。地面和两侧墙壁上都贴出了似熔岩聚集、地面龟裂效果的画面，让人仿佛置身于游戏之中。

除了与众不同的墙贴地贴，人们的视觉焦

点更是集中在了一个沙袋上。“呀！”“哈！”“嘿！”各种各样的吆喝声在人群中不断传出。沙袋一旁46寸的电子屏显示着100%，只要有人按下红色按钮，显示屏就开始转变为倒计时：“5、4、3、2、1！”在这期间，乘客用尽全力的一拳砸在沙袋上，屏幕上的百分比数字就开始飙升，直到显示出这一拳的力量值。

在沙袋中的重力感应器不但能测出你的拳力值，还能触发冷光源和彩灯同时发光，绚丽无比。如果数值超过50%，还能收获掌声。这样的声色光影，让过往乘客都摩拳擦掌，跃跃欲试！

“疾风之刃”此次的投放，用打沙袋这样有趣的互动设置，自然有着超高的参与度。不仅扩大了游戏的知名度，更是用线下火力“拳”击的体验，吸引人们到线上亮出大招，燃尽一切！

案例：《天天飞车》创新互动区域

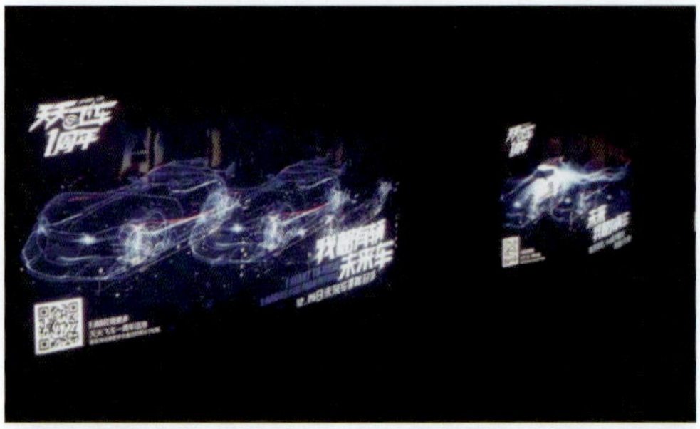

背景介绍：《天天飞车》是一款3D写实极速闪避类手机游戏，酷炫赛车，逼真场景，刺激玩法，让玩家感受与众不同手游新乐趣。

媒体策略：配合游戏的最大特点——改装车，通过改装车，能实现加速度和节油的功能。在北京地铁6号线青年路站的站厅设置一个互动的屏幕来让玩家设计一部属于自己的“专车”。在屏幕中间会有一辆悬浮的汽车，配合游戏的特点，呈现3D的效果。屏幕的右上角有不同的选项，分别是：汽车车身的颜色、车轮的大小、排气孔的款式等选项。玩家能通过体感技术，用手来移动以上的选项，设计一部属于自己的车款。设计完毕后，通过手机扫描二维码，把自己的“专车”下载到手机上面，发上社交网站，有效地实现二线传播。为了配合这一个互动区域，特在6号线的沿线几个重要的站点进行了三连封灯箱媒体的发布，扩大覆盖面。

执行效果：《天天飞车》在青年路站设置的互动屏幕，一上画就陆陆续续地吸引了很多车迷和游戏玩家来设计属于自己的“专车”。乘客被大量吸引，达到了有效的广告传播效果。

案例：善存——磁性贴派发

项目挑战：客户希望突破传统的媒介发布形式，通过户外媒体的发布平台实现与线下受众互动的目的，并通过试用装的派发让受众切身地感受到关注食品营养的重要性。

解决方案：根据受众出行的方式以及产品特性，我们选择了上海人流量最大的地铁换乘站之一——徐家汇站进行发布。不同于传统灯箱墙贴，善存采用异形磁性贴免费派发的形式来吸引来往的客流。受众路过异形磁性贴墙时很自觉地就会被一个个圆鼓鼓突起的小玩意儿吸引，随手从磁性板上取下一个，好奇地正反打量，印在磁性贴背后的营养小贴士和参与活动的二维码便映入眼帘，通过扫描二维码，参与小游戏，便可以获得善存 7 粒装的试用品，磁性贴也可以带回家作为小装饰。冰箱贴领取完之后，呈现出来的画面是手绘画的即视感，从不同于常规视角来看画面，更能吸引受众的关注，有利于品牌信息的传达。

执行效果：立体感十足的磁性贴一经发布就吸引了大量路人的围观和哄抢，磁性贴每天都被“秒杀”；另一方面，客户微信端后台统计数据显示，受众对游戏的参与热情度很高，派发的 7 粒试用装也受到了大家的欢迎，现场采访领取了试用装的用户，他们之后会更多地关注营养和健康问题，而善存无疑是他们心中此类保健品的首选。客户首次尝试地铁内的互动形式，并对本次案例的发布表示满意，后续会继续考虑该形式。

案例：飞亚达钟表灯箱 见证出行每一刻

飞亚达关注到人们出行中对于读时的需求，特与德高重庆轨道媒体合作推出航天表形

象灯箱，在重庆各大地铁站内为乘客提供精准报时，同时也赋予飞亚达表更时尚、更鲜活的生命力。

飞亚达在重庆地铁各大主要换乘站点、商圈站点以及交通枢纽站点均设置了航天表形象灯箱，在向乘客提供时间信息的同时，也自然而然地吸引到更多公众对于飞亚达的品牌信息及产品特点的关注。这一独特新颖的发布形式，充分利用地铁站厅悬挂式的开阔空间，将品牌的商业宣传与地铁的公共服务作了有效地结合。

钟表灯箱以高仿真飞亚达航天系列腕表为中心，表体以独特的 3D 表壳和浮雕效果，真实还原了该系列腕表原有的刚毅造型和航天品质，表盘内部带有 LED 背光光源，使乘客可以更清楚准确地查看时间。曾获得德国红点设计大奖的飞亚达腕表设计给整个钟表灯箱提升了美感，配合灯箱展示品牌形象，整个钟表灯箱在站厅中变得十分抢眼，让人印象深刻。而悬挂式的钟表灯箱真正做到了媒体信息零干扰，对于飞亚达品牌资讯的传递更加全面、准确。

案例：卡萨帝家电展 新年假期爱在家

高端家电品牌卡萨帝在重庆轨道媒体尝试实物展创意发布，通过在黄金站点搭建家电实物展示台，更直观、更形象地直面受众，引来众多乘客驻足围观。

位于重庆地铁 2 号线大坪站站厅的卡萨帝全系列家电组合，让人有种回家的感觉……此时的你应该打开空调，从冰箱中取出一杯冷饮，坐在柔软的沙发上悠闲地看着电视；从实物展经过的不论是匆匆的白领，还是休闲的夫妻，都会停下脚步，时而观望，时而与身旁的友人谈论着家电的型号和颜色。油然而生的是对家的想念，对爱的眷恋。

案例：魔都首家 Levi’ s 地铁站内店铺，刚出闸机就震惊了

在上海地铁南京西路站，搭建一排将近30多米长的Levi’s实体店铺衣橱。原先的普通地铁灯箱被巧妙地改造成了Levi’s牛仔裤展示柜，加上暖黄色吊灯，实木衣橱，玻璃窗里的专业展示裤模，巨幅新品发布海报，还有衣柜里摆放整齐的牛仔裤成品。所有细节都是百分之百1∶1还原实体店铺装修，让人一下子忘记自己还在地铁站里面。

沿着这条精心打造的“Levi’s地铁精品店铺”走下去，几幅超大新品海报尽现眼前，同时也映衬着中间几块玻璃橱窗区和实木货品展示区。经过一块块透明玻璃展示区旁边时，都忍不住想叫服务员把这几条裤子拿出来试试。

案例：橱窗进地铁，创新无止境

天猫以别具一格的方式与地铁乘客亲密接触。在北京地铁15号线望京西站，十个代表性服饰的品牌展柜从天猫旗舰店穿越到地铁站的玻璃橱窗内，让无暇逛街的“国际城”居民也能在每日上下班途中感受到fashion最前沿，和品牌新品零距离接触，更可通过扫码在天猫平台上第一时间购买全球首发的近100万款的服饰新品。

案例：上海地铁天猫“双11分之一”跨界陈列

双十一期间，天猫在地铁里办起了艺术展，取名为“双 11 分之一”。天猫邀请了 14 家著名品牌、多位跨界艺术家，以天猫猫头为原型，创作了各自的艺术作品在地铁空间中展出。在双十一已经演变成电商竞技场的今天，塑造品牌形象对天猫来说似乎变得更加重要。天猫很好地利用了地铁媒体这个公共空间，在增加品牌方与受众的粘合度的同时优化品牌形象，更重要的是，这些精心设计的作品很可能直接引导人们走向消费终端。通过与众多公共空间艺术家建立良好的合作关系，将商业化的广告与艺术跨界联接在一起，在让广告主打造品牌影响力的同时，又提高了品牌在消费者心中的价值和地位。

案例：一起哈啤

背景：这波 campaign 最重要的就是展现哈尔滨啤酒的品牌质量，希望能够把生产线清晰地展现给大家看，所以最初媒体推荐就是按照能够最大可能地实现客户创意的方向去查询。当然了，“一起哈啤”主旋律肯定是不能少的，所以结合一起哈啤和产品质量体现做这样一个创意！

投放目标：希望能够把生产线清晰地展现给大家看，向消费者展示哈尔滨啤酒的品牌质量。

挑战与策略：相较于以往采用大众媒体发散式单向传播，哈啤更倾向于组合运用多种年轻人群聚集的媒介平台，与其进行互动式沟通。

在渠道选择上，选择年轻人聚集且人流量大的地铁站点发布创意，可以引起社会话题。

这次创意发布展示出长达近 60 米的超长海报，通过以时下年轻人喜欢的插画风格，将哈啤生产工序零距离呈现在眼前，带给消费者身临其境的体验。

创新点：这次创意最大特色就是“会动的”传送带，除了展示超长的创意海报外，为了让发布效果更立体、更具动感活力，还将制作工厂上输送啤酒的“输送带”动起来！此举不仅仅是创意上的新玩法，同时还是广州地铁创意媒体发布有史以来的全新尝试。

执行结果：在首日发布现场，体育中心站人流络绎不绝，经过创意海报的乘客大部分都会驻足停留，拍照分享，也有乘客选择靠近细细观摩，了解啤酒制作工艺。在创意发布的数小时后，就已有当地的媒体记者陆续前来进行相关的拍摄采访，引发众多热议。该活动在年轻消费者中引起了极大的互动反馈和极佳的品牌效应。通过这次发布，保证了哈啤品牌以及“一起哈啤”口号的持续曝光，不仅增强了年轻人对于品牌的接受度，更建立了完善的品牌年轻化传播体系，品牌年轻化自然水到渠成。

场景二：候车亭

案例：迪士尼影业户外投放案例

时隔 13 年迪士尼皮克斯《海底总动员 II-Finding Dory》重返荧幕。由于暑期热映，客户的宣传理念是夏日必看，游进影院。

配合夏日清凉及海底世界主题，精选了上海、武汉、成都、重庆四个城市各 5 个最 down town 的点位作特型发布。

利用候车亭灯箱做了鱼缸效果，进行液体加注及气泡生成，实现了生动的海底世界发布，夜间效果尤其显著。

案例：上海全城寻找灰姑娘！谁能将水晶鞋带回家？

细心的魔都人民一定已经发现，上海街头出现了五只晶莹剔透的水晶鞋。灰姑娘的水晶鞋为什么会出现在上海呢？没错，上海已经变身童话王国，全城寻找灰姑娘！

宏盟媒体集团携手白马候车亭，为客户选取了上海五大热门商圈的候车亭，并将候车亭改造成一个实物展示橱窗，为迪士尼最新动画《灰姑娘》推广宣传。橱窗中陈列着灰姑娘的标志——水晶鞋，吸引受众眼球。该投放不仅创意十足， 也展现户外投放二次传播功能。

活动期间，只要在上海不同的两处公交站牌内找到两只灰姑娘的水晶鞋，分别拍下两处水晶鞋的图片（务必同时拍下广告牌左下角编号）分享至朋友圈，写上 # 寻找灰姑娘 # 截图发送至“迪士尼影业”官方微信，你就有可能成为其中一只水晶鞋的主人！

案例：耐克——Lunar Epic 发售

耐克新款“run easy” Lunar Epic 跑鞋拥有嵌入式技术：你的脚底是一块柔软的“Lunarlon”泡绵内核，配合稍硬的泡绵外壳以保持稳定。Lunar 的泡绵技术配合一片式的 Flyknit 鞋面意味着 Lunar Epic 开启了跑鞋的新纪元。这个挑战在于如何传递这些革新并且向外界展示 Lunar Epic 是一双注重性能的跑鞋。

通过举办活动，以极具影响力和体验性的方式宣布了新鞋的发售。众多来自耐克跑步俱乐部（NRC）的专业跑者受邀参加了本次活动。整个过程都在网上进行了分享。为了达到让人耳目一新的效果，凯帝珂运用全息投影技术覆盖了上海最著名的跑步路线——龙美术馆。为了达到更好的传播效果，除了广播宣传，还对传统的户外平台（广告牌和公交站台）进行了数字化的更新。通过这些方式，新鞋在技术上的特点也能更好地被传达。

每一位参加活动的专业跑者都感觉非常被重视，且完全沉浸在全息投影所营造的环境中。网络大咖和红人将 Lunar Epic 的全息影像在各大网络平台上进行了分享，并且获得了上万次的赞和转发。

案例：苍洱——迷你艺术馆

嘉士伯旗下品牌大理啤酒与手作达人一起，将苍洱以艺术展形式搬上街头。一个个平日里易于被忽略的公交站牌，摇身一变成了“迷你艺术馆”，5位云南手作达人用一幅幅各具风格的艺术作品，向市民展现云南独特的逍遥情怀。

同时，在公交站台中还混入了两幅手作真迹，这两幅作品出自云南七位刺绣大师之一的可海成之手，为了本次活动，可海成献出了个人“山水第一绣”，两幅作品耗时三个月，长3.5米、宽1.5米。“一面苍山，一面洱海，几艘遥远飘荡的渔船，鱼儿游鸟儿飞，有人喝着啤酒谈谈情说说爱，有渔民只身在海面打鱼，走得太快就在这里一停，让你的灵魂跟上你的脚步”，对这幅写意作品背后的故事，可海成这样解释。

而对于本次公交站台变“迷你艺术馆”，不少好奇的市民纷纷走上街头欣赏，更有不少人在真迹旁拍照留念，整个展出取得了良好的效果。

案例：无限极

以创意互动候车亭为核心，结合常规候车亭遍布全城的强大覆盖攻势，同时在全国范围进行了广告发布及推广，实现将无限极品牌需要传达给消费者的品牌信息。

创意互动候车亭充分应用龙帆成熟的触控感应及智能数控系统，以轻松游戏获取奖品的形式，吸引众多目标受众人群进行主动体验；过程中，体验者注意力将高度集中于广告画面的信息上，以此方式潜移默化成功将无限极品牌信息投射到意识中；通过近距离、重复性接触，逐步建立对无限极品牌的高认知和强信任。而融入了创新元素的互动体验形式，以自身新颖独特的玩法，更触发了体验者对创意形式及品牌信息的分享型传播，进一步提升、扩大了推广效果。此外，常规候车亭则在宣传的广度上提供了良好的覆盖，充分渗透到目标群体日常出行轨迹中。

案例："新语心愿"圣诞主题活动

公交站台化身极地冰雪世界，蓝色、歌声点缀麋鹿、雪橇等装饰，并且有圣诞女郎现场派发礼品；站台设有圣诞树心愿墙互动区，市民可以亲手写下祝福，挂上圣诞树，送祝福给自己或亲朋好友；更可以扫描站台二维码点亮六大心愿，通过扫码将用户引致线上参与抽奖，植入客户信息，实现用户新年愿望。

数十家门户网站竞相报道，曝光量超过50000次。网红+内容营销+直播营销，最大程度增加了品牌曝光力度。微博、微信等自媒体平台病毒式传播，二次传播效果好。

案例：美汁源"果粒一下享自然"创意候车亭

市场目标：美汁源期望通过在传统的媒体上作出创新改造，将果粒橙“自然美味健康”的感官和理念传递给消费者，加强消费者忠诚度，提高品牌推广率。

媒体策略：用新鲜橙子的枝叶作为创意表现形式，在公交候车亭向消费者传递自然健康原生态的主题。通过使用富有视觉感染力且仿真的美汁源瓶子，创造出果粒丰富的感觉。同时，用常规候车亭辅助宣传，增加影响力。

执行结果：共在太原、沈阳、广州三个城市，投放 23 个候车亭。创意候车亭成为城市一道独特的风景线，引来无数游客驻足观看。

案例：可口可乐 AR 互动创意候车亭

市场目标：随着夏日的来临，可口可乐为配合台词瓶的上市以及推广，希望利用侏罗纪公园 2 上线的热点，让常规的候车亭的投放更新颖生动。在品牌与顾客的互动中传递台词瓶“让分享更快乐”的主题。

媒体策略：运用 AR 互动技术与普通 LED 结合，将常规候车亭改造成为具有互动性的创意候车亭。特制的 TVC 中将恐龙、可口可乐、飞碟等荒诞的元素有效结合，让 LED 更具互动性。加上常规候车亭大牌的大力投放，让品牌最大化露出，不仅给候车的顾客带来欢乐，也塑造了可口可乐欢乐以及分享的品牌形象。

执行结果：引起候车的顾客极大的兴趣，大大增加了候车亭媒体的趣味性，投放效果颇佳。

案例：宜家温度二维码

市场目标：通过扫二维码与消费者建立互动以达到宣传宜家夏季减价活动及引导人流量到宜家实体店的目的。

媒体策略：为了与当季气候和宜家夏季减价的主题相结合，在北京、天津和深圳候车亭的户外媒体上特别设计了一个特别的二维码。只有当周围气温超过 33℃时，这个二维码才会出现。消费者可以通过扫户外媒体上的二维码获得一张博克杯（北京）、冰淇淋（天津）或冷饮（深圳）的电子礼券。消费者需要前往宜家实体店出示电子礼券才可以兑换实物。

执行效果：活动期间，我们在 14 个北京候车亭、8 个深圳候车亭以及 2 个天津候车亭里安装了有特别二维码的户外媒体，总时长 14 天。页面总访问量 446 次，礼品券总领取量 240 张，其中 60 张最后在宜家实体店被使用。领取转化率和使用率分别为 53.81% 和 25.00%。

案例：美汁源 AR 候车厅和观光列车

美汁源推出“嚼得到的果肉”和“把自然带回家”的概念，将果肉与现实媒体环境进行有机结合，利用户外极佳的空间感及现实感拉

进品牌与消费者的距离，增强品牌内容的冲击力。在场景创造的呈现方式上，基于场景和体验的角度出发，在市中心人流密集的交通枢纽站点，通过 AR 候车亭展示及品牌观光列车的形式，吸引消费者关注。运用增强现实技术，

结合城市知名度较高的公交候车亭设备，增加了消费者目光聚集度和话题的引爆点，短时间内形成足够大的媒体效果和品牌知名度。另一方面，美汁源包装了一辆极具卡通风格的品牌观光列车，为喜欢拍照的年轻人提供了独特的场景，为他们拍照上传社交平台提供引爆素材。在执行期间，将“病毒”视频传播到互联网平台，利用社交媒体进行二次传播，从而吸引了更多的消费者参与其中。

场景三：机场

案例：南昌机场户外“汽车展台”

媒体点位选在停车场入口的前方，此点位为出入机场的旅客必经之路，到达率高，受众接受效果好，视觉冲击力强。

设计方案：草皮连带着撼路者从地面腾空而起，下方用结实的柱体承重，前面树立福特及撼路者的立体名牌，车子的方向主要对着右边驶向机场的路。

位于江西南昌昌北国际机场户外的“汽车展台”媒体投放几个月来，为同区域广告媒体销售的榜首，并带动了支线机场广告媒体的销售。此媒体为客户在江西地区同款汽车产品投放媒体传媒效果之冠，极大提高了客户品牌知名度和行业影响力。

案例：“飞鸡”艺术雕塑

新年伊始，在上海虹桥国际机场 2 号航站楼出发及到达大厅，呈现由方块像素组成的丁酉年“飞鸡”艺术雕塑群。主装置“飞鸡”城市建筑艺术雕塑群位于虹桥 T2 出发办票大厅内，雕塑高达 5.8 米，巨型红色爱心型鸡矗立于上海标志性建筑群中，清晰地表达了这座城市的前沿性和现代本质。

另外两组艺术雕塑群分别位于到达大厅行李提取处南北两侧的醒目位置，可爱的“飞鸡爸爸”和“小黄鸡宝宝们”的家庭组合，令每一位在春运期间抵达虹桥机场的乘客都能感受到新年氛围和回家的温馨。

与以上艺术雕塑群相呼应，24 幅“飞鸡家庭”新春画面也同步登陆虹桥国际机场 2 号航站楼、交通中心以及 1 号航站楼的 6 个灯箱媒体，平面画面与三维雕塑相结合，营造新年气氛。

“飞鸡”艺术雕塑群展示为途经上海虹桥国际机场的旅客带来别样的新春祝福。

案例：摇一摇，赢取“上海劳力士大师赛”VIP 门票

为迎接上海劳力士大师赛，宣传画面提前半个月陆续登陆上海机场，不论是从虹桥机场还是浦东机场起航的旅客，在观赏画面的同时，只需打开手机，进入微信摇一摇，就能参与迷你网球游戏，就有机会赢取上海劳力士大师赛 VIP 门票。

在赢取大师赛门票的同时，旅客还可以通过微信摇一摇观看网球大师们的独家影片。比如观赏费德勒说中文，当然，你也可以观赏往年大师赛的精彩回顾片段及抢先欣赏本年度的最新预告。这是上海机场的首个运用 iBeacon 技术的媒体发布案例。

案例：摇一摇，感受纪梵希的“爱与分享”

顶级时装大牌纪梵希移师纽约时装周，以“爱与分享”为主题举办“ 2016 年春夏大秀”，为了更有效地配合 2016 春夏女装系列的推广，宣传该时尚盛事，并让公众更深切地感受品牌的时装风格与人文风情，纪梵希与德高机场共同携手在浦东机场进行创意媒体发布，将“ 2016 年春夏大秀”现场的时尚氛围从纽约带到了上海。

浦东机场 1 号航站楼国内出发大厅的数码玻璃包柱媒体，迅速吸引了众多过往旅客的关注， 6.5 平方米的 3 毫米超薄 LED 屏幕上循环播放着“纪梵希 2016 年春夏大秀”的精彩片段，而 LED 屏幕的侧面则张贴着纽约日落的景观画面及大秀现场画面，超大的媒体尺寸，无干扰的空间，最新的时尚大片，超清的画质为过往乘客带来了一场独享的视觉盛宴。此外，得益于 iBeacon 技术，过往乘客只需打开智能手机，使用微信摇一摇，就能欣赏整个时装秀，以及在纪梵希的官网中查找更多的资讯。

案例：斯柯达市场营销引入 AR 技术：让你拥有一辆法比亚

斯柯达的广告代理机构 MediaCom 和户外广告专家 JC Decaux 合作共同研发该虚拟现实技术，该系统由斯柯达 Fabia 汽车座椅和座椅前方的绿色屏幕和数台用于控制的 iPad Air 平板组成。首先你可以通过平板的触控屏幕选择车辆整体和天窗的颜色，随后选择尺寸，共计提供超过 130 种颜色供消费者选择。然后消费者坐在绿色屏幕后的座椅上，会被拍摄，从而生成一张坐在真实座椅上驾驶 Fabia 的图片。

案例：《保卫萝卜 3》空陆双向推广

市场目标：在《保卫萝卜 3》游戏火爆之时，洞察玩家特征，结合用户兴趣点，通过户外创意体验活动，将小萝卜进行了真实的生活化包装，让它从游戏世界走入现实生活，拉近游戏形象与玩家之间的距离，从而引发线上线下受众的广泛传播。

媒体策略：通过线下海航订制萝卜专机，送小萝卜上天，让所有陪伴阿波一起前往厦门的小伙伴们感受到近距离包围萝卜、保卫萝卜的奇妙旅程。同时，博视得结合游戏主题，在全国重点城市选取地铁和公交站播放视频，展现小萝卜在“保卫炮塔使命”旅程中遇到的各种状况。

执行结果：20 多万人次通过微信浏览了小萝卜行动的全过程，预计机上媒体曝光量可达 338 万次，媒体覆盖人数为 305 万；地铁和公交的媒体覆盖人数预计可达 1024 万，媒体曝光量超 6100 万次。

场景四：LED 大屏

案例：CK 情侣对表户外投放

背景介绍：借助“七夕”这一中式情人节将 Calvin Klein 的情侣对表推向市场，使活动获得最大程度的曝光。依托七夕节日特征，为品牌传递 # 无距离 不相遇 # 的主题理念，吸引消费者对情侣系列对表的关注，并将“LIFE

IN THE NOW”的品牌理念传递给更多受众，建立品牌认知同时开拓销售渠道，进而增加销量。

投放策略：利用七夕情人节的契机，在北京西单君太百货情侣活动密集的核心商圈的特定场景内，现场捕捉七夕情景下有参与和互动热情的情侣等受众。

通过户外 LED 大屏与手机结合的方式吸引目标消费者在展示 CK 手表的同时使他们主动参与活动，扫描 LED 大屏上的二维码，进入 H5 页面并将自己与朋友的合影在朋友圈中分享，就可以到附近两家门店领取精美礼品，更有机会让自己的照片在户外 LED 大屏上引人注目。

投放结果：配合浓浓的节庆氛围，将场景和营销巧妙结合，有效戳中受众痛点。为户外活动的情侣制造更浓郁的节庆氛围和提高浪漫指数。活动开展后，大量路过游客被吸引，许多人对于这种大屏幕营销活动赞不绝口，仅 1 个小时，就有 808 人扫描二维码，504 人将照片上传到 H5，其中有 76 张在 LED 屏上展示，同时活动增加了附近门店的流量和销量，其中一家门店的销售额更是比去年同期增长了 50%。

案例：浪琴马术赛活动 O2O 传播

投放背景：2015 年浪琴表国际马联 (FEI) 场地障碍世界杯中国联赛在北京朝阳公园举行。浪琴希望借助创新的传播方式在北京推广本次活动，并以其赞助商的身份赠送数百张门票给目标消费群。从而借互动活动扩大马术赛在中国的影响力，吸引更多受众关注并参与。

投放策略：O2O 闭环式传播，在北京最具影响力的地标 LED 大屏幕——西单君太屏发起一次屏上屏下的手机“摇一摇”同步互动，再通过朋友圈转发到线上手机游戏，从线下引爆到线上，扩散浪琴北京马术赛的影响力并送出活动门票。

消费者互动：线下互动—— LED 大屏摇一摇赛马游戏赢门票，可有效吸引商圈购物人群的关注。

线上互动——玩手机赛马障碍游戏赢门票，通过朋友圈分享转发呈病毒式在移动互联网传播。

案例：老板电器七夕户外 LED 媒体活动

活动介绍：LED 广告 + 微博微信互动上传。

老板电器在这个七夕与凤凰都市传媒大屏合作，发送 # 七夕大力说爱 # + 表白情话（文字、图片或视频）至微信老板电器或者微博 @ 老板电器，挑选出最真诚、最感人的表白情话，在电子大屏播出，爱就大声说出来。

一切发生的刚刚好，七夕，傍晚六点钟。京、沪、穗、深、杭、苏、汉、渝、蓉、郑等 10 个城市的超级电子大屏上播放着爱的表白。这些文字或图像，都来自我们身边的人，和我们一样相信美好并为之不懈奋斗的普通人。有刚刚进入社会工作的小青年，也有已经步入婚姻的，甚至有很多，我们并不了解太多，除了他们写的情话。

仔细阅读这些告白，即便是很简短的，也依然觉得它很动人。老板电器的品牌理念是：我们从未说自己伟大，只是用 36 年做过一件事情——改善人类的烹饪环境，倡导大家回归厨房，为世界构筑更多幸福的家。我们做的还不够好，依旧任重道远。心中有爱，就大声说出来。此次七夕 # 大力说爱，大屏表白 # 活动是继 # 围裙情书 # 之后，老板电器的又一次成功的情感营销。

同步扩散：户外、微博、微信互动传播。

由于本次活动都是选取在各大城市人流量较大的核心地段，高曝光率、高清 LED 大屏不间断滚动播出参与者的七夕“爱的表达”，播放通过微信、微博、户外 LED 大屏同步扩散，让此次活动的影响力升级，吸引了受众对老板品牌的关注，并且在七夕节前后形成一段时间内的有效传播和扩散，巩固了本次活动的营销影响。扩大影响力的同时，也促进了广告在各地商圈形成话题的影响，受众参与度很高。这次活动也是数字户外广告与网络社交媒体同步互动的很好尝试。

案例：京沪两地益达“不怕宣言”

益达传递对“吃”的正面态度，借助“吃文化”传递情感诉求，让“益达”品牌与餐桌产生更强关联，并启动品牌微电影《酸甜苦辣 III 》，由新代言人白百何、郭晓冬主演。用户外 LED 互动活动，传播“不怕，我就要吃”的品牌主张，传递对“吃”的正面态度。活动当天，在北京君太百货屏和上海东方商厦屏，播出活动画面。现场通过手机扫描大屏二维码或使用 ibeacon 微信摇一摇，将自己的不怕宣言上传至大屏，随机选取 4 位参与者，出席“白百何粉丝答谢宴”。

使用户外 LED + 手机 HTML5 页面的双屏互动创意，让消费者通过手机把自己的“不怕宣言”发表在大屏上，满足消费者自我展示的强烈欲望，因此能吸引众多消费者参与其中。

案例：广州青岛啤酒亚冠互动活动双屏互动

亚冠 1/8 决赛“广州恒大 VS 城南 FC ”的比赛在广州天河体育场举行。在广州恒大亚冠 1/8 决赛期间，凤凰都市传媒在天河有四个屏，通过 iBeacon 为 2015 年亚冠官方合作伙伴青岛啤酒发布了 LED 大屏和手机互动游戏。游戏形式为“点球挑战赛”，并以 5.27 亚冠 1/8 决赛双方的队员为原型进行游戏人物设计，与亚冠气氛紧密结合，力求引起用户共鸣。经过多渠道推广后，游戏主要在微信平台上大范围转发传播，最终有超过 7600 名用户参与此次线上游戏，40 名用户赢得奖品，并促进了青岛啤酒官方微信的粉丝量增长。

本次发布充分发挥天河四个屏位于赛场周边的地理优势及换版灵活的技术优势，高频次广告播出，配合活动前中后期的推广。赛前线上手机游戏预热，比赛当天线下双屏游戏互动，吸引球迷关注与参与，引发二次传播。

案例：宝马外滩双屏互动

在上海外滩震旦大厦和花旗大厦的两块地标大屏上，通过两者画面创意元素的联动，展现混合动力间的转换。其中，可以看到在一块屏幕展示不同宝马车型，另一块则是为他们提供源源不断电力的立体充电柱，即插即充，向消费者传递“插电式混合动力时代来临”的信息，彰显 BMW 在环保技术上的成就。

案例：高德地图“实时路况”

LED 屏上播放高德地图“实时路况”，堵车的司机可以根据屏幕上提示的前方路况重新规划自己的行车路线。高德地图的功能彰显无遗。

案例：兰蔻大屏肌肤保卫战

兰蔻这款新产品主要想传达防紫外线、防空气污染、防老化的功能。在 LED 屏幕的左边画面实时显示此刻的紫外线指数和 PM 值，屏幕中间部分是现场实时画面和产品广告，屏幕右边画面是产品二维码，扫描后即可去附近的产品专柜领取试用装。

场景成为营销的入口，在给予消费者温馨提醒的同时，让用户从信息获取到扫码行动，再到产品试用，完整打造了从线上到线下的营销闭环。

案例：城市电视超级月亮慢直播

中秋之夜，城市电视集合旗下 6 处户外大屏，利用专业天文设备将震撼的满月景象以及难得一见的月表、环形山、月海等天文景观采集下来，以近距离超高清形式在户外大屏上实时呈现一轮“超级月亮”，令身处各大屏现场的观众

不仅能够用肉眼直接观赏到最具视觉冲击的天文级月球画面，而且还可以同步观赏到中秋圆月从升起到天顶的全过程。

此次以“超级月亮”慢直播为主题的赏月活动围绕城市电视所属的世贸天阶大屏为活动主场开启，另外在中汇广场（东四十条桥）、富力广场（双井桥）、来福士（东直门）、王府井工美大厦、丰联广场（朝阳门外）等5处户外大屏同时进行了直播；同时，城市电视携手北京新媒体集团“北京时间”为“超级月亮”的月球全景、月表局部、拍摄幕后花絮以及世贸天阶活动现场进行了全程多路网络直播。活动当晚，世贸天阶活动现场的观众还加入了直播互动，为亲朋好友送去中秋的祝福，直播画面即刻在世贸天阶城市电视大屏上实时展现，让在场观众体验到十足的参与感。

中秋节当晚，数千人来到北京世贸天阶活动现场观看了城市电视“超级月亮”慢直播，大批观众在世贸天阶大屏下驻足拍照记录下震撼的一幕；同时，通过“北京时间”观看了“超级月亮”网络直播点击量逾50万人次。

案例：保时捷WEC户外投放案例

为了配合2016WEC赛事保时捷车队宣传，特地选择了北京最hot的酒吧街三里屯为

客户做了现场直播及车辆模型实物摆放发布。

现场活动反响热烈，受众争相参加活动并合影，配合现场直播渲染气氛，保时捷车队最终拿下2016WEC赛事冠军。

直播信号：来自乐视视频直播。

网络连接：移动运营商4G网络。

技术支持：运用ENCORE技术保证画面的比例与精度。

结果评述：总时长2小时的直播过程中无黑屏、无卡顿，全程清晰流畅。

案例：耐克“不信极限”

耐克面临挑战：如何在没有获得官方赞助商资格的情况下，使中国受众感受到耐克对于奥运盛会不遗余力的支持？于是在北京与上海，开展一场360度全方位的营销活动，去展示耐克“不信极限”的创意。

为了让上海民众感受到奇妙与刺激的里约奥运气氛，上海天际线边所有的摩天大楼被点亮，所有大楼都显示着耐克与里约的颜色。同时，名为“Athlete Line up ”的电影也通过一条配有240平方米的LED大屏的游轮在黄浦江上首次公映。

同时，在北京和上海这两座城市的各个地标建筑、关键商业区域和活动区域等布置了许许多多创新性的户外媒体，通过将品牌置身于人们日常生活中，让他们在奥运期间随时都可以体验到耐克“不信极限”的精神。

为了鼓励和保证运动员和体育爱好者们更好地参与到活动中并释放潜能，他们只要通过签到注册，就有机会在公路车队上体验特殊的篮球游戏，展现自己的运动激情；同时，他们也可以在N+RC的轮船上体验跑步机的魅力；在上海世纪公园，还有一场名为“不信极限”的五公里跑步活动，每隔500米就会放置一个耐克交互点，让跑步爱好者能亲身体验耐克的口号“Just Do It”的内涵。

耐克“不信极限”营销真正做到了鼓舞和点燃中国年轻一代体育爱好者的热情。仅仅在活动开始当天，就有超过150万次的关注量。事件随后的报道和传播更令人鼓舞，活动在社交平台上有超过1900万次的讨论量，还吸引了央视CCTV5和上海体育频道的关注和报道。共有超过122000名跑步爱好者参与了这场世纪公园沉浸式的跑步体验。经后期统计，上海和北京的相关户外媒体共获得了超过2190万次的关注量。

案例：上海国际马拉松赛

始于1996年的上海国际马拉松赛，至今已走过21个年头。作为一年一度跑步爱好者的狂欢盛典，2016年的上海马拉松更有来自世界各地、五湖四海，共计3.8万名选手报名参加。早上7点整，所有参赛选手在上海外滩金牛广场鸣枪开跑。

而作为上海外滩地标性建筑的外滩之窗，从北京时间10月30日凌晨2点就开始了比赛倒计时，与所有参赛选手一同迎接这个特别的周日清晨。除了助力比赛倒计时，外滩之窗还将2016年上海国际马拉松赛之大众跑者TOP3搬上了大屏幕。与所有参赛者以及比赛支持者们，共同分享这一荣耀时刻！

案例：MJ“空降”魔都外滩

6月25日，是“流行音乐之王”迈克尔·杰克逊逝世七周年的日子，MJ被带到了外滩花旗大厦的巨型屏幕上。

25日晚上10点，MJ“空降”魔都外滩，与来到现场的粉丝隔空共舞，他的经典曲目《Dangerous》《Beat It》《Thriller》都一一重现，最后外滩响起《We Are The World》，现场游客与粉丝感慨万千，动情合唱，为这场迟到的MJ中国内地“演唱会”画上了完满的句号。许多未能到现场的粉丝也通过直播平台，一同见证了这一激动人心的时刻。

杰克逊的心灵顾问朱恩加特林牧师表示，

看到杰克逊和他的艺术与博爱依然在影响世界，她倍感欣慰。而杰克逊多年的御用录音师迈克尔·普林斯则认为，这个活动创意超棒，呈现效果更是精彩得超出想象！

场景五：商圈

案例：新西兰佳沛奇异果案例分享

市场目标：每年夏天都是 ZESPRI 的销售旺季，这个夏天 ZESPRI 想要带给消费者不一样的“新鲜”体验。

媒体策略：希望可以使用新颖有趣的方式来表达“新鲜”这个概念。为了让消费者真正感受到新鲜，利用上海多样的媒体环境创建一个“多汁多彩”的世界。选择吴江路这个客流较大，可以容纳多台互动设备的包街媒体来给消费者提供一个新奇有趣的体验，而且吴江路毗邻南京西路，地理位置佳。这一波活动使用了地贴、刀旗、实物展示等媒体形式结合了产品派发、数字互动游戏和水上世界，打造了一个新鲜的 ZESPRI 环境。同时，结合静安寺和徐家汇两处人流量较大的地铁站实物展示达到广泛传播和带动销量的目的。

执行效果：活动一上线就引发大规模人流聚集，即使在这个异常炎热的夏天，消费者们仍然愿意驻足停留参与互动，享受游戏的过程。

案例：《炫舞时代》线下体验魔盒创意互动

项目挑战：这次投放的目的是加强新版本的宣传，增加游戏的下载量并且能引领音乐舞蹈游戏的新潮流。经典音速模式给玩家带来了一种全新的音乐舞蹈游戏的新玩法，首度创新滑板音乐加速度，除了跳舞，还可以速滑。

解决方案：通过这次线下的商场活动，把游戏的虚拟世界带入现实当中，真真实实地让玩家感受到游戏的非凡速度感。现场设计了一个音速体验屋，让玩家脚踏在滑板上面与朋友进行游戏比赛。前方，会有一块 LED 的显示屏幕，即时自动显示出玩家从进入魔法盒子到玩游戏的全过程。同一时间，在盒子的外面也有一块 LED 的屏幕，伴随着音乐，实时转播盒子内的情况。

执行效果：在 4 天内，有超过 3 万人次在音速体验屋中直接或间接体验了新版本的乐趣。玩家们还把自己的体验分享至微信朋友圈，让不在场的朋友也能感受到现场的酷炫感。

案例：雪碧麦当劳“释放夏日 100 招”

市场目标：为了提升雪碧的品牌偏好度，并促进其在麦当劳的销量。利用消费者在炎炎夏日，需要冰爽饮品来解暑降温的心态，与麦当劳和墨迹合作，形成跨品牌整合传播，强调雪碧在夏天带来的清爽感，提升品牌偏好度。

媒体策略：在人流密集的商业区通过异形展示的形式，吸引消费者注意。并通过扫描二维码的形式完成线上和线下连结，将消费者从线下引流到墨迹天气 App。用超过 35℃即可获得免费雪碧的形式，与消费者进行互动，引爆话题点，增加关注度，将消费者引流到麦当劳门店带动实际销量。

执行结果：现场吸引了上千名观众参与线上线下互动，活动现场极大程度地促进了麦当劳的销量以及雪碧的品牌传播。

案例：TCL——不可能完成的任务

市场目标：中国老牌企业，需要在新的时代树立新的品牌形象。为了加强品牌重塑后的宣传推广，提升品牌形象，令品牌年轻化，增进品牌认知度，尤其影响年轻主体的品牌偏好，TCL 希望通过活动来影响消费者。

媒体策略：利用含有“碟中谍”电影元素的挑战机装置，吸引目标消费者的兴趣。通过互动性的活动设计，带动消费者线上线下与品牌互动，引导消费者线下游戏，线上分享扩散，扩大影响力，赢取 TCL 提供的惊喜大奖。同时，通过游戏和电影的形式，加强受众对 TCL 产品的喜好度，塑造品牌年轻化的形象。在现场摆放结合“碟中谍”电影的各种元素，进一步强化对 TCL 品牌的全新认识。

执行结果：覆盖人群 4 万 — 6 万人次，活动期间商场人流量增加 30% 。

案例：阿迪达斯“哪里都是运动场”

市场目标：在城市健身房的概念下，鼓励长期在办公室工作的人参与到健身运动中，从而达到强化品牌效应，提高品牌知名度，巩固消费者与品牌之间的关系。

媒体策略：运用办公楼前现有的资源，如空地、花坛、走道等，开辟与顾客的互动区，以粉笔画为主题的形式设计中，使用高黏性无残留的高科技贴纸划出运动区，也为上班族在工作之余锻炼身体提供便利，提高对品牌的亲切度和相关性。将场地选在目标人群密集的企业中心商业天地空地，更贴近目标群体的生活工作区域，提高参与度，加强品牌需求度。并通过参与者在社交平台的分享，达到扩散的效用。

执行结果：得到附近上班族积极的响应和参与，多人通过社交网络分享图片。

案例：adidas 一夜袭来 有型专注户外

12 个两米高的“专注白人”悄然矗立于深夜的淮海路，以自我专注的行为艺术来呈现 Z.N.E Hoodie 的专注态度。淮海路的周末，人潮涌动，车流不息，日均人流量超过 30 万。并且，从淮海路、瑞金一路到思南路，汇聚了各大运动品牌旗舰店，是运动达人的购物圣地，也是各大运动品牌的必争之地。

醒目有型的高大造型，连贯专注的视觉冲击，引爆了一场朋友圈分享及盗图大赛。朋友圈话题互动数超 10 万次。

受众除了能感受到强大的视觉冲击，还可以扫 “专注白人”身后的二维码，观看“专注故事”，了解 ZNE 产品信息，并可以线上购买。

扫码后可以自拍或上传照片，完成各自专属的“专注时刻”，分享到朋友圈，引发了一次 # 我是专注 # 的 O2O 传播。

同时，博视得在上海各大核心商圈提供了诸多优质户外媒体资源，以 “专注白人”作为线下传播的引爆点，向整条淮海路以及其他商圈延展。日均覆盖人流量超过 100 万。

微博上，各大明星都“秀”了一把，无声传递着衣服背后主打的“专注”概念，郑恺、陈奕迅、贝克汉姆等一众明星的微博美照更是拉足了人气。

案例：东方遇见西方：肯德基新年民艺主题餐厅

目标：西方的圣诞狂欢刚刚落下帷幕，中国的新春佳节已悄然临近。对于品牌而言，举国欢庆的春节无疑是展示品牌创造力不可多得的良机。肯德基的本土化营销策略可谓是业内翘楚。2017 年的春节，肯德基中国从丰富的中华民俗艺术中汲取灵感，希望为中国消费者打造一场沉浸式的春节品牌体验。

投放策略：鸡年新春，肯德基致敬中国传统文化，把南京的云锦、成都的蜀绣、长沙的花鼓戏、陕西的剪纸、唐山的皮影、上海的金山农民画、北京的京剧脸谱等二十多种民俗艺术与餐厅装饰巧妙融合，打造出百鸡百吉主题餐厅，以现代方式传承中华之美！肯德基中国表示，此轮餐厅的改造意在表达“百鸡百吉”的新春活动主题，巧取了“鸡”与“吉”的谐音。

1．北京珠市口门店

蓝脸的窦尔敦，红脸的关公，黄脸的典韦，白脸的曹操……每一副脸谱背后站立的都是灿烂的传统文化。肯德基将传统融入时代新风格，京剧脸谱 + 金鸡元素，传统和现代在百鸡百吉主题餐厅里迸发出了时尚的火花。

2．苏州华池门店

秀丽清雅的苏绣，一针一线都蕴含着中华传统文化的脉络。肯德基将名满天下的苏绣融入百鸡百吉主题餐厅，用潮流姿态传承传统艺术！栩栩如生的金鸡绣片，苏州园林的古朴白墙和精致窗格，来肯德基餐厅就能欣赏。

同时，肯德基携手凯帝珂中国在上海港汇恒隆广场 B1 地铁通道内推出了民俗艺术长廊，让人们可以近距离欣赏中华传统民艺。在长廊的尽头竖立着一面互动墙，墙上的六块屏幕分别展示着六种民艺，人们只需按动屏幕下方的红色按钮就能为自己喜爱的主题餐厅投票。

投放效果：本次传播，全面刷新了品牌形象，重塑了市场定位，将中华民俗艺术之博大精深精彩呈现，多种民艺统统现身，致敬中华民俗艺术！并以互动投票的方式引发集中爆破以及舆论热点；通过触发消费者情感点，卷入记忆，增强用户感官体验，提升品牌形象，更突出“2017 来百鸡百吉主题餐厅新春闻鸡起舞，过个吉祥中国年”的理念，在玩耍的过程中引起消费者共鸣。

案例：阿迪达斯 HARDEN Vol.1# 创异觉醒

背景介绍：去年，阿迪达斯用 13 年 2 亿元签下了哈登，并且为他推出了一款签名鞋：Harden Vol.1，口号：创异觉醒。只有了解哈登，才能明白“创异觉醒”对于哈登的意义。“创异觉醒”承载的是一个前途渺茫的普通黑人孩子在经历质疑、挫折、恶意揣测、高光和低谷之后，成为一个男人，扭转命运的故事缩影。NBA 巨星哈登职业生涯的第一双专属签名篮球鞋—— Harden Vol.1 闪亮登场。这一次，博视得需要放下常规套路，让 Harden Vol.1 来一次大大的 # 户外觉醒 #，统治全场！

投放目标：场景式营销打破套路，令 # 户外觉醒 #。

投放策略：

1.# 创异让户外觉醒 #

将投影仪隐藏在淮海路西侧的梧桐树上，将转动的产品和互动画面投射到地面上，通过沿街两侧近百台投影仪形成连贯的视觉效果，同时结合店铺和大面积围挡的配合形成阿迪达斯 Harden Vol.1 的品牌空间。

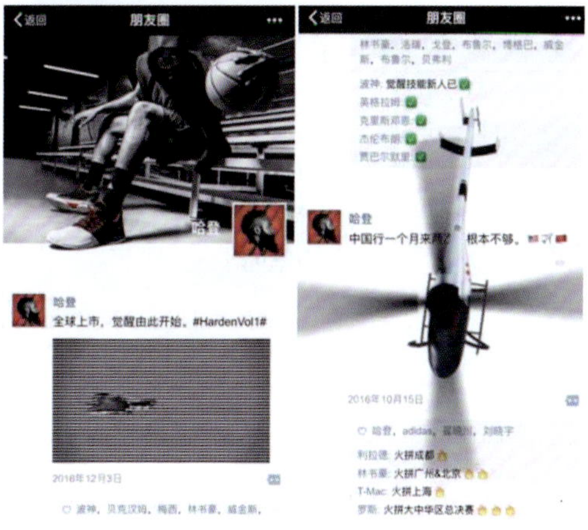

2. 包装 IP，# 创异让内容觉醒 #

另外，结合哈登的 NBA 明星光环，创造全明星朋友圈，同时结合哈登制造犯规的绝技进行内容创作。

3.# 创异让朋友圈觉醒 #

淮海路“哈登大道”的包街投影再次引爆了朋友圈，朋友圈话题互动数超 10 万次。

4. 链接销售，# 创异让 O2O 觉醒 #

现场观众不仅可以扫码加入“创异觉醒”的行列，还可添加 adidas 官方公众号，将信息分享给好友。

最重要的，可以通过链接抢购 Harden Vol.1！据悉，Harden Vo1.1 一经推出，即刻受到热捧，销售火爆，在购买时小心你的鞋号断码哟！

案例：Volvo 户外投放案例

背景介绍：近年来电动汽车愈发风靡，各大品牌纷纷转战电动汽车领域，沃尔沃亦是如此。利用户外创意展开营销，沃尔沃期待能够提升品牌形象，吸引消费者注意。

投放策略：对于消费者来说，混合动力车最重要的便是充电设施，因此，在上海几个中心商圈搭建 Volvo 充电站，这些充电站在引人注目的同时，更让车主感受到沃尔沃实实在在为他们出行考虑：这些充电站不仅满足了车主的充电需求， 还让他们感受到了有别于其他品牌的 VIP 待遇。

投放结果：短短半年时间，我们便看到该活动不仅提高了沃尔沃的知名度，而且加强了品牌与消费者之间的沟通，成功地传达了沃尔沃关爱消费者，注重他们体验的文化。

案例：美度新品发布会及户外投放案例

瑞士美度表“大本钟”设计师限量款腕表上市发布会于上海举行。

为加深品牌与建筑之间的关联度，同时也增强品牌系列代表建筑的形象，腕表上市发布会的前期与后期，在现场设置了特色建筑闯关互动，吸引了众多的参与者。同时互动日的现场体验互动也为美度表“大本钟”设计师限量款腕表上市发布进行了前期的预热。

为了为本次线下发布会营造更好的氛围，美度与鸠申文化联合利用户外媒体在会场内外做足了功课。提前一个月在该商场附近进行发布会的预热：15 米的超大吊旗挂在上海南京东路宏伊国际广场的中庭，吊旗上美度新品被最大程度的印刷展示，让进入商城的顾客能近距离感知“大本钟”腕表的魅力，同时，在商场的中庭大屏幕上，循环播放着宣传视频，介绍本次即将发布的腕表信息以及发布会的预告。

南京路步行街上的铛铛车也包装成了美度“大本钟”设计师限量款腕表发布会的主KV。在车身广告展览的时间段内，许多游客纷纷合影留念，铛铛车与美度“大本钟”腕表的结合，也很好地起到了广而告之和引流的作用。

案例：三星 S6 Edge 户外异形广告

背景：三星 S6 是继 S 系列手机推出 N 代以后，从外观上最大突破的一次——曲面屏，其中 Galaxy S6 Edge 采用革命性的双曲面侧屏，仿若潺潺涓流的水波，使屏幕中所呈现的画面在色彩和深度上得到进一步延展，配合 2.5D 大猩猩玻璃，尽显 S6 静态隽秀之美。背面玻璃汇聚独特的彩色纹理设计，巧妙地将周遭光晕反射其中，深邃迷人。而光滑的玻璃曲面和精准的金属切割，不仅在外观夺人眼球还考虑到用户的握持感受，更加符合人体工学设计。

S6 上市的 4 月，正值主要竞品 iPhone6 & plus, 华为 P8 这个时间销售、新品上市也都是热火朝天，所以如何突破彰显三星 S6 的喜好度，在这个阶段至关重要。

投放目标：

1. 在三星重点营销市场占据 landmark 有利位置；

2. 策略上直接挑战苹果；

3. 用创新形式博取眼球；

4. 突出强化 S6 Edge 产品特性（双曲面）。

挑战：继 2014 年 Q4 手机产品销量受挫之后，本次革命性突破的新品 S6Edge 将视为三星打“翻身仗”的利器，对其具有深远非凡的意义。因此如何做好本次传播营销，尤其对建立品牌知名度和第一提及度的户外媒体来说至关重要。抛弃常规做法，如何在时间紧、任务重、高标准的情况下做到创新发布，对客户、代理公司及供应商挑战严峻。

策略：做创新，首先在三星重点市场里选择可行性较大的上海；其次，选择上海西部核心商圈及卖场集中 landmark 地段——中山公园（乃是各大手机电器品牌必争之地）；最后，选择在核心竞争对手苹果大牌旁边的龙之梦墙体超过 1000 平方米大牌上安装一个超大 S6 Edge 手机模型（高约 16 米，原机 110 倍大的模型），既可在第一时间博取受众眼球制造话题，同时也实现了挑战苹果的目的。

本次创意发布对客户和供应商均是第一次，执行及施工环节遇到重重困难和挑战：

1. 高标准：为了模型表面及双曲面弧度的

平整度、光滑度、颜色、质感尽可能接近真机，尝试过各种材质和技术，从电镀、汽车贴膜、写真相纸、高精度喷绘到雪佛板，在缩小版样品上反复测试，近两周时间北京—上海两地人士多次飞来确认，直到客户满意为止。

2. 时间紧：从模型制作、表面贴纸印刷（包括大牌背景画面制作）到现场拼接安装仅仅留了 10 天，最后两天甚至不眠不休日夜奋战以达到现场最佳效果。

3. 施工难度：在有限的场地、有限的时间内（商场要求只能夜间施工，清晨 9:00 前务必停工），近 20 名工人现场拼装、表面贴画，之后由吊车将近 2 吨的高密度泡沫模型倾斜地摆放在背景“水晶凹槽”里，角度要求十分精准，需要与“凹槽”完美结合。最后，由楼顶垂下数十个蜘蛛人完成模型背后固定、调整角度及表面平整度修复等所有细节处理，这一切均在悬空状态下完成，施工难度可想而知。另外，当时写真贴纸由于吊车拉起时意外损坏，已没有时间重做，现场随机应变当机立断替换新型喷绘材料以保证顺利发布。

执行结果：现场效果震撼，路边经过的人群频频回头张望议论并拿起手机拍照记录。客户对执行效果非常满意。

案例：耐克——上海“马拉松”

总体投放目标：品牌与赛跑者之间形成连接，驱动提升耐克门店的客流量，激励赛跑者全力以赴奔跑，突破极限。

投放目标：将上海塑造成“奔跑中的耐克都市”。

途径：上海全城突击 – 预热阶段为使品牌进一步与消费者产生连接，根据主要的赛跑路线的规划，使“跑道”旁布满了视觉效果显著的媒体。其中不乏巨幅挂旗，大型墙体壁画在每一个不寻常的地点出现，其上“上海拦不住”的标语，时时帮助与鼓励着赛跑者们，带给他们惊喜。与此同时我们也利用网络平台优势通过相关 App 应用推送来提升耐克网站的访问量。微信则被用来更多激活现有粉丝。赛跑日当天，大型户外媒体自始至终贯穿整个马拉松线路，从地标式的“外滩”出发到终点，每一站都有户外媒体的身影陪伴和激励着赛跑者的每一步。

效果：上海全城突击 (10/20—11/21)：预估总人次 2.45 亿。

世纪公园跑步路线：约 1000 万人次以及

网路口碑。

候车亭（世纪公园和浦东新区）：9200 万人次。

黄兴公园站地铁墙贴：约 370 万人次。

刷墙：约 300 万人次影响力以及更多潜在网路口碑。

用户：

东方商厦墙贴：3000 万人次。

世贸百联大牌：7000 万人次。

芳甸路跨街天桥：3600 万人次，而在耐克跑步专卖店开业期间，带来更多潜在受众。

赛跑日：总预估 11 月 8 日当天，约 1600 万人次，其中赛跑路线中五类具有冲击力的媒体形式约带来 460 万人次。

人数：2.94 亿人次；20000 新增微信订阅号粉丝。

案例：天天象棋——隔空下棋切磋

市场目标：腾讯游戏不只是关注年轻的玩家，对于老年玩家也十分重视。天天象棋这次的创意就是以空巢老人这一族群作切入点，走进老年人的日常生活，借此传递腾讯游戏的人文关怀。

媒体策略：在北京和上海分别挑选两个老年人聚集多的公园。在公园里放置一台醒目的下棋装置，在装置里面有一块连接摄像头的屏幕，屏幕的另一头连接的是另外一个城市的玩家。通过互联网使两地的玩家实现空中的对弈。

活动的过程，被拍成了一条爱心视频，放到不同的平台上，传播腾讯游戏关爱社会老年人的精神，提高品牌的社会形象。

执行结果：现场有派发牛奶等礼品，加上装置醒目吸引眼球，而且象棋是中国老年人的传统热门游戏，活动当天现场活动反映热烈，每个老人都争先恐后想试试装置。短片放送爱奇艺的当天，就达到了 2 万次的点击量。

场景六：景观

案例：台湾稻田惊现天猫 Logo

台湾一块 0.6 公顷的稻田里竟然出了天猫 Logo 以及天猫国际四个大字，成为一道新的观光风景。这是台湾玉里稻农彭镜兴花 4 天时间插秧“绘出”的，地里的红色彩色米和台农 71 号品种“益全香米”水稻组成了这幅美景。如今，人们只要站在玉里镇客城桥的制高点就能看到完整的天猫图。

据了解，这是天猫国际和台湾地区发展“我的一亩田”网购业务七年的业者合作，天猫国际订购了 50 吨大米，分别产自雾峰和玉里。台中雾峰的五公顷香米即将收割，将在“双十一”上市，花莲玉里的香米则预计下月中旬收割，预计在“双十二”上市。

天猫国际负责港台市场业务的人士表示，这两年，天猫销售了不少台湾地区农产品到大陆，这次特别开展大米专案，只是打响第一枪，希望未来可以是一个长期持续的合作。

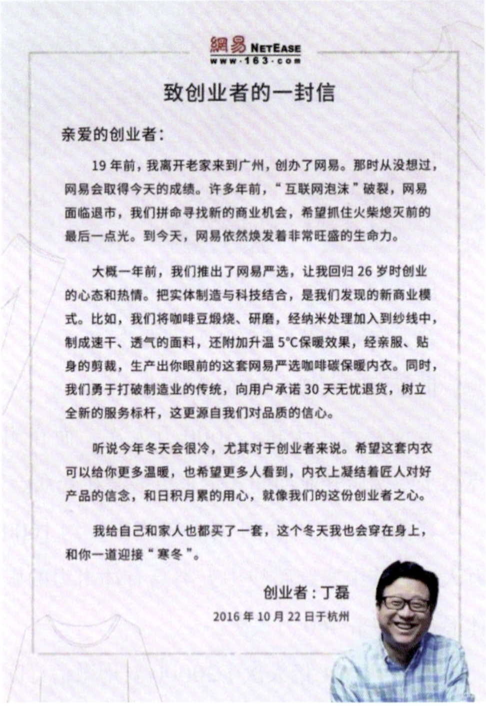

網易 NetEase
www.163.com

致创业者的一封信

亲爱的创业者：

19 年前，我离开老家来到广州，创办了网易。那时从没想过，网易会取得今天的成绩。许多年前，“互联网泡沫”破裂，网易面临退市，我们拼命寻找新的商业机会，希望抓住火柴熄灭前的最后一点光。到今天，网易依然焕发着非常旺盛的生命力。

大概一年前，我们推出了网易严选，让我回归 26 岁时创业的心态和热情。把实体制造与科技结合，是我们发现的新商业模式。比如，我们将咖啡豆煅烧、研磨，经纳米处理加入到纱线中，制成速干、透气的面料，还附加升温 5℃保暖效果，经亲服、贴身的剪裁，生产出你眼前的这套网易严选咖啡碳保暖内衣。同时，我们勇于打破制造业的传统，向用户承诺 30 天无忧退货，树立全新的服务标杆，这更源自我们对品质的信心。

听说今年冬天会很冷，尤其对于创业者来说。希望这套内衣可以给你更多温暖，也希望更多人看到，内衣上凝结着匠人对好产品的信念，和日积月累的用心，就像我们的这份创业者之心。

我给自己和家人也都买了一套，这个冬天我也会穿在身上，和你一道迎接“寒冬”。

创业者：丁磊

2016 年 10 月 22 日于杭州

案例：网易觉得你冷

网易为了推广严选+5 度咖啡碳保暖内衣，看上了光溜溜的城市雕塑，选择了全国寒潮严重的十几个城市，给他们送去了温暖，并挂上了“网易觉得你冷”的牌子，高调表达关怀之情。

与此同时，# 网易觉得你冷 # 的段子也在微博上瞬间点燃。不仅如此，丁磊还亲手写了一封《致创业者》的信，讲述创业过程以及这款“+5 度咖啡碳保暖内衣”的诞生过程，并给那些创业朋友送上了这份冬天的温暖。

该话题登上了微博热搜榜前十，也引来朋友圈一阵刷屏。

案例：杭州 G20 灯光秀

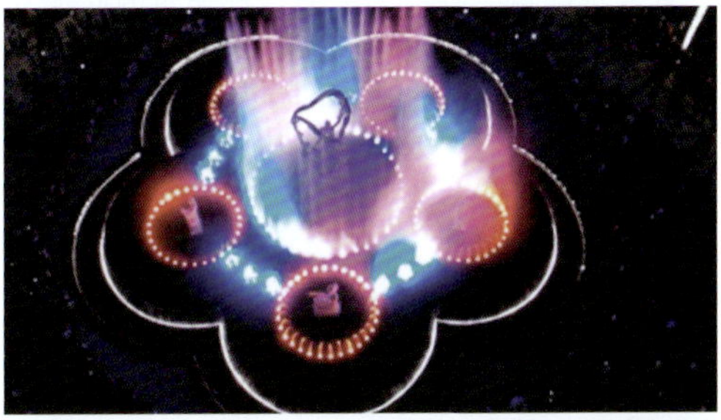

9 月 4 日，G20 领导人峰会在浙江杭州召开。

6 月 22 日晚，已封闭了近八年的武林广场以一场半小时的音乐喷泉表演和大型 3D 灯光秀重新开启，吸引了逾千过往市民进场观赏。据悉，为更好地向世界展现杭州城的历史与文化，杭州市下城区总计投入 3500 万元，打造了这场以“天堂杭州”为主题的 3D 灯光秀，整个灯光秀通过 36 台大功率工程投影设备，结合先进的影像拼接技术和大功率高保真的户外音响系统，在武林广场浙江展览馆南侧外墙上投放形成约 3400 平方米的投影面积，形成 3D 灯光秀。

武林广场灯光秀旨在讲述杭州故事，通过西湖、运河、钱塘江等地标性建筑展现诗画江南、山水浙江的秀丽风光，同时还将传承千古的梁祝、白娘子许仙断桥相会等故事进行演绎，向世界展现传统文化的风采。

另一个灯光秀主场则在钱塘江两岸。每个周末当华灯初上时，钱塘江两岸便会呈现出一幅长逾 10 公里的由无数 LED 打造的“钱江夜曲”长卷。

整个灯光秀分为“城之魂”、“水之灵”、“光之影”三个篇章。市民中心东侧的两幢楼宇外立面变成了光影大屏幕，断桥残雪、京杭运河等具有杭州特色的风情美景轮番播放，成了夜色中的一道美景。在G20峰会期间，灯光秀设计增添各国风情的灯光元素，比如20国语言的欢迎词，各个国家的标志性建筑等，营造峰会热烈气氛。

据了解，钱江新城灯光秀工程共使用了70万个LED点光源，35幢楼宇之间通过4G信号控制灯光。

案例：全城热恋·爱在17

2月8—14日，东方明珠携手可口可乐举办的情人节户外主题活动正火热引爆各大社交媒体，引发了朋友圈集体刷屏。

活动预热期内，在东方明珠城市广场揭下1314块“幸福”磁板贴。每块背面都隐藏着属于你的专属祝福，亲手解锁可口可乐巨型海报上的神秘明星。

主题活动为期七天，会有520名体验者通过特制的单车与装置互动，蓄力产生的能量通过光带填满心形灯带，再传输至“水晶球”区触发灯光秀，随即点亮东方明珠塔身，整个魔都都将见证为爱点亮的这一刻。还特设专业机位全程记录，以及返送现场互动的大屏幕，现场的每一位参与者都将成为见证人。

广场部分“水晶球”装置区由一个主影像球和若干氛围小球组成“有爱水晶球”区，每个表演时段形成多层次的展示效果。当氛围小球“能量聚集”完成，装置球影像被触发，氛围小球会以两种状态呈现：圣诞氛围的影像图案转动和“雪球”翻滚。随即，主影像球亮度也越来越强烈，自行车蓄力持续约3分钟左右将氛围球完全点亮，倒计时10秒，主球影像内容触发。装置球采用间断性供气设计，主体采用白色坚韧建筑膜材，内部配置重物或外部钢丝绳结合配重稳固。

而东方明珠作为上海的标志性建筑汇聚全球视野，首次尝试结合品牌和节日热点的全塔影像投影，实现具有影响力的传播动作。当主球影像播放，使用高流明投影灯成像，东方明珠塔身也将启动可口可乐主题灯光秀，与广场“有爱水晶球”呼应，上海地标建筑因此摇身一变成为万众瞩目的地标媒体，引爆了这次“刷屏”传播。

场景七：校园

案例：adidas轰碎篮筐校园推广

背景介绍：2016年阿迪达斯推出全新高帮Boost篮球鞋Crazy Explosive Primeknit，希望快速推广此产品并传达如“轰碎篮筐”般爆发力的产品精神。

投放策略：基于品牌产品特点，选择全国高校为投放场景；选择以男生为主的高校，在其篮球场进行投放，精准触达目标消费群；选择 14 所高校投放篮球场围网广告牌；其中，选择部分高校配合创意媒体形式（地贴+篮板贴），紧贴产品概念，营造视觉冲击力，提高消费者对产品关注度。配合线下“摸高”活动，加深消费者体验。

投放结果：活动覆盖北京、上海、广州、杭州 4 座城市，8 所 985、4 所 211、2 所本科高校，30 万消费者，大量提升品牌曝光率，加深消费者互动，提升消费者好感度，成功传达了阿迪达斯“轰碎篮筐”的产品文化。

场景八：公交车

案例：中粮福临门 # 回家团圆拥抱幸福

中秋节期间，巴士在线为中粮福临门打造了一场基于公交场景的跨界整合营销。通过 25 个城市的公交移动媒体，号召乘客使用“我拍 TV ”、“我玩”参与到 # 回家团圆拥抱幸福 # 的活动中来，上传自己对团圆的理解、对家人的感恩、对亲朋好友的祝福。在数据后台， 25 个城市的公交移动媒体反向从中精选出优秀素材与故事内容，制作成移动电视栏目和微电影输出至公交移动电视上去，同时举办北京 / 上海 / 西安三地的落地活动，在新浪微博、腾讯微信中开辟专区，让整个营销活动更饱满。活动历时 1 个月，整合公交移动电视、公交场景下的手机应用、社交媒体等资源，配合落地活动，多维度传播，累计覆盖 7.59 亿人次，参加或访问达 14 万余人次，自媒体相关点击超过 20 万次，全国约有 70 家媒体对该活动进行了相关报道。

案例：长隆公交场景立体营销

在春节来临之前，长隆旅游启动春节营销推广，以“趣长隆，乐新年”为核心内容，整合多重资源进行品牌宣传，将品牌信息在一线城市及主流城市迅速扩散。

长隆和巴士在线公交场景立体式营销——公交车身：趣长隆、乐新年，主题巴士全城触达；公交移动电视：移动电视高频投放；巴士摇一摇：场景内双屏互动；社媒传播：暖心内容引爆“病毒”分享。

经过本次公交车身 2 个月 + 公交电视 1 周 + 巴士头条 1 周 + 巴士互娱 1 周 +LIVE 官方软文 1 篇的资源整合传播，在全国 20 个主流城市有效曝光，广告有效到达人次总计 2.33 亿人次，长隆旅游的品牌及活动信息，在此期间得到广泛曝光，进一步扩大了影响力。

案例：“光棍节 求女友”——济南公交车体征婚广告

背景介绍：“光棍节”、“单身男女”一直是全民关注的热点话题，舜风传播借助光棍节这一特殊的时间节点，灵活地将征婚启事与公交车体广告相融合。

投放策略：通过公交车体广告媒体形式，将征婚单身男士的照片、性格及征婚宣言刊登在公交车体上，让世人见证“为了爱情，我愿意勇敢一次，我愿意不惜一切代价”！本次活动选用了双层公交车，保证了上刊画面的视觉传达冲击力，117 路公交车的运行线路途经济南最重要的黄金干道，关注度极高。

执行结果：两辆带有征婚信息的公交车一上路，就得到了民众和媒体的极大关注，一时间，征婚的两个小伙子，就成了大家茶余饭后最为津津乐道的话题。该活动瞬间的“爆炸式”宣传，近50家“海陆空”媒体集中报道，引爆500万的媒体价值，让公交征婚事件火遍了全国，甚至有国外的受众也在社交网站上看到相关新闻。与此同时，一些有商业敏感的商家也积极咨询，寻求合作。

案例：世纪缘圣诞专列

背景介绍：每年的平安夜总是能够成为令人期待的狂欢时光，商家们也会不约而同地选择在这一天举办相关的创意活动，提高民众、媒体对自身的关注度。世纪缘珠宝邀请一位真正的圣诞老人来到济南，舜风传播借此契机，为世纪缘珠宝举办了一场别开生面的公交圣诞专列活动。

投放策略：【Santa&Sina】圣诞老人接受新浪山东的独家专访。

【祖国的花朵】圣诞老人来到山东省实验小学和小朋友们进行互动。

【圣诞老人的专属座驾】舜风传播联合济南公交为圣诞老人打造了专属座驾——双层圣诞巴士。

【火爆平安夜】在世纪缘门店前进行简单的互动游戏后，开始了圣诞专列巡游。巡游完毕，圣诞巴士狂欢夜拉开序幕，市民依次上车与圣诞老人进行互动，车外上演了浪漫的求婚仪式，戒指由世纪缘珠宝提供。

执行结果：本次活动超出了世纪缘的预期，成为世纪缘圣诞活动历史上最火爆的一次。在圣诞专列活动中，舜风传播充分运用宣传渠道，多方位、多渠道宣传，前期预热效果明显。活动当天，包括齐鲁电视台、济南电视台、齐鲁晚报、新浪网、腾讯、93.6私家车广播等20家媒体，先后来到活动现场进行采访报道，真正实现了跨屏整合传播。

场景九：影院

案例：路虎

投放背景：路虎是本次“007：幽灵党”的主要赞助商之一，投放目的主要是通过与潜在消费者的互动沟通，提升品牌吸引力，并且透过RR/RRS车的卖点拉升品牌全车系销量。挑战在主要竞争对手进行高度集中媒体投放的时期，塑造非凡卓越的品牌形象并在受众心目中扎根。

投放策略：借助邦德电影的影响力，一场路虎与邦德的“大片”在全国60%以上的影院中上映了，以此驱动全国范围内的品牌效应，另外在12个主要市场中择取了10家票房最高的影院打造路虎主题影院，产生轰动效应。与此同时，路虎经销商邀请了5000名路虎VIP贵宾和潜在消费者一同观影，并现场介绍了RRS车型。电影首映日当天，通过与北京Uber的合作，观众可搭乘RR/RRS的“路虎特工专车”前往影院。身着邦德装束的专车司机更是大大惊艳到了乘客。线上平台则通过将特殊消费者之旅剪辑到一段视频中，并在社交媒体播放形成二次传播。

投放效果：预估约4100万总人次。

- 电影贴片：约2900万人次。
- 电影主题包厅约160万人次。
- 社交网络平台（含uber）约1100万人次。

全球精选户外优秀案例

案例：World Gallery

没有了“再大一点”的大logo，没有了耸人听闻的大标题，没有了不打折就没的抢购热线，没有了没完没了的产品信息……这套最不像户外广告的户外广告作品，获得了本届戛纳户外类别的全场大奖。正是因为这套创意的存在，整座城市仿佛瞬间脱下了商业的外衣，化身为一个巨型摄影艺术展的现场，每个户外展位都成了展现艺术的平台，而创作这些美的艺术家们，则是你我身边普普通通的iPhone用户。对于这样的作品，除了膜拜，只有崇拜。

案例：苹果全新“色彩”系列全球展出

苹果公司又将在全球范围内投放备受赞誉的“拍摄自 iPhone ”户外广告。与上一系列不同在于，本次的户外投放主题是“色彩”，苹果公司希望通过大户外的视觉震撼力来展示 iPhone 6s 拍摄的卓越照片。

苹果公司表示，这次户外广告投放所陈列的图片侧重于展示光线和色彩的魅力。这些图片取材于日常生活，取材于被我们忽略的身边最寻常的色彩。整个广告的精髓在于所有图片都是通过 iPhone 6s 手机拍摄，虽然广告没有介绍任何关于 iPhone 6s 具体性能，但是通过美轮美奂的图片，受众已能充分感受到 iPhone 6s 摄像头的魅力。苹果公司历来非常注重照片的来源，通过严格的审核，确保所展出的照片确确实实来源于 iPhone 6s ，本次以“色彩”为主题的巡演同样如此。每一块展出的大牌下都会通过注释的方式向人们展示原片的来源，同时注明了这张照片是通过 iPhone 6s 拍摄的。

“色彩”巡演将会在包括美国、中国、加拿大、英国、澳大利亚、法国、德国、意大利等全球 25 个国家同步展出。同时，为了更好地扩大巡演的影响力，苹果公司还在 6 月初发布了八段配套图片的视频，不仅仅丰富线下活动的表现力，同时也进一步向用户展示了 iPhone 6s 摄影功能的强大。作为“拍摄自 iPhone ”的新一轮活动，这轮巡演也被广告行业寄予了很大的期待，毕竟从去年的情况来看，整个活动获得了巨大的成功，“拍摄自 iPhone ”系列中一张照片获得了大会的五星金狮奖，整个“拍摄自 iPhone ”也获得户外类别的最高荣誉。

“拍摄自 iPhone ”系列不仅获奖无数，获得了极高的美誉。同时，苹果公司也与图片提供者形成了良好的关系，让拍摄者亲身感觉到他们是广告的制作者，广告的成功与他们的作品息息相关，对于这项活动，他们充满自豪感，自觉在社交网络二次传播扩大影响力。线上线下互动形成良性循环，越来越多的摄影爱好者也知道了这项展览，他们更加热衷于用 iPhone 手机拍照，同时也期望自己的照片有朝一日能被选中在世界各地进行展览。

充分善待照片制作者，令他们产生真正的主人公意识，是苹果广告成功的更深层因素。苹果公司还为每个拍摄者准备了特殊的礼物，一副白手套和一本展示所有入选照片的名为“ The Galley ”的画册。

案例：“Shot on iPhone”之“地球一夜”

“Shot on iPhone”系列营销活动始于2015 年，是由苹果公司在全球户外广告市场的一项大型活动，整个展出素材收集自世界各地 iPhone 用户所拍摄的优秀摄影作品。精美的照片，淡化商业注重艺术性的风格以及调动全世界用户参与广告制作中的做法颠覆了整个行业创意的标准，在广受赞誉、获得无数奖项的同时也为苹果品牌赢得更多品牌附加值。

2017 年伊始，苹果再次挑战自己，开展新一轮“Shot on iPhone”系列营销，拍摄的足迹遍布北极冰洞、印尼火山、南非约翰内斯堡等各个角落。为了展示 iPhone 7 优秀的夜景拍摄功能，本次活动的主题是“地球一夜”（ One Nignt on Earth ），优秀的作品在全球 25 个国家主要户外媒体展出。

案例：“新年制造”系列

除了全球范围内投放的“地球一夜”系列。春节前夕，一向走高冷风格的苹果还特意上线了一批鸡年主题的年画广告。这批广告分为 5 组，分别来自 5 位华人艺术家。每一幅画都有特定主题，比如“吉星高照”“阖家团圆”“年年有余”，苹果为其取名为“新年制造”系列。

除了官网展示外，苹果更在全国主要城市的户外广告大规模投放“新年系列”，以期庆祝春节佳节。整个投放覆盖北京、上海、广州、成都、杭州、苏州、武汉、南京、沈阳、重庆、大连、天津、青岛等城市，投放区域包括苹果 Store零售店、授权店、公交站、楼宇外等。

与“Shot on iPhone”系列不一样之处在于，“新年制造”系列作品并非出自普通用户，而是直接邀请和筛选艺术家。而从结果来看，这个筛选的过程也是以运用苹果产品为主要的标准。

苹果希望艺术家们采用苹果的各类设备进行艺术性创作，通过户外广告的大画幅展示来体现苹果系列产品对于艺术设计独一无二的能力。比起“Shot on iPhone”侧重于展示 iPhone 的拍摄能力，“新年制造”在拜年的同时，更希望人们对于苹果设备的创作功能，整个系列一改单纯的品牌形象塑造，更直接地展示产品的实际用途。

案例：Safety Truck

开车时，但凡前方遇到大卡车，第一个反应就是超车，但往往会因为后车视线受阻，导致很多交通事故的发生；阿根廷李奥贝纳联合三星，给城市交通提供了一个全新的思路：让大卡车分享自己的视野给后车。利用安装于车头灯附近的摄像头，监测前方路面的一切，并将实时的视频投放于卡车的后部，让车后的驾驶者一目了然。从此以后，跟在大车后面不再是一种负担，而是一种福利。前方安全，敬请超车！

案例：The Dancing Traffic Light

说到交通安全，闯红灯是老生常谈的话题，人们为什么要闯红灯？也许是因为赶时间，也许是因为等着无聊。Smart 给了一个 smart 的办法，让等红灯的时光不再难熬。交通指示灯上的红色小人，不再是一个枯燥的站立动作，而是伴随动感的音乐，动作灵活多变，犹如在夜场里的领舞，一扫烦闷无聊的氛围。有时间的路人还可进入一旁的黑棚内，将自己的舞姿映射到交通指示灯上，遇上这样的红灯，有谁不愿意驻足欣赏呢？

案例：The Marathon Walker

在巴黎马拉松赛上，在来自世界各地的跑步好手中间，来了一名非洲的搅局者，她身穿传统服饰，头顶一个 20 千克的水桶，显得格格不入。她来自冈比亚，为了给家人寻找干净的水源，她每天步行的距离就相当于一个马拉松全程。巴黎奥美全程策划了此项活动，旨在向世人揭示一个残酷的事实：对于爱好者而言，马拉松是一种生活态度；对于非洲缺水地区的人民而言，马拉松般的苦旅则是生存所迫。此活动成功吸引了各界的关注，筹集的善款目前已帮助冈比亚建设了五口水井，而这只是开始。

案例：Security Moms

城市的足球比赛中，少不了球迷闹事，两方轻则动口，重则动手甚至造成伤害。除了增强看台的保安数量，有没有更好的办法让他们有所顾忌？巴西的奥美想到了一个解决方案，让球迷们的妈妈担当看台的保安。自从有了这群妈妈保安队，即使原本性情暴烈无比的球迷也瞬间老实起来，乖乖地服从各位妈妈们的指挥，尤其是在自己的妈妈面前。这种以母爱化解暴力的聪明创意，以零伤害的完美答卷，获得了各界的赞誉。

案例：The World’s First Billbed

户外广告不是做公益，但如果能做到广告与公益两不误，为什么不去做呢？在城市中，有那么一群人，他们白天进行着非常辛苦的劳作，当夜幕降临，他们无家可归，只能露宿街头。巴基斯坦的这家床垫制造商，利用其自身的户外广告位，将广告牌设计成可翻转的结构，背面是柔软的床垫质地，这样在夜晚，露宿街头者可以翻转广告牌，在舒适的床垫上，享受一夜舒服的睡眠。如何秉持一颗善良的心，让户外广告除了宣传的用途之外，造福更多的人，这是这件作品带给我们的启迪。当然，与产品的相关性是其重要前提。

案例：澳洲内衣品牌Bonds的蛋蛋君户外广告

还有什么广告比两个大大的睾丸悬在7层楼高的电子广告屏上更没有节操呢，即便两个蛋蛋是由真人演员扮演。

这个掉节操广告现在正位于澳大利亚墨尔本市中心。两名演员戏仿话唠小弟弟，模拟睾丸会受到天气的影响热胀冷缩。“温度降低，小弟弟们就会蜷缩在广告屏的上端。温度升高，他们又舒舒服服地挂下来了。有风了，他们又会摇摇晃晃地摆起来。”制作这个广告的BBDO负责人如是介绍。

案例：奥迪汽车户外广告

广告背景：奥迪 A4 车型配置的全新的 Matrix LED 照明系统，这款系统的好处是根据路宽自动调节灯光，并且在汽车弯道的时候进行预判，及时调节灯光照射角度。

广告执行：Matrix LED 照明系统是奥迪为夜间行车所打造的安全系统，不仅保护司机也保护路人免于遭受车祸。这次奥迪汽车布鲁塞尔团队想要向人们展现这项技术带来的“安全”，于是他们在街头一个超大的广告牌中安装灯光投射。

路上有行人的时候，广告牌上的大灯就会投射到人身上，给予司机朋友提醒，而路人会好奇这个是什么的时候，会看到广告牌上的广告。

案例：奥迪 Wi-Fi 大战宝马

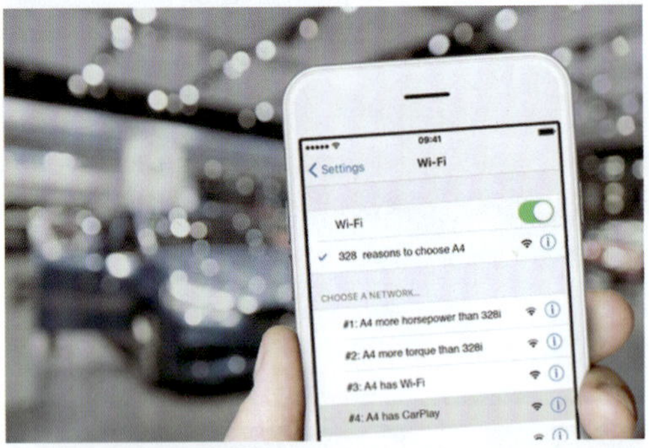

在像车展这样的公众场所，想用 Wi-Fi 上网，简直比登天还难，要么很难找到设置，即便找到了，通常也都需要密码。在今年 3 月的纽约车展上，奥迪就利用这点大玩了一把广告战。奥迪设置了一大批免费 Wi-Fi 网络，重点是，这些 Wi-Fi 都是这么命名的：

328 个理由选择奥迪 A4；

1：A4 比宝马 328i 马力更强；

2：A4 比 328i 扭矩更大；

3：A4 有 Wi-Fi；

4：A4 有 CarPlay 车载系统。

用 Wi-Fi 做广告很多企业都有进行，但是巧妙利用命名来打广告则不多见，奥迪这则零成本、脑洞大开的广告十分值得学习，创意与成本无关，创意也无处不在。

案例：新西兰啤酒品牌——喝啤酒拯救世界

在有些低迷的美国啤酒市场，新西兰啤酒品牌 DB EXPORT 发起了一个思考，如何在这样的大环境下还能让更多人喝啤酒？提高实际销售成了他们的当务之急，但对 DB Export 而言，最后的 campaign 成效直接提升了销售是一方面而竟然同时树立提升了品牌 Branding，让这样一个啤酒品牌成了可以让人们拯救世界的桥梁。

在这个项目中科伦索 BBDO 与 DB Export 品牌联手打造了一次激动人心的战役“Brewtroleum”，用他们的话来说，“这不是一次广告行为，而是创造了一个奇迹，我们正在招募更多人拯救这个星球”——利用高精尖的技术将啤酒渣转换成可用于汽车行驶的绿色生物燃料，这一个举措史无前例。项目上线后不仅实现了品牌 CRM 对环保这一大命题的关注，也收获了今年戛纳户外类的全场大奖。

戛纳评审团主席 Ricardo John 说：“我们聊户外的时候，已不仅仅是看一个招牌而已，这则案例不仅仅对营销是正面的，还有对消费者的家庭，整个生存系统，所有的利益相关者都是积极的，怎样利用媒介完成这些？这些创意人广告人，他们做到了。他们传播的信息是如果你喝更多的啤酒，你就能拯救这个世界。”

案例：锐步：只要你够快 就送你一双鞋

为了推广新跑步鞋“ZPump 2.0 Speed Cam”，锐步在瑞典首都斯德哥尔摩步行街的户外广告中安装了一个速度追踪器，来计算行人的速度。只要有人跑过这个广告的速度是超过 17 公里 / 每小时的，就能获得锐步最新的运动鞋 ZPump 2.0。

17 公里 / 每小时有多快？换成秒的话是 4.72 米 / 秒，按分钟算则是 283 米 / 分钟，是很多参与者可以达到的标准。挑战成功的人还是不少的。Reebok 北欧区公关和社交媒体经理表示：“通过这一活动，锐步想要激励人们去挑战极限，这也与锐步的口号‘Be more Human’是一致的。”

案例：伦敦奥利奥日全食营销活动

点评：利用数字大户外场景，增加裸眼 3D 震撼效果，配合主题活动利用 Ibeacon 、眼球追踪等感应技术与受众即时互动，增加广告黏性，完成 O2O 营销闭环！

2015 年 3 月 20 日英国迎来 16 年一次的日全食，但鉴于英国各地的天气情况，能看到日全食的景象并不乐观。于是奥利奥就在全国各个闹市区广告牌上投放了由奥利奥制作的日全食演示，且这个日全食是根据当地时间而有所改变的。于是，这件有爱又有趣的事情就得到了全国人民一致点赞。

案例：嘉士伯啤酒伦敦户外广告：这可能是世界上最棒的海报

丹麦啤酒品牌嘉士伯啤酒，与广告代理商 Fold7 及设计公司 Mission Media 合作，在英国伦敦 Brick Lane 的一面户外看板上，推出一个广告，上头写着：这可能是世界上最棒的海报（ Probably the best poster in the world ）。

为何敢这样说？原来是海报前方，嘉士伯提供免费的啤酒，人们可以扭开水龙头，自己装来喝。为了防止有 18 岁以下的小朋友来偷尝“禁酒”，嘉士伯请人在旁边监控。

嘉士伯英国资深品牌经理 Dharmesh Rana 表示，这样做是他们想要让品牌有更多渠道接触到消费者，而不只是利用电视广告。

案例：在地铁上开派对，优衣库是这么做体验营销

不少品牌在做推广的时候，都尝试过承包地铁的方式，在一个相对集中和封闭的空间中，给消费者完全不同的乘车感受，让大家有机会来接触这个品牌，增加好感度和记忆度，所以承包地铁，做好体验式营销是关键，绝对不是一车厢的硬广能解决的。

为了宣传芝加哥的新店开张，优衣库承包了几列地铁，希望在不打扰到大家正常活动的情况下，和更多的消费者接触，用一些特别的方式，吸引年轻人的关注，于是他们在地铁上举办了派对，每一辆地铁大概可能容纳 300—500 人。车厢里每一个细节都经过了改造，首先在座椅上，参与活动的消费者可以收到一个礼包，里面有优衣库的产品，还有明治旗下的小熊饼干，为的是让美国人也可以感受到更多的日本元素。

列车上有专门的 DJ ，营造出了派对气氛，年轻人甚至可以在车厢里跳舞。为了让整个活动融入日本文化，主办方设计了这个日式抽签的环节，将纸条绑在绳子上，消费者可以抽奖品。

案例：女性援助 Women’s Aid 的智能识别大牌

当女性遭遇家庭暴力，你能为她做些什么？在国际妇女节这天，伦敦街头出现了一个巨大的广告牌，图片是一张遭受了家庭暴

力的女性，每当有一位行人对她投入关注，她脸上的伤痛便会减少一点。如果有足够多的关注，她的伤痛便会痊愈。这则将人脸识别技术充分运用的户外广告由英国本土广告公司 WCRS 联手 Women’s Aid 和户外媒体公司Ocean Outdoor 共同完成，号召大家关注妇女健康，关注家庭暴力。

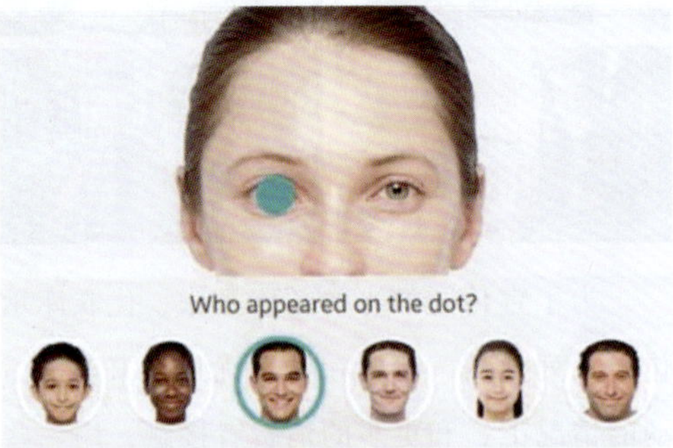

案例：士力架

饥饿会让人犯错。 BBDO 为士力架在纽约的公共区域找了一些稀奇古怪的、明显

是制作者犯糊涂弄错的标识、设计者没过大脑的装置（比如说同时贴了“从此门进”和“此门不通”的地方）。他们在这些蠢萌的错误旁边贴上了士力架的小海报：“饥饿的时候人会犯错。”所以，来个士力架吧！

这不是随便贴的小广告，广告诉求和环境非常有关联。这个营销还有点小幽默。这都是哪些犄角旮旯里找到的？做这个户外营销的团队真是有细致的观察能力。话说聪明的你都发现了这些设计哪里有问题吗？

案例：妮维雅

小孩喜欢在海滩玩耍，却不喜欢抹防晒霜，不管大人如何努力，小孩子对防晒霜还是爱答不理。但是，巴西广告公司 FCB 为妮维雅想出了一个能让小孩子重视防晒的

好办法，那就是送他们一个“妮维雅娃娃”。妮维雅的工作人员会在海滩上送给玩耍的小孩一盒礼物，里面不仅有一个可爱的娃娃还有一支妮维雅防晒霜，如果不给娃娃涂抹防晒霜，那么在烈日的照射下，娃娃就会变的全身通红，如同小孩被晒伤一样；但如果给娃娃涂抹了防晒霜，那么这个娃娃在烈日下就不会有任何变化。FCB 与妮维雅合作多次，之前的许多广告都拿了大奖。

案例：Depaul

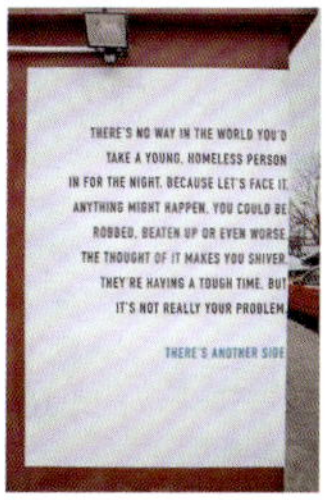

阳狮伦敦为一个关爱流浪汉的公益组织 Depaul 做了一个户外宣传。这些贴在街角的故事，如果只看左侧，内容是这样的：不要收容那些流浪的少年儿童。但是如果你拐个弯，连着读这些文字，主旨完全反转了：给了你收留流浪汉的理由。通过这则广告，Depaul 想表达“改变固有观念做善事就在一念之间”的观念。

案例：Forever 21

广告公司 Breakfast 花了 18 个月时间为 Forever 21 做了一个巨型的户外广告。这个广告牌与以往一般的动态广告都不一样：每当你自拍上传 Instagram 并打上相关的 # 标签，线轴上色块自动拼贴出自拍照片的样子！创意不错，执行也是挺有诚意。

为了完成这个创意，用了 6400 个线轴，整个装置重约合 907 公斤，由 20 万个可移动的色块组成。这个户外广告的风格（技术上的实现可不容易哦）既前卫又复古（毕竟拼贴画是色块组成的嘛）。比起用 App 或者 Photoshop 这样的软件给自己做一个马赛克风格的头像，这个更有趣，因为你能看到它转动起来的样子。

案例：Medcom

巴拿马的道路状况远远比不上那些增长量迅速的车辆，坑坑洼洼的路面使得无论是

行人还是车主都怨声载道，为此 P4 Ogilvy & Mather 为巴拿马 Medcom 电视公司出了一个主意，在那些坑洼的地方放上一个特殊的电子装置，每当有车遭受到了坑洼路面的伤害，电子系统就会自动给巴拿马的政府公共部门发送一条哀怨的推特，以此来督促有关部门赶紧整治路况。此举在媒体平台上引起了热烈的讨论。

案例：Don Giulio Salumeria

自俄罗斯颁布了禁止从欧盟成员国以及美国进口食物的条令以来，俄罗斯人民好像就陷入了吃不到地道欧洲美食的痛苦中，然而上有政策，下有对策，莫斯科一家名为 Don Giulio Salumeria 的商店依旧进口并售卖意大利食品。为了扩大宣传力度，他们委托广告公司 The 23 做了这则非同寻常的户外广告。广告就投放在莫斯科的街道上，只不过普通的路人看到的广告是意大利美食宣传，而警察看到的则是俄罗斯套娃商店的广告。 The 23 充分使用“高科技识别技术”，当警察的制服被安装在广告牌上放的摄像头识别后，广告就会自动切换。

案例：英国癌症研究中心

在一条熙熙攘攘的街道上，本来好好的路面突然有了一个“凸起”，而随着时间的变化，这个“凸起肿块”变得越来越大，逐渐开始妨碍行人正常行走。这个户外公益广告由英国本土创意广告公司 AMV BBDO 为英国癌症研究中心（Cancer Research U.K.）创作，旨在提醒癌症对人类健康的影响非常大，希望大家能够在繁忙的生活工作中抽出时间进行有规律的体检，对待癌症疾病要早发现、早治疗。街道上的凸起肿块是模型模具公司 Artem 制作完成的，为了能够让肿块看起来摸起来都非常真实，Artem 的团队改良了聚苯乙烯的材料，使其既能堆积又能承重。

案例：麦当劳

继李奥贝纳为麦当劳创作的轰动一时的户外经典广告——“日晷餐”过去将近十年之际，麦当劳又出户外佳作。这则户外广告在加拿大地区投放，在路边的广告屏幕上，一个蛋麦满分会随着太阳升起而逐步完整出现在人们的视野里，提醒大家要好好享用早餐。

案例：英国 Sky Atlantic（大西洋电视台）

《雪镇疑杀》是一个英国犯罪题材电视剧，该剧主要内容发生在北极境内。英国 Sky Atlantic 电视台为了宣传这部新剧，联手制作特效的工作室 Millennium FX 和传媒公司 Taylor Herring，做了一个移动的户外广告，主角不是别的，正是一只“北极熊”。这只北极熊由一个大活人穿上耗时一个多月制作好的骨架和皮毛来装扮，当这只高达 2.4 米的“北极熊”出现在英国汉普特斯西斯公园和伦敦南岸的时候，所有行人都惊呆了，他们感到好奇又害怕，纷纷开始拍照然后上传社交网络，制造了话题并由此来宣传新剧。

案例：JetBlue

JetBlue 为美国一家廉价航空公司，广告公司 MullenLowe 为 JetBlue 构想出了一个非常具有参与性的户外营销广告方案。当纽约客们在路边等巴士的时候，他们会发现巴士站广告牌上多了一张海报，上面的文字是在鼓励行人将海报撕下来。无论是谁将海报撕下来，他就能够获得一堆“勇敢者”的战利品，包括 JetBlue 提供的免费飞机票、抢手的球赛门票以及冰淇淋兑换券等等。此活动以 #NYC Take off 为点，一共在纽约的五个区发放了 181 张海报。

案例：遥控大屏让猪吃苹果

雷恩戴维斯有机农场位于伦敦附近的巴克斯郡的大米森登地区，这里生活着一群塔姆沃思猪。农场画面在位于伦敦西菲尔德中心区域的海洋户外的 LED 大屏上实时播出。

受众通过智能手机购买一个虚拟的苹果，向该组织捐款 1 英镑。捐款者会收到一个链接，点击进入该链接，手握手机向大屏做出投掷动作，屏幕上就会显示农场上的装置将一个真的苹果投喂给猪。为增强活动效果，本次投放也选取了伦敦西菲尔德周边的其他屏幕。通过和社交媒体互动，互动者在喂食后，会看到数字大屏上出现一条个性化的感谢内容，并收到一条每月向世界农场动物福利协会捐款的手机推送。

案例：伦敦时装周

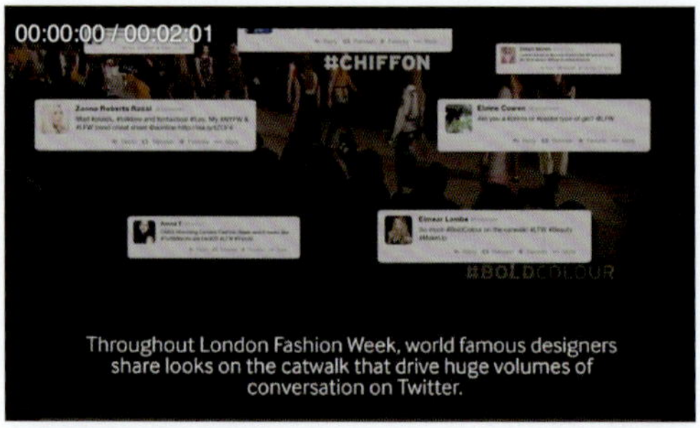

伦敦时装周期间，世界知名设计师都会在社交媒体 Twitter 上实时分享对走秀现场的各种评价，引来大量受众参与讨论。TOPSHOP、Twitter 和海洋户外三方合作，将线上热议即刻转化成线上和线下店铺的消费。将线上热议程度最高的款式实时发布到位于英国六座主要城市的海洋户外的大屏上，向过路行人发布来自时装周的最新时尚潮流。而六块大屏的选址，距 TOPSHOP 的实体店都只需要步行 10 分钟以内。行人可以通过手机，在 Twitter 上将关键词 @ TOPSHOP ，获取该品牌此款式或类别的详情。通过数字户外和社交媒体的跨媒介投放，该推广活动极大地提升了 TOPSHOP 在伦敦时装周期间线上及线下店铺的销量——话题款式的销量上升了 75% ，在 Twitter 上引发了 380 万条讨论，投资回报率达到了 1:11 。

案例：吉隆坡拯救麦当劳甜筒

在吉隆坡闹市武吉免登，气温最高可达40℃。行人们在大屏幕上看到一支巨大的麦当劳冰激凌甜筒，但是炎炎的烈日正在将它一点点地融化。要想“拯救”这支甜筒，你只需要拿出你的智能手机，进入这个游戏界面，然后画面上的风扇，来给它“降温”。参与者越多，甜筒也就能越快“得救”。而它的拯救者们也会获得一份奖励——一张免费的冰激凌甜筒电子兑换券。而这张券也是会融化的——顾客必须在10分钟以内赶到最近的麦当劳餐厅进行兑换，超时自动作废。而一旦进店，他们也就非常可能消费其他食物。这次活动在200分钟之内就发出了1500张兑换券，让品牌在炎炎夏日中也能把行人吸引进店。

案例：Survival Billboard

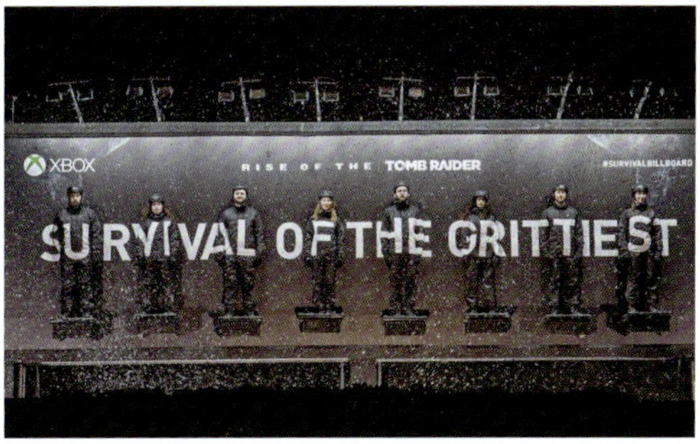

为庆祝《古墓丽影：崛起》在英国推出，Xbox找了8个忠实的游戏玩家到户外做探险。这8名忠实的LaraCroft（古墓丽影的女主角）粉丝，被迫要站在伦敦的一块巨型户外广告牌上，24小时捆绑不能动弹。网友可以在这个survivalbillboard.com的网站上观看8人的直播，每个时段，观众都可以在两种恶劣的天气状况里投票，给选手制造困难，比如大风或下雪，投票者也有机会免费获得新游戏的数字版本。最后一位坚持下来的幸存者，可以为自己赢得一次古墓丽影的圣地巡礼，即到游戏中的场景所在地旅游。

案例：BED / LAMP / TABLE/NIGHTSTAND

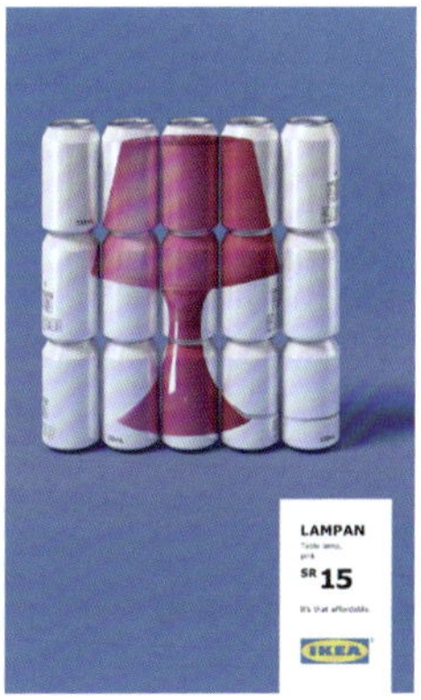

将宜家的松木床架、粉色台灯、黑色电视柜以及红色床头柜的价格，用非常形象直

观的方式表现出来。例如：只要花费 15 罐啤酒的价格，你就可以得到这款粉色的台灯，而这个价格是你可以负担得起的。

案例：The King of Drive-Thrus

麦当劳在法国乡村立了两块广告牌，其中一块非常高的广告牌是为汉堡王而设立的，另一块很矮的广告牌是麦当劳自家的，矮的那块广告牌写着“再驾驶五公里就到麦当劳”，那块很高的广告牌则写着“去汉堡王店需要开 258 公里，期间要经过 ××× 路口”。而这也是麦当劳管用的伎俩，间接讽刺汉堡王在法国的门面稀少。

案例：都市人的心理病

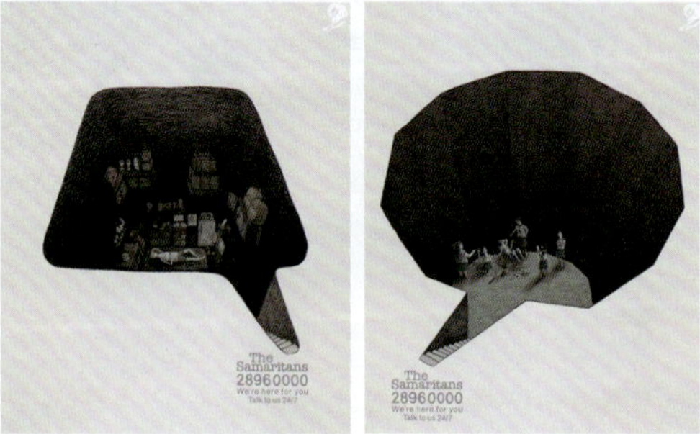

看看高耸写字楼的格子间，像不像是原始人的群居洞穴？扬罗必凯上海制作的一系列反映都市人压力的平面海报获得了该类银狮奖。海报中以夸张的手法展示了我们生活的环境——局促、黑暗，好像原始人居住的洞穴。阴暗的色调加上夸张的配图向人们展示了校园暴力、学习压力以及变性等整个社会应该关注的问题。它同时还获得了设计类铜狮奖和健康类铜狮奖。

案例：在特拉维夫用一栋楼玩俄罗斯方块

为了迎接创新节的到来，特拉维夫把市政大楼变身为 3000 平方米的游戏显示屏，并且在宽敞的拉宾广场上，竖起了两个黑色的 1 米多高的游戏操纵杆，可以同时供两个人操控玩耍。人们站在一个特殊台子上就可以看到几十米开外“屏幕”上显示的俄罗斯方块，根据方块的掉落方向前后左右地搬弄操纵杆就可以玩游戏。每到周四的晚上，人们就排队在这里免费玩俄罗斯方块。拉宾广场的管理人员说，自从开办这个游戏以来，吸引了很多市民和游客参与。每周四晚上 8：00 点到 9:30 之间开放，让人们免费体验巨型俄罗斯方块的魔力。

案例：空中巨幅广告的巨大魅力

MTV 音乐录影带大奖于 8 月 29 日上午在纽约麦迪逊广场花园盛大举行。在颁奖典礼之外，为了给 MTV 音乐录影带大奖造势，主办方采用一种新颖的方式在空中做的广告，同样吸引了不少人的眼球。

仔细看的话，不难发现幕布上的莉安娜· 格兰德的脸和电视广告画面，2016MTV 音乐录影带大奖（2016 MTV Video Music Awards）的 logo 也赫然可见，这个 76 米的巨幅空中投影屏幕正以闪烁的不同画面宣传着 MTV 音乐盛典，而旁边竟还有两架直升飞机在“护驾”。以这样的方式为音乐盛典宣传预热，对 MTV 全球音乐电视网来说也是第一次。这场形式独特的空中广告还制造了一个小小的惊喜：活动当晚获得了吉尼斯世界纪录委员会的认证。

除了拉着屏幕前进的直升飞机之外，还有一架伴飞的军用直升机用来搭载三台 4K 投影仪，飞行时始终与屏幕保持 60 米的距离。三台投影仪同时工作，图像同时叠加在屏幕上，提高了画面的亮度和清晰度。投影仪最高可拥有 60000 流明高亮度，但这次投影只需要 40000 流明就已经足够。投影机系统本身能够追踪屏幕的移动位置，确保投影能准确打在屏幕上。

幕布看上去很普通，但制作起来却十分讲究。因为发现由若干布料拼接而成的幕布更有助于抵抗狂风或扭动力，团队便开始亲手缝制横幅。长方形幕布上方有一个口袋形的额外部分，是为了幕布被直升机提起，而底部对应的重力袋则帮助幕布飘成一个“听话”的长方形。最后团队用了一个 76 米宽的 16:9 屏幕，在屏幕上下都设有气袋，屏幕顶部的气袋负责托起屏幕，而底部的气袋则负责让屏幕保持展开和垂直。

幕布的制作只是一小部分，另一个直升机的任务更加艰巨。你在幕布上看到的投影画面，实际上需要三台 4K 的投影机垂直堆叠在一起，每台投影机投射出的画面重叠在屏幕上，才能保证图像质量。最后，直升机要在距离幕布 60 米远的地方进行投影。由于负责投影的这架飞机需要搭载太多东西，Osbourne 不得不选择军用休伊直升机，“只有军用直升机才能搬动所有设备，以保证稳定飞行”。

案例：代替烟花，英特尔的无人机烟花秀

在 2016 年的天猫“双 11 ”全球创智生态峰会上，除了首席执行官科再奇的上台演讲，更吸引人眼球的，还是稍后展示无人机烟花秀：英特尔利用一人控制的 500 架无人机进行灯光表演。

这 500 架无人机都是采用英特尔的全新无人机型号—— Intel® Shooting Star™，这款无人机将被广泛应用于艺术、娱乐和灯光秀等领域，解决复杂的晚间娱乐工作问题。同时因为是塑料机身，重量仅为 280 克，为了保证飞行的安全性，四轴螺旋桨的外部设置了保护盖，每一台无人机都有防水处理，即使下着小雨也能够进行飞行表演。每一台 Shooting Star 无人机都装上了 LED 灯，并可显示 40 亿种色彩组合。Shooting Star 最长飞行时间是 20 分钟，飞行范围为 1.5 公里，无人机自带灯光秀系统会在飞行之前进行机种检查，根据灯光秀的设计要求、无人机的飞行距离、飞行时间等状况，为每一次的表演选择最合适的无人机。

英特尔表示，通过软件系统，一个人同时最多能控制 10000 台无人机的表演。策划一场无人机灯光秀表演的时间只需要几周，用户可以通过计算来规划无人机最优飞行路径，计算需要的无人机数量以及放置地点等。

部分案例视频二维码

"飞鸡"艺术雕塑

2017，我们在行动

宝马外滩双屏互动

城市电视超级月亮慢直播

福临门巴士跨屏互动

兰蔻大屏肌肤保卫战

联想电视镜面框

乔雅咖啡体验站

全城热恋，爱在 17

三生三世十里桃花源

善存——磁性贴派发

雪碧异形杯引流

长隆公交场景立体营销

adidas 轰碎篮筐校园推广

adidas 一夜袭来 有型专注户外

ELIXIR 殿堂级梦幻通道

Kindle UGC 书架陈列

Lunar Long Museum Projection

户外场景营销实践

2016—2017 年场景营销趋势报告

博视得数据中心

在新的经济环境下，营销行业如何适应，如何抓住发展中的机会点？我们将从宏观经济、营销趋势发展、户外广告行业投放几个方面和大家一起回顾在过去的 2016 年里，户外广告的市场发展和营销趋势。

2016 年宏观经济回顾

中国经济处于增速放缓的新常态，户外广告行业如何找到发展切入点值得思考：

• 中国经济将由投资主导，转向消费主导。注重转型期间的机会点；

• 密切关注三大新兴消费力量的消费特点和由此带来的消费升级；

• 战略性新兴产业是“十三五”发展重点，信息技术和数字创意将会对营销有大影响。

2011 年—2016 年中国 GDP 年增长率走势图

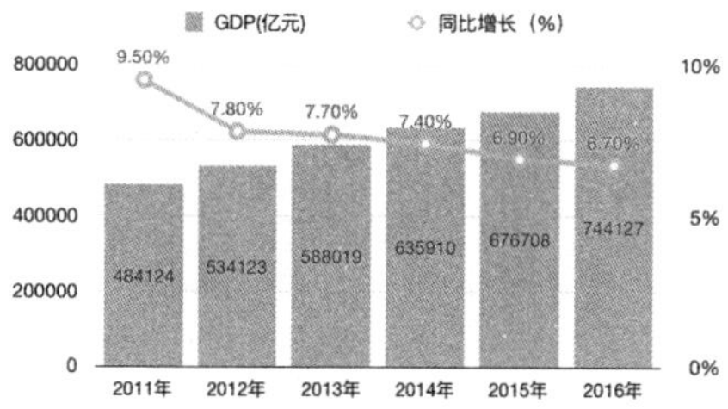

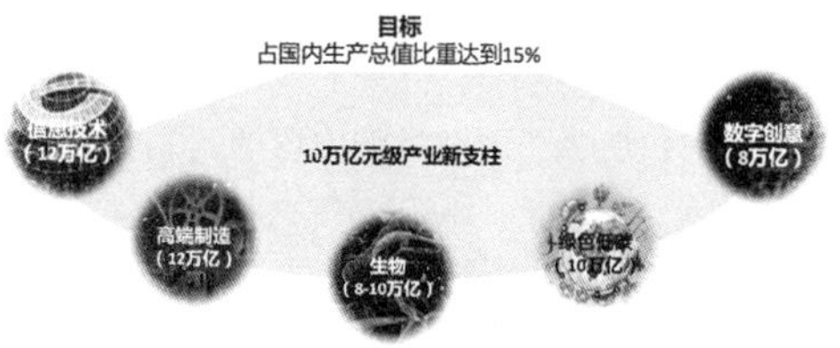

社会消费品零售总额与 GDP

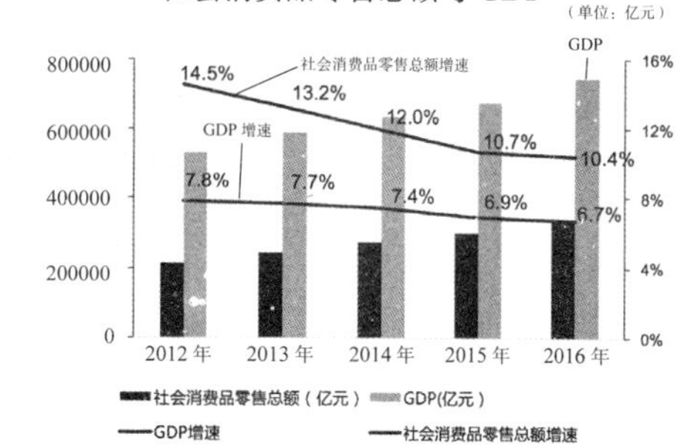

数据来源：国家统计局。

居民人均可支配收入（元）

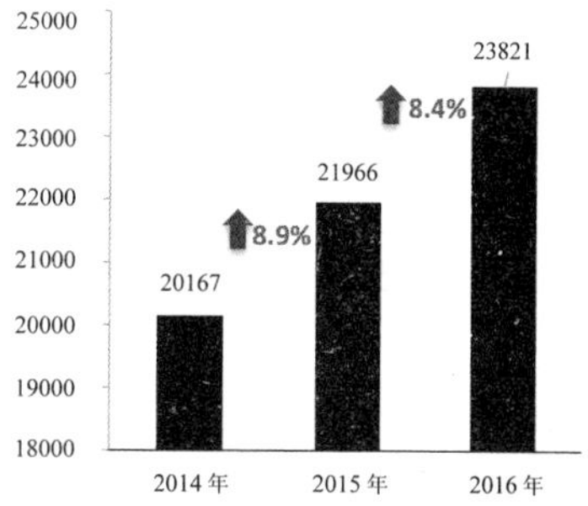

2017 年营销发展展望

基于 2016 年年中发布的趋势来看，各种趋势特征正在融合、升级。智媒时代，场景营销的时代已经到来。

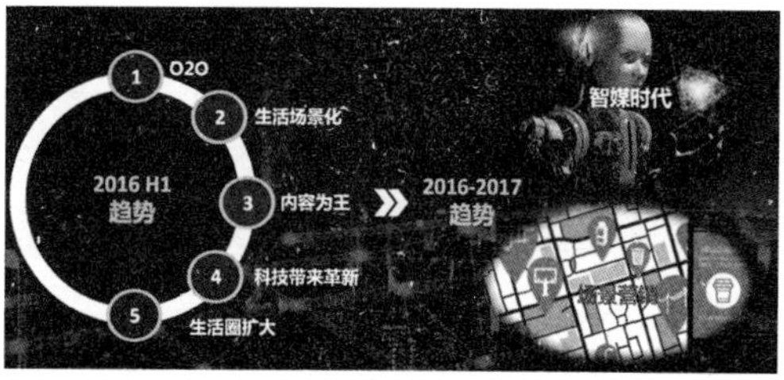

智媒时代的到来

随着物联网技术的发展，媒体数字化、智能化，彼此互联。产生了人与物、物与物、人与环境更多的关系维度，这三大体系互动形成智媒生态。

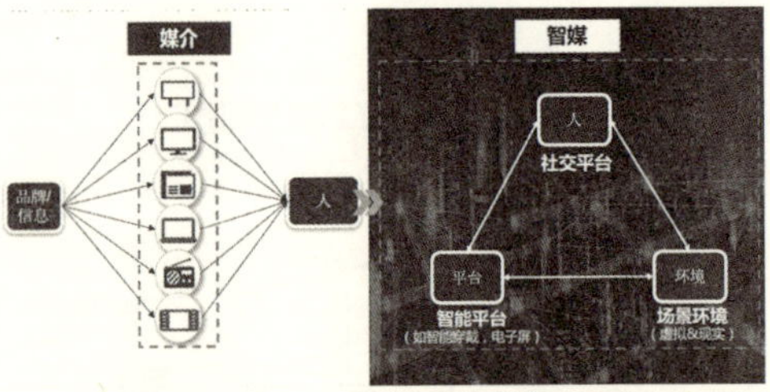

备注：智媒概念参照了清华大学新媒体研究中心与腾讯网·企鹅智酷联合共同发布的《智媒来临和人机边界：中国新媒体趋势报告（2016）》

智媒时代的到来，推动营销走入场景营销时代

在O2O整合营销发展的基础上，媒介边界被进一步打破，营销正步入场景营销时代，更加注重和消费者在生活情景下的自然融合，以及更为个性化的营销手段。

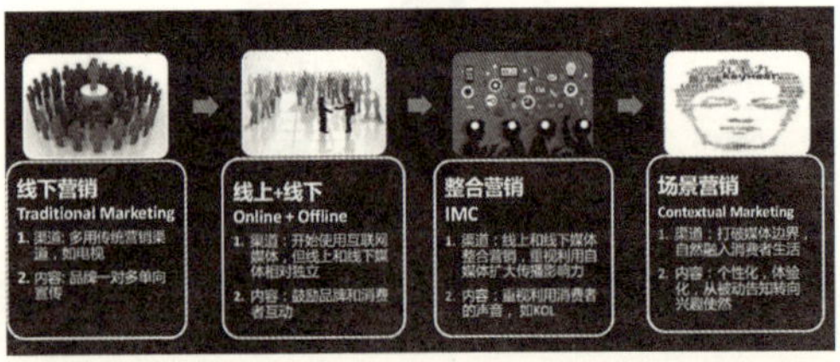

现实场景营销5要素

现实场景可以提供恒定常态化传播价值，相较于虚拟场景，现实场景可以提供更有价值的传播。

1. 定位+大数据：无定位，不场景

得益于技术和数据的开放，GAI (Geo Audience Insights) 基于地理位置的消费者洞察数据已经可获取。短期内，GAI定位数据会贯穿于媒体投放的不同阶段，优化媒体投放。长期来看，GAI数据可以结合其他数据，如品牌第一方数据，以及其他第三方数据，让场景营销更为精准。同时在未来的现实场景下的程序化购买中的三个核心环节中，也都需要依据于数据才能真正做到效果优化和程序化投放的效果。

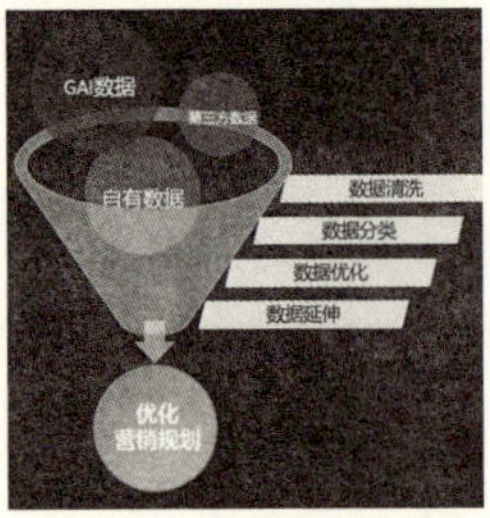

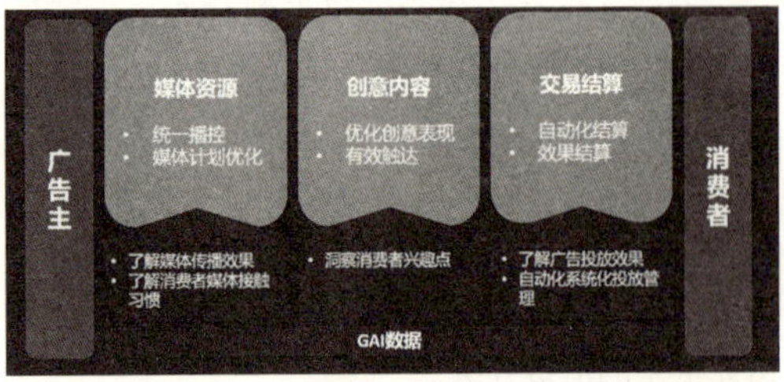

2. 内容：内容驱动效果

在博视得英国做的一次户外广告效果研究中发现，“动态广告”，即投放与当时场景下的受众更为相关的内容，无论在广告效果和品牌效果的达成上较之普通的户外广告都有明显提升。

好的内容，离不开社交传播和消费者兴趣点的研究和结合。而在品牌内容的营销方式上，已经不单纯是品牌“露出”这样的模式，而是出现了更多的内容营销方式：内容营销三部曲。

3. 场景+智能设备：交互，带来更为自然的体验

消费者媒体使用碎片化趋势更为显著，导致消费者的购买决策从传统垂直路径转向多元交互。社交、智能人机交互和物联网正构成这些多元交互。随着技术的进步和数据的开发，相信未来的互动方式将会和消费者的自然反应更为同步，更为自然。对于营销者来说，需要确保站在技术的前沿，洞察趋势，为品牌、消费者带来更好的体验。

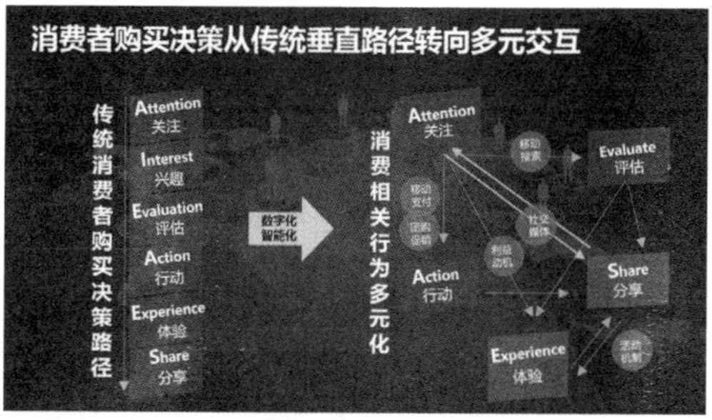

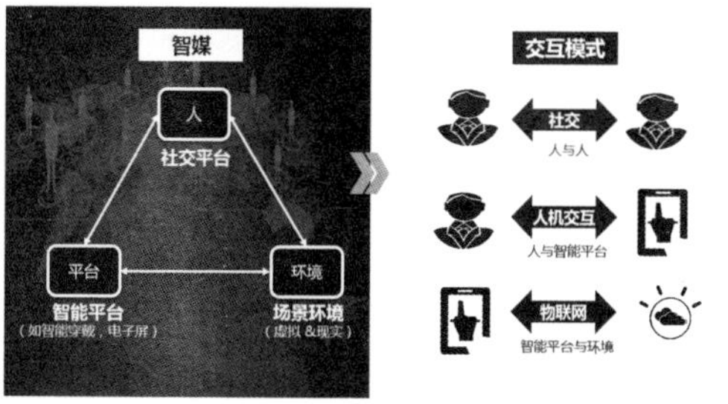

2016年户外行业投放回顾：

2016年户外媒体投放额稳中有升，较去年同比增长了10%。而且户外数字化趋势继续深入发展。

2016年与2015年户外广告投放额（百万元）

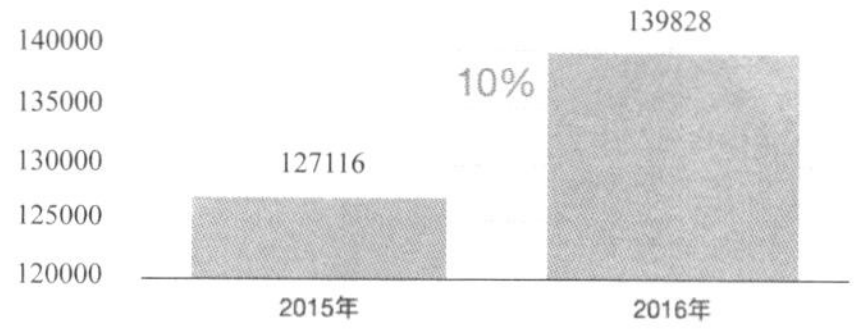

2016年户外媒体投放亮点回顾：

• 品类回顾：互联网类，尤其是电商品牌大幅增加了在户外媒体的投放；

• 媒体回顾：公共交通类媒体表现抢眼，增幅显著；

• 城市回顾：二三线类城市增幅继续跑赢一线城市，而且二线城市表现尤为亮眼。

2016年与2015年产品大类投放额（百万元）

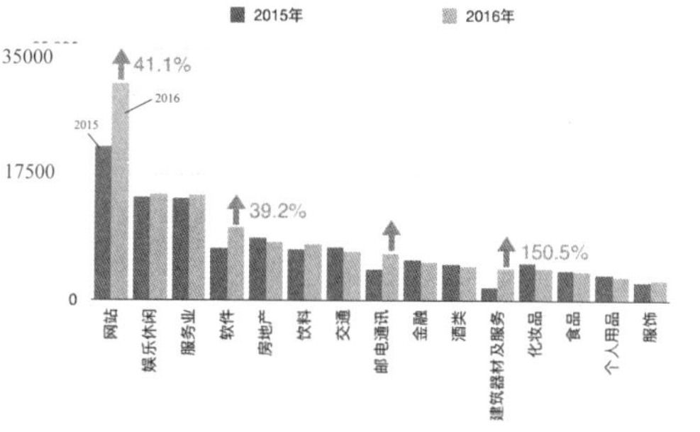

• 网站、娱乐休闲业和服务业仍是整体投放前三，传统衣食住行除服饰有所增长外，总体呈下滑态势。

• 2016年户外行业投放额增长，主要得益于网站行业41.1%的增长，网站行业的广告份额已占到全行业的1/5。另外软件行业2016年增幅39.2%，主要来自各类App应用的投放。

• 邮电通讯行业的增幅主要来自步步高、小米、OPPO等手机户外投入的增长。

• 建筑器材及服务行业的增幅，主要来自简一陶瓷大幅增长的户外投放。

TOP15 品牌排名（百万元）

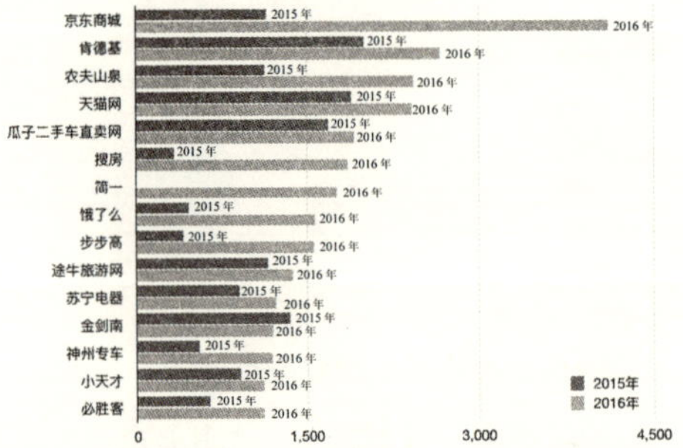

2016 年与 2015 年同比媒体大类投放额比较（百万元）

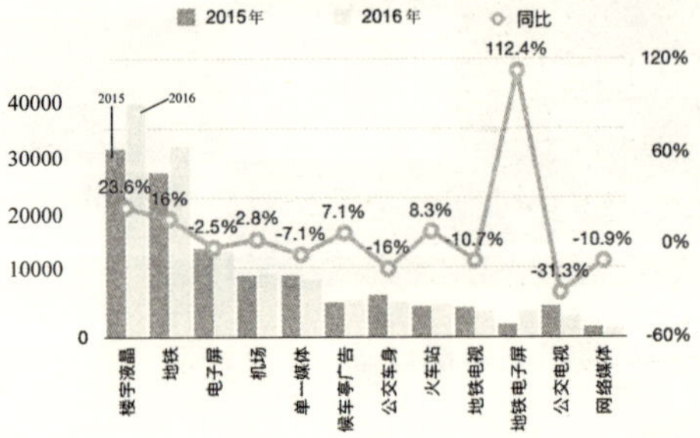

数据来源：CODC　　　　对楼宇液晶做 0.6 加权

TOP15 生产厂商排名（百万元）

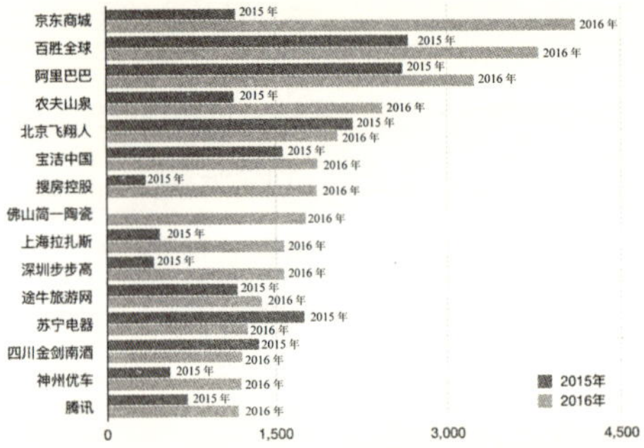

数据来源：CODC　　　　备注：刨除产品大类：空，公益广告；产品小类：客运服务，广告媒体及制作；媒体小类：出租车视频 TVC，出租车视频互动按钮 ICON。

生产厂商和品牌：电商品牌厮杀激烈，互联网企业加大投放

• 互联网类客户在 2016 年大幅提高在户外媒体上的投放，TOP15 厂商 / 品牌排名中，互联网企业数量已经占到 6 成。

• 2016 年电商营销战争异常激烈，各大电商品牌在各大节日中加大投放力度，抢占市场份额。

• 京东大部分投放流向一二线城市，且二线城市增幅最大。

• 天猫更偏爱在一线城市投放，且一线城市投放增速最高，并减少二三线城市的楼宇液晶投放。

媒体：楼宇和主要公交类媒体保持增长

• 楼宇液晶增幅达到 23.6%，2016 年增加的投放额主要来自一二线城市，但二三线城市增幅最大。随着国家城市化建设的进程，这种市场下沉趋势将被延续。

• 地铁媒体投放额的增加主要来自于一二线城市。在软件和网站行业的高额投放下，地铁媒体广告同比回升向好。

• 地铁电子屏剧增的投放额，主要来自服饰、娱乐休闲、母婴用品和食品在一线城市的投放。

移动互联驱动下的场景化营销

中央财经大学 刘青

近年来，传统营销模式日渐式微，而以移动互联网为代表的新媒体正在抢占营销市场。2015年，春晚首次尝试了多屏互动、场景营销的形式——与微信合作，使观众在荧幕前观看晚会的同时，通过手机微信上的“摇一摇”功能，即可参与到抢红包活动中。红包由各个广告品牌赞助，抢到的红包会显示“某品牌给你发了一个红包”等内容。“微信红包+春晚”的营销模式不同于传统营销，广告运作的逻辑、消费者购买路径都发生了改变。

传统广告运作基础是对消费者注意力的二次售卖，而互联网尤其是移动互联出现后，消费者开始依赖应用、平台入口，一定程度上可以绕过传统广告，直接进入产品体验、购买环节。越来越多产品和服务通过互联网入口提供给消费者，失去了互联网入口的支持，很多实体产业将难以获得消费者，这又反过来推动零售、餐饮、服装等线下产业放弃了传统媒体入口，主动与线上入口融合 。

以地图的演变为例，过去人们崇尚的是囊括世界的版图，如今人们关注的是以“我”为中心辐射的版图——个人的行动路线；相应地，营销也从硬推走向了场景化，影响消费者购买行为变化。基于特定个人所处的场景，移动端的地图应用会在其上推送附近的服务、产品信息，若满足消费者当时当下的某个需求，则很容易吸引消费者购买。而消费者很可能之前并没有接触过这些产品的广告，却因为“场景”的因素就实现了传统广告一直努力达到“提升认知与销售导流”的效果。

移动互联网驱动着场景应用，“场景”正在成为决定消费者是否愿意体验与购买的关键因素。

一、场景化营销：遇上移动互联网

（一）场景化营销新内涵

场景化营销早已存在，即针对目标用户所处的时间、地点展开的营销活动 。例如，圣诞节之际商场通过橱窗、展台的布置，营造出的节日气氛，这就是典型的传统场景营销。学术界是将“场景”作为一个含义宽泛的多义词来使用，它的主要释义有“上下文”“情景”“背景”“环境”等 。营销范畴上，将消费者发生购买活动时，周围一切环境因素的总和，称为消费情境或场景。Belk最早提出情境理论，把情境因素定义为在某一特定的时间和地点存在的对当前行为产生影响的某些因素，这些因素不会受到个人或刺激物长期特性影响而发生改变。基于此，笔者认为“场景化”就是企业借助消费者所处的周遭环境、特定时间，与消费者形成互动的过程。本文讨论的重点是，移动互联网普及，智能终端设备及技术提升，场景化营销的新内涵。

国外营销学界、业界把移动互联网下的场景化营销概念称之为“Context-aware marke-

-ting" 或“Ubiquitous marketing”，译作情境知觉营销、无处不营销。无处不营销将是下一代电子商务与消费者关系管理，商家基于移动无线设备和技术计算出消费者的偏好，确认并显示出消费者移动中变化的需求，并对其展开营销 。未来的购物会依赖于社交媒体，移动着的消费者还有不断增加的女性顾客。移动策略能够帮助商家准确用人口统计变量来连接消费者……不论消费者在哪里，都可以通过匹配相关、即时（real-time）的信息平台，实现情境感知营销。另外，学者从技术上论证了场景营销的可行性。情境感知广告平台，结合即时交互数据和精准位置定位服务，能够在消费者靠近或进入商店时候直接推送精准的产品 / 服务（offerings）。并且情境感知推荐系统依赖社交网络的内容进行预测。

综上，笔者认为，移动互联网驱动下，场景化营销是企业 / 品牌基于用户数据、定位追踪、移动传感等技术，在特定的时间、空间环境中，预测感知并满足消费者当下之需求的营销活动。

（二）场景化营销的特征

Rob Mullen 对于场景化营销的特征概括为“in place, in time, insight ”（译为：即时，即刻，洞察内心），笔者认为这一概括有许多可以借鉴之处：从时间、空间、心理三个维度，抓住场景化的特征。基于此，笔者认为场景化的特征又可以从内容、形式两方面进行解读。

特征之一——聚焦特定时空，传播定制信息。场景化营销可以借助数据挖掘与移动设备，把握并理解消费者此时此处的场景，发现其个性需求，换言之即借助场景来精准营销。凌仕（男士护理品牌）针对酒吧的特定场景，推出了一款翻译 App，帮助小伙子搭讪异国女孩。在 App 上输入母语所在地，选择搭讪的场所，并选择安全级别（“婉转”或“直接”），App 就会为用户推送一句搭讪的语言。这句话不仅有用户母语和当地语言的对照，还能为用户朗读出来，教会用户。凌仕开发的 App 很好的把握消费者在酒吧等场景中，对异性产生兴趣的即时需求，定制化提供服务，创造品牌与消费者的沟通机会。

特征之二——虚拟现实渗透，媒介融合互动。现今消费者的注意力资源稀缺，场景化营销借助现实增强、传感器等技术，可以较好与消费者对话，推广相关的创意或产品，吸引消费者关注、互动或购买。Magic Leap 公司研发并推广效果逼真的虚拟成像技术，且虚拟现实的感受可以与他人共享。这一前沿技术也获得来自 Google 的投资，未来将应用于消费生活领域；亦是场景化营销的前沿技术支撑。阿里和优酷土豆合作推出优酷“边看边买”的视频购物产品是场景化营销的一次尝试：消费者在观看电视剧、电影和动漫时，点击视频中出现的商品，即可收藏、购买。借助节目影像资源来改造购物场景，与感兴趣的消费者实现互动，有效利用注意力资源，同时又使营销不露痕迹。

（三）移动互联驱动场景营销的条件

场景化营销再次回到公众视野，离不开移动互联驱动，而移动互联之所以能带来“蝴蝶效应”，主要原因有两点。

第一，移动化、智能化设备渗透生活圈，消费行为逐步蜕变。国家广告研究院发布报告显示，受访的用户中，70% 以上的移动互联网用户对智能手机有依赖性，使用移动终端进行购物较多；多在等候期间、下班后、放松时、睡觉前等零碎时间中使用移动终端；对于移动终端上的广告互动回应比较积极，更多地通过移动广告获取优惠券或者去了解产品 / 服务。故依托移动互联等技术，能够更高效地介入未来的消费人群，通过智能手机、平板电脑、可穿戴设备渗透人们移步换景的生活中，攫取其注意力资源，为营销创造沟通的桥梁。另外，移动端能力的发展，为营销效果的表达提供了更多的选择，二维码、现实增强等新技术逐渐成为主流，极大增强了营销体验 。

第二，相关科学技术应用，帮助企业感知消费者当下之需求。时下依托数据挖掘、感知计算，企业能够成熟预测并满足消费者即时需求，能够更好实现从营销到消费的转化。只有当所提供的产品 / 服务从人性的角度去满足消费者即时需求，场景化营销才有可能成功。此外，当下消费者的需求呈现多样化，亚文化消费群体数量增加。大数据、定位技术等可以帮助企业捕获利基市场的“长尾”，将更多消费者导入平台并促其消费转化率的提升。过去，初到一个陌生城市找一家好吃的餐厅成本比较大；而基于位置的美食推荐应用出现后，消费者多了一种选择的可能，在特定时间、地点，基于所处场景，能够获取自定义条件的餐厅推荐等服务，这就是很典型的移动互联网下的场景化营销。

二、场景化营销与消费者决策

从消费者行为的角度分析，笔者认为场景化营销的本质可以理解为“消费者行为决策变量中的先行变量（之一）”，场景化营销影响消费者对产品、广告、购买决策等的反应，产品、广告等继而影响消费者行为。尤其是，在移动互联对场景化因素进行重新定义后，笔者认为，较为显著的影响在于其改变了传统的消费者行为决策路径。而厘清消费者行为决策路径的新变化对于场景营销乃至未来的营销变革都发挥着关键作用。

基于消费者行为学的演绎方法，一般而言，消费先行变量（个人因素、客体刺激或情境因素等）会作用并影响消费者对于相关广告、产品、购买决策等的介入程度，最后再影响消费者决策路径。笔者借鉴学者所罗门提出的介入度影响模型，并融合电通公司提出的网络时代下消费决策 AISAS 模型，构建如下“消费介入—决策”模型示图。下文将从场景因素对消费者行为影响的缘由、场景化对消费者介入影响、场景化对消费者行为决策的影响等角度，层层阐述示意图内涵，呈现移动场景作用下，消费决策路径的新变化。

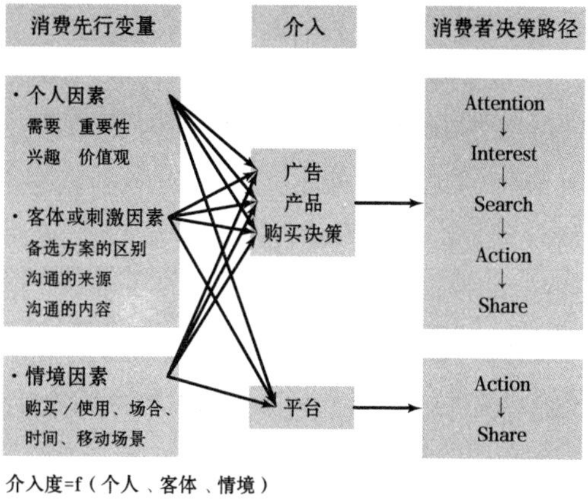

由先行变量引发介入再作用消费行为决策路径的示意图
并考虑移动互联下的情景因素，添加“平台”介入变量

（一）场景因素影响消费者行为

个人因素、客观刺激等作为消费先行变量，对于广告、产品、购买决策的相关作用在学术与实践上都得到了证明，在此不展开论述。而场景因素是本文关注的重点之一，作为消费先行变量，同样也对消费者行为等产生作用。以

下将从学术角度论证该观点，以为“消费介入—决策模型”提供参考依据。

“场景”是场景化营销的关键，包含消费者周围一切时间、空间及环境因素的总和，前文也述及“场景”与“消费情境”（consumption situation）相通之处。

研究表明，情境因素会影响消费者的内心活动及行为 。消费情境是除了个人和产品特性以外，影响产品和服务的购买和（或）使用因素。情境影响可以是行为上的，也可以是感觉上的。人们的购买行为会因为某一特定场合而有所不同，而且在某一特定时点上的感受会影响我们想要购买的东西和我们的行为。另外，使用情境能够促进消费者对于品牌意向的联想：告诉消费者能够或应该购买、使用该品牌。此种联想与通路类型或购买便利性有关，且使用情境也与使用品牌的时间、地点，以及活动的类型有关。Belk 认为情境因素能够解释消费行为 18.7% 的变异量；Sandlle 通过研究发现，情境因素可以解释高达消费行为 40% 变异量。学者的研究结论并不完全一致，但都证明了情境因素对消费者行为的影响和解释作用。

具体说来，企业通过场景化营销来抓住消费者需求痛点与“人性的弱点”，以影响消费者。例如利用消费者渴望“获利”的心理，在特定的场景下为顾客提供优惠券、商品折扣信息，能更大程度调动消费者的积极性。利用场景，切中消费者的欲望与需求，进一步激发消费者购买行为非常重要。

另外，消费者自我认知、期待被他人感知的心理，也是场景影响消费行为的原因之一。重视周围环境的另一个重要原因在于，在任何一个时间段里，个人所扮演的角色部分取决于情境性自我意象，即“此刻我是谁？”的基本问题。也有学者从社交媒体营销的角度，实证表明社会存在感、社会身份认知是影响营销传播效果的重要因素。即消费者在不同场景下会有不一样的自我认知、被他人认知的期待，这会影响其消费行为。例如，一款输入法会根据用户的位置信息、社交数据等，辨识出消费者是要准备约见客户或与友人聚餐。不同场景中消费者的身份表征迥异，因而也会推送不一样的定制化产品、服务信息（前者诉求大方正式，后者诉求休闲娱乐），以匹配消费者的自我认识与他人评价。

综上，场景因素影响消费者的个体行为决策；同时消费者自我认知与被认知显著影响场景发挥作用的程度，进而影响消费者行为。

（二）移动化场景因素作用于消费者介入

构建的“消费介入—决策模型”，核心要义之一是将“时间、移动场景等”因子引入情境因素中，这是出于移动互联网背景下，即时移动性是场景的主要特点之考量。此外，笔者还将“平台”因素添加至“介入”变量中，亦是出于当下新趋势的考虑。

介入（involvement）可以定义为：一个人基于其内在需要、价值观和兴趣而感知到的与客体的关联性；介入的程度可以表征消费者驱动行为的动机状态水平。客体是指一个产品（或品牌）、一则广告，或一种购物情境。消费者对所有这些客体都可能发生介入。 如消费者因为有健康方面需求，会关注保健产品并购买，使用以后对产品有一个新的评价：就是消费者介入；产品就是一个介入变量，联系着消费者健康需求的动机和使用后的主观评价。在“消费介入—决策模型”中，介入变量包括广告、产品、购买决策，以及平台。

移动互联网时代下，平台是场景化营销中不可忽略的条件。社交媒体致力于形成情境化的营销传播模式，使情景营销在广告价值提升中发挥越来越重要的作用。互联网的兴起，削弱了传统媒体的入口价值，动摇了以注意力经济为基础的广告盈利模式 。企业依托移动互联网下的社交与平台，借助场景将消费者导入平台，提升购买的可能性，且让企业能够分享更多产业链环节的收入，减少无效广告费用的支出。罗伯特·斯考伯提出，移动设备、社交媒体、大数据、传感器和定位系统是构成场景的“五原力” 。互联网巨头积极争夺移动端的平台入口，因为移动端平台在聚合社交功能，记录用户移动轨迹，积累用户个人数据方面占优，以描摹出消费者的生活路径、消费习惯等。换言之，笔者认为，场景化营销对于消费者行为介入的作用机制，更多是通过“平台”中介变量实现的。

介入的先行变量影响消费者对于产品、广告、购买决策等的反应；而移动互联网时代下，平台作为移动场景的入口，场景化营销会直接作用于消费者对于平台的反应，平台又是最终消费的转化的出口。

移动化时代下，情境因素包含特定的时间、空间场景，依据具体营销形式，消费者会与广告、平台或购买决策发生关联，最后引发相应的结果。例如，百度筷搜是一款智能搜索外部设备，可以甄别食材安全，帮助用户清晰掌握食品信息、安全参数。消费者在居家饮食这一场景下，通过类似的智能硬件/平台，显示食品安全数据，可以解决消费痛点，在日常生活中随时随地满足用户对更高质量健康生活的渴求。未来围绕此还可以进行更深层涉入的营销，根据消费者饮食偏好与结构，推荐食品、药品等。这一路径大致是消费者需求→场景→平台→引发购买/消费。当然，平台的介入水平还可能受着其他先行变量中的一个或多个影响，并可能发生个人、情境与客体因素间的相互影响。

（三）场景化影响消费者决策路径

通过消费先行变量作用介入变量，最终将影响消费者行为决策。日本电通公司曾针对互联网与无线应用时代消费者生活形态的变化，提出 AISAS 消费者行为分析模型，指出消费者决策过程遵循引发注意（Attention）→引起兴趣（Interest）→搜索（Search）→行动购买（Action）→分享（Share）的路径。在移动互联尚未普及渗透时，AISAS 模型具有较好的解释力。

然而，搜索与分享是 Web2.0 的特征；且虚拟现实、人与场景实时在线，使消费者决策路径发生了新的变化，这必然会对消费者决策路径产生影响，衍生出新的路径模式。“消费介入—决策模型”中，笔者通过平台直接作用的消费行为决策很可能简化至“行动和分享” 。相比示意图上半部分的传统的 AISAS 决策路径，新的变化特点是：直接、即时。

首先，场景化营销紧密贴合消费者当下之需求，消费者很有可能通过“平台”（移动终端等设备、应用）接触场景化营销信息，跳过兴趣、搜索环节，直接行动购买。移动端场景营销与传统营销路径不一样，并非将所有产品/服务极致展现，任由消费者端坐着精挑细选；在移动场景的碎片化时空内，消费者则没有耐心消化所有的内容。相比于传统海量商品展示，移动终端在界面有限的情况下，最大程度上抓住消费者需求，往往可以得到更好的用户反馈。

其次，移动互联网下的场景化营销基于时间、空间，感知消费者需求，跳过注意、兴趣阶段，直接在特定场景推送产品或服务信息，供消费者对比、筛选，进而行动购买。对于消费者而言，场景化营销让消费者与产品 / 服务终端过程更紧密。比如，新高德地图目前致力于地图导航，为各行业免费提供“地图底图”数据来源以换取更多的用户数据。未来可能会提供预测服务，如在下班吃饭时间路过某地的“碎片场景”，会给消费者推荐相关周围的餐馆或者休闲的地方，而不需要等消费者搜索就会主动推送。通过社交、地图等大数据信息，直接推送，跳过了注意、兴趣，优化搜索，改变了消费者原先按部就班的决策路径。总而言之，场景化营销让消费者行为决策中的部分环节被跳跃。

前文述及的“消费介入—决策模型”，既刻画了传统营销环境下，从消费先行变量、介入变量，到 AISAS 决策路径；又补充了移动互联下的场景变量，依托数据、定位等技术，感知消费者当下需求，借助平台推送信息给特定的消费者实现导流。那么，消费者的行为决策很可能就会直接进入到采取购买行动，使用后分享等环节——发生新的决策路径变化。归根到底，正是因为“场景”抓住了消费者的需求痛点，并通过平台让其在移动变换场景中随时可以满足各种需求。

三、场景化营销启示与小结

场景是一个发端，营销利用各个具体而微小的场景，重构消费者与时空的关联，将消费者导入平台，满足需求，促进消费。本论文所述的场景化营销是通过已有事实、结合趋势判断，对现象归纳并提升，定义并概括了场景化的特征，提出移动互联网驱动的场景化营销下“消费介入—决策模型”，分析场景因素对消费者行为、介入及决策路径的影响。

技术不断发展，人们的消费行为富于变换，场景化营销归根到底是因移动互联网时代而产生的有效工具之一，并能为传统行业营销提供借鉴。第一，把握移动互联网之势，借助线上入口平台。场景化营销的关键因素是绕过传统的手段，通过场景联系消费者与平台，又由平台转换变现。传统行业营销过程中，应找到与平台关联的入口，创造消费机会。第二，以消费者为本，依托先端技术，争夺消费场景之蓝海。场景化营销发展的土壤是准确把握判断消费者的需求，继承“以消费者为本”，在此基础上提升——感知消费者心理，这都离不开技术研发、应用。传统行业应当在实际中借鉴新技术、手段，创造消费场景，提升价值。

参考文献：

1.[美] 迈克尔·R . 所罗门 , 卢宏泰译 . 消费者行为学 [M]. 第六版 , 北京 : 电子工业出版社 , 2006.
2.[美]Kevin Lane Keller, 徐世同译 . 策略品牌管理 [M]. 第三版 , 台北 : 华泰文化 , 2008.
3.[美] 罗伯特·斯考伯 , 谢尔·伊斯雷尔 . 赵乾坤译 . 即将到来的场景时代 [M]. 北京 : 北京联合出版公司 , 2014, 6.
4. Peter J. P., Olson J. C. 消费者行为与营销战略 [M]. 第四版 , 英文版 . 大连 : 东北财经大学出版社 .1998.
5. 高杰 . 西方消费者介入研究综述 [J]. 外国经济与管理 ,2006(11):51-58.
6. 肖明超 . 到消费场景中去 [J]. 经营者 (汽车商业评论),2014(5):79.
7. 李无穷 . 移动情景营销三要素 [J]. 现代广告 ,2014(11),94-95.
8. 谭运猛 . 社区 O2O, 移动时代下破浪前行 [J]. 广告大观 (综合版),2014(12 月上),39-40.
9. 赵曙光 . 社交媒体广告的转化率研究：情境因素的驱动力 [J]. 新闻大学 , 2014, (4): 105-111.
10. 赵曙光 . 消失的入口价值：从注意力竞争到产业链竞争 [J]. 新闻与传播研究 , 2014, (6): 114-125.

林德兴

记雅仕维传媒集团董事长林德兴

心系祖国 厚德载物

一腔热血回国创业

1993年，在外多年的林德兴放弃优越的国外环境返回香港，谈及回来的缘由，他表示，除私人原因外，更因为香港将在四年后回归祖国。“我认同祖国，想要亲眼见证这代中国人重要的事件。”林德兴还介绍道，“外祖父百年前南下新加坡，常年的海外生活并未泯灭他对于祖国的怀念，他临终前的愿望便是回到祖国，在母亲的帮助下，最终得以长眠于故乡汕头。自幼我便耳闻外祖父的事迹，目染父母的一举一动，家庭环境塑造了我的性格。而我们那代人对祖国的情感现在的年轻人难以体会，和我的祖辈一样，我同样深信祖国一定会富强。”

怀着对祖国的热爱，林德兴北上前往大陆发展，很快，挑战接踵而至。“那段时间虽然艰苦，但最为难忘。”林德兴回忆，“虽说当时大陆遍地是机会，但因为改革开放不久，市场还不规范，不了解行情上来也吃了许多亏。雅仕维在大陆执行的第一份合同是机场电视，业务初期非常艰难，亏损了很多，但即使这样我们也坚决按照合同付清款项、保质保量。”虽然生意亏了钱，但雅仕维尽心尽责履行义务的态度给机场方留下了很深的印象，也为将来持续的合作打下基础。“后来才知道，并不是每个同行都按照合同办事，许多人抱着赚快钱的心态去经营户外媒体，赖账的行为比比皆是。”回首往事，林德兴有诸多感慨。

“如果当时我们去赚快钱，就不会有今天的雅仕维。”

与时俱进和深耕做事

诚信、负责的精神令林德兴与雅仕维收获了第一桶金，历经行业二十余年的打磨，更使林德兴变得坚韧与执著。“我是行业的先行者，见证了中国户外广告的发展，我不想做行业老人，也不想被这么好玩的行业淘汰。”林德兴如此调侃自己与行业的关系。

确实，户外广告在国内属于古老又新潮的行业，而通过不断添加新内容、新技术，户外广告得以始终保持生命力。许多技术的发展都令行业从业者有过忧虑，但最后的结果是户外广告与新技术互相吸收，兼容并蓄。就拿目前来势汹汹的移动互联网来说，有很多从业者高呼狼来了，但林德兴认为移动互联网对于户外广告是一轮新契机，他解释说：“移动互联网与户外广告并非互相替代的关系，在低头族现象愈发严重的今天，周围的媒体、文章都呼吁大家离开虚拟世界，走出家门去体验真实的生活，因此户外广告会在低头时代获得更大的曝光；

数字科技丰富户外广告体验

同时，借助移动互联网，户外广告还能延伸到线上；最重要的一点，户外广告具备人与空间这两大独有的优势，线上虚拟性的产品现在都寻求实体化，因此我们看到了更多线上线下融合的案例，移动互联网对于户外广告绝对是新的机会。”

许多人抱怨行业越来越不好做，但林德兴不这样看。他认为行业初期竖一块大牌便坐等收钱的现象是非常态、不健康的，任何成熟的行业都存在理性的竞争，户外广告也是如此。但他也指出，行业初期的暴利吸引了各类基金涌入，导致许多从业者没有将行业当作事业，而是用来挣快钱、讲资本故事的场所。

“二十年来，我看到了许多企业借资本跑马圈地，户外广告行业对他们来说只是讲资本故事的一个环节，也许这些企业的野心不止于户外行业本身。但对于雅仕维来说，我们希望在行业内做到最好，过去雅仕维踏实做事赢得了口碑，未来雅仕维也将继续在行业深耕，虽然走得慢了一些，但心中更为踏实。等风真正来时，只有强者才能生存。”林德兴对公司做出这样的回顾与希冀。

行业借空间管理触动五觉

谈及如何深耕好户外广告，林德兴介绍了公司经营的核心概念——空间管理，即创意地利用空间，达到美化环境的目的。

“雅仕维拥有多个大陆机场、地铁媒体资源，在签约这些资源前，我们便要求拥有空间内所有媒体的独家经营权，只有独家经营，我们才可以对整个空间的媒体风格做出调度。”在介绍更多空间管理细节时，林德兴着重强调了五觉理念（五觉指视觉、听觉、嗅觉、味觉与触觉），他认为布置一个多种感官的空间，

西单站化身桃花源

桃花源号列车

乘客纷纷摘下自己的桃花符

更容易赢得受众的好感。“现在投放户外的客户大多是不缺知名度的品牌，它们投放的目的在于赢得消费者好感。现在单单让受众看到或是听到已经很难感动他们，因此在布置场地时，雅仕维不会将创意局限于灯箱与立柱上，墙面、地板、声音甚至味道都可以用来装饰场所，多种感觉会给受众带来更好的体验。”

为了更详细地说明五觉的好处，林德兴介绍了近期与优酷合作的案例，他描述道：“为了配合优酷在北京地铁西单站为热播剧《三生三世十里桃花》的推广，我们用五觉理念将整个地铁站布置成美轮美奂的桃花源：乘客进入西单站时，

雅仕维与业主共同规划空间，提升媒体的广告价值

扑面而来的便是清新宜人的花香和深情优美的主题曲；在地铁站内漫步时，踩在纷飞花瓣投影中，感受的是两旁精心点缀的桃花树，树上还悬挂着20多种限定开运桃花符，一些幸运的乘客更是会收到我们精心准备的限定花束；最后有许多乘客手捧着鲜花，解读着属于自己的桃花符坐在了通往幸福的桃花源地铁上。”

正是因为空间管理理念取得了良好的效果，现在越来越多业主愿意和雅仕维签约，并且共同规划场地环境。“许多人都吐槽做城规的不懂户外广告，但做户外的同行对于城规也知之甚少，这就造成了许多媒体点位在设计之初就不科学、不好看。针对这一现象，雅仕维在十多年前便培养专业的团队去跨界交流、弥补鸿沟，即使到现在，这样的团队在全国也是唯一的，我们也是全国唯一参与机场与地铁建设的户外企业。”说起这个，林德兴格外自豪。

借助着空间管理，雅仕维与场地主成为合作伙伴，这样共赢的关系令人欣喜。联想到近期各地愈演愈烈的拆牌风，空间管理的做法也可以对整个行业有所启发。“雅仕维也被拆了许多大牌，当然有过怨言，这就当是为行业的发展交了学费。”林德兴的坦诚令人印象深刻，他也表示对政府行为的理解，因为说起广告牌，许多民众的第一反应便是视觉污染，所以整改是必要的。

同时，他更希望政府管制行业的方法有所改进。“国外也有不少拆牌行为，但因为政策制定前与行业有充分交流，所以能形成良性循环，良好的沟通才是解决问题的关键。户外广告不应与城市景观对立，它是城市的一张名片，游客下了飞机、下了火车、乘坐地铁，扑面而来的便是这座城市户外广告的气息。”他还补充说，“政府需要倾听、了解行业的意见，而行业从业者更应该努力在提升业务水平后提升自信心，主动向政府阐明自己的建议，双方和合共生才能共同管理好城市这一更大的空间。”

饮水思源，回报社会

和合共生的思想不仅体现在林德兴的生意中，更体现在他的慈善事业里。2004年起，林德兴先生便投身公益事业，每年资助三百余名贫困儿童，十余年累计超过千万元。“基金会以我父亲的名字命名，名为‘林君瑾慈善基金’。父亲是一位医生，自小便在家中会诊家境困难的患者，甚至为他们垫付医药费。父亲的行为令我明白，怀着一颗温暖的心是做企业的前提。”说到慈善，林德兴的情绪更为高涨，“基金会是我的另一项事业，虽然与那些体量巨大的企业相比，我们所做的还很少，但是传达温暖和善心是我始终会去坚持的。”

林君瑾慈善基金将目标定于云南山区的贫困学生，援助的内容也在不断进行调整：十多年前基金会致力于保障山区贫困学生上学问题，以弥补国家援助的缺漏；近些年随着国家援助款项的到位，基金会将致力于贫困儿童的心理培养。在如何帮助贫困儿童上，十余年的经历令林德兴心得颇丰，他说："许多贫困儿童因为自身经历、成长环境等原因，变得非常敏感、自尊心强，与单单给这些孩子金钱相比，让他们感受到温暖与平等更为重要。"为了让这些孩子真正感受到关爱，基金会需要前往每位受资助儿童家中了解情况，并定期反馈以进行调整，林德兴本人也会不定期前往云南山区，与每一位孩子谈心；同时，由于孩子们受限于山区世界狭窄的视野，基金会从2010年起，每年举办夏令营活动，安排孩子们前往北京、深圳、香港等地开拓眼界，并通过与各行成功人士的交流，进一步帮助他们树立正确的世界观、择业观。

林德兴在贫困学生家中了解情况

"看着资助的孩子从小学到初高中，再走出山区前往更大的城市念书，看着他们从敏感、自卑到自强、自尊、自爱，我很欣慰。我们不强求资助的孩子们成材，只希望他们能够长大后对于社会和国家不要有危害。虽说基金会资助了他们，但这些孩子也让我们收获了最朴实的感动。"在说这些话时，林德兴的眼神中也闪烁着幸福。

夏令营活动拓展眼界

后记

采访行将结束前，林先生郑重提到了他创业时的梦想——雅仕维要成为第一的全球户外广告企业。他表示二十多年前，在与第一个客户签约时他便提出了这样的梦想，当时没有人相信甚至还受到了嘲笑。

但在追梦的道路上，林德兴与他的雅仕维一走就是二十余年，曾经的梦想随着努力也变作理想、变为目标，不再遥不可及。现在中国成为全球GDP最高的国家指日可待，也有望培养出全球户外广告第一的企业。整个采访虽然涉及个人经历、家庭、慈善等看似与企业发展无关的内容，但也正是这些因素，塑造了林德兴为人处事的原则，也塑造了雅仕维的企业文化——诚信、卓越、仁爱。短短六字，不仅仅对于雅仕维有着重要意义，对于真心热爱行业的每一位从业者来说，也能够有所借鉴。

王国军

大连国域无疆传媒集团股份有限公司董事长

摄影专业毕业的王国军，没有顺理成章地选择专业摄影师这个职业，而是做起了广告设计工作。在看到美国前总统罗斯福的一句“不做总统就做广告人”的名言后，他找到了自己的事业目标，并以大卫•奥格威为偶像，信心百倍地开始了创业之路。

王国军是个凡事讲究认真的人，他一直奉行着“道之以德、齐之以礼、和之以乐、动之以情” 的哲学思想来打造管理团队，并教导员工：成功只是一个逗号，最高的那座山永远在我们心中。虽然在路上遇到太多的磨难和艰辛，以至于回忆往事总是不胜唏嘘，但他还是告诉我们：“磨难”使他更加“专注” ，“艰辛”使他更为“认真” 。就因为他的专注与认真才造就了他今天的成就。

当记者问道：“您在创业之初有没有想过今天这样骄人的成就？”他回答：我是一个有目标的人，今天这些你们认为的骄人成就我却认为我的目标还远远没有实现，在户外广告这个行业我还要认真地走下去，用我的户外广告产品服务推动城市建设发展。

王国军表示，他最看中的是社会给予的荣誉，在社会上的影响力、推动力，同时对员工的激情对他来说是最重要的，激情可以凝聚一个团队，爱是奉献、爱是传递、爱是释放，他愿与同仁共同成长。

如今的王国军，是大连国域无疆传媒集团的掌舵人，是“城市家居”媒体的领军人物，是国内具有先进理念的优秀企业家，无论从企业价值与社会价值来说，他都做出了巨大的贡献，让国域无疆的品牌有口皆碑。他对户外广告矢志不渝，引领着中国户外广告理念的进步与革新，始终向着智慧城市目标一路前行，心系城市发展，本着为百姓服务的原则，打造户外便民终端，是智慧城市终端屏——城市之窗媒体研发兼运营的第一人，让便民服务与数字媒体完美结合，是国内首创国际领先的典范，作为一个真正的广告人，王国军始终行走在最前端，并将继续前进。

国域无疆 VASTITUDE MEDIA

连接一切联接CONNECT ALL THE CONNECTION

大连国域无疆传媒集团股份有限公司成立于2000年9月，是中国东北地区最具影响力的户外媒体公司，历经十多年的发展，现拥有五家分公司，分布于大连、沈阳、北京、上海。2012年3月，国域无疆正式获得美国时报广场中心大屏运营权，并命名为“中国红屏”，从此，中国红屏开始在国际舞台绽放异彩。

国域无疆是全国第一家获得“中国驰名商标”的传媒公司，是“中国4A”企业，中国广告协会副会长单位，大连广告协会会长单位。集团现拥有多种优势资源，包括：候车亭1680个、户外媒体大牌及全彩LED大屏30块、数字互动查询系统城市之窗80余台（规划450台套）、公交车体广告500余辆、高速单立柱媒体、国际级新区大连金普新区所有候车亭的广告运营权等，特别是，与大连现代轨道交通公司成立的现代交通传媒公司并运营的快轨3号线，已贯穿城市东西南北，成为大连城市的移动景观。集团为客户提供全媒体推广与定制策划方案，并融入互联网思维，进行传统媒体的升级和智能化建设，从而实现由传统媒体市场价值向商业价值的转化，从经营单一型媒体向复合型媒体、从广告销售公司向整合传播平台的全面升级，用创新的理念和数字化的科技引领未来，做有趣、有料、有效的广告。

【企业经典案例】

肯德基

将十二星座的励志名言与肯德基早餐相结合，通过十二星座趣味表现话语鼓励乘客吃早餐；利用乘客进入车站的空间墙壁，定期张贴磁贴，供乘客免费领取，让乘客在享受趣味的

同时可以扫描磁贴的二维码获得肯德基早餐券，从而刺激乘客的线下消费。

向应镇

2017年五一小长假期间，最美向应“景观大道”正式亮相，半公里长的欧式园林景观，给踏春赏春的人们带来了惬意享受，也给节假日增添了欢乐气氛，为自贸区营造了大气、时尚、高端的城市形象。

这条精心打造的“景观大道”位于东北大街路段，连接金普新区最繁华的五一路，依附快轨3号线高架桥体而建，形成在主干道中央一字排布的大型城市地标景观。

通过生态与自然、唯美与浪漫、纯粹与静雅等设计表现力，意图将“最美向应”旅游体系中诸如薰衣草庄园、小黑山、范家大院、槐之乡会馆、关向应纪念馆等代表产品生动表现出来，让人们感受到“最美向应”的独特风貌。

富哥遇见我的新郎快闪

一群身着白纱的新娘，在2月14日情人节的早上，手捧美丽的花束，等待她命定的新郎，当爱情被太多物质和现实包围，总会失去原本的纯真和美好。希望每一个女孩，都能够像这些勇敢追求爱情，追逐自由的新娘们一样，大胆做出自己，寻找你的爱情。

去争取一场真正嫁给爱情的婚姻！愿每一个人，都能在这座城市遇见爱情。

可口可乐

城市中的户外广告不知道大家有否经常留意？现在铺天盖地的广告已经让不少消费者麻木了。因为不少品牌的广告所表达的词语令人哭笑不得，没有丝毫的美感、创意可言，更别说什么艺术感。

平常，等公交车的时间真是漫长又难熬，这时，一个充满创意的公交车站广告会让你更容易打发无聊时间。国域无疆与可口可乐公司联合打造这样一系列创意的户外候车亭广告。看看这里的候车亭广告，哪个创意会让你流连忘返呢？

一个巨大的恐龙迎面走来，张大嘴巴要把走在街上的行人吃到肚子里，撞碎售卖机取走里面的东西，你以为这是侏罗纪公园，NO，你看错了，这只是大连街头的候车亭广告牌。看到此景，你是该惊讶呢还是惊讶呢？小伙伴们来感受一下吧！

特殊的候车亭上带有可口可乐的标志，在欢乐的场景中，品牌悄然植入。而最后呈现可口可乐的宣传语，更加良好地传递了品牌理念。

在户外，国域无疆还会有很多创意广告带给大家，只要我们用心去留意，学会去欣赏、体会，发现生活的点缀，品尝这种创意小趣味，你会觉得这是生命力、想象力的来源，敢想就有创意。

体育营销

及时更新最新赛程进度情况，以进度表形式播放在LED屏幕上；及时播报最新的小组得分及各队进球情况，以表格形式播出；预告当天比赛安排，包括球场、参赛队、时间等等。

以上三方面内容全部在欧洲杯期间及时通过国域无疆LED媒体播报给大连全市人民。

国域无疆为客户定制的欧洲杯特色播放方案横跨整个欧洲杯，更是在此基础之上延长宣传至一个月，以此达到品牌的全面渗透。

爱新觉罗画展

2015年5月21日至25日，大连国域无疆传媒集团、海上当代艺术中心、东北之窗联合

举办的“爱新觉罗，艺术大展”在大连达沃斯国际会议中心展出，这一次将把皇室的作品带入大连。

本次展览将展出爱新觉罗家族溥儒、溥佐、溥任等知名画家画作共18幅，爱新觉罗·溥铮画作30幅，爱新觉罗·溥铮之女毓宇画作7幅，形成一脉相承的爱新觉罗宫廷画作大赏。经过一天VIP预展及三天公众开放日，共售出画作34幅（其中纸本22幅，绢本7幅，现场题字5幅），展出共计接待VIP客人40余位，社会各界人士近万人。

微信号：huwaichuanmei

企业宣传视频二维码

文卫红

河南地平线传媒股份有限公司董事长

广告装潢专业出身的文卫红毕业于河南省工艺美术学校，那时“贫穷”是他一个重要的关键词。毕业不久的文卫红，怀揣着 200 元钱和大学期间的“工作”经验，在别无选择中开始了自己的创业之路。当时的河南，专业墙体广告并不多见，在文卫红地毯式的寻找拜访下，一家饲料厂给了他机会。完工后，色彩鲜艳的墙面煞是醒目，显而易见的效果和文卫红的用心很快受到了客户的认同，更让他欣喜的是，周边的厂区看到这样的效果，纷纷找他谈业务，订单纷至沓来。

艺术生文卫红显出了他在广告业务上的果敢态度和过人天赋 —— 为别人做广告，当然也要完成自我推销。一个典型的细节是，每当他完成一幅墙体广告，他都会在旁边留下自己的联系方式。如今看来稀松平常的自我推销，在那个年代，可是不得了的大胆举动。

正是他果敢的行动，很快为他带来了机会。起初，出于业务流程和管理的考虑，他不得不将业务挂靠在一个广告公司下，不但要交付管理费用，还面临着种种不便。带领“游击队”四处奔波的文卫红，有了自己下一个目标 —— 开一间自己的公司。

当接到康佳集团打来的电话，他敏感地意识到，自己的机会来了。尽管他对自己稚嫩的议价艺术抱有遗憾，但与康佳达成合作，数十万元业务金额的成交，让文卫红终于找到立足于这个城市的安全感，拥有了实现目标的资本。1999 年底，凭借这单业务的营收，他买下了这家挂靠的公司，即今天的地平线。

后来，康佳方面和他聊起，正是因为文卫红将联系方式刷在墙上的举动，让康佳在有选择的情况下，将橄榄枝投给了文卫红 —— 因为他们相信，敢于这样做的人，一定是专注的、敬业的。

西方现代哲学的开创者尼采有言：“没能使我灭亡的，只能让我更强大。”曾经的贫穷之于文卫红，就是这样一个不可磨灭的注脚。他从不讳言这段艰苦的日子，因为正是这段艰苦，为他今天的成功铺下了厚重的基石。

人生感悟：

要想取得成功，获得财富，就要敢于自我提问；善于认识自我；忠于自我设计；时时自我激励并不忘感恩自省，因为 —— 成功始于自我设计。

——文卫红

地平线传媒
HORIZON MEDIA
中国县乡媒体第一股

河南地平线传媒股份有限公司成立于1997年，全心致力于为企业开发市场提供专业化的户外广告服务，连续7年被授予“中国墙体广告第一品牌”；2015年1月13日成功挂牌上市，成为“中国墙体广告上市企业第一股”。公司多年来一直坚持走专业化的经营道路，以墙体广告为优势资源和切入点，作为全国墙体广告公司的领军品牌，被评为“中国最具竞争力的墙体广告公司”“中国百强户外媒体供应商”，是《销售与市场》唯一战略合作伙伴，也是业内首家通过ISO国际质量体系认证的户外传媒机构。目前河南地平线传媒股份有限公司已发展为包括华北、华中、华东、华南在内的全国网络性机构，已拥有优质墙体广告资源29万块，环绕着全国300个一线至四线重点地市，分布于全国100多条高速铁路、高速公路、国道、省道两侧及城镇出入口，300000个户外墙面遍布全国，每天覆盖3亿地市主流消费群体，为企业开拓中国三四级市场量身打造最佳广告投放！

近年来，河南地平线传媒股份有限公司重点服务的客户：支付宝、苏泊尔、中国移动、中国平安、可口可乐、统一企业、三一重工、上汽通用、诺基亚、奇瑞汽车、联想集团、海尔集团、美的集团、格兰仕、苏泊尔、TCL、康佳、康师傅、今麦郎、云南白药、鲁西化工、史丹利等1000多家知名品牌。

【企业经典案例】

轰动

乐百氏

2001年3月，地平线仅用50天时间，成功完成了乐百氏饮品在福建、江 西、湖南、湖北、河南等5个省份的主要交通干道墙体广告工程，共计75万平方米。以上区域所到之处都能看到乐百氏墙体广告，有力地推动了终端销售。

统一企业

2007年—2008年，地平线成功与统一企业合作，在中原三省发布“统一绿茶”“统一鲜橙多”等产品的墙体广告项目。

史丹利

2011年，国内化肥行业巨头史丹利为强力推进村镇营销网点建设，提升终端销量，委托地平线在河南江苏紧急投放墙体广告50万平方米，地平线在50天内圆满完成投放任务。

支付宝

2014年1月，地平线受支付宝公司委托，在广东、福建、浙江、河南、四川及全国铁路沿线投放墙体广告118600平方米，地平线在

40 天内圆满完成任务。

百度

2015 年 3 月，国内著名的百度互联网公司，为推广旗下百度卫士、百度推广和百度地图等产品，全权委托地平线在广东、陕西、山西、河南、山东、湖北、浙江等七省共投放 79770 平方米墙体广告，最终服务质量和施工效率赢得客户一致好评。

华为

2015 年 9 月，地平线中标华为技术有限公司墙体广告项目，在江苏发布制作 59300 平方米墙体广告，有力地推动了华为手机在江苏地区的宣传。

可口可乐

2008 年，地平线受可口可乐公司委托发布户外墙体广告，配合市场重心下移策略，传达红色奥运气息。

联动

康佳集团

1999 年地平线为康佳集团郑州分公司率先推出“高墙广告”，2000 年地平线分别与康佳集团郑州分公司、洛阳分公司、漯河分公司、南阳分公司、襄樊分公司、石家庄分公司、邯郸分公司等 7 个分公司合作，各分公司之间的广告彼此呼应，在当时铺遍了整个中原地区，被集团称为开发农村市场的“排头兵”。

公牛集团

2010 年 1 月—7 月，公牛集团先后委托地平线在河南、河北、山东、湖 北、辽宁、山西、安徽、江西、江苏、重庆等地进行大规模墙体广告运作，年度投放量 16 万平方米。

健力宝

2011 年 11 月—2012 年 1 月，地平线独家代理健力宝全国墙体广告，先后八批次在河南、河北、广东、广西、安徽、海南、宁夏、内蒙古、山西、陕西、山东、浙江、甘肃、新疆、青海等 15 个省份进行广告投放， 总投放量达 120 万平方米。

五菱汽车

2007 年—2016 年，连续 10 年与上汽通用五菱汽车合作，投放国内 25 省喷绘墙体广告、门头店招广告及创新投放楼宇墙体广告，总量约 20 多万平方米。

海尔集团

从 2002 年海尔集团郑州海尔工贸公司就与地平线建立了长期合作关系，2003 年 11 月，郑州海尔工贸公司再次委托地平线公司在河南区域投放墙体广告 5 万平方米，此后西安海尔公司、长沙海尔、武汉海尔随即委托地平线在陕西、湖南、湖北区域进行投放，较好地利用了兄弟公司的余势，形成了联动的局面。

海天味业

2015 年—2016 年地平线中标，海天味业全国墙体广告、门头店招广告整体发布项目总工程量达 100 多万平方米，发布区域全国 15 个省份的三、四、五线市场。

适变

乐百氏

2001 年 3 月乐百氏饮品与地平线合作，根据其企业的 VI 手册规定：其广告的标准色为绿色，地平线根据媒体特点，大胆改广告的主题色为红色，得到了厂方的肯定。广告实施以后，在饮品的销售旺季正值树木茂盛，到处一片绿色， 墙体广告鲜亮的红色格外醒目，广告效果极佳。

科龙电器

科龙电器推出其空调新品“康拜恩”时，其标难色为灰绿色，类似于迷彩服中常见的绿色，如用在墙体广告上，会与周边的环境树木混在一起，识别度极低。在与地平线合作时，经过地平线的积极协调和效果对比，最终改为以红色和黄色为其墙体广告的主题色，防止了因为规划的失误造成广告的浪费。

海尔电器

海尔企业的标准色为海尔专用色，类似于紫红色。在其他某体应用上非常美观，但因为此色彩为复色而非纯色，如用在户外墙体广告上，则显得色彩饱和底不够，不太鲜艳，并且在农村群众较为忌讳紫色。在听取了地平线的建议后，海尔公司把墙体广告的主题色改为红色和蓝色，效果得到了消费者和经销商的一致认可。

联合利华

2000 年 8 月，联合利华在最初的设计中没有“联合利华”的字样出现，在实施过程中发现在安徽等地有大量地方品牌，受众对阳光洗衣粉没有太多在意，混同于其他品牌。所以在中后期的广告上都加注了“联合利华 优质产品”的字样。使受众认识到阳光洗衣粉为联合利华这一国际品牌的产品，增加品牌信赖感，使得产品品牌脱颖而出。

吉林敖东

2001 年 6 月，吉林敖东药业集团与地平线合作，为其主力产品“敖东牌安神补脑液”在河南、安徽进行宣传。其最初的广告语为“保证睡眠，拥有健康”，词语过于书面化，群众不太容易理解，经地平线建议，把广告语改为“让我睡个好觉”抓住了产品的主要功效，并且能使人易懂，便于理解记忆。广告发布后，在群众中影响很大。

骆驼蓄电池

2002 年 4 月，湖北骆驼蓄电池公司委托地平线投放墙体广 告，其最初设计稿主题色为灰色，灰色是所有颜色中饱和度最低的一种，识别度极低，并且有不干净、陈旧的感觉。所以经地平线建议，最终的实施稿主题色为红色和蓝色。

标准

1998年开始与康佳集团合作。

1999年为康佳集团率先推出“高墙广告”。

2000年为康佳集团7个分公司统一运作墙体广告，并应邀为康佳集团总部提供技术资料。

制定《康佳墙体广告发布规范》，被下发各分公司，要求必须按此标准制作。

墙体广告被其称为开发农村市场的“排头兵”。

终端

爱玛电动车

2015年9月，国内电动车领导品牌爱玛电动车委托地平线在安徽、河南、江苏三省发布制作66万平方米墙体广告，经过地平线60天的奋战，圆满完成爱玛委托，工程质量和效率得到客户的高度评价。

苏泊尔

2015年6月，中国最大、全球第二的炊具研发制造商苏泊尔公司委托地平线在贵州、河南、浙江、黑龙江、吉林、辽宁、河北、山东、陕西、福建、四川等11个省份发布制作220000平方米墙体广告，合作中体现出的高效率、高质量得到了苏泊尔公司的高度评价。

升级

五菱宝骏汽车

在国内车市增速放缓的市场背景下，上汽通用五菱却不断进行产品升级，致力打造高性价格比的产品，随着宝骏730、560的相继问世，带动了五菱宝骏品牌的不断突破。

作为五菱长期的合作伙伴，为五菱拓展中国三、四级市场，地平线也在广告发布上不断改革，从2013年起尝试为五菱车系量身打造全国范围的楼宇广告，精美的画面、精细的质量为五菱宝骏品牌迅速占领全国各地市场造足声势。2015年又在楼宇广告的形式上，增设店招广告，与楼宇广告相互补充，保障广告的市场占有率。2016年随着地平线首创“互动型墙体广告”将再度为与上汽通用五菱广告的合作推波助澜。

门头店招

至今地平线已为100多家知名品牌在全国30个省市的城镇及村级超市商店统一规划、设计、安装门头店招广告。

喷绘布

优点：

1. 图文并茂、色彩丰富、效果逼真；

2. 喷绘画面可经受日晒雨淋，适合户外悬挂；

3. 成本低，可以制作大幅面的广告。

缺点：

1. 市场已普遍适用，用料档次偏低；

2. 喷绘使用的宝丽布使用不够持久，常规1—2年会逐渐老化、退色且较易损坏；

3. 没有立体感、没有动感、没有灯光效果。

彩钢板

1. 色彩丰富，鲜亮不褪色；

2. 性价比高，流行趋势；

3. 牢固性强，适合各种字模；

4. 制作安装方便、上刊快捷。

PVC字

1. 成本较低；

2. 可供选择不同厚度，喷涂不同颜色；

3. 结实耐用，但易褪色。

亚克力字

优点：

1. 耐候性好、不易老化、不易褪色；

2. 立体感强、质感好、上档次。

缺点：

1. 成本造价及加工费用较高；

2. 受工艺问题，太小的字体不易成型，尺寸偏大则需拼接；内置LED灯不易维修；

3. 没有动感。

铝塑板

1. 耐候性佳、强度高、易保养；

2. 优良的加工性、断热性、隔音性和绝佳的防火性能；

3. 可塑性好、耐撞击、可减轻建筑物负荷、防震性；

4. 平整性好，轻而坚。

其他

其他形式另有烤漆玻璃、LED电子屏等。

创新

传统媒体＋互联网

地平线与腾讯合作，打造“摇钱乐02M系统平台”在国内首创“互动型墙体广告”全新媒体，使广告主与消费者直接互动，促使消费，并获得大量有效的消费者大数据。

农村地区。常见的广告莫过于路边及房屋侧墙的“刷墙广告”。简单醒目，近年来，随着智能手机厂商深入农村营销，地平线与魅族手机强强联手，制造形态各异的稻草人，首创乡镇新型广告形式，开辟了更好的农村营销方式。

微信号：dpx9007

企业宣传视频二维码

谢世明

广东博媒广告传播有限公司董事长

谢世明，广东博媒广告传播有限公司董事长，90年代初涉足户外广告行业，深耕行业二十余年，见证了户外广告从传统到数字化的发展巨变。

设计出身的谢总带领广东博媒成为行业新技术的领潮者。90年代，户外广告业经历了从传统手工到电脑化的第一波技术革新，博媒正是在革新浪潮中抢占先机，站稳了脚跟。千禧年后，博媒最先在佛山地区引进数字媒体。随着市场的发展，户外核心资源“一位难求”成了许多客户的痛点。博媒用技术革新的方案，降低客户的投入成本，让更多客户共享优质资源，博媒也因此积攒了良好的业界口碑，树立了行业模范。

在战略层面上，谢总喜欢把更多的思考放在户外媒体的价值理念和传播模式的创新上。在内容为王的广告领域，如何将客户的创意进行有效而广泛地传播，如何帮客户找到更灵活、性价比高的传播途径，是博媒一直以来的价值命题。博媒推出的“户外立体风暴”为客户群创造了惊喜的效果，客户竞相体验“立体风暴”让品牌红遍佛山。想客户所想，更好地满足客户需求，是博媒的价值观和使命。

以前瞻性思维走在行业前面，是谢总对博媒成长经验的总结。在瞬息万变的互联网时代，博媒更要切合广告主和媒体主的需求，为行业发展作出探索和贡献。目前，博媒正在把户外广告业务向互联网平台升级，如谢总所言，积极寻求转型，做行业的前瞻者和开拓者，才是户外广告企业的趋势和出路。

广东博媒
GUANGDONG BO MEI
中国市区综合媒体公司20强

“广东博媒，一路相随”

广东博媒广告传播有限公司，成立于1994年，总部位于广东省佛山市南海区，前身为“佛山市麦肯户外传媒广告有限公司”，是佛山地区家喻户晓的户外广告龙头企业。

从创始之初的“南海县桂城区南天广告装饰工程部”到如今的广东博媒，企业历经20

余年的发展壮大，目前已积累了大量优质的户外广告媒体资源，包括：户外立柱大牌 300 块超 7 万平方米、户外 LED 大屏 14 个、7000 多个公交候车亭灯箱、商圈社区媒体等等，同时兼有丰富多样的新媒体资源，能够为企业品牌传播提供多维度的整合营销服务。

广东博媒立足佛山，覆盖广东，面向全国，目前已与百余家国内外知名品牌，大中小企业建立了长期的合作伙伴关系，正积极向跨界整合优质媒体资源的优秀平台转型和发展。

【企业经典案例】

广东博媒的户外立体风暴席卷佛山

在互联网时代，整合科技与创意、满足多元需求、与受众互动成了户外媒体的新命题，广东博媒不断思考这一命题并积极探索户外媒体传播新模式。结合市场需求和户外媒体的优势，博媒推出“户外立体风暴”营销方案，将户外各类媒体和线上新媒体组合起来打通线上与线下渠道，扩大品牌传播辐射范围，形成席卷全城的传播之势。“户外立体风暴”的强势宣传渠道和广告主的创意文案碰撞，实现传播范围最大化、效果最优化，轻松打造现象级的广告效应，是许多实力品牌客户的推广首选。

博媒“户外立体风暴”——万荟玖珑的“猫先生”万荟玖珑是合众地产旗下位于广佛国际商贸城的精品项目。2015 年 3 月，万荟玖珑与博媒合作，以“户外立体风暴”的宣传形式亮相佛山。“猫先生”这一神秘代言人首次出现在佛山各大商圈 LED、户外大牌上，以话题“我为什么留在佛山”和大众进行互动。一时间，“猫先生”是谁、他为什么要留在佛山？迅速引起受众的好奇，成为全城热议的话题。

猫先生户外风暴带来的关注热度让合众地产的对标企业纷纷“认领”广告效应。合众在网上发文《我们为什么都留在佛山？致金小姐、时代剧及所有佛山俊杰》，揶揄蹭热点的对标地产商，推动话题持续升温。同时博媒用线上渠道配合线下宣传，在微信、微博平台加推万荟玖珑项目，使其影响力扩大。

借助“户外立体风暴”的流量优势和视觉直观性，合众接连推出“为你写藏头诗”、“写出留在佛山的 99 理由的有奖活动”、“我要上头条——免费亮相户外”等活动，让项目受关注度、受众参与度飙升。

图 1　写出留在佛山的 99 理由的有奖活动

图 2 写出留在佛山的 99 理由的有奖活动

最后，合众在户外广告上给出了“我为什么留在佛山”的“终极”答案。

留在佛山，因为“广佛天地，大有作为”。

因为“每个人心中都有一个猫王——我心中的猫王，藏在心里激励我前行”。

因为“我们就是我们寻找的变化——我的变化，我的阅历，随着佛山的发展，不断前行……”这些答案戳中每一位奋斗者的心，给他们以肯定，坚信美好的未来必来。

在万荟玖珑项目的户外广告营销上，博媒制定了个性化方案，以多区域、多种媒体组合的形式将内容快速广泛传播开来。首波户外广告获得舆论热度后，继续用“户外立体风暴”乘胜追击升级广告效应，充分发挥户外广告的权威性和直观性，巧借平台推广，万荟玖珑项目知名度由此得到迅速提升，其传播的价值观念引起广泛共鸣，楼盘成交量居南海区之冠。

博媒“户外立体风暴”——金海 M-City 唱给城市的情歌

金海 M-city 位于佛山新城的交通枢纽中心，是由金海地产参与建设的“CBD 交通枢纽中心 + 超级综合体”项目。此前 M-city 的营销推广活动已经暂停了一年，这次在项目的宣传上，金海联合博媒别出心裁打起了情怀牌，通过“户外立体风暴”打造轰动全城的宣传效果。

博媒全方位配合金海 M-City 项目的宣传需求，定制了繁华商圈加黄金路段的媒介组合，一夜之间，一句句经典歌词出现在佛山户外大牌、商场 LED、公交站台上，唱响了献给这座城市的浪漫情歌，唱进了路人的心。

醒目的小黄人黄底色的宣传海报上，黑色粗体字的歌词占据了大幅版面，项目信息则隐藏到最小化。整体创意旨在用容易让人产生共鸣的歌词展示项目的特色，突显 M-city 与众不同的格调和气质，注重与受众互动，让广告“走心”。

“那些年错过的大雨，那些年错过的爱情——如果你错过了广州珠江新城，错过了深圳福田 CBD，就不要再错过金海 M-City。”

“我就是我，是颜色不一样的烟火——改变城市的高效都市综合体，自然不同。”

“没有一点点防备，也没有一丝顾虑，你就这样出现，在我的世界里——幸福在手边，只要握着金海 M-City 的钥匙。”

“我怕来不及，我要抱着你——在金海M-City，一切都还来得及，所有即所想。”

“原谅我这一生，不羁放荡爱自由——有梦想，一起来！从佛山新城出发，为自由喝彩！”

在经典歌词营造的浪漫氛围中，金海发起情侣在歌词广告前拍合照发朋友圈的活动，和受众进行深入互动，把线下热度延伸至线上，让项目信息裂变式增长传播。

金海与博媒为M-city打造的“户外立体风暴”，以浪漫而有趣的方式受到大众认可、为各家媒体追捧，产生了非常好的广告效应，甚至引起广深地产同行的反响，他们希望复制M-city的形式在当地进行一场轰动全城的推广盛宴。

广东博媒的“户外立体风暴”营销模式，一经推出便取得了积极的反馈，在佛山引起不小的轰动，这给予正在积极探索户外传播模式创新的博媒莫大鼓励。相信时代前沿科技将在很大程度上改变户外广告行业，户外广告传播形式也会发生质的转变，而博媒会随着时代革新浪潮加快转型升级的步伐，为客户带来更好的体验，为行业的发展作出新的贡献。

微信号：mccann88

企业宣传视频二维码

居卫东

江苏联纵传媒股份有限公司董事长

“始于客户需求、终于客户满意、
超出客户期望、争取客户依赖”

居卫东，江苏联纵传媒股份有限公司董事长，苏州市广告协会副会长、苏州大学文正学院特聘教授、吴中区政协委员——我从事广告业十年，一直希望能够“站着”赚钱，公司能够给客户提供真正的价值。因此长期致力于研究、实践广告传播价值及媒介发展规律，涉猎“生活圈户外、互联网媒体、内容营销”等多个领域，为“致力于客户的成功”，在“广告效果”目标到达上屡屡试错、孜孜不倦、砥砺前行、不改初心；公司目前主营“楼宇框架、商圈车库灯箱、液晶、电梯影院、互联网媒体”等区域性广告业务，为各行业客户提供“媒介发布、整合传播”等综合营销服务；公司虽然于2016年8月登陆了新三板，但是百尺竿头要更进一步，如今归零再出发，不管公司发展到什么阶段，我都希望能够“为客户创造价值、为员工提升价值，为社会作最大可能的贡献”，做一家“受人尊敬的广告媒体公司”。

江苏联纵传媒股份有限公司，为苏州首家广告媒体行业新三板挂牌上市公众企业。以大数据移动场景整合营销服务商为定位，主营业务涵盖生活圈媒体开发与运营、大数据移动场景广告与整合营销解决方案、文创IP资源整合与创意公关。在线下生活场景领域，不断适应新媒体环境，研究新形式、升级新功能，为客户创造更高效服务价值。公司拥有苏州及长三角其他多个主流城市超过10W+户外广告资源；同时把正在移动中的生活场景和移动手机端场景相结合，结合地理围栏技术和精准用户画像，通过手机端精准广告推送，到达目标消费者。公司致力于为地产、医疗、家居、旅游、商场、餐饮、汽车等全行业客户提供大数据移动场景整合营销解决方案。

【企业经典案例】

美莱

客户简介：

美莱，亚洲医疗美容连锁领导品牌，它以整形美容、皮肤美容、口腔美容、无创美容四大现代医学美容项目服务于广大爱美人士。2005 年，苏州分院成立至今，已为万千苏州女性带来美丽蜕变。

联纵媒体推广服务：

联纵传媒与苏州美莱美容医院保持着多年稳定而深厚的合作关系。

通过联纵自有媒体：中高端小区 / 写字楼的楼宇框架广告、商圈液晶屏和车库灯箱广告等形式的广告投放，为美莱的活动信息释放、高端品牌形象树立、潜在客户挖掘、用户好感度美誉度提升，起到了举足轻重的作用。

联纵事件策划服务：

2016 年 7 月联纵传媒特别策划《72 小时直播大事件——苏菲变形记》，通过对心理学女博士微整全过程进行网易直播，配合地铁媒体、商圈媒体、写字楼媒体同步推广，向媒体、消费者传达美莱“悦美新生”的全新理念，提升消费者品牌忠诚度，提高品牌市场热度，为接下来的产品促销造势。

牙博士

客户简介：

牙博士口腔苏州机构，是国内较先启动科技化、智能化、数字化口腔项目的齿科之一，苏州最优质的口腔机构之一。

联纵媒体推广服务：

联纵传媒与苏州牙博士保持着常年稳定的合作关系。

通过联纵自有媒体：

中高端小区 / 写字楼的楼宇框架广告、商圈液晶屏和车库灯箱广告等形式的广告投放，精准锁定目标人群，为牙博士美学矫正、种植牙等业务进行推广造势，扩大影响力。

联纵事件策划服务：

以香港明星汤镇业手术全程直播为内容，以明星的影响力以及受众的好奇心提升活动关注度，促使受众报名参与。同时通过公开透明化的直播形式塑造可信赖的品牌信任度。通过网易苏州、网易新闻客户端、联纵户外媒体的整合传播达到 3000000+ 的广告到达率。

太郎花子

客户简介：

太郎花子拥有先进的装修环境、先进的摄影器材、知名品牌礼服专区、新概念摄影风格、五城六店三基地，是中国高端婚纱摄影品牌。

联纵媒体推广和策划服务：

2017 年，联纵传媒通过对婚纱市场调研、太郎花子品牌产品分析，提出了“一生一次，太郎花子”的品牌 slogan，并通过自有媒体楼宇框架、多层框架、小区灯箱 / 大牌、商圈液晶、车库灯箱等媒体形式，让太郎花子品牌达到“无处不在，饱和攻击”的效果。

建行苏州市支行

客户简介：

中国建设银行是四大国有银行之一。

联纵媒体推广和策划服务：

2017年年初，联纵传媒为建行金产品推广进行策划，提出“买金就买建行金”的slogan，希望在消费者心智中建立买黄金就买建行金的观念。通过春节前黄金时间点，利用传统媒体和互联网新媒体饱和攻击，抢占该品类消费者心智的头把交椅，达到扩大产品市场份额的效果。

微信号：江苏联纵传媒

企业宣传音频二维码

陈华东

厦门市加速度传媒有限公司董事长

厦门市加速度传媒有限公司是专业的停车场媒体开发及运营商，2017年5月中标万达一百余座停车场的媒体开发及运营。

未来加速度传媒将不断整合创新，致在打造一个全新的全国商圈优质媒体传播平台，为各大品牌提供更聚焦、更高品质、更具影响力的媒体传播平台。

【企业经典案例】

商圈停车场媒体广告的视觉盛宴

品牌客户：梅赛德斯—奔驰 —— 世界上最著名的汽车品牌之一，其完美的技术水平、过硬的质量标准、推陈出新的创新能力，以及一系列经典轿跑车款式令人称道；

ViVO ——一个专注于智能手机领域的手机品牌，ViVO和追求乐趣、充满活力、年轻时尚的群体一起打造拥有卓越外观、专业级音质、极致影像、愉悦体验的智能产品，并将敢于追求极致、持续创造惊喜作为ViVO的坚定追求。

挑战：传统停车场灯箱媒体版面小、形式单一，如何进行创新？

改变大众对停车场媒体不主流，不符合大品牌气质的传统观念。

媒体创意：当大众对停车场灯箱广告还停留在灰暗、档次低、效果差、资源零散的看法时，如何打破这种传统的观念，让淡出大众视野的停车场媒体焕然一新，重回户外广告界？加速度传媒公司团队以其敏锐的目光不仅洞察并且改变了这块市场的无限可能性，公司团队认为媒体广告不仅是为了品牌的曝光度，更是为了品牌后续的市场影响力，这才是广告的真正效益所在。公司团队首先提出以 18 米超长版面及贴合停车场墙面弧度设计的巨弧灯箱，以及采用多个灯箱整齐排列方式、形成数量多且成排排列的矩阵式灯箱，就此引来一场新兴媒体的视觉盛宴，彻底颠覆了传统停车场灯箱媒体广告，开启停车场媒体广告的新篇章。

对于同样勇于创新的梅赛德斯 - 奔驰，携手加速度团队于坐落在泉州城市中心的泉州浦西万达广场的停车场挑战了令人惊叹的超长巨弧灯箱，其灯箱的曲线如奔驰的车身线条般动感流畅，完美地贴合了奔驰的品牌形象，配上色彩鲜艳的高精喷绘画布及高品质的灯光，它所带来强大的视觉冲击力及震撼力，无一不突显着奔驰的品牌魅力。

而追求极致的 ViVO 手机，此番则尝试了震撼视觉记忆的矩阵式灯箱。当相同的灯箱画面一个接一个从受众眼前闪过，整齐划一的排列方式不仅能让人眼前一亮，更能震撼受众眼

球，使受众对品牌信息不自觉地产生重复记忆，令人印象深刻，再加上高品质的灯光及优质的画面感，在树立 ViVO 手机品牌形象的同时也使得品牌更具传播度，从而达到理想的广告效益。

以上两个品牌客户均挑选了拥有超高的人气及车流量的泉州浦西万达广场，其商圈的影响力不仅能辐射到周边小区，更能辐射到更远的乡镇村，其商圈媒体的影响力不言而喻。此次奔驰及 ViVO 手机共同携手加速度团队打造的全新停车场媒体广告，除美化了停车场环境、提升商场的整体形像，也使得受众在封闭的停车场不再感到空洞，而是能带来视觉上的享受。更重要的是能使品牌更具传播力及影响力。

周晓平

沈阳达可斯广告有限公司董事长

达可斯
Dakos

“发展优质资源　服务优质客户”

沈阳达可斯广告有限公司是东北地区乃至全国的户外LED媒体运营商，1998年开始进入户外媒体市场，2009年进入户外LED媒体市场，开始布局和经营LED大屏。经过多年的稳步发展，达可斯广告已拥有自主媒体和代理媒体总面积、自有媒体和代理媒体覆盖城市数量、自有媒体和代理媒体保有量等核心指标在东北三省同行业中都处于绝对领先地位，在全国亦是名列前茅。

因达可斯在户外媒体市场的特殊影响力及发展后劲，2014年公司成功完成了并购上市，成为上市公司上海新文化(300336.SZ)的全资子公司。

沈阳达可斯在东北地区拥有自有LED媒体16块，大牌15块。在北京、上海、天津、重庆、黑龙江、吉林、辽宁、山东、新疆，内蒙古、山西、江苏、江西、浙江、安徽、福建、山东、河南、湖南、湖北、广东、广西、海南、四川、云南、陕西、贵州、甘肃、宁夏、青海代理发布广告的户外广告媒体267处。

经过多年的发展，达可斯广告已在东北地区建立了户外媒体的区域化布局和多层次的广告投放平台，以东北核心商圈户外自有LED大屏幕为核心媒体资源，同时逐步拓展东北三省及全国一线到四线城市的屏幕代理业务，并整合更多优质媒体资源，不断扩大媒介资源网络，形成规模优势。

沈阳达可斯广告目前代理经营发布的品牌主要有兰蔻、娇兰、雅姿、美宝莲、Pt铂金、周生生、浪琴、美度、天梭、OMEGA、西铁城、斯沃琪、三星、英菲尼迪、奔驰、宝马、奥迪、现代、大众、雷克萨斯、万科地产、金地地产、保利地产、中海地产、茅台、平安保险、工商银行、中国银行、TOTO、科勒、可口可乐、日本观光厅、韩国旅游局、澳门旅游局等国际国内知名品牌。

【企业经典案例】

LED部分：

1. 沈阳地标媒体——东宇大厦 LED

OMEGA “恒久真挚的佳节问候”

目的：通过准确的媒体选择有效地到达目标群体。促使目标消费者参观欧米茄店，以达成最终销售。

媒体优势：媒体位于沈阳交通最繁忙的（五向）路口。媒体（1000米）区域内各银行、证券、保险机构密集，是东北地区的金融CBD区域，省委、军区等政府行政机关所在地，同时也是红牛、瑞士期沃琪集团、米其林、佳能等国际知名企业东北区域办公集中区域。

2. 太原街百盛 LED

法国娇兰 “帝皇蜂姿 双重修护组合”

目的：通过准确的媒体选择有效地到达目标群体。促使目标消费者莅临法国娇兰专柜，以达成最终销售。

媒体优势：该媒体位于沈阳市太原街步行街内，人流量极大。点位覆盖区域是沈阳市中心地带的最繁华商业区，以大型综合百货商店为主体，以专业商店（运动品牌专卖商圈）为补充，是集商业、餐饮、文化娱乐为一体的多功能的商业社区。该点位覆盖区域内商业面积达300万平方米以上，区域内商业企业超过2000家之多，在全市营业面积5000平方米以上的大型零售商场中，有三分之二以上的企业和50%以上的营业面积集中于该区域内。

3. 中街新世界百货 LED

宝马 “新宝马3系” 新品推广

目的：通过准确的媒体选择有效地到达目标群体，使目标受众有效知晓BMW新3系的上市信息。

媒体优势：该媒体位于沈阳东西交通主动脉——北顺城路（市府路）和东顺城路交汇处。东临东陶路陶瓷街、联合路工程机械街、东陵西路汽车贸易专业街，西接市府路政务区，是进出中街及东中街商圈的咽喉要道。

4. 五爱汉庭酒店 LED

肯德基 “6元活力早晨” 新品推广包屏

目的：通过精准有效地媒体选择，将肯德基新品推广的信息，及时有效地传递给更多受众。

媒体优势：该媒体位于沈阳市主城区南北交通大动脉至南北两条干线的交通节点上，是沈阳

交通最繁忙的三大路口之一。五爱市场是东北亚经济圈和环渤海经济圈最大的流转型轻工产品交易中心，也是中国最著名的批发市场之一。经营业户 8000 多户，从业人员 3 万多人，营业面积达到 10.7 万平方米，日均客流量达 20 万人次，节假日的客流量超过 30 万人次。

户外大牌部分：

1. 马路湾东宇大厦楼顶大牌

北京现代 (白天)

北京现代 (夜间)

2. 中华路苏宁电器大牌

三星手机

沈阳达可斯广告外阜市场案例：

1. 长春地标媒体——长春百货大楼 LED OMEGA “恒久真挚的佳节问候”

目的：通过准确的媒体选择有效地到达目标群体。促使目标消费者参观欧米茄店，以达成最终销售。

媒体优势：媒体位于长春市人民大街重庆路商圈的核心位置——长春国贸购物中心的楼顶。媒体正前方的人民大街是长春市区中心主干道，车流量大，人流密集。媒体点位覆盖区域是长春市中心地带最繁华的商业区，媒体周围分布着吉林省政府、长春市委市政府、市公安局、中国联通、省国税局等政府机构及大型企业。点位覆盖区域内商业面积达 200 多万平方米以上，区域内商业企业超过 1500 家之多，在全市营业面积 5000 平方米以上的大型零售商场中，有 50% 以上的企业和营业面积集中于此。

2. 哈尔滨秋林国际购物中心 LED

RADO 新品上市

目的：通过准确的媒体选择有效地到达目标群体。促使目标消费者光临 RADO 门店及专柜，以达成最终销售。

媒体优势：秋林商圈是哈尔滨市最早形成的商圈，是哈尔滨最繁华商圈的核心地带，省人大、省政协、省建设厅、中国银行哈尔滨分行、中国建设银行哈尔滨分行、广发银行哈尔滨分行、中国光大银行哈尔滨分行、中国工商银行支行等多家政府部门和金融机构及股份制银行在此办公。

3. 太原市 LED

玫琳凯 2015 年全国粉巴活动

目的：通过准确的媒体选择有效地到达目标群体。使目标消费群有效地了解并知晓玫琳凯“粉巴”车已到达太原市。

媒体优势：位于 CBD 核心地标位置，该地段汇集燕莎友谊购物中心、沃尔玛、家乐福、北美新天地、国美电器、苏宁电器、居然之家、山西煤炭进出口集团、凯宾斯基大酒店等众多机构场所，是集休闲、娱乐、购物、办公为一体的高端地域。

户外广告市场调研报告

2015—2017 年全球广告支出增长预期

Ayaz Nanji

实力传播集团近期根据 2015 年全球 GDP 整体涨幅预期，做出预测：2015 年全球广告支出将增加 4.9%，达到 5450 亿美元。

然而由于没有了冬奥会、男足世界杯以及美国中期大选等重大事件，2015 年的增幅将略低于 2014 年的 5.1%。

实力传播集团预测，受夏季奥运会、美国总统大选以及欧洲足球锦标赛的影响，2016 年全球广告支出将增加 5.6%。

而由于没此类大事件，2017 年支出增长将回落至 5.2%。

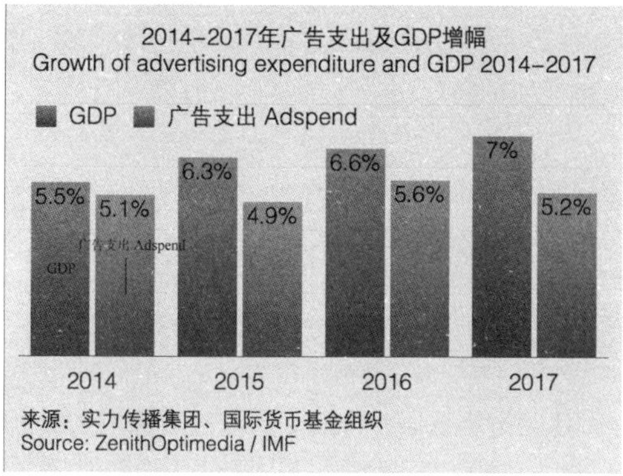

以下是预测中其他重要的发现

地区广告支出预期

报告中若干重点地区广告支出预期如下：

• 北美：由于没有冬奥会和美国中期选举，2015 年广告支出预计增长 3.8%。受夏季奥运会和美国总统大选的影响，2016 年将增至 4.1%。而 2017 年增长率则回落至 3.7%。

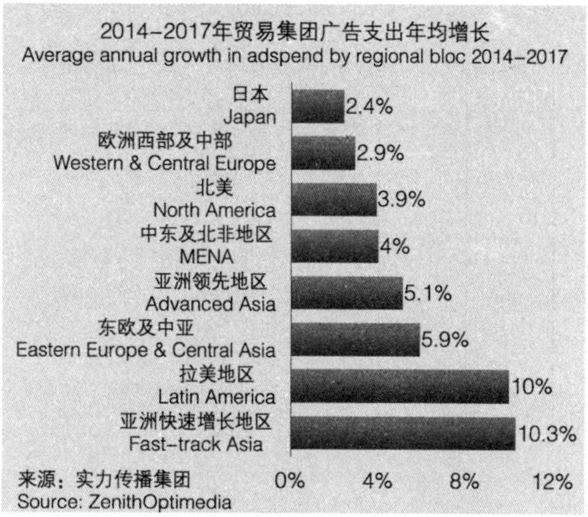

• 欧洲西部及中部：英国及欧元区外围国家市场的增长将抵消欧元区核心的弱势，并在 2017 年预计平均增长 2.9%。

• 亚洲快速增长地区：本组快速增长的国家和地区（中国、印度、印尼、马来西亚、巴基斯坦、菲律宾、中国台湾、泰国和越南）2014 年广告支出增幅达 10.1%。2015 年至 2017 年间预计增幅依然维持在 10% 至 11% 之间。

广告渠道的增长和份额

• 手机被认为是全球广告增长最大的驱动力。占 2014 年至 2017 年全部额外花费的 51%（不包括实力传播集团没有媒介布局的地区）。

• 互联网预计将是第二大驱动力（占新广告开销的 25%），随后是电视（24%）。

• 报纸和杂志广告支出据估算在此期间下降共计 80 亿美元。

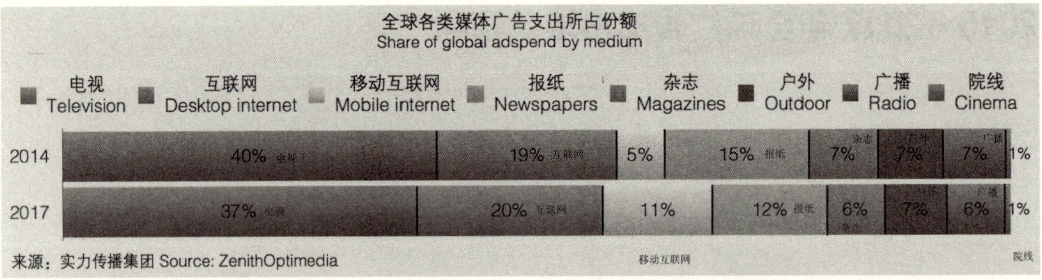

• 尽管增长趋势良好，受互联网和移动互联快速增长的压力，未来几年电视占全球广告支出的比例依然难逃小幅下滑的可能。

2016 年全球媒介市场报告

群邑智库

2015 年全球广告投放增长 3.4%，2016 年将增长至 4.5%。这两个数字均略低于 4.0% 和 4.8% 的年中预期。自 2007 年起，全球广告支出增速持续低于全球经济增速。我们通过观察发现，在通货紧缩的经济环境下，广告主缺乏定价能力。这加剧了对成本控制和投资的持续关注。

中国大陆依然是广告投放增长的最大贡献者。中国经济处于从投资型向消费型转变的震荡中，内部消费需求持续强劲，收入水平增长、城市化发展、产权以及扶持政策也对此起到推动作用。中国的外部需求需要更多的监管。中国台湾地区及香港地区广告市场低迷则源于初级资源需求、海外直接投资和本地旅游的减少，以及境内商品和服务取代进口。

我们认为 2015 年是“新世界”（拉美、中东欧和东南亚）传统媒体绝对花费倒退的元年。尽管只下降了 0.5%，但这标志着自 2010 年以来 17% 的增速记录将出现快速下降。如图所示，“新世界”报纸广告自 2012 年起出现下降，杂志广告自 2013 年起开始衰退。大批的中国广告主由电视转投数字媒体，这也加剧了 2015 年成为“新世界”传统媒体下滑的一年。我们认为这种现象将在 2016 年略有缓解。

我们预计 2016 年全球广告开支中，平面媒体将占比 18%，其年亏损率将从 2% 下降至 1%。目前判定这一表现是否稳定为时尚早。出版机构的前路布满荆棘。传统媒体正普遍拥抱数字化，然而碎片化、触达范围的逐渐流失、受众测量和交易标准的不健全等问题普遍存在。数字化的消费者分析也往往差强人意。

另一方面，传统电视表现稳健，在 2012 年达到鼎盛，占全球广告投入的 44%，此后逐年

全球媒介总览

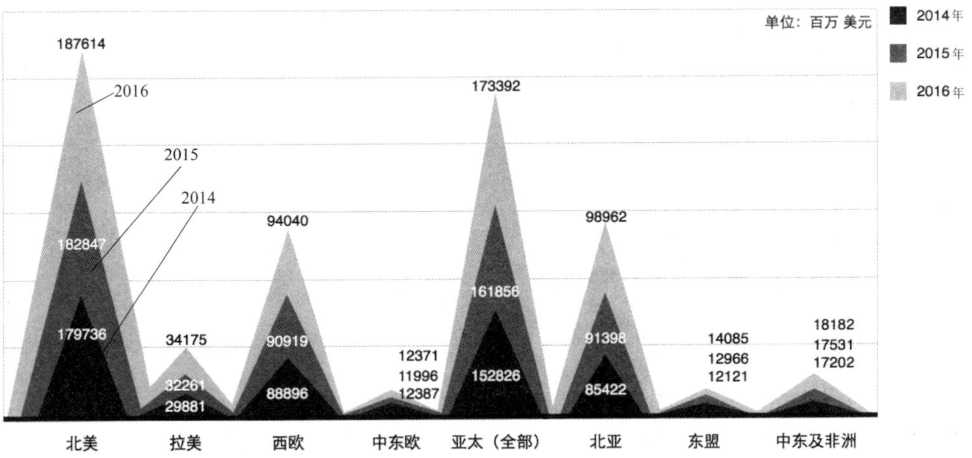

单位：百万 美元

	2008	2009	2010	2011	2012	2013	2014	2015 预计	2016 预计
北美	169,591	157,457	159,629	164,673	170,951	174,659	179,736	182,847	187,614
年增长率	-2.2	-7.2	1.4	3.2	3.8	2.2	2.9	1.7	2.6
拉美	14,739	14,970	21,287	23,275	26,050	28,374	29,881	32,261	34,175
年增长率	11.8	1.6	42.2	9.3	11.9	8.9	5.3	8.0	5.9
西欧	95,969	85,253	89,393	90,652	87,764	86,795	88,896	90,919	94,040
年增长率	-1.2	-11.2	4.9	1.4	-3.2	-1.1	2.4	2.3	3.4
中东欧	11,417	8,975	9,902	10,938	11,583	12,077	12,387	11,996	12,371
年增长率	10.7	-21.4	10.3	10.5	5.9	4.3	2.6	-3.2	3.1
亚太（全部）	105,491	103,874	114,472	124,446	134,505	144,187	152,826	161,856	173,392
年增长率	6.2	-1.5	10.2	8.7	8.1	7.2	6.0	5.9	7.1
北亚	46,615	49,719	57,263	66,140	73,243	80,026	85,422	91,398	98,962
年增长率	17.1	6.7	15.2	15.5	10.7	9.3	6.7	7.0	8.3
东盟	6,747	7,226	8,376	9,263	10,279	11,331	12,121	12,966	14,085
年增长率	7.3	7.1	15.9	10.6	11.0	10.2	7.0	7.0	8.6
中东及非洲	11,476	12,171	13,626	14,405	16,063	16,854	17,202	17,531	18,182
年增长率	22.5	6.1	12.0	5.7	11.5	4.9	2.1	1.9	3.7
全球	408,683	382,700	408,309	428,389	446,916	462,946	480,927	497,410	519,773
年增长率	1.5	-6.4	6.7	4.9	4.3	3.6	3.9	3.4	4.5

下降约 1%。一个重要的原因，就是中国的电视广告配给日益规范，而数字经济则野火般蔓延开来。相比之下，美国可能是受管控和限制最少的、竞争力最强的电视市场，其电视广告收入下降情况低于全球平均水平。如果其数字媒体收益能够适当地和其传统媒体组合，将使其朝着更为健康的方向发展。各国电视份额占比升降基本平衡。我们的研究人员发现了电视尚未为人熟知的三种潜力：日益宽松的管控、电视广告质与量的提升以及形式的创新。

我们预测 2016 年全球广告收入净增长将达 220 亿美元，中国、美国、英国、巴西、印度、日本这六个国家占 75%，成为 2016 年全球广告收入的支柱。但这比我们 2014 年起 80% 以上和 90% 以上的预测已大幅下降。中国和美国市场增长的部分节制、俄罗斯市场的下滑以及欧洲市场收紧，是导致下降的主要原因。

这些图表展示了“新”“旧”世界之间投资与消费的显著差异。中国占全球投资需求的近 1/3，但只占消费性开支的 1/10，是促使亚洲曲线向投资倾斜的主要原因。随着中国向以消费者为导向和以服务为基础的经济体迈进，这种不平衡将逐步矫正。这对中国的国内需求和广告来说，是个好兆头。这也因此让国际大品牌要面对来自本土品牌的与日俱增的竞争。中国的外需将助力消费品和服务市场超过原材料和资本货物市场，同时也非常可能出现很低的外需增长率。

在我们预测的 2016 年全球广告收入净增长 220 亿美元中，数字广告将占比 90%。我们

2016 年全球广告收入主要贡献国

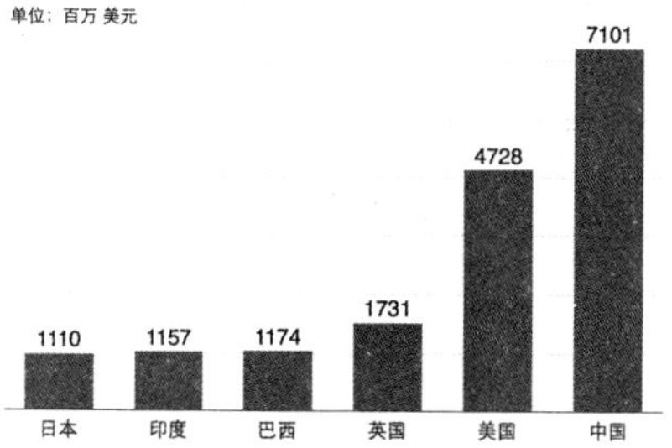

消费性开支

年增长率根据通货膨胀变化

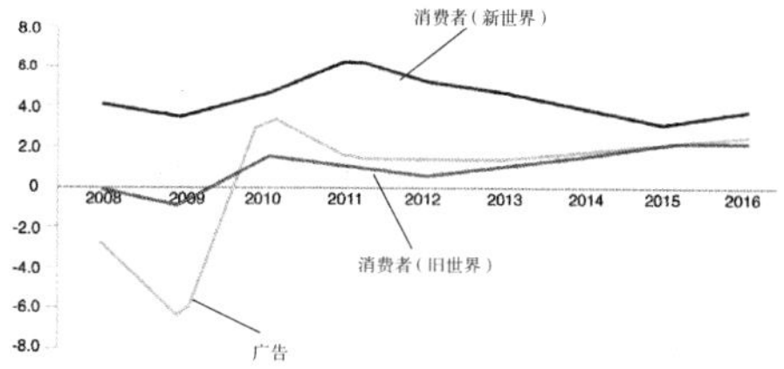

预计 2016 年数字媒体资本市场，同时也非常可能出现很低的外需增长率。

在我们预测的 2016 年全球广告收入净增长 220 亿美元中，数字广告将占比 90%。我们预计 2016 年数字媒体将保持 14% 的增长，这也是雷曼兄弟破产后首次出现减速。搜索增长放缓和中国互联网发展日趋稳健是这背后的主要原因。受测媒体投资统计中，数字媒体将从 2015 年的 28% 增长至 2016 年的 31%，因此大数定律也是原因之一。

投 资

年增长率根据通货膨胀变化

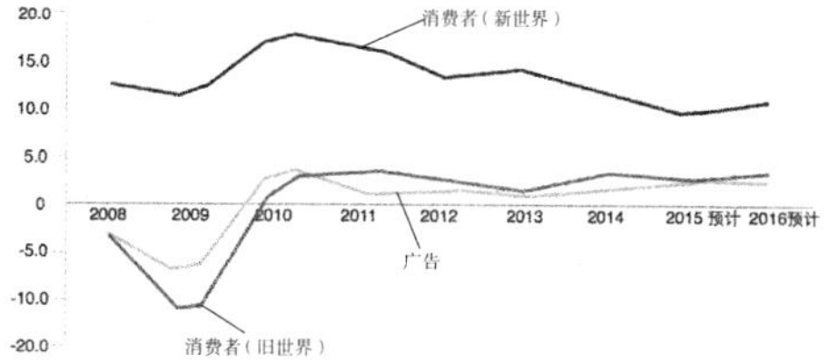

媒 体

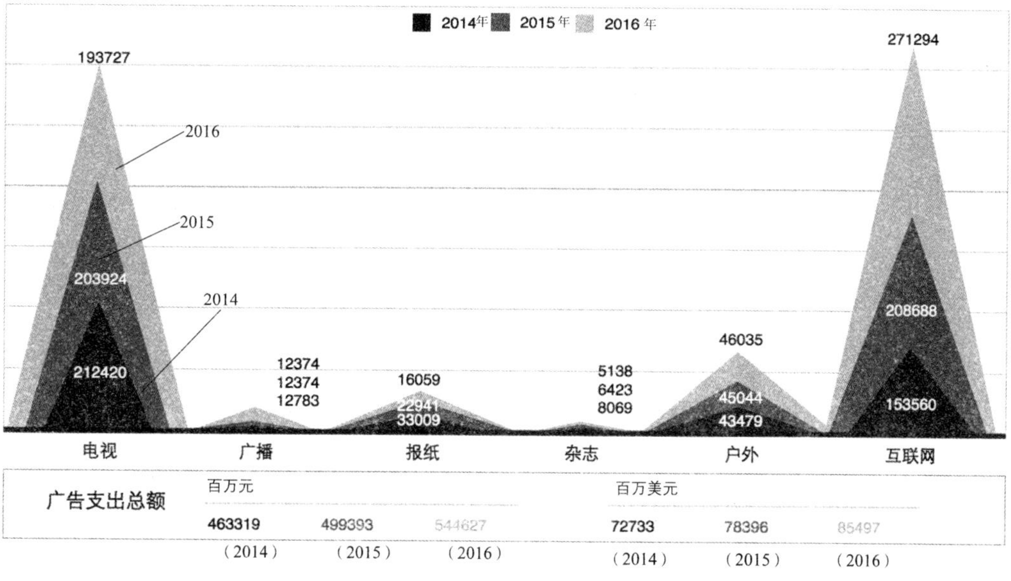

中国

我们期待中国政府于2015年9月发布的新的经济刺激政策可以使2016年中国的媒体投资增长较2015年会有小幅度的加速。

尽管电视增长率出现下滑，电视和数字媒体依然是广告投放的核心媒介。2016年，电视媒体的增长依然会受到来自数字媒体的限制，但即将举行2016欧洲杯足球赛和奥运会将暂时缓解这一现象。大规模报道无疑是电视的竞争力。

广告投入大体上在从传统媒体转向数字媒体。内容的丰富、程序化购买以及B2C扩张成了刺激广告主，特别是纸媒广告主做出这一转变的主要原因。

楼市相比股市给经济带来更大的影响，房价回升，消费性开支在整体经济中遥遥领先。根据官方统计数据，截至2015年10月，零售业增幅10.5%，而这一数字有可能低于占消费者购买总量40%的服务业的实际增长率。劳动力在缩减，工资以每年10%的水平增长。中国对原料市场的需求正在缩减，本地化定制正在占领进口商品的市场。相比商品市场，服务市场可交易性较低，但也在日益抢占在经济活动中的份额。

年增长率变化

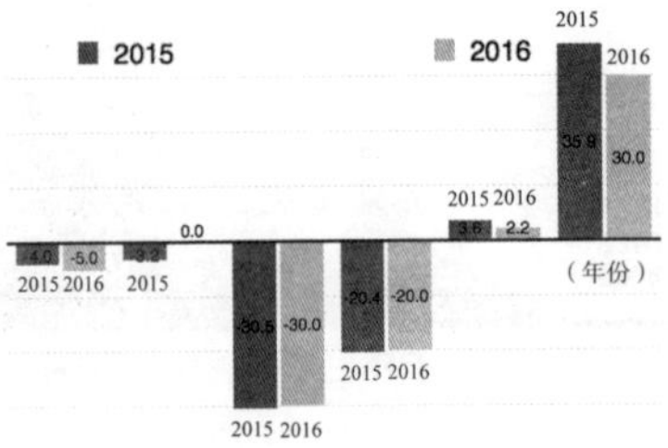

年增长率变化

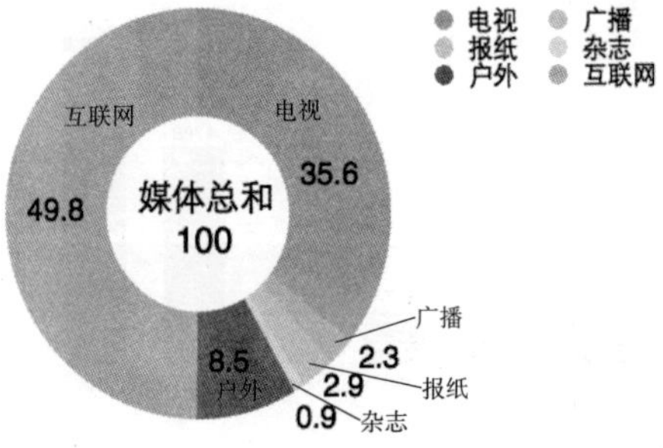

消费性开支

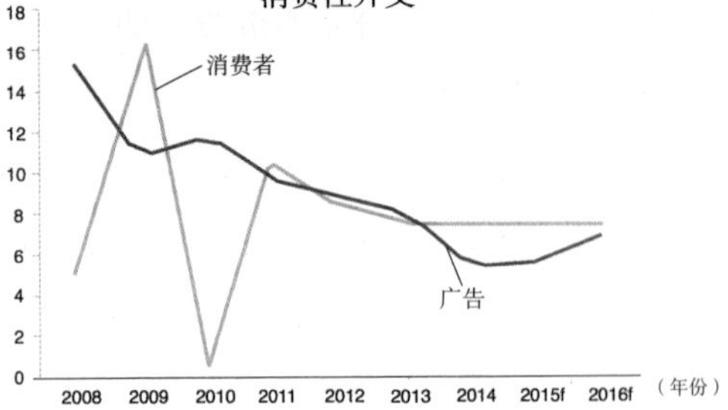

投 资

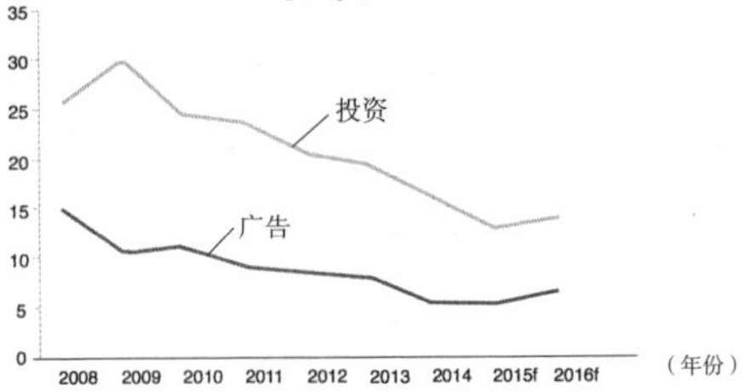

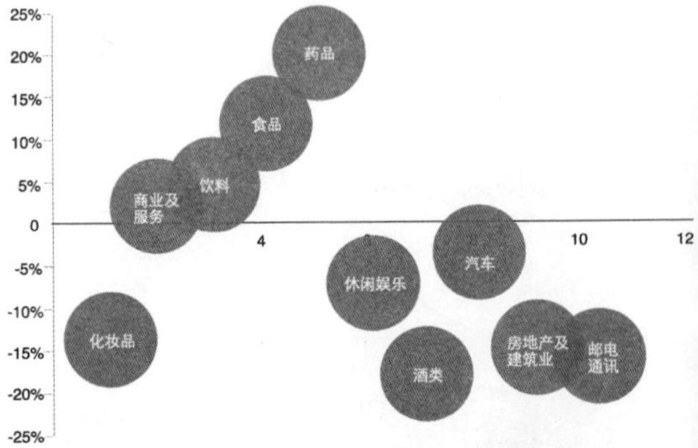

类别：CTR（电视和纸媒）

历史媒体收益：电视、纸媒

广播：CTR；互联网：艾瑞

户外：凯蒂珂。中国指中国大陆，不含港澳地区

代理佣金：不含

刊例价折扣：之后

报纸分类：在内

互联网分类：在内

生产成本：不含

数字标牌是增速第二的广告媒体

Jack Loechner

根据PQ媒体最新的市场调研，数字户外媒体可能正处于行业期待已久的爆发边缘。消费者接触数字户外的时间有望实现8.6%的复合年增长，到2017年消费者每周平均接触数字户外的时间将长达20分钟，这将极大促进数字户外广告花费的增长，同时运营商收入有望实现14.2%的复合年增长。

与此同时，传统户外广告营收在未来5年里的复合年度增长率为4.1%，到2017年，消费者接触传统静态广告牌的时间将降至每周44分钟。随着越来越多的动态数字标牌取代利润较低的传统显示牌，数字户外的内容持续优化，受众测量的强化，以及数字户外与移动和社交媒体之间的连接与互动方式不断涌现，这一系列的因素将驱动数字户外在未来的继续增长。

根据PQ媒体“2014年全球数字户外媒体消费者接触调研报告”，全球消费者2013年每周接触各种数字户外媒体的时间平均为14分钟，与2007年的8分钟相比，增长了75%。其中，驱动消费者接触时间增长的关键因素包括：消费者花费了不少的时间在家外媒体上，他们一天当中与那些连接了无线设备的数字户外屏幕之间的内容互动也在增加，以及人们休闲旅游及购物时间的持续增长等等。

Consumer Out-Of-Home Media and Revenues 消费者接触户外媒体时间及数字户外营收情况表

Media Sector 户外媒体形式		CAGR 复合年增长率	
		2007 - 2012	2013e（估算）
Digital Out-of-Home Exposure 数字户外接触时间	Consumer average hours per week exposure to Digital OOH 消费者每周接触数字户外的平均时间（小时）	0.23	
	Year-to-Year growth 同比增长	11.40%	7.20%
Revenue 数字户外营收	Revenue $ in Millions 营收（单位：百万美元）		$ 8,878
	Year-to-Year growth 同比增长	12.10%	12.60%
Traditional Out-of-Home Exposure 消费者接触传统户外时间	Consumer average hours per week exposure to Traditional OOH 消费者每周接触传统户外的时间（小时）	0.79	
	Year-to-Year growth 同比增长	-2.60%	-1.00%
Revenue 营收	Revenue $ in Millions 营收（单位：百万美元）		$ 32,447
	Year-to-Year growth 同比增长	-1.60%	4.30%

数据来源：PQ媒体，2014.3

根据消费者每周接触媒体的平均时间预估，数字户外媒体将是从现在到2017年为止世界范围内增长第二快速的媒体。根据消费者接触媒体（包括传统户外、电视、广播、报纸、杂志、互联网和移动等）时间的比较，数字户外的接触时间在全球15大市场的12个市场里面是排名第二的，仅次于移动媒体。

此外，调研表明，设计、内容、互动以及手机优惠券的提升正在延长消费者在屏幕面前的停留时间。综上所述，以上这些趋势将推动新的数字标牌网络2007年—2013年在全球15大数字户外市场的部署，这些部署将集中在诸如路边、卫生保健及轨道交通等流量大且引人注目，易于测量的点位。

PQ媒体CEO Patrick Quinn表示，“当广告媒体越来越受到如何来吸引目标消费者参与及互动方面的挑战的时候，数字户外的接触时间和营收却继续呈现出良好的增长态势”。

根据“2014年全球数字户外媒体消费者接触调研报告”摘要，更多关于消费者接触数字户外媒体的内容还包括：

• 按照营收来看，美国仍然是世界最大的数字户外市场，在消费者接触数字户外时间方面，全球排名第四，仅次于澳大利亚、英国和加拿大，后三个国家在其有限数量的大城市周边的人口集中程度是相对较高的。

• 2013年，英国消费者接触数字户外的时间由每周平均近20分钟增长到了47分钟。传统户外的消费者接触时间每周平均为1个小时，高于数字户外，但是与2007年相比，却减少了24分钟。2017年，消费者接触数字户外的时间每周平均将为56分钟。

• 领先的发达国家正在快速接近或已经超过了消费者每周平均一个小时的数字户外接触标准，而其他主要市场如英国和加拿大的数字户外接触时间有望在2017年底达到1小时大关。

• 2007年到2012年间，消费者接触数字户外媒体时间的增长速度超过了数字户外营收、传统户外接触时间和营收的增长速度，总体广告行业以及GDP的增长速度。

• 在2013年，澳大利亚是全球唯一一个消费者接触数字标牌及视频网络每周超过一个小时的国家，这主要归功于数字户外媒体的增长，以及澳洲90%的人口都集中居住在其大型城市的周边。

• 在15大全球领先的市场，PQ媒体的报告指出有9大包括美国在内的市场，消费者在不同场合与地理位置（如路边的数字大牌、影院、机场、加油站、医疗场所、购物中心以及包含了体育馆、健身俱乐部、餐馆等各种娱乐场所）接触数字户外的时间每周至少为30分钟。

2017 年全球广告支出将达 5470 亿美元

群邑智库

受全球范围内各种经济因素影响，各品牌在低增长环境下继续受到业绩增长的压力，广告支出温和增长。虽然美国总统大选结果和英国脱欧带来了不确定性，但尚未影响广告预算。中国和其他“新世界”国家持续带动全球增长，但温和增长态势成为“新常态”。数字广告仍是增长最快的类型。

2017 年全球广告支出预计将达到 5470 亿美元（增长 4.4%），其中数字广告占 33%。2016 年，广告支出每增加 1 美元其中就有 72 美分用于数字广告，21 美分用于电视广告；而到 2017 年，则将有 77 美分用于数字，17 美分用于电视广告。在 2016 年和 2017 年的广告支出净增长中，美国和中国贡献了半数，中国略多于美国。

鉴于年底的增长，群邑中国将 2016 年广告支出增长预测由之前的 6.6% 上调至 7.8%。快速消费品广告支出在第二季度同比增长 4.6%，远高于预期的 2.0%。持续的城市化进程和强劲的消费者信心为持续增长提供了足够的支持，但中国不再拥有近年的双位数增速。增幅已达峰值，群邑预计中国的数字广告将在 2016 年增长 29.5%。并将于 2017 年放缓至 21.5%。

美国仍然是全球广告支出增长的另一个主要贡献者。群邑将 2016 年美国广告市场的增长预期从 3.1%略微上调到 3.2%，其中电视广告

	2015 年		2016 年		2017 年	
	时价（百万美元）	增长率 (%)	时价（百万美元）	增长率 (%)	时价（百万美元）	增长率 (%)
北美	183,049	1.8	188,675	3.1	193,655	2.6
其中美国	173,311	1.8	178,839	3.2	183,523	2.6
拉美	34,717	7.7	36,412	4.9	38,772	6.5
西欧	88,817	2.9	92,062	3.7	94,847	3
中欧和东欧	12,472	-1.4	13,456	7.9	14,521	7.9
亚太地区（全部）	166,793	5.9	176,422	5.8	187,492	6.3
其中中国	74,151	7.8	80,034	7.9	86,275	7.8
中东和非洲	16,952	8.2	17,468	3	18,085	3.5
世界	502,799	3.8	524,495	4.3	547,371	4.4

增长从3.4%调整为4.1%，与之前大选年（2012年和2014年）的增幅相当。2016年选举广告支出相对而言并不强劲，但夏季奥运会广告投放多。有一些预算从数字广告转移到电视广告，特别是药品和快速消费品类。2017年，基于疲软的全球和美国GDP增幅以及尚未影响广告预算的政治不确定性，群邑将其广告支出增幅下调至2.6%。

英国脱欧公投已经影响了金融市场，但尚未影响到广告市场。受数字广告推动，群邑将2016年英国广告市场的预期增幅调高至7%。2016—2017年英国广告投放有望增加30亿美元，而欧盟其他国家合计将增加33亿美元。

在世界十大百亿美元级广告市场中，印度仍是增长最快的一个。低利率、持续的城市需求和重大改革推动着印度的经济。预计印度广告市场2016年增长率为13.8%，2017年为12.5%。俄罗斯自第一季度以来持续快速复苏，群邑将其2016年的增长预期上调至9.5%，其第四季度更高的电视广告需求以及付费搜索广告的增长是主要因素。一半以上的付费搜索需求来自小型企业（他们无力购买其他媒体形式）；大型广告客户的需求也很强劲。受电视和互联网广告的驱动，2017年预计实现10%的增长。

群邑未来研究总监亚当·史密斯评论说："自2010年以来，广告增长长期受制于全球经济的缓慢复苏。此次预测报告强调了当今广告市场是结构性的，而非周期性的。20年来，互联网成为效果可衡量的广告媒介，数字广告仍然是广告增长的引擎，也是改变整个营销市场的首要因素。选择、机遇和风险成倍增加。对广告主而言，自主的理性决策和持续耕耘，前所未有的重要。"

2015 年中国媒体市场概览

群邑智库

一、2015 年分行业、分媒体的广告花费结构调整

整体来看，各行业互联网广告花费普遍增长，但在各个行业涨幅不一。药品、邮电通讯、家居用品在传统电视硬广花费增长较快。各行业在报纸和杂志媒体上的投放均有不小跌幅。娱乐休闲、家居、个人用品及金融在户外投放刊例有显著增长。

二、2015 年传统媒体广告花费比去年同期增长 1.5%

2015 年传统媒体广告花费达到 15252 亿元，其中电视广告花费占 91.3%，报纸广告花费占 3.8%，广播和杂志分别占 3.9% 和 1%。电视和广播的广告花费分别比 2014 年增加 3.2% 和 14.1%，报纸和杂志的广告花费较 2014 年同期分别下降 29.9% 和 19.5%。

		电视广告花费	广播广告花费	报纸广告花费	杂志广告花费	户外广告花费	互联网广告花费
1	食品饮料类	-4%	6%	-46%	-30%	-34%	43%
2	药品	39%	6%	-49%	14%	1%	
3	化妆品/浴室用品	-23%	-21%	-55%	-21%	-21%	
4	娱乐及休闲	-2%	14%	-16%	-10%	21%	17%
5	交通	-12%	10%	-46%	-21%	-10%	19%
6	酒精类饮品	-7%	-23%	-20%	-39%	-2%	14%
7	房地产	-16%	4%	-44%	-21%	4%	
8	邮电通讯	24%	11%	-20%	-18%	-76%	28%
9	家居用品	33%	19%	-12%	-26%	30%	4%
10	个人用品	11%	8%	-40%	-13%	38%	30%
11	金融业	-6%	10%	-5%	-20%	17%	21%
12	清洁用品	-2%	12%	38%	-7%	-36%	55%
13	家用电器	-12%	-13%	-42%	-19%	-10%	
14	电脑及办公自动化产品	7%	44%	-9%	-32%	-73%	
15	服饰	34%	-13%	-23%	-24%	-13%	50%
16	工农业类	-3%	40%	-19%	-20%	-2%	-16%
17	烟草类	74%	-9%	-73%	1%	-56%	43%

数据来源：CTR ADP 基于电视、广播、报纸、杂志的广告刊例花费；艾瑞；中天盈信品类按照各个媒体渠道刊例价加总从大到小排序。

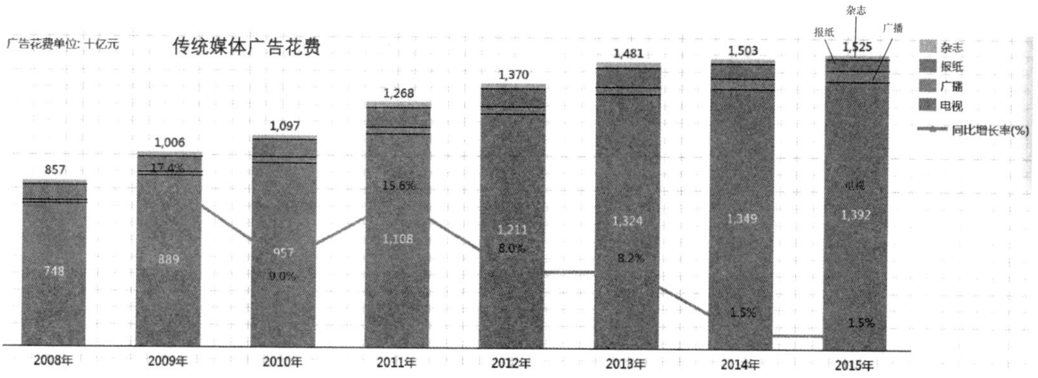

数据来源：CTR ADP 基于电视、广播、报纸、杂志的广告刊例花费。

传统媒体广告花费分行业排行

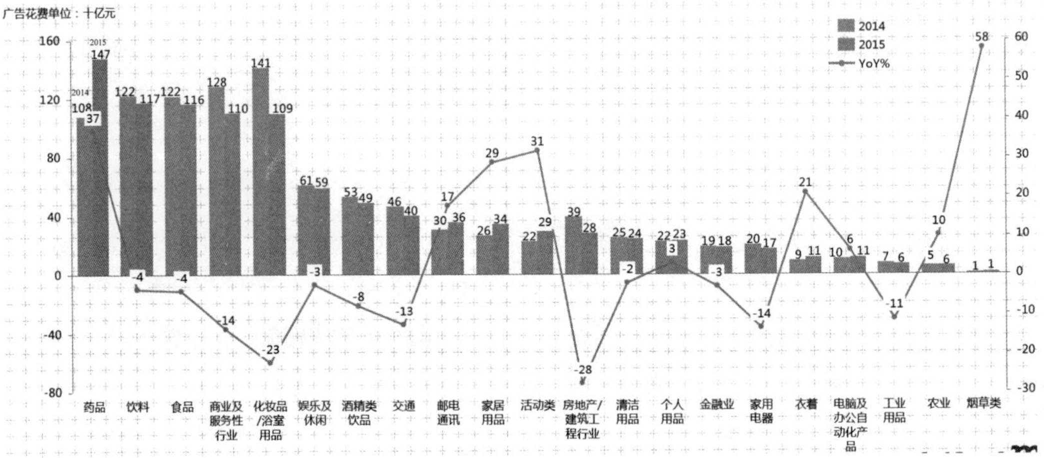

数据来源：CTR ADP 基于电视、广播、报纸、杂志的广告刊例花费。

三、2015 年户外广告市场比去年增长 12%

户外广告增长主要受视频媒体和地铁媒体广告增长带动，户外视频媒体同比增长 5.6%，地铁媒体同比增长 16.9%。2015 年上半年户外火车站广告花费同比增长 400.1%。

四、媒体概况

2015 年户外仍是日到达率最高的媒体。互联网媒体日到达率持续增长，2015 年已经接近电视的日到达率。电影院日到达经过 2014 年的快速增长，2015 年进入平台期。

历年户外媒体广告花费

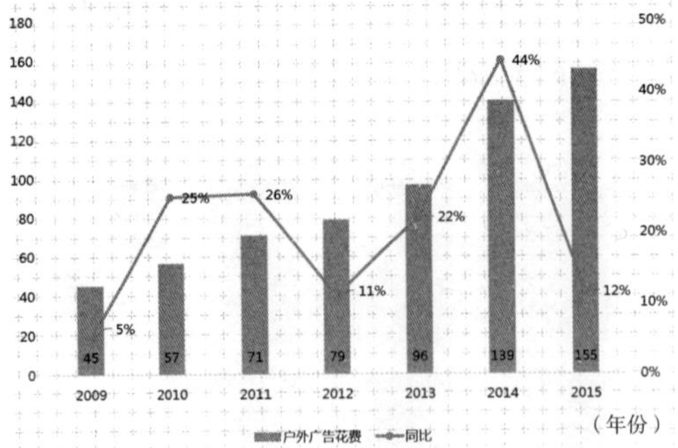

不同户外媒体类型广告花费

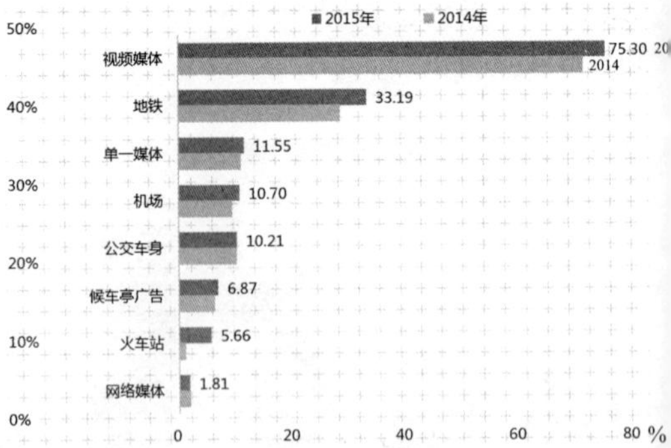

数据来源：中天盈信，30 城市数据，2015 年火车站监测范围新增 9 个火车站。

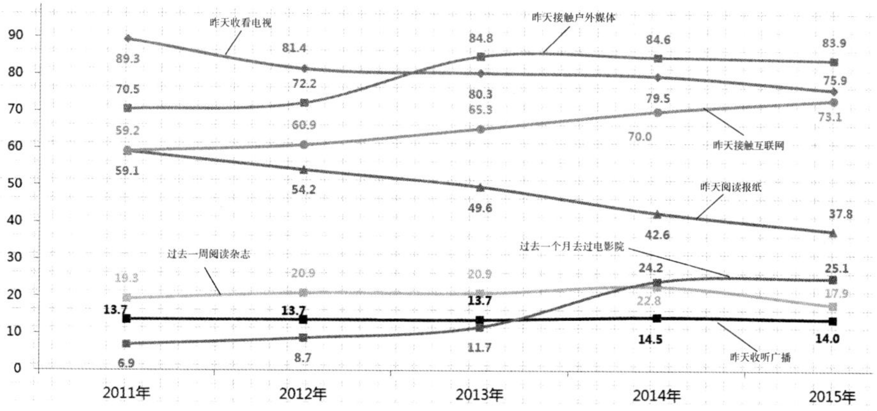

五、2015年新《广告法》十大亮点

1. 充实和细化广告内容准则

之前的《广告法》对一些内容准则规定得比较原则，面比较窄，这次更加丰富，比如完善了保健食品、药品、医疗、医疗器械、教育培训、招商投资、房地产、农作物种子等广告的准则，与人民群众的消费、生活、健康密切相关的问题都增加了进来。

2. 新增关于互联网广告的规定

互联网是一个新生事物，在之前的《广告法》中没有关于互联网广告的章节，这次对互联网广告有了规定，比如互联网广告应一键关停，电子邮件未经同意不能发送等，但是互联网的广告形态很多，技术比较复杂，具体问题在《广告法》这样一部法律里不可能规定得很细，之后还要专门出台一个互联网广告管理办法，也在新《广告法》里有所体现。

3. 2015年新《广告法》的修改幅度非常大

① 充实和细化广告内容准则：新《广告法》对一些内容准则规定更加丰富；

② 明确虚假广告的定义和典型形态：虚假的宣传、令人误解的内容，均属于虚假广告；

③ 新增广告代言人的法律义务和责任的规定：对明星代言作了明确的法律责任规定，只要明星代言的是虚假广告，同样负有连带责任，规定任何人不能代言药品广告，同时药品广告必须显著地标明禁忌不良反应；

④ 严控烟草广告发布：对烟草广告做了更加严格的规定，禁止在一切大众媒体和公共场合发布烟草广告，禁止变相的发布违法广告；

⑤ 新增关于未成年人广告管理的规定：不得利用不满十周岁的未成年人作为广告代言人；

⑥ 新增关于互联网广告的规定：在互联网页面以弹出等形式发布的广告，应当显著标明关闭标志，确保一键关闭；

⑦ 强化了对大众传播媒介广告发布行为的监管力度：传媒在发布广告当中也承担重要责任，对发布广告的媒体和平台作了严格规定，并且也加大了处罚力度；

⑧ 增加公益广告，扩大广告法调整范围：把公益广告写到法律里，作为一种法定的职责要发布，要承担发布公益广告的责任；

⑨ 明确和强化工商机关及有关部门对广告市场监管的职责职权；

⑩ 进一步提高法律责任的震慑力。

六、户外媒体表现评估及发展趋势

户外广告分行业刊例花费变化一览

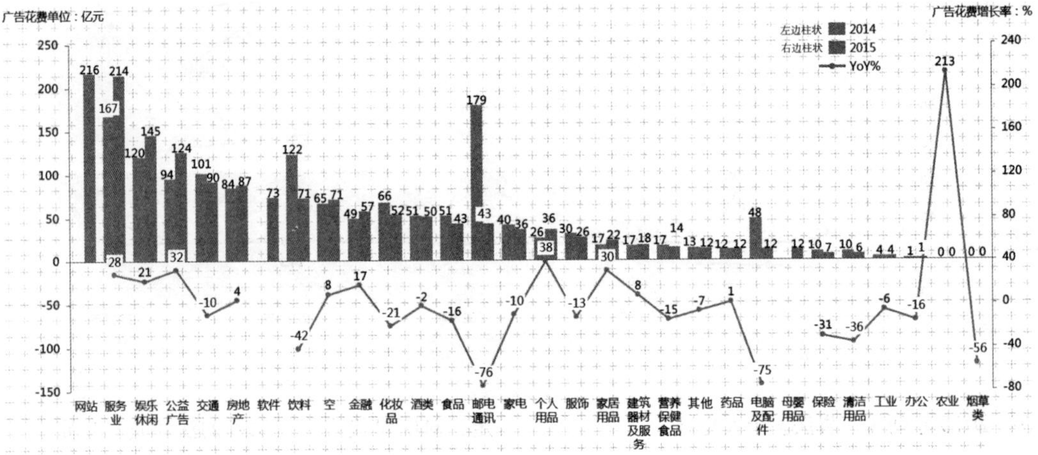

1. 2015 年手机参与户外互动的比例近 20%

除了没兴趣做互动的用户外，在户外使用手机参与互动所占的比例是最高，说明移动与户外已经联系较为紧密。使用手机互动率最高的三大户外媒体分别为公众场所媒体、电影院媒体和公交候车亭媒体。

2. 户外媒体与移动互联网相结合产生的效应

（1）内容创意＋跨界融合，增强消费者体验

美国的 Clear Channel Outdoor 在 2014 年中发布了一个名为“沟通”（Connect）的技术平台，将户外广告与消费者的智能手机进行跨平台连接，这个平台将户外装置变成数字接口，比如设置在购物中心的书报亭或是机场指示牌，当行人经过时，设在其中的移动传感器受到感应后就会启动装置；比如，在公交站台设置的某个汽车广告中，要求消费者点击屏幕以获得更多信息，然后会发给他们一个移动网址或是 App，这些精彩的互动广告创意会让消费者乐于参与其中。

（2）利用社交媒体话题分享，提升受众参与感

王老吉在 2015 年寒假到来之际，就发起了“让爱吉时回家”的公益活动，包下贵广高铁、

在户外使用手机参与过互动

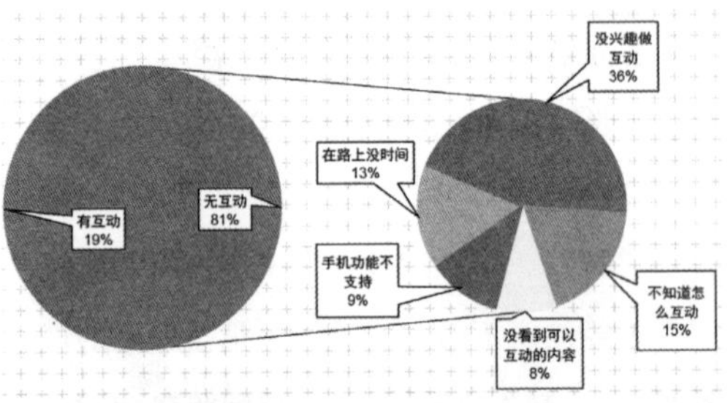

使用手机参与互动的媒体渠道 TOP5

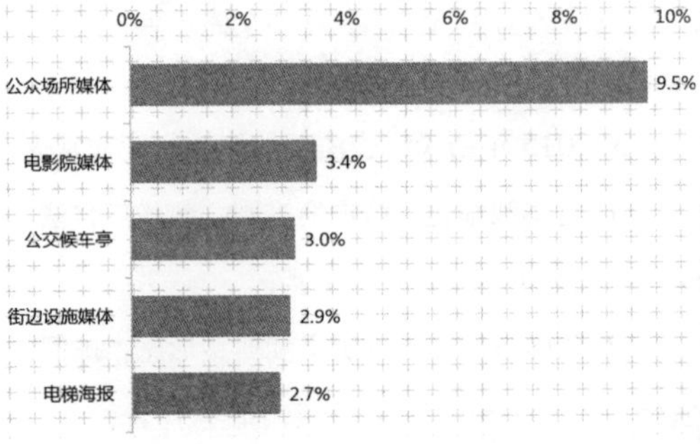

数据来源：群邑山海今 2015。

武广高铁、厦深高铁三条线路的爱心专厢，成功帮助千名学子春节回家，同时，还在官微发起“一触吉发，为爱转发送吉金”活动，连续三周发布与回家团聚有关的讨论主题，话题阅读人数累计 1800 余万。

3. 移动程序化新玩法——场景营销与原生广告

相较于 PC 端传统的广告投放形式和定位方式，移动端由于移动设备智能化程度的不断提升、移动广告投放技术的不断改进、移动广告整体上出现了一些在 PC 上无法实现或不太广泛使用的新玩法，例如场景营销和原生广告等，这些新的广告形式的技术和资源进入到移动程序化购买市场当中来，也推动了移动程序化购买市场的发展，并且将是未来移动程序化广告的重大发展趋势和重要组成部分。

（1）场景营销——未来程序化购买中的一大类型：

移动程序化购买可以实现的场景营销方式主要是指位置情景化的精准定向。当前应用比较广泛的做法是借助 LBS 数据实现广告的位置情景化精准定向，这相对于 PC 而言具有天然的优势。另一大趋势是基于 Wi-Fi 的特定场景位置营销，当前已有 DSP 企业与传统 WiFi 运营商进行深度合作，预备推出场景营销产品，也有过去专注于运营 Wi-Fi 营销的公司开始向程序化购买转型，在双向推动下，预计基于 Wi-Fi

程序化购买投放渠道美国广告主

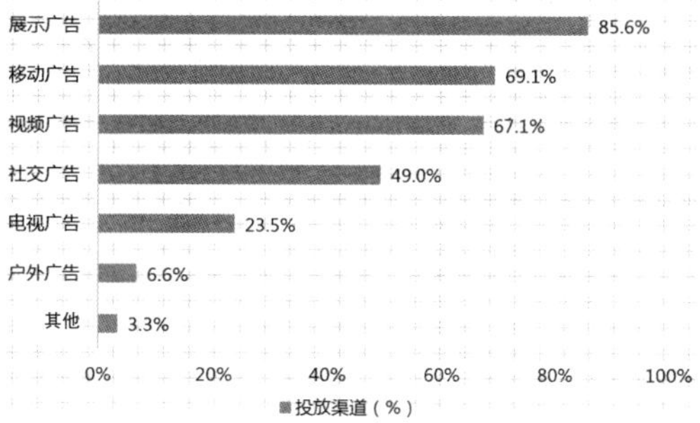

数据来源：艾瑞《2015 年中国 DSP 行业发展趋势报告》。

中国移动广告市场规模

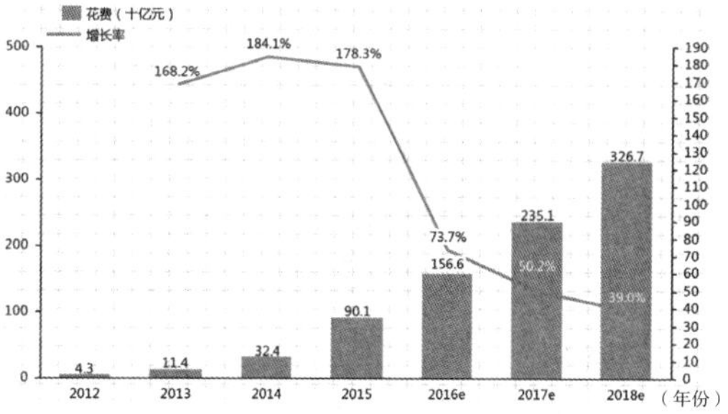

数据来源：艾瑞《2016 年中国网络广告行业年度监测报告》。

各类移动互联网应用渗透率

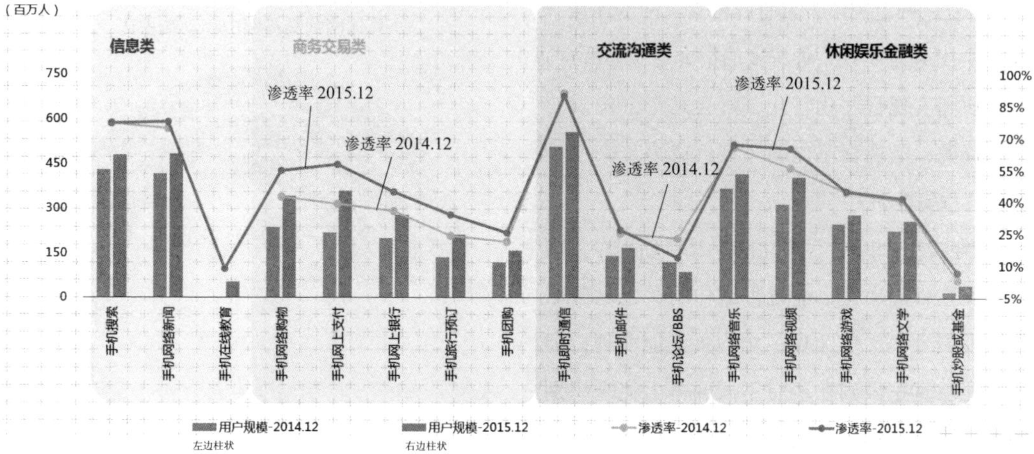

数据来源：CNNIC《第 37 次中国互联网发展统计报告》。

的场景营销资源未来会成为移动程序化购买中的一大类型。

（2）原生广告——程序化购买中的优质资源：

2015年移动程序化购买市场中原生广告的资源数量快速增长，这主要得益于拥有大量原生广告资源的媒体对于程序化购买的大力支持。今日头条建立私有广告交易平台、腾讯广点通发布广告交易平台GDT Adexchange、新浪微博发布广告交易平台Weibo Adexchange（WAX）等动作均对市场具有较为重要的推动作用。由于具有用户干扰小、接受程度高、库存量紧俏等特点，当前原生广告是移动程序化购买市场中相对优质的资源。

4. 跨屏程序化购买尚在研究中，未来可以期待

在当前的中国市场，程序化购买的渠道仍局限于PC互联网和移动互联网，主要是由于电视广告及户外广告向程序化购买转换的意识相对淡薄以及技术尚难达到所限，但是当前国内已有DSP企业开始寻求与互联网电视牌照商进行深度合作，帮助牌照商搭建底层技术系统，实现互联网电视广告库存资源向程序化购买的转化，互联网电视广告具有屏幕大、冲击性强、可通过IP地址实现某种程度的精准定位等特点，若能顺利实现程序化转化，将会是十分优质的库存资源，电视程序化购买将会成为未来市场发展的重要推动力。

当前国内的PC程序化购买及移动程序化购买发展已日趋成熟，电视程序化购买也已开始进入发展日程，多屏程序化购买已能实现，但对于能够真正做到在所有不同屏幕上完全识别和匹配同一个用户的数据，并据此在不同屏幕上针对该用户进行精准广告推送和跨屏的频次控制，目前仍是尚在研究中的议题，各DSP也对此进行了多种技术上的尝试。User ID是当前最有效的进行跨屏识别的技术方式。通过同一ID在不同设备上的登录行为识别同一用户身份，并获得用户在不同设备上的行为数据，能够实现最为精确的跨屏投放。但当前拥有大量用户UID且能保持高频率登录行为的媒体极少，只有腾讯等少数巨头公司能做到。

5. 移动广告发展势头强劲

2015年移动广告市场规模达到901.3亿元，同比增长率高达178.3%，发展势头十分强劲。移动商务交易迅速发展为网络经济的新增长点。由于移动上网的普及，手机移动互联网即时通信趋向于饱和状态。手机商务交易类应用用户增长明显，手机网络视频应用使用率也有大幅提升。

移动购物市场交易规模

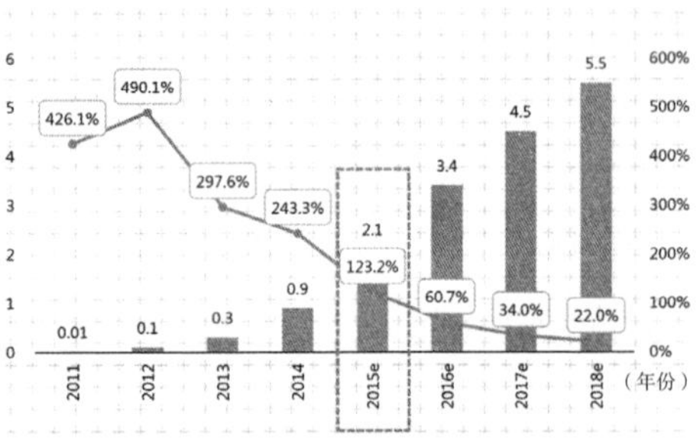

总体网购交易额中移动端占比

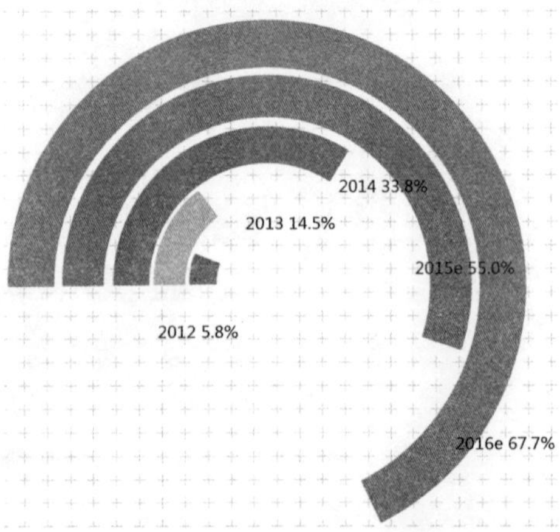

6. 移动购物市场保持强势增长态势

预计移动购物市场2015年交易额将达到21000亿元，移动购物自2011年后高速增长，目前增长速度有所减缓，但整体移动购物市场依旧火热。

从市场结构来看，预计2015年移动端交易额在中国网购整体市场中占比将突破50%。移动支付市场增长速度减缓，移动金融和消费成增长主要动力。

2015年移动支付同比增长59%，增速有所减缓，行业回归理性发展，未来仍保持较高速度增长。

随着用户支付行为习惯的养成，移动支付成为各领域争先抢夺的焦点，移动金融、移动消费将成为主要争夺点。

移动金融占第三方移动支付交易规模比44.3%，同比2014年上升了4个百分点；移动消费同比上升8个百分点，未来持续增长潜力大。

中国第三方移动支付市场交易规模

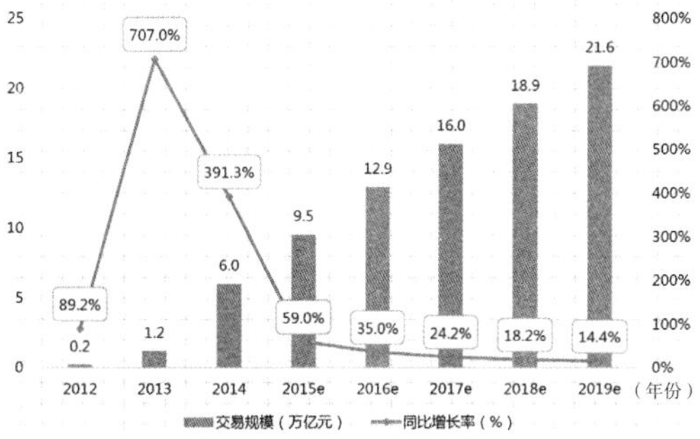

第三方移动支付市场交易规模结构占比

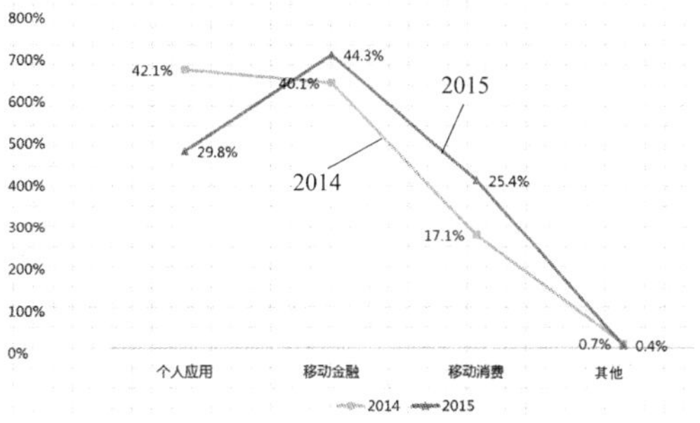

数据来源：艾瑞《2015年中国互联网年度热点洞察报告》。

7. 本地生活服务O2O程度越来越高

随着移动支付的持续增长，餐饮、旅游、电影票、交通等渗透率高，消费者对O2O的接受度也正越来越高。

2015年大众点评、58、京东、美团等纷纷布局上门O2O服务，但同时O2O市场竞争激烈，2016年四大合并事件：快的滴滴合并，美团大众点评合并，58同城赶集合并，携程去哪儿合并。

随着资本寒冬的到来，2016年许多O2O领域面临一轮洗牌和并购。

中国本地生活O2O市场规模

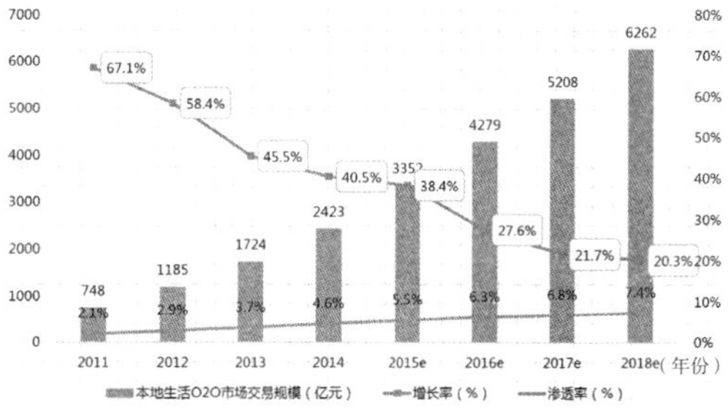

数据来源：艾瑞《2015年中国互联网年度热点洞察报告》。

8. 智能穿戴市场发展空间大

智能穿戴产品市场规模逐年增长，2015年预计达到104亿元。智能穿戴产品销售量占智能硬件产品的23.5%。

中国智能可穿戴设备市场规模

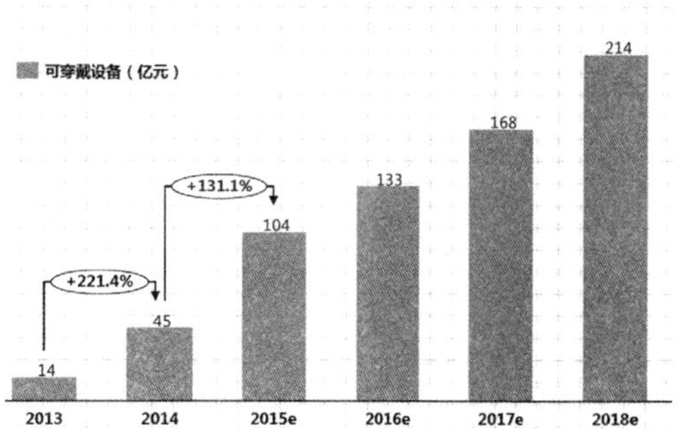

数据来源：艾瑞《2015年中国互联网年度热点洞察报告》。

9. 2016年是VR技术走向市场的一年

VR技术将带动各产业发展，“内容为王场景为皇”的时代已经到来。

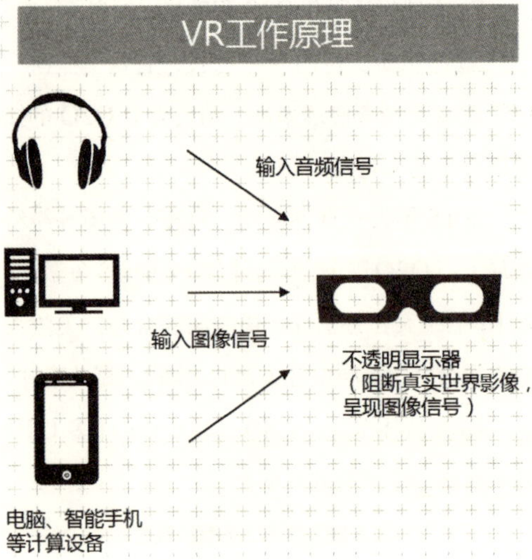

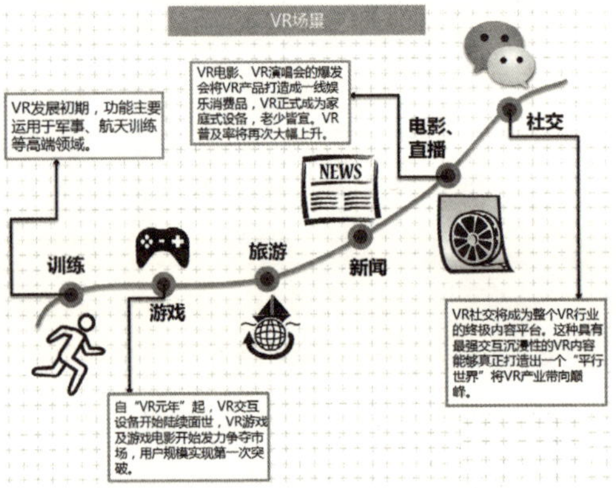

数据来源：艾瑞 2016 年中国虚拟现实（VR）行业研究报告。

纸媒 +VR

美国知名科技媒体《体育画报》开始尝试 VR，让人们可以通过 VR 设备看美女模特。《体育画报》通过 VR 设备的内容即渠道，并且采取印刷版 +App+VR 设备一起售卖的方式来推动纸质媒体未来的发展。

VR 移动广告

由 Immersv 公司出品的 VR 移动广告平台近期问世，该平台主要面对 Google Cardboard 用户，现在很多汽车品牌已入驻该平台。平台上的绝大多数内容将通过视频来展示，这些广告内容主要分为两类：一类是 VR 广告，另一类是市场上主流品牌的广告。

VR 购物

阿里巴巴就宣布成立 VR 实验室，搭建 VR 商业生态，加速 VR 设备普及，并启动“Buy+”计划引领未来购物体验，依托全球最大电商平台，围绕购物场景实现各环节的 VR 体验，让商家能够像设计网页一样轻松搭建自己的 VR 商店，把内容进一步输出，给予消费者多样的消费体验。

2015 年户外广告市场分析报告

CODC

一、宏观经济环境

经济增长创 25 年来新低

据国家统计局发布数据，经初步核算，2015 年全年国内生产总值 676708 亿元，按可比价格计算，比上年增长 6.9%。这是自 1990 年以来 GDP 增速首次破 7%，并创 25 年来新低。第三产业比重首次过半，居民收入增速连续两年跑赢 GDP。

但 2015 年面对错综复杂的国际形势和不断加大的经济下行压力，经济始终保持总体平稳、稳中有进、稳中有好的发展态势。

2012 年 1 月—2015 年 12 月 国内 GDP 季度累计统计走势（单位：亿元 / 百分比）

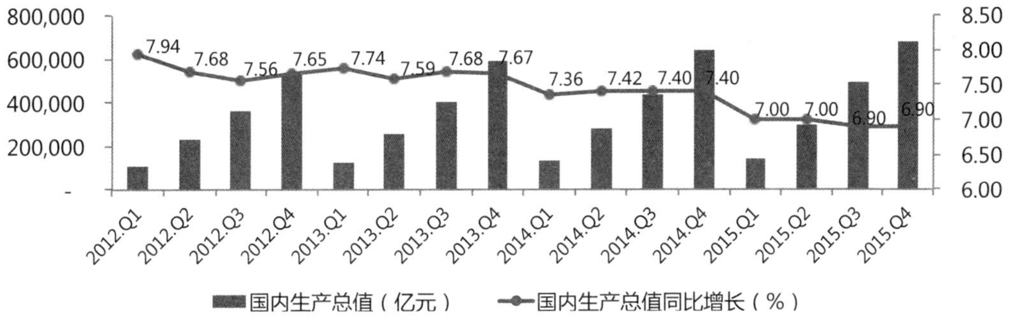

数据来源：国家统计局。

全国居民消费首次来到“1”时代

据国家统计局统计，2015 年全国居民消费价格指数（CPI）比去年同期上涨 1.4%，这是自 2010 年 6 年以来的新低，首次来到“1”时代。2015 年中国经济稳中趋缓、国内油价连续下跌等因素，导致 2015 年物价处于温和上涨的水平。

2012 年 1 月—2015 年 12 月 CPI 价格指数走势（单位：百分比）

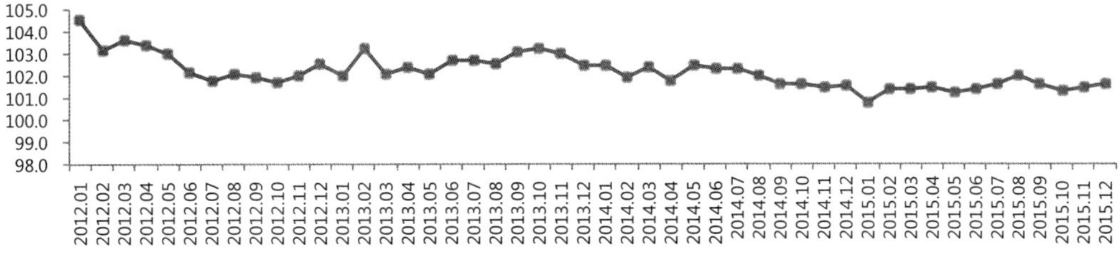

数据来源：国家统计局。

2015 年宏观经济总结

据中国政府网的统计数据显示，2015 年我国经济保持了总体平稳、稳中有进、稳中有好的发展态势。经济数据的突出特点可以概括为温和换挡、结构优化、动力转换、民生改善四个方面。

创新驱动力逐渐增强，经济整体呈现温和换挡。2015 年我国 GDP 为 676708 亿元，比 2014 年增长 6.9%。6.9% 的增速符合预期，也达到了年初提出的 7% 左右的年度经济增长目标。

结构优化表现突出。2015 年我国需求结构进一步改善，消费需求对经济增长的贡献达到 66.4%，比上年大幅提高 15.4 个百分点。消费增长贡献的提升，为我国经济的结构调整和转型发展提供了很大的回旋余地和腾挪空间。

创新驱动力逐渐增强，有力保证就业平稳。2015 年，高技术产业增加值比上年增长 10.2%，比规模以上工业增加值快 4.1 个百分点，新兴产业、新型业态和新的商业模式蓬勃发展，市场活力进一步激发。正是“双创”政策促进了经济增长中创新驱动力的逐渐增强。

人民生活不断改善。2015 年全国城乡居民收入增长 7.4%，比经济增速高 0.5 个百分点，人均可支配收入继续跑赢 GDP。同时，城乡居民享受医保、养老保险的覆盖面继续扩大，贫困人口进一步减少。虽然面临巨大的经济下行压力，但 2015 年人民生活仍保持不断改善的进程。

2016 年宏观经济预测

此外，根据发改委最新公布消息：中国 2016 年经济增长目标定在 6.5%—7% 区间。当前我国经济下行压力依然存在，而且一定程度上还在加大。中国失业率目标是 4.5% 以下。投资在经济增长中仍扮演重要角色。根据《通缩压力、金融动荡与供给侧结构性改革》报告指出，2016 年中国经济将呈现趋势放缓态势，经济结构调整出现积极变化，但经济运行中的风险隐患不容忽视。预计 2016 年经济增长仍将下行，通货紧缩风险有可能加大，就业压力可能显现，金融风险动荡概率不减，经济政策面临困境。

经济学家连平预测，2016 年经济增长前低后稳，结构调整持续推进，全年可达 6.7%。根据对投资、出口、消费的分析，预计 2016 年经济增长可能达 6.7%。上半年，由于前期投资资金来源增长缓慢，房地产投资增速可能继续下行，经济增速有进一步下行的压力。第二季度之后前期大量稳增长政策逐渐释放效力，当期政策力度逐渐加大，经济运行趋稳转好。预计 2016 年四个季度经济增速分别为 6.6%、6.7%、6.8%、6.7%，全年经济运行呈前低后稳特征。

二、户外市场分析

市场总规模达到 1090 亿元

2015 年户外广告投放总额达到 1090 亿元。刊例花费同比增长 7%，实际增长为 5%。

排除范围、刊例变动和火车站媒体数据外，户外广告净值同比增长 -5%。

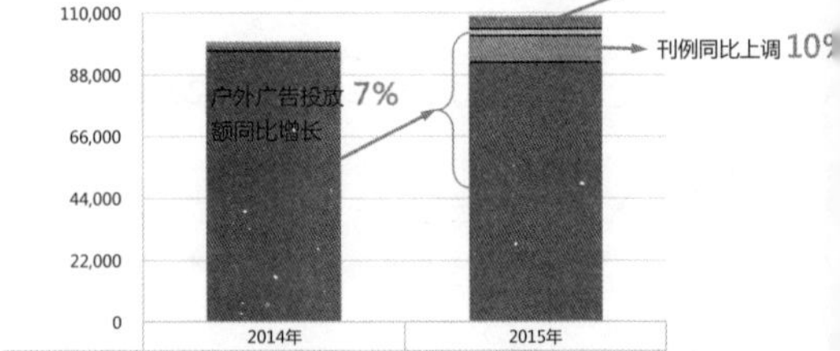

	2014年	2015年
出租车视频	1,726	777
火车站新增收	801	4,310
数据范围扩充	0	1,947
刊例价格上调	0	9,735
户外广告花费额	97,346	92,237

人民币：百万元

媒体广告花费同期净值增长处于下滑态势

2015 年 1—12 月，除机场媒体保持稳定，其余媒体投放净值均呈下降趋势。

2014 年 1—12 月至 2015 年 1—12 月各媒体投放额同期比较（单位：百万元）

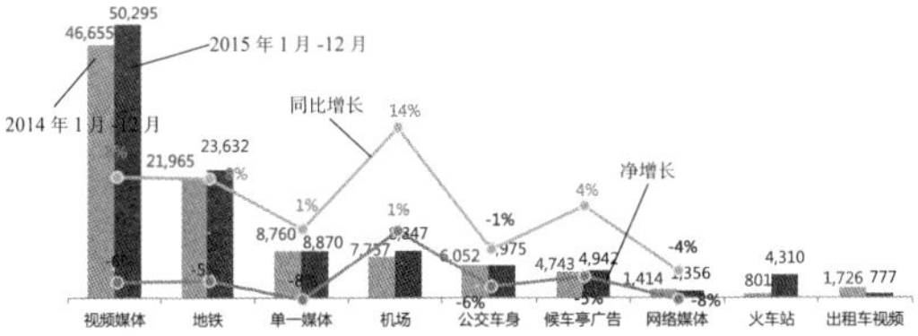

新兴行业表现突出传统行业下滑

2015 年 1—12 月，TOP15 行业中，网站、娱乐休闲、服务业行业占据前三甲，且这三个行业投放占比都处于增长状态，尤以网站和服务业行业表现较为突出；饮料行业投放占比下滑幅度最大。

网站 \ 娱乐休闲 \ 服务业表现突出

2015 年 1—12 月，由于脉脉、神州专车、钉钉等品牌的大量增投，拉动软件行业在户外投放的不断加大，同比增长 83%。

2014 年 1—12 月至 2015 年 1—12 月各行业投放占比同期比较（单位：百分比）

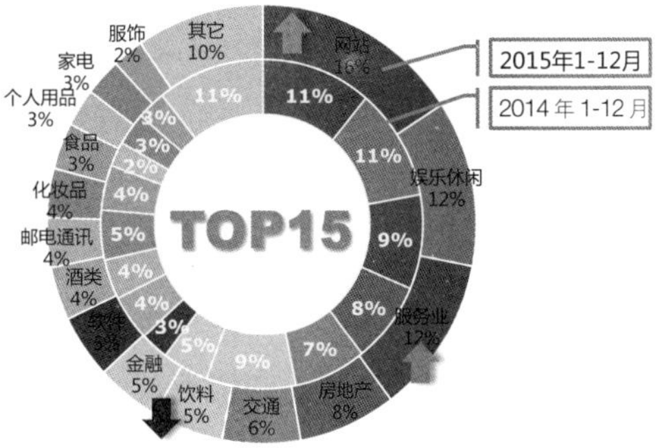

网站、娱乐休闲和服务业依然位居前三甲，且表现出良好的增长态势，网站行业受天猫网、瓜子二手车直卖网的大力投入，上升明显。但传统行业如交通、饮料、化妆品、食品等行业下降明显。

主要行业媒体投放同期对比

从表中可见，软件的增长来源于地铁和视频媒体的大幅增投；网站行业投放户外各种媒体类型均呈上涨趋势。饮料行业的投放，除单一媒体、火车站和网络媒体投放增长外，其他媒体形式均出现跌幅现象。

2014 年 1—12 月至 2015 年 1—12 月主要行业投资额同期比较（单位：百万元）

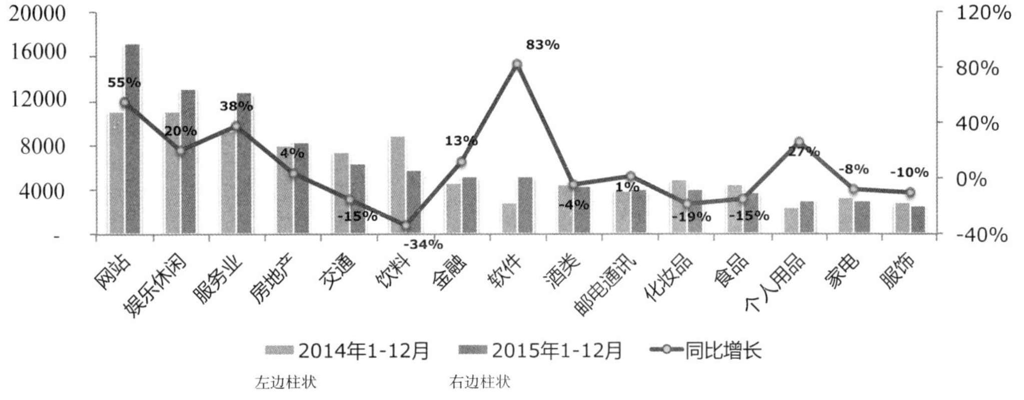

产品大类	媒体大类	2014年1-12月	2015年1-12月	产品大类	媒体大类	2014年1-12月	2015年1-12月	产品大类	媒体大类	2014年1-12月	2015年1-12月
软件	单一媒体	12	25	网站	单一媒体	79	151	饮料	单一媒体	89	107
	地铁	987	1,021		地铁	3,868	5,675		地铁	1,551	954
	公交车身	147	73		公交车身	426	806		公交车身	865	682
	候车亭广告	61	87		候车亭广告	270	588		候车亭广告	771	712
	火车站	1	23		火车站	63	425		火车站	37	118
	机场	13	30		机场	77	142		机场	201	190
	视频媒体	1,587	3,872		视频媒体	6,307	9,404		视频媒体	5,251	3,011
	网络媒体	2	3		网络媒体	34	67		网络媒体	66	67
软件 汇总		2,809	5,135	网站汇总		11,124	17,258	饮料 汇总		8,831	5,842

主要行业投放 TOP10 品牌

2015年1-12月主要行业投放TOP10品牌（单位：百万元）

排名	软件		网站		饮料	
	品牌	投放额	品牌	投放额	品牌	投放额
1	脉脉	397	天猫网	1,422	农夫山泉	688
2	神州专车	341	瓜子二手车直卖网	1,078	蒙牛	655
3	钉钉	221	京东商城	941	康师傅	349
4	美拍	206	苏宁电器	882	伊利	340
5	明星衣橱	206	途牛旅游网	713	娃哈哈	322
6	纷享销客	189	58同城生活	681	红牛	230
7	滴滴快车	159	1号店	560	摩拉菲尔	198
8	e代驾	142	赶集网	495	怡宝	149
9	蘑菇街	133	全景图片网	415	加多宝	116
10	点指	112	优信二手车交易平台	404	统一	114

华东区继续领跑全国

2015 年 1—12 月，各区域投放占比相对较为平稳，华东地区依然领跑于各区域，但其占比减少了 2%。

2014 年 1—12 月至 2015 年 1—12 月各区域花费同期比较

单位：百分比

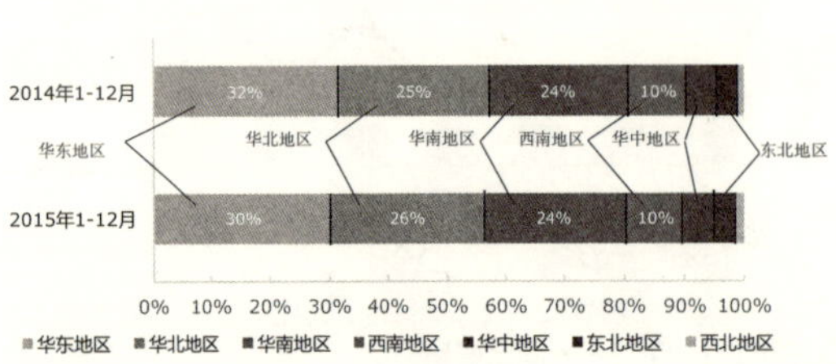

各级别市场投放同期对比

2015 年 1—12 月，各级别市场投放占比有小幅波动，一级市场有所下降，三级市场投放占比有所上升。

2014 年 1—12 月至 2015 年 1—12 月各级别市场花费同期比较

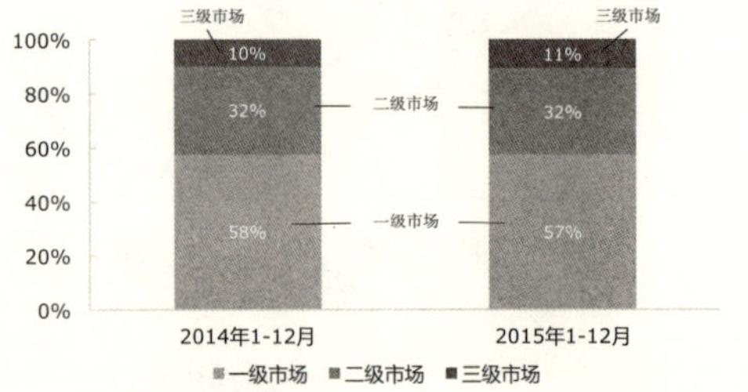

一级市场投放同期对比

2015 年 1—12 月，一级市场中的三个市场净值有所变化。相比前三季度，北京已经开始回暖上升（前三季度北京同比净值增长为 -2%），上海、广州市场净值也有所回调（前三季度上海和广州同比净值增长分别为 -8%、-5%）。

从市场投放总量来看，北京户外广告的总体规模仍高于上海。

二级市场投放同期对比

2015 年 1—12 月，昆明市场同比净值增速处于正增长态势，其余市场净值增长同比处于负增长状态。

2014 年 1—12 月至 2015 年 1—12 月一级市场同期比较

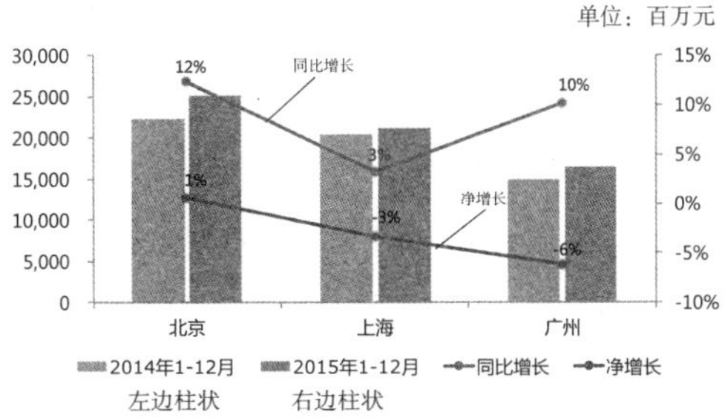

三级市场投放同期对比

2015 年 1—12 月，16 个三级市场中 7 个城市净值增长环比处于下沉状态，其余市场净值增长同比回暖。

2014 年 1—12 月至 2015 年 1—12 月二级市场同期比较

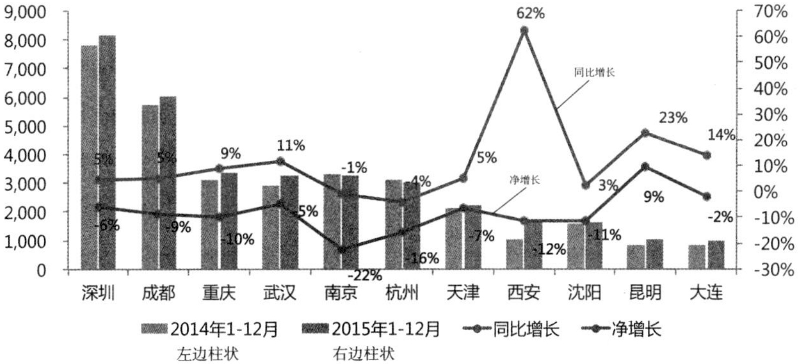

环比前三季度，仅武汉、沈阳同比净值局势回暖，昆明同比净值增长减缓，其余市场净值增长环比处于继续下沉态势。其中南京、杭州、西安等城市净值下跌更为明显。

环比前三季度，以太原、哈尔滨、温州、东莞等为代表的城市开始迅速回调；以青岛、福州、宁波为代表的城市则继续面临较大压力，投放净值环比继续下探。

2014 年 1—12 月至 2015 年 1 —12 月三级市场同期比较

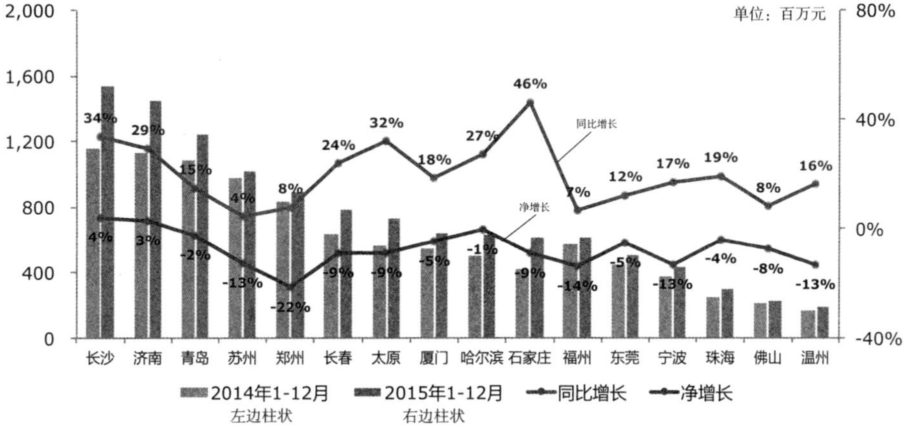

一级市场投放同期对比

2015 年 1—12 月，一级市场中机场和单一媒体投放保持稳定，净值增长同比持平，其余媒体净值增长处于下滑状态。环比前三季度，视频媒体、地铁和候车亭广告相继发力（前三季度三种媒体同比净值增长分别为 -6%、-5%、-7%），下探速度放缓。

二级市场投放同期对比

2015 年 1—12 月，二级市场中机场媒体独树一帜，成为唯一净值增长为正的媒体。

因为二级市场大牌和街道网络性媒体受户外政策影响较大，媒体数量逐渐减少。加上 2015 年宏观经济压力增大，广告主们纷纷缩减广告预算，且往往压缩二级市场投放预算，并减少二级市场投放数量，造成 2015 年二级市场整体发展不乐观。如视频媒体、地铁、单一媒体、网络媒体净值增长都继续下探 10%。

一级市场媒体投放同期对比（单位：百万元）

媒体大类	2014年1-12月	2015年1-12月	同比增长	净增长
视频媒体	26,475	28,177	6%	-2%
地铁	15,109	16,362	8%	-3%
机场	4,848	5,445	12%	0%
单一媒体	3,748	4,106	10%	0%
公交车身	2,958	2,670	-10%	-11%
候车亭广告	1,875	1,968	5%	-3%
网络媒体	558	550	-1%	-5%
火车站	537	2,575	379%	
出租车视频	1,533	699	-54%	
合计	57,640	62,553	9%	-3%

二级市场媒体投放同期对比（单位：百万元）

媒体大类	2014年1-12月	2015年1-12月	同比增长	净增长
视频媒体	15,557	16,383	5%	-11%
地铁	6,410	6,846	7%	-10%
单一媒体	3,006	2,812	-6%	-17%
机场	2,419	2,710	12%	2%
公交车身	2,404	2,440	2%	-1%
候车亭广告	1,820	1,815	0%	-9%
网络媒体	430	430	0%	-12%
火车站	201	1,109	451%	
出租车视频	142	63	-56%	
合计	32,389	34,607	7%	-9%

三级市场媒体投放同期对比（单位：百万元）				
媒体大类	2014年1-12月	2015年1-12月	同比增长	净增长
视频媒体	4,623	5,735	24%	-5%
单一媒体	2,015	1,957	-3%	-10%
候车亭广告	1,048	1,159	11%	-1%
公交车身	689	865	25%	-5%
机场	490	692	41%	1%
地铁	446	425	-5%	-8%
网络媒体	427	376	-12%	-9%
火车站	63	625	898%	
出租车视频	52	15	-71%	
合计	9,854	11,850	20%	-6%

三级市场投放同期对比

2015 年 1—12 月，三级市场中视频媒体仍然占据主导地位，但净值增长同比处于下滑状态；机场媒体在三级市场中表现稳定，净值增长为正。

2015年1-12月和2014年1-12月TOP10品牌对比（单位：百万元）						
排名	2015年1-12月	投放额	占比	2014年1-12月	投放额	占比
1	肯德基	1,477	1.4%	肯德基	1,373	1.4%
2	天猫网	1,422	1.3%	苏宁电器	1,221	1.2%
3	瓜子二手车直卖网	1,078	1.0%	中国移动通信	1,179	1.2%
4	京东商城	941	0.9%	康师傅	882	0.9%
5	苏宁电器	920	0.8%	农夫山泉	873	0.9%
6	金剑南	846	0.8%	三星	859	0.9%
7	中国移动通信	845	0.8%	1号店	846	0.8%
8	途牛旅游网	713	0.7%	洋河	738	0.7%
9	洋河	704	0.6%	金剑南	696	0.7%
10	农夫山泉	688	0.6%	58同城生活	641	0.6%

TOP10 品牌

2015 年 1—12 月 TOP10 品牌中，肯德基稳居户外投放总量榜首位置。

两年同期对比可见，传统行业品牌如康师傅、三星等淡出前十榜单。电商类客户天猫网、瓜子二手车直卖网等品牌成为户外广告投放的主力军。

数据统计说明

同比增长 %——是指户外广告投放量与上一年同期对比的增长率 %。

实际增长 %——是指户外广告投放量排除增删范围变化外与上一年同期对比的增长率 %。

净值增长 %——是指户外广告投放量排除增删范围和刊例变化外与上一年同期对比的增长率。

2015 年因火车站媒体数据增收范围变动较大，所以在计算实际增长 % 和净增长 % 时排除了火车站媒体数据部分。

数据说明

所有数据均由北京中天盈信咨询服务有限公司（China Outdoor Data Corporation）实地采集。

收集范围包括城市的主要城市区域街道、交通站、城市间主要高等级公路段的所有大型广告牌和网络广告牌，以及各城市主要线路的公交车身广告。

按照实际市场状况，将公益广告和空广告牌都作为空置广告研究。

户外广告媒体价格以刊例价为准。

以下数据研究均不含媒体公司和广告公司企业形象广告。为更真实地体现市场投放情况，把交通行业中客运服务中的品牌（如深圳地铁等）以及服务行业中广告媒体及制作也作为空置广告研究。

2014 年 1 月起，为满足市场需求，中天大幅度拓展收集范围，其中楼宇液晶媒体从 13 个市场增加到 30 个市场。

楼宇液晶媒体数据开始由中天和分众合作收集，故收集方法有所调整，不再区分 A1A2 套餐。为精确同期对比数据，中天在做数据统计时，将楼宇液晶媒体数据做了加权处理，加权系数为 0.6。

2015—2016 中国户外广告营销报告

博视得数据中心

一、户外媒体让移动互联营销更精确

1. 手机成为移动互联网重要的接入设备

中国手机网民规模达 6.20 亿，在网民中渗透率达到 90.1%，较 2014 年底提升近五个百分点。手机网民中通过 3G/4G 上网的比例为 88.8%；在固定场所下，Wi-Fi 无线网络依旧是网民入网方式的首选。“智慧城市”的建设，将推动公共场所、公交的无线网络部署；手机、平板电脑、智能电视则推动家庭无线网络的使用。

互联网接入设备比例

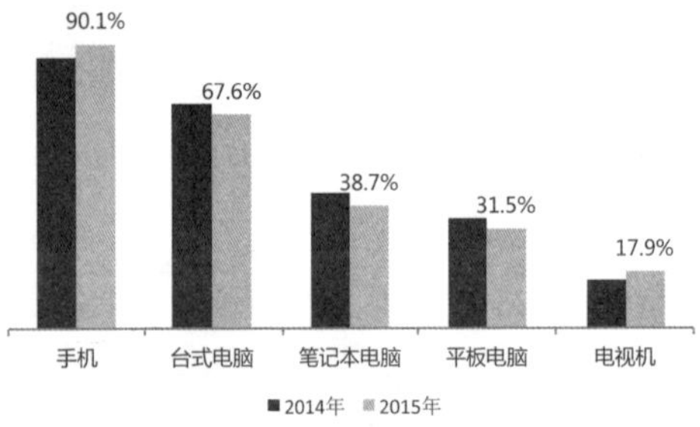

网名接入网络比例

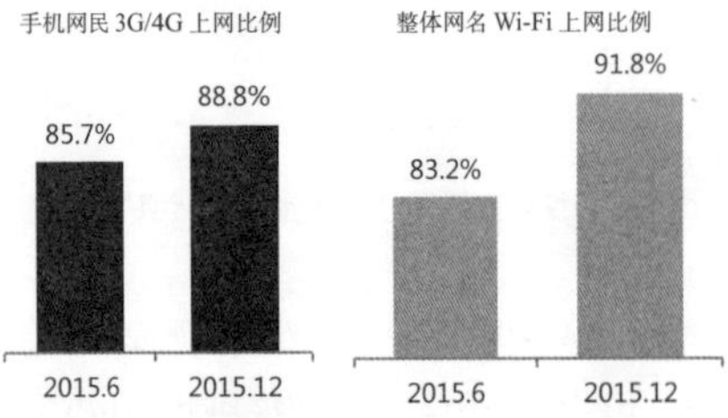

数据来源：CNNIC 2016.1。

2. 移动互联网增加受众接触户外媒体的时间

移动设备随时随地的使用特性，是现在媒体消费场景碎片化的重要推动因素。在碎片化媒体的时代，消费者对户外场景中媒体的消费时间有所递增。

消费者每周花费在不同媒体上的时长

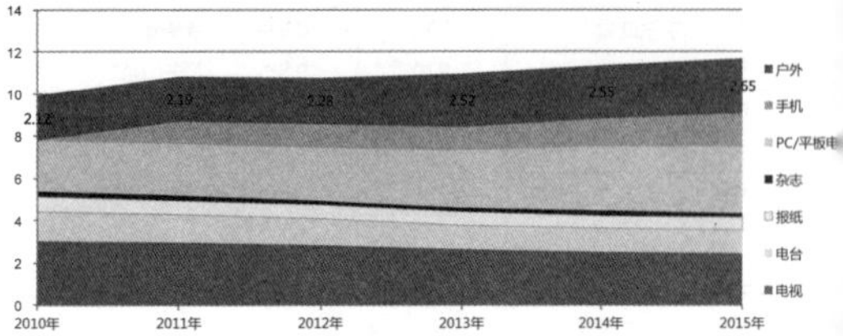

数据来源：CMMS。

消费者通过互联接入屏幕的渠道增多——智能电视、可穿戴设备、PC、智能手机、平板电脑、虚拟现实设备、互动影院、智能视窗、候车亭 LCD、公交电视。

3. 移动互联网发展推动线下更多场景应用

互联网对个人生活方式的影响进一步深化，线下移动支付、用手机预约出行、餐饮娱乐、公共医疗等用户习惯逐渐养成。巨型社交性 App 在未来将进一步整合综合服务功能。

移动支付使用比例占网上支付的 57.7%，用户规模达到 3.58 亿，增长率为 64.5%。本地生活服务类 O2O 普及度达 40%。在线租车用户规模超 1 亿人。互联网医疗用户规模为 1.52 亿，占网民的 22.1%。

截至 2015 年 9 月，微信平均日活跃用户量达到 5.7 亿，对接的移动应用数量超过 85000 个，直接带动生活消费支出 110 亿元，线下摇一摇功能也在不断完善。截至 2015 年第二季度，微博日活用户同比增长 34%，达到 0.9 亿 。

移动互联场景下，户外媒体是最广范围的受众接触渠道，最真实的互动与体验营销，最精准的线上行为与线下轨迹捕捉。

85.4% 的消费者认为户外广告向其提供的信息有用。82.4% 的消费者认为户外广告能够制造话题。86.7% 的消费者认为户外广告能够引导其寻找和购买某产品。64% 的消费者认为户外广告能够引导其上网搜索已知品牌的更多信息。

二、2015 年户外广告投放数字回顾

1. 户外广告整体保持上升势头

户外广告继续保持发展势头，2015 年中国大陆户外广告总体投放额达 1271 亿元。

2015 年与 2014 年同期户外广告投放额对比

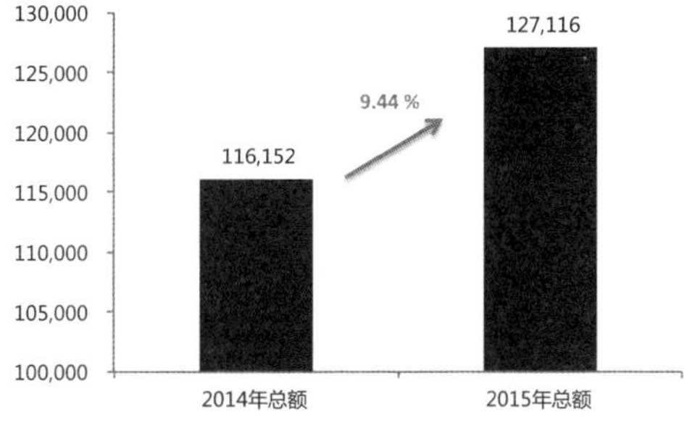

数据来源：CODC。　　单位：百万元

备注：广告投放含刊例价的涨幅与新增媒体点位数量。

户外广告投放额与 2014 年同期比较，上涨 9.44%，网站类、软件类行业增长迅猛。新兴的互联网企业以户外作为重点投放渠道来增加品牌知晓度和品牌形象，占据了户外投放品类的首位，并且增幅显著。大量得到 O2O 融资的软件

2015 年与 2014 年产品大类投放额对比

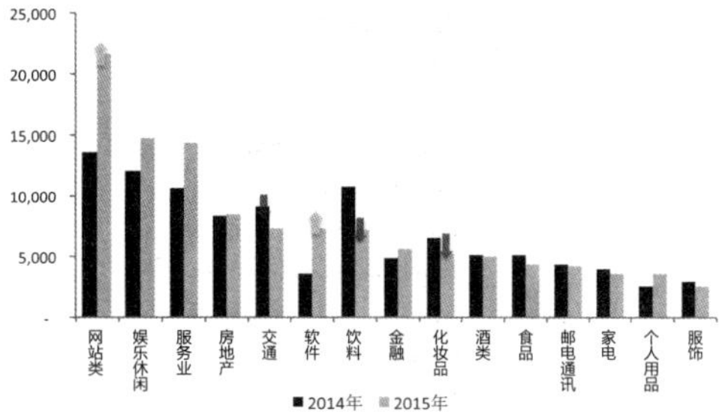

数据来源：CODC。　　单位：百万元

品类品牌利用户外做品牌告知，投放增幅显著。娱乐休闲与服务行业，保持户外投放的前三位。

从厂商和品牌级别来看，互联网和传统媒体投放增势迅猛。户外媒体因其广泛的网络覆盖面与较好的效果呈现，适合品牌用于告知与曝光。在投放力度最大的前 15 位厂商品牌中，互联网企业占据 5 位，将户外广告作为其互联网之外的主要曝光渠道。浙江卫视和央视等传统媒体，也大力利用户外媒体提高其媒体及节目曝光量。

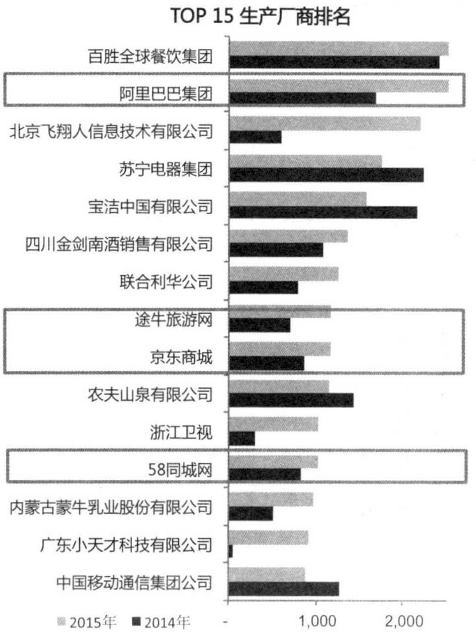

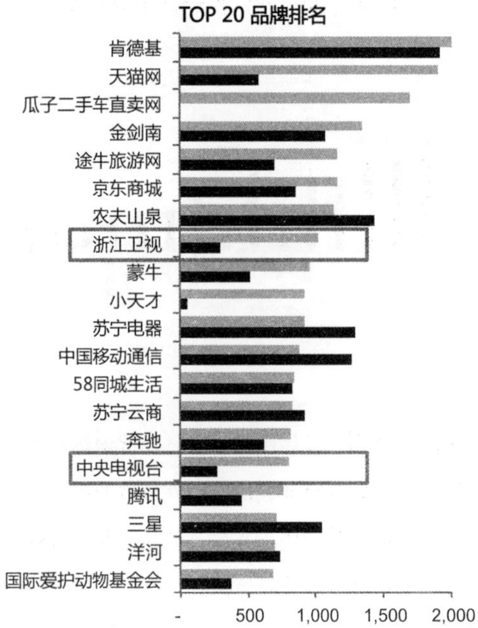

数据来源：CODC。　单位：百万元

机场与火车站媒体占比增加，单一媒体有下滑。数字户外媒体中，楼宇液晶继续保持上升势头，公交电视投放额占比比同期有所增长。机场媒体与火车站（尤其是高铁）媒体快速发展。二线城市受户外政策管制等的影响，部分地区媒体数量减少，单一媒体比重下滑。低线城市投放额增长率远超一线城市。

2015 年与 2014 年媒体大类投放额对比

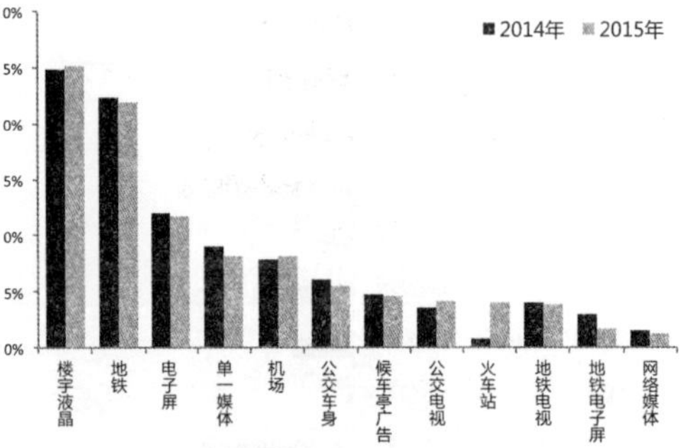

数据来源：CODC。　单位：百万元

市场级别	市场	2015年占比	增长率
一级市场	北京	22.03%	12.38%
	广州	18.87%	3.66%
	上海	14.22%	10.04%
一级市场总和		**55.12%**	**8.65%**
二级市场	深圳	7.64%	5.20%
	成都	5.52%	5.23%
	南京	3.21%	-2.27%
	重庆	3.21%	8.88%
	武汉	3.13%	13.81%
	杭州	3.02%	-1.54%
	天津	2.29%	7.15%
	沈阳	1.53%	4.73%
	西安	1.50%	46.66%
	大连	1.11%	15.75%
	昆明	0.97%	23.36%
二级市场总和		**33.14%**	**7.13%**

市场级别	市场	2015年占比	增长率
三级市场	长沙	1.61%	32.32%
	济南	1.39%	27.20%
	青岛	1.34%	16.05%
	苏州	0.98%	8.69%
	郑州	0.85%	8.81%
	长春	0.79%	24.45%
	厦门	0.67%	18.83%
	太原	0.63%	30.81%
	哈尔滨	0.62%	30.86%
	福州	0.61%	9.58%
	石家庄	0.61%	42.91%
	东莞	0.51%	12.26%
	宁波	0.40%	14.92%
	珠海	0.31%	24.15%
	佛山	0.22%	9.96%
	温州	0.21%	16.14%
三级市场总和		**11.74%**	**20.91%**

数据来源：CODC。　单位：百万元

十年间，户外媒体数字化趋势显著。户外视频类媒体不断扩大份额，交通枢纽类媒体发展显著；传统候车亭、公交车身和单一媒体下滑最严重。

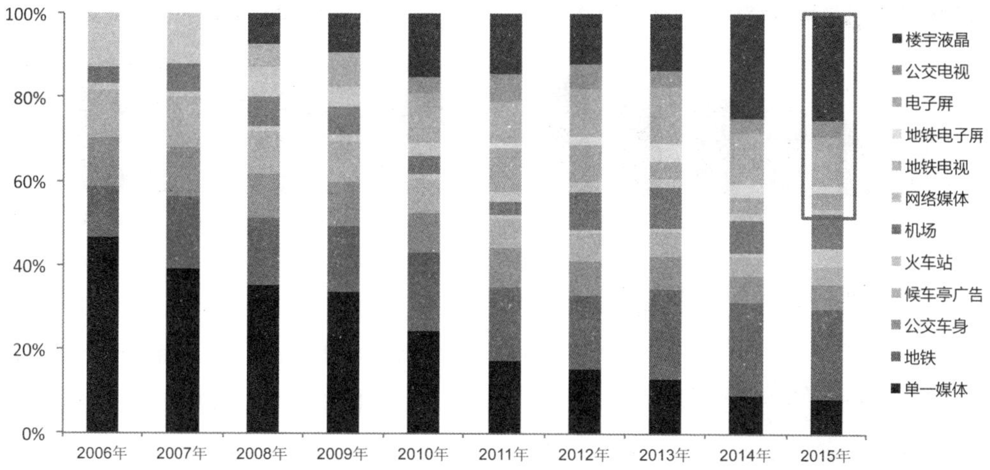

数据来源：CODC。 单位：百万元

2. 新广告法对户外媒体监管更严格

新广告法的推出，户外媒体将面临更严格的监管。新广告法于2015年9月1日起施行。户外的广告审批更加严格。内容准则从7种增至17种，覆盖各种领域，明确了虚假广告的定义和典型形态，杜绝“打擦边球”形式。

• 新增关于未成年人广告管理的规定

• 品牌代言人要求更严且需承担连带责任

• 户外语言使用规范汉语

• 教育 / 投资 / 房地产：不可进行明示或者暗示的保证性承诺

• 母乳代用品 / 烟草：禁止在大众传播媒介发布广告（后者也不可在公共场所发布广告）

• 不可以在广告中攻击或贬低竞争商品或服务

• 未经许可不能向对方住宅 / 交通工具发送广告

3. 2015年中国户外广告行业主要呈现出五大变化

• 随着电子商务在中国的大力发展，电商行业已经成为推动户外广告增长的一个主要动力

• 受反腐力度加大等因素影响，高端消费品如酒类、烟草类广告主未来投放力度继续减弱

• 电子屏，交通枢纽类媒体，如高铁、机场，以及接近于O2O转化的影院和社区在未来将得到进一步发展

• 低线城市依然成为户外广告投放的增长点

• 新广告法的出台将让户外媒体的管制与审批更加严格

三、重点户外媒体类别盘点

1. 机场媒体

伴随中国民航旅客运输连续五年保持增长，机场媒体也随之快速发展。民航基础设施投资力度逐年加大，机场数量和吞吐量不断提升，东部地区仍然为机场运输的枢纽，北京、上海和广州三大城市机场旅客吞吐量占全部机场旅客吞吐量的29.0%。

2009—2014年民航基本建设和技术改造投资额（亿元）

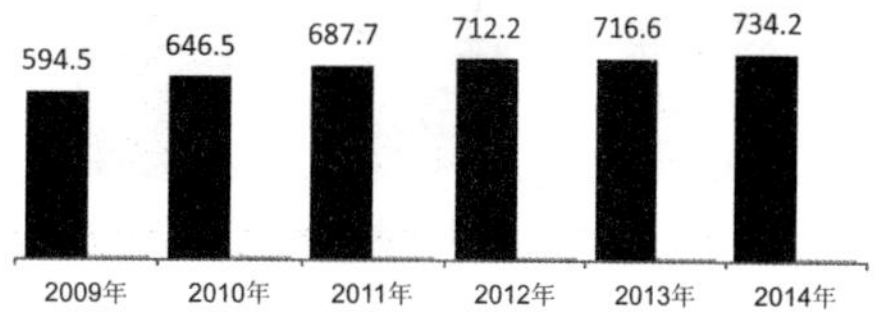

2009—2014 年民航机场旅客吞吐量（亿人次）

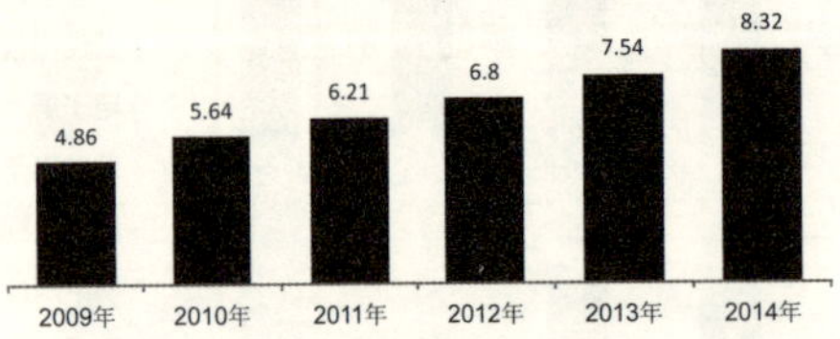

2014 年机场旅客吞吐量按地区分布

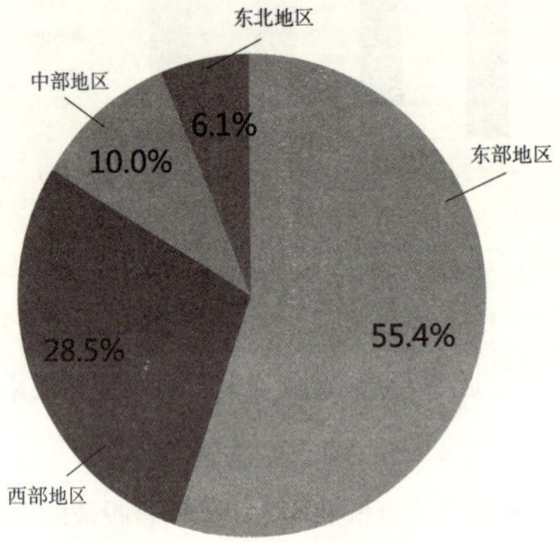

来源：民航总局。

机场媒体广告投放量持续增加但力度放缓。机场媒体依旧是吸引高端品牌的媒体阵地，历年来，汽车类、金融类、专业服务类和地产等品牌集中在机场投放，且金融、服务业类品牌投放增长显著。

机场媒体广告投放额

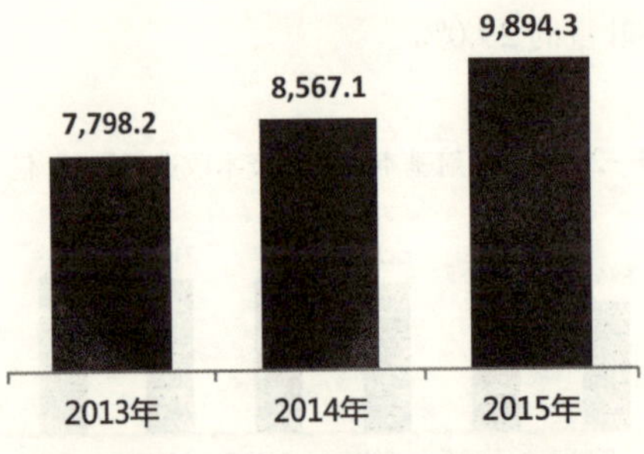

2015 年机场媒体主要广告主及其增长率

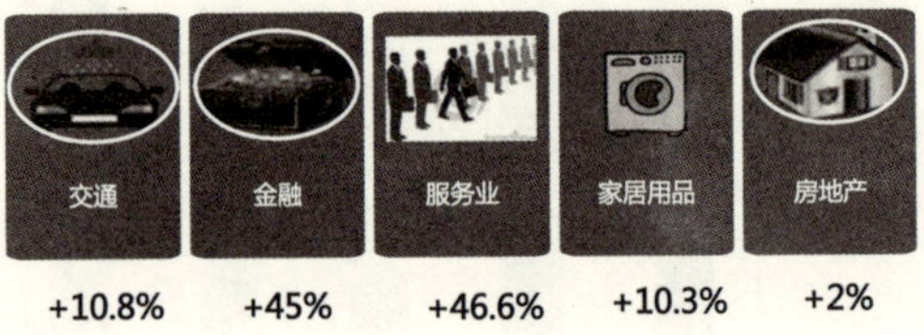

数据来源：CODC。　单位：百万元

消费者对机场户外广告的看法，“我认为户外广告提升了周边环境的外观和感官，它使我觉得我在了解新产品”。

2. 高铁媒体

技术新、起步晚、发展快是中国高铁基础现状。

数据来源：铁道部。

高铁旅客运输量逐年递增

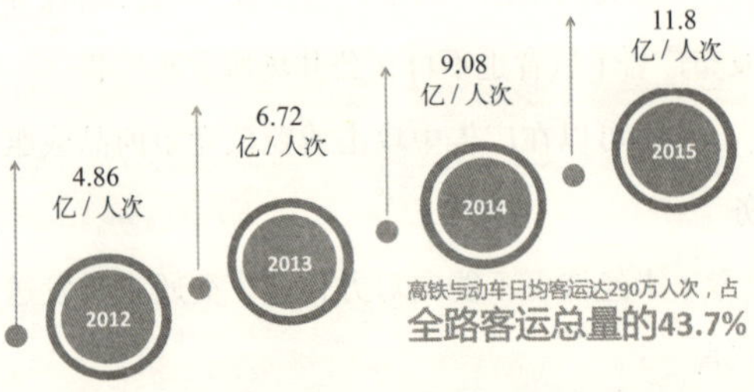

数据来源：《2015—2020 年铁路设备行业深度分析及“十三五”发展规划指导报告》。

根据《CTR 媒介专项研究部与中国铁路总公司联合调研报告》，高铁发展使得铁路乘客结构优化。

• 高铁发展导致民航部分旅客被分流，2014年高铁旅客吞吐量首超民航

• 小长假民航客流被重点吸收

• 乘客 1000 公里以下出行，首选高铁

硬件设施与机场的差距不断缩小。

• 高铁车站多为新建或改造车站，智能化导流设计布局

• 免费 Wi-Fi 覆盖全国大部分新高铁站

• 高铁站更接近市内商圈，交通等配套设施都较全

高铁更能渗透低线市场与周边沿线。

• 高铁在低线市场发展潜力巨大，可弥补机场对低线商旅人群的覆盖不足

• 和城市经济圈相连，能更大范围地与周边沿线产品营销结合，形成网络传播

• 相对机场，高铁营销的审批相对灵活，更容易接受创新营销模式

高铁人群在各时段差异化明显，乘客中77.8% 看手机，61.8% 休息，28.1% 与他人聊天，8.9% 看书，7.8% 看 PAD，5.2% 看电脑。可根据营销时段特点及受众结构，差异化广告投放。

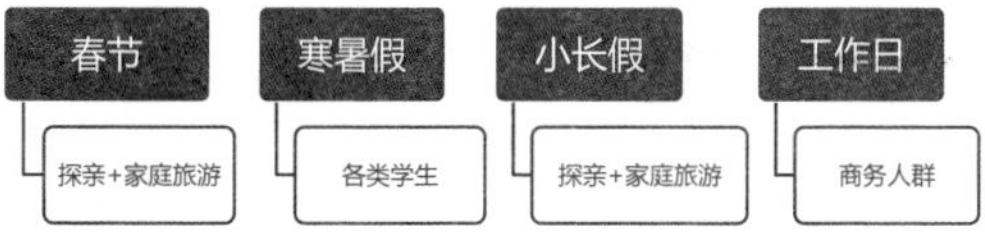

候车大厅 AR 互动、Wi-Fi 主题餐车、高铁场景营销等新的互动技术在高铁营销中已展开应用。高铁封闭的环境，是绝佳的媒体传播渠道。

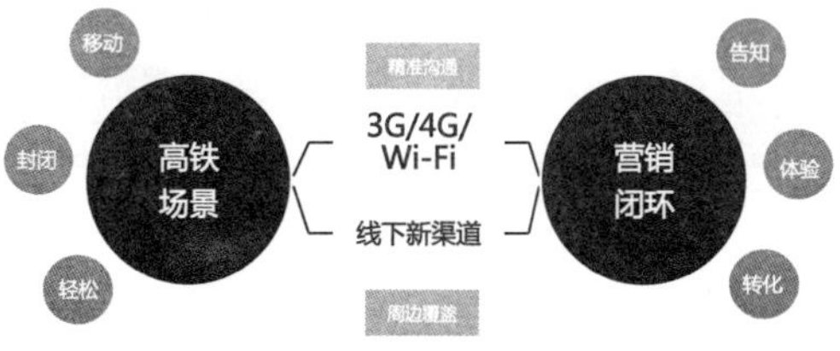

iBeacon、Wi-Fi 以及 AR 互动等新的技术应用，将为品牌带来更多的营销转化契机。利用高铁的节点高峰来创造场景营销的热点及后续的转化，是高铁媒体及品牌需要在未来重点关注的。高铁提供独有场景，打造完整营销闭环。

3. 影院媒体

电影市场连续 6 年增长，2015 年表现尤为强劲。

根据艺恩咨询的调研数据：2015 年中国电影票房中进口影片占 35.44%，国产影片占 64.56%。国产大片票房奋起直追，3D 与 IMAX 大受追捧。90 后和低线城市人群为院线受众增长主力。

2010 年—2015 年全国影院数量（家）

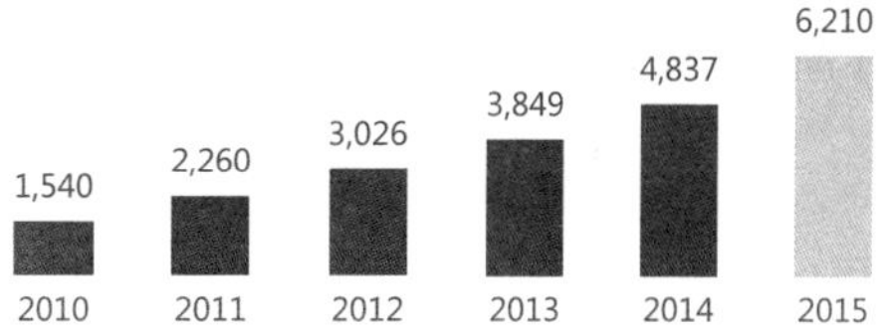

2010 年—2015 年全国银幕数量（块）

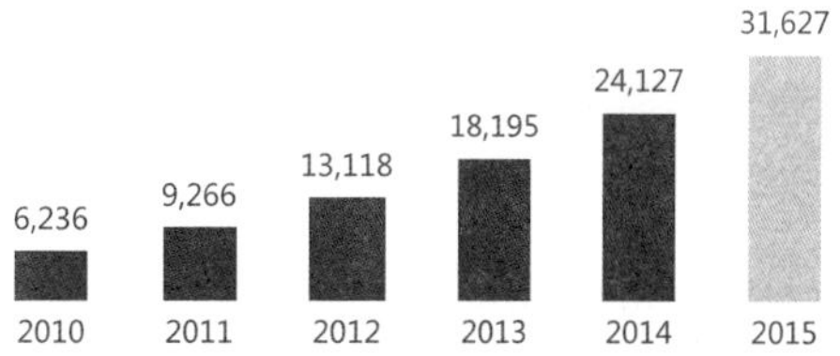

2009 年—2015 年中国电影市场票房（亿元）

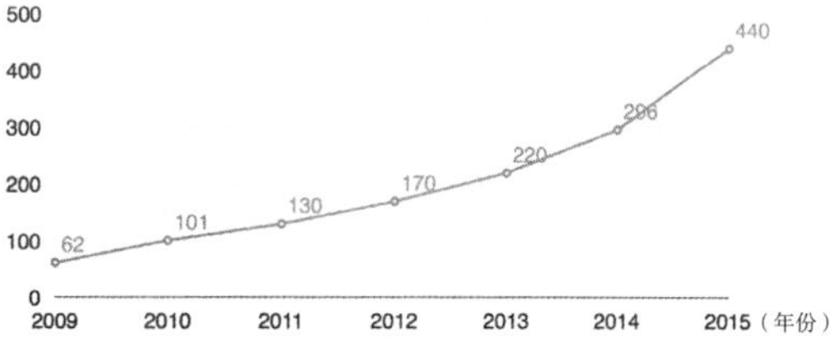

2009 年—2015 年中国电影市场观影人次（亿人次）

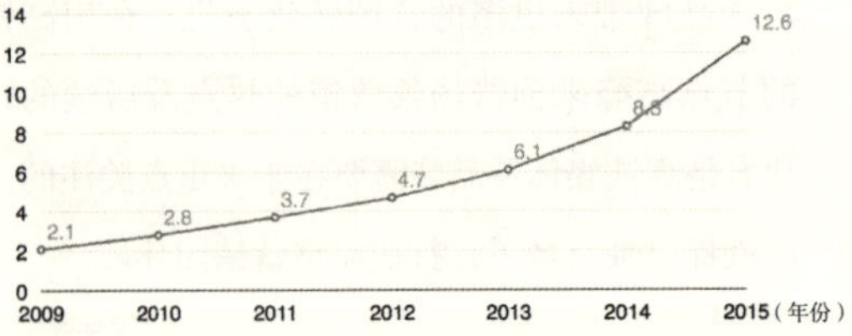

数据来源：艺恩咨询，广电总局。

“互联网 +”对电影整个生态链的介入，成为电影市场爆发的重要助力。资本市场的青睐也使资金不断融入电影产业链，助推电影市场的持续发展。新三板吸引影视企业和明星加入，2015 年拟达到 150 家。娱乐宝等众筹模式为电影前期筹资并造势宣传。通过在线大数据分析，让内容制作以观众为中心导向。网络 IP 成为电影创意丰富来源。在线购票成为用户观影最主流的买票方式。社交媒体成为电影口碑宣传的重要阵地。在线大数据为影片营销提供支持。衍生品售卖成为在线购票平台的另一赢利点。

90 后成观影主力

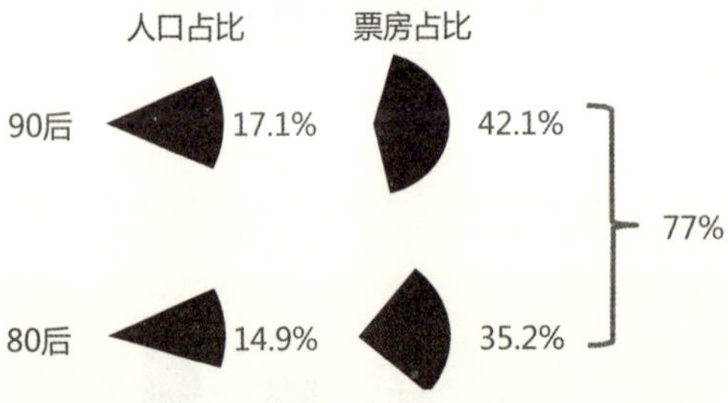

低线票房占比不断增长，“小镇青年”成为增长主力

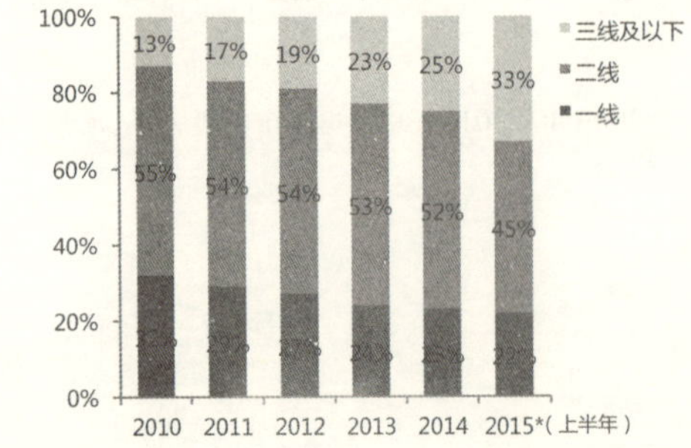

数据来源：Carat。

4. 社区媒体

住宅是消费者每天生活的起点和终点。电梯海报、等候厅信息机、社区灯箱、公益宣传栏、社区阅报栏、停车场媒体、社区道闸媒体等社区媒体是连接消费的“最后一公里”，并逐渐融入移动互联网元素。

媒体“入口化”是社区媒体已经逐渐成为本地生活服务、电商、快消品等促销信息的重要入口。渠道“多样化”是高端社区内入驻电子化互动屏与众多便民 App，如“小区宝”、社区通、“快递货柜”等渠道营销新方式，力求通过多样化的手段，成为线下的销售终端。未来社区的营销方式将是在密闭的社区空间，通过摇一摇等互动功能与屏幕联动，实现从展示到购物的转化，即：实物媒体 + 移动端互动 + 直接购物转化。

四、O2O 打通线上线下营销场景

OOH 从独立的媒体渠道向互联的 O2O 体系转型。

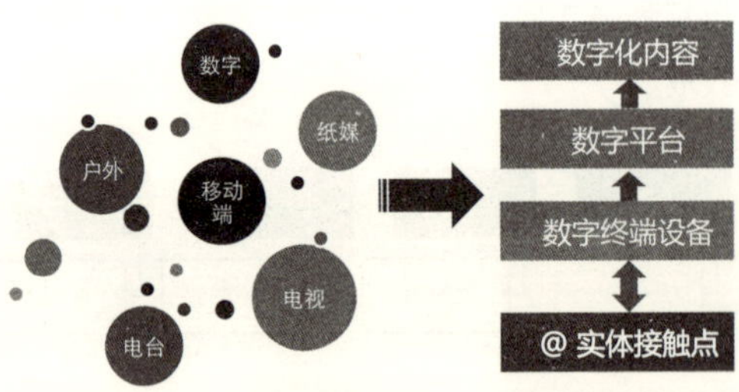

户外广告 O2O 开启场景营销

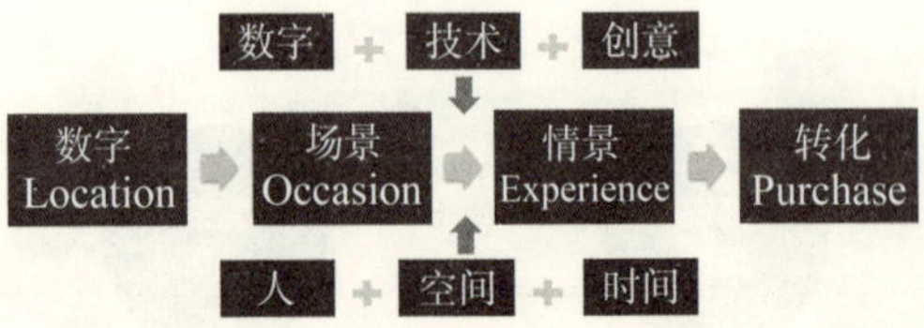

用数据、创意和技术打造户外场景营销

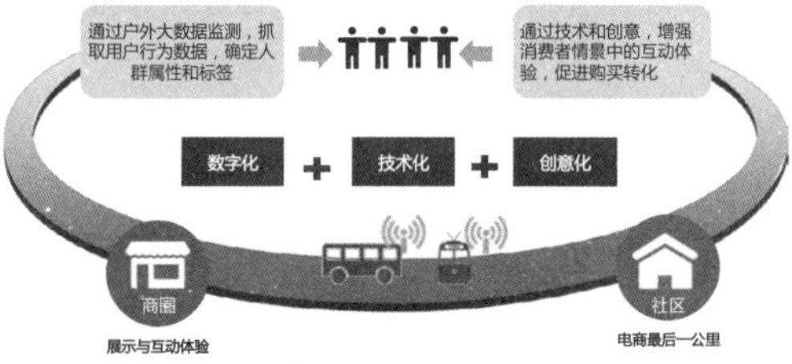

通过记录人车流量、OOH 受众面貌、线上消费行为、线下生活轨迹、精准场景投放，实现场景定位＋消费者捕捉，让户外大数据为户外媒体精准营销提供可能。

1. 微信摇一摇：2015 年场景营销新玩法

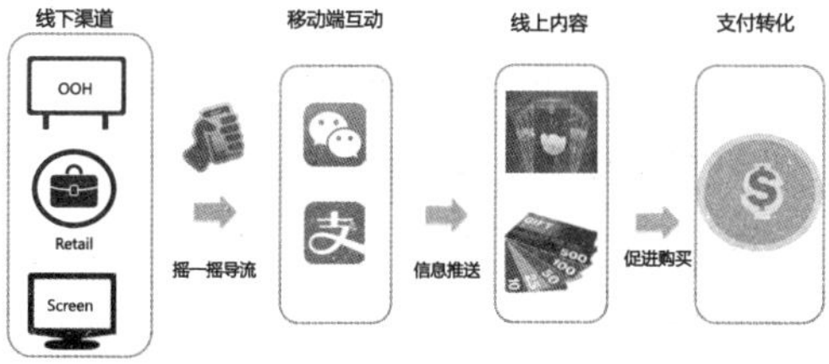

2015 年春晚，微信红包摇一摇建立行业格局

资源来源：腾讯。

2015 年春晚，微信摇一摇总量达 110 亿次，2015 年中，“摇一摇”日启动量超过 1 亿次。

2. 可穿戴设备成为智能手机之后的颠覆性媒体

可穿戴意味着物联网的提速发展，为场景的营销发展提供更多技术基础和消费者使用习惯的养成。

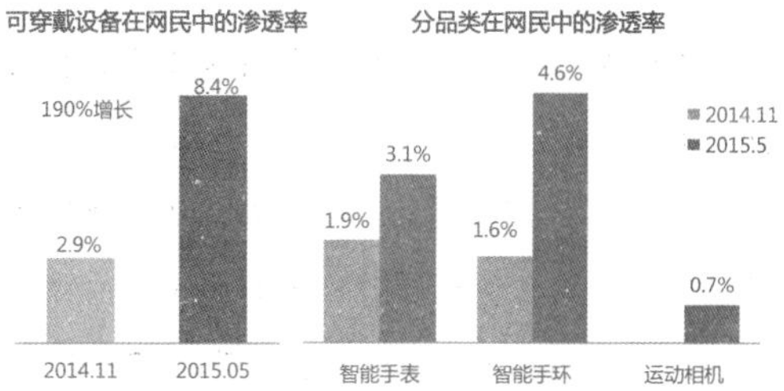

3. 线上线下融合，场景营销催生更多转化可能

线上线下商业融合更为紧密，本地生活服务与零售店成为网络巨头新的争夺。

4. 户外场景营销构成全新 O2O 营销传播生态系统

2016年中国媒体市场进展及趋势

电通安吉斯集团

一、2016年媒体总体趋势：新媒体上升，传统媒体加速下滑

2015年的媒体是边界不断被打破、规则不断被建立、丛林法则被遵守同时也被创立的一年，跨界、颠覆和突破是全年的关键词。2016年，媒体市场延续了上一年的状况：互联网与移动互联网继续走强；户外受惠于移动互联网的发展，相对稳定；电视与平面媒体持续衰落。总体表现为：

1. 屏幕媒体（互联网和手机上网）渗透率提升，杂志、报纸平面及广播下滑。

2. 平面媒体主要靠一线城市支持，报纸在一线城市的媒体渗透率为47.7%，杂志为30.3%，领先二线及以下城市超过十个百分点；三线以下城市在广播及电影院贡献大，媒体渗透率为14.7%和13.3%，也分别位列第一。

3. 移动互联网黏度持续提高，贡献整体媒体消费持续时间增长。

4. 移动端广告占比不断增长，预计2016年度将占总体互联网广告花费的31%，其中搜索广告占比最大。

5. 网民结构从偏年轻族群朝年长普及，并倾向较高收入人群。

6. 手机网民已占整体网民比例九成。

二、新进展与新趋势

聚焦2016年新媒体市场，需关注八大关键词：

1. BAT：BAT已几乎涉足所有互联网应用领域，并且仍不断延伸业务版图及疆域，投资并购动作频频，尤其在跨界合作领域。

2. 网购：极速普及，拉动网上零售额持续高位增长；高度即时性的移动端购物爆炸增长。

3. O2O：本地服务O2O仍蓬勃发展，预计2016年市场规模为4,278.7亿元，用户规模3.6亿人；随着移动互联网的普及，移动市场规模也在快速成长。移动端越来越重要。

4. 共享经济：打车类App和P2P类App持续发酵。

5. 直播：随着移动互联网的发展，直播市场呈现快速成长态势。

6. 虚拟现实（VR）：会逐渐流行，预计2016年中国VR市场规模为56.6亿元，增幅高达268%。

7. 物联网（IOT）：万物互联将改变媒体规则。

8. 人工智能（AI）：将带来媒体智能化以及改变用户与媒体的交互模式。

三、新媒体概览

1. 移动端：仍在继续发展

2016年，移动互联网成为互联网的绝对主角，移动互联网广告花费占比不断增长，但增长率趋缓。在移动互联时代，媒体呈现碎片化趋势，

一是屏幕类媒体在不断细分；二是媒体消费场景碎片化。多任务媒体消费行为已经成为普遍现象，87.3% 移动互联网用户在过去一年有多屏媒体行为。

App 成为手机时间花费的主角，网民平均每天花在 App 的时间为 127 分钟。App 整合与互联成为趋势，App 之间也在实现功能互联。随着超级 App 的产生，它与人工智能（例如度秘）开始打造生活方式的平台。社交通讯类移动 App 一路领先、稳步发展，其领头羊已经在谋求转变，加入新功能以覆盖更多用户群体。

此外，移动搜索增势稳健，搜索工具开始搭载各种增值服务。在线视频服务也迅速移动化，移动端使用人数和使用时间超过电脑端。

2. 电子商务：作为可交易的高浏览量媒体，重要性不断增长

中国网购处于快速发展期，电子商务渗透率逐步提升。电子商务已成为高浏览量数字媒体，已超过主流数字媒体成为最主要的数字媒体之一。移动电商正逐步占领整个电商领域，规模持续增长。与移动购物繁荣发展相运而生的是移动支付蓬勃发展。此外，本地生活服务 O2O 市场增长迅速。

3. 程序化购买：数据驱动的野蛮生长

大数据驱动产业升级，营销应用中收益最大的非程序化广告莫属。中国程序化展示广告高速发展，预计在 2016 年占比超过全部展示广告的一半，达 439.8 亿元。未来几年移动程序化也将保持高速发展。中国程序化广告市场与美国成熟市场存在巨大差异，体现为：a. 资源分散，不仅广告资源分散，由 BAT 等分头掌控，数据资源也分散；b. 独立 DMP（数据管理平台）缺失；c. 追求盈利，演化出 DSPAN（混合型需求方平台）。此外，程序化广告市场非公开竞价交易方式快速兴起；视频程序化广告也在快速发展。

4. 社交媒体：内容比拼的时代

截至 2015 年 12 月，中国网民总体规模为 6.88 亿，社交媒体用户占总体网民比例超过 93%！各大社交媒体平台的电脑端用户均经历了不同程度流失，用户向移动端转移。社交平台用户集聚化与碎片化并存，微信、微博等全民应用占据了市场大部分份额，小众垂直应用百花齐放，形成长尾。最为重要的是社交媒体已成为重要的资讯来源，传统媒体的资讯主导地位在自媒体兴起后开始动摇。伴随社交网络兴起的自媒体和公众号正在改变舆论话语权重配比，传播进入渠道碎片化的众媒时代。

5. 网络视频：付费时代来临

在线视频行业依然处于巨头联盟对峙的状态，爱奇艺、乐视等业界巨头的版图不断扩张，排名前十之外的视频网站生存空间会被压缩。消费者逐渐改变内容免费观念，在线视频迎来了付费时代，2015 年付费市场为 40 亿元，付费用户数已成规模并保持高速增长，预计 2016 年付费用户为 3500 万，增幅 59%。自制剧成为视频网站的主流策略，预计 2016 年，自制剧有 60 部、自制节目 65 个；视频网站自制内容广告占总体广告收入比例将达 17.9%。此外，网站自制内容投入、质量不输电视，反向输出将越来越多。此外，视频平台还在积极培植平台上的 PGC（专业生产内容），PGC 热门节目纷纷涌现。

四、传统媒体概览

近年来电视收视率持续下降，央视持续碾压其他电视台，马太效应持续。在收视惯性下，央视的优势依然得天独厚，但也在积极谋求转

型。2016年是体育大年，央视紧握里约奥运和法国欧洲杯的全媒体独家版权，央视会一手体育、一手“互联网+”。

五、户外相对稳定

2016年，户外视频媒体仍是主要投放渠道。在移动互联时代，户外媒体广告互动增加，90后、00后人群是户外互动的主要群体。三线城市在电影媒体渗透及成长皆显著高于一二线城市；低线城市成票房增长主力，在劳动人口回流期间尤为明显。

2016年，电影会持续全面“触网”，“互联网+”介入电影投资、制作、发行、宣传、放映、衍生品开发等整个生态链，为电影市场的爆发和升级提供了至关重要的助力。此外，由于电影院提供直播服务，成为娱乐中心。由于电影院能带来极致的视听效果和共鸣氛围，并且利用院线网络能覆盖更广泛人群，这一趋势将带动多元场景的消费。

六、2016年三大媒介营销主题：

1. 电子商务：不容忽视的媒体

最初，电子商务的功能很单一，只是为了售卖东西，随着电子商务市场规模和用户数持续快速增长，如今，它的价值已不再局限于卖东西，其媒体作用非常大，毋庸置疑，电子商务已经成为高浏览量的数字媒体。电子商务作为可交易的高浏览量媒体，已经超过主流数字媒体，成为最主要的数字媒体之一。电子商务的大数据可以帮助找到“真正的消费者”，品牌能够通过电子商务环境购买者的超级标识找到准确的目标消费者。比如，可以用支付功能与用户的真实身份准确绑定，还可以把每个应用的用户关联起来，通过追寻消费者的网上行为轨迹，了解消费者行为，进而实现精准的信息推送与营销。电子商务还可以为品牌带来知名度和卷入度，通过跨屏互动等增强趣味感，可以帮助新的品牌建立知名度和卷入度，促进销售。此外，电子商务也是社交媒体平台，可以帮助口碑的建立。不少消费者会在电商购物完成后发表评论，有的消费者还会回复别人的问题，就这样消费者之间在电商网站上交流购物心得，从这个角度看，电商已成为社交平台，可以帮助品牌建立自身的口碑。

总之，电子商务的媒体重要性在不断增长，它不仅仅带来销售，还是一个让消费者间建立联系的平台。它的高访问量，能够有效提升品牌知名度；它产生的大数据，能够帮助品牌寻找传播目标；它的卷入度可以提升消费者的忠诚度；它的社交功能，可以帮助品牌建立口碑。在今天，电子商务已经成为整合营销的渠道，让品牌与消费者链接。

2. 社交媒体：内容导向的广告成新方向

社交媒体已然动摇了传统媒体的资讯地位，对传统媒体形成了冲击，消费者通过社交媒体获取资讯的人越多，看传统新闻媒体的人就越少。

在社交媒体上获取的信息，已经成为消费者购买决策行为的重要依据，帮助消费者做出最后的购买决定。数据显示，大多数社交媒体用户（68%）曾通过社交平台以各种形式了解、关注甚至与品牌互动；其中超过六成（62%）的消费者表示在同喜欢的品牌互动后更愿意购买其产品。

社交媒体不同于传统媒体，其受众可以主动选择他们希望获得的内容，而内容要足够有趣才能够吸引消费者阅读、接受并参与其中。

调研发现，社交媒体的用户并不排斥广告，只要广告内容有趣，用户非常愿意去看。“内容导向的广告”是社交媒体传播的新方向。社交媒体上广告内容化的迹象逐渐显现，未来，广告、传播、媒体之间界限会越来越模糊。广告行业会越来越像内容生产者而不是传统的广告公司。

为满足人们对社交媒体内容的需求，社交媒体内搜索应运而生。随着各社交媒体平台优质内容的不断积淀，通过搜索从社交媒体上获取资讯的需求越来越强烈。另一方面，相对封闭的社交平台在传统搜索引擎面前好比一座座信息孤岛，用户难以自如地检索到社交网站上的优质内容，因此，针对社交媒体的搜索服务的重要性愈发显著。与搜索引擎相比，广告主和用户在社交媒体上都有自己的账号，更容易建立关系而不仅仅是曝光。另外，用户在社交媒体的行为类型比在搜索引擎更丰富，借助这一优势进行精准的信息流投放能更好地满足用户的兴趣。

近几年国内社交媒体的营销越来越丰富多彩，比如近年流行的社交媒体红包。红包已作为广为传播的信息载体，在品牌知名度建立阶段效果显著。在传统意义上，红包是人们传达祝福和维系亲情的一种手段。如今，本由长辈发给晚辈的“压岁钱”超逾了传统意味，更像是一种社交游戏，成为社交网络中情感联络的载体。同时，红包也连通了用户和品牌商——来自金融、汽车、快消品、互联网等行业品牌在春节期间纷纷加入红包大战，在扩大曝光、加深认知、促进转化方面均收获颇丰。

3. 内容：找到最适合的那块屏幕

我们已经进入内容营销时代，在本次调研中，我们发现消费者在面对不同类型的屏幕时，有不同的内容偏好类型；而不同屏幕也有着特有的气质和更适合它的内容。

在不同屏幕的不同气质背后，是在融媒体时代，内容趋向跨媒体传播。传播平台间以各种形式互相影响、作用，催生各种新鲜的跨媒体跨平台的组合形式。尽管内容在融合，但每个媒体仍然保留着各自独有的特质。从调研发现，每一块屏给观众的印象都不同。对不同特质的媒体，大众也有着不同的态度和期待。对品牌而言，如果能实现不一样的观看体验，是增加自身曝光度非常好的机会。可见，不同的媒体对每位受众的意义不一样，品牌在进行内容营销时需做到有的放矢，找到最适合品牌内容传播的那块屏幕。

2016 年户外广告市场发展回顾

CODC

一、纵观 2016 年户外

1. 经济环境中的微笑曲线：2016 年全年国内生产总值同比增长 6.7%，四季度增长 6.8%，是近年来首次走出一条略微上扬的微笑曲线，国民经济运行保持在合理区间。

2. 户外媒体新的使命：从碎片化的个体到标签化的群体，从远方的平台到环绕四周的场景，作为最古老媒体之一的户外媒体正在与一切相连接，户外媒体打通线上线下，新的玩法，新的使命。

3. 户外宏观走势：2016 年户外广告净值与 2015 年同期相比回暖，同比增长 9%，实际增长 7%，户外广告净值同比下降 2%。

4. 媒体发展：2015 年相比，视频、地铁和候车亭媒体净值增长呈上升态势。

5. 行业投放：网站、娱乐休闲、服务业行业依然是户外广告投放的主力。2016 年网站行业首次出现客户数量下滑，但单个品牌贡献值的大幅上升，使网站行业投放户外广告花费同比仍处于高位增长。

6. 市场变动：一级市场户外广告投放净值呈继续下探状态，二三级市场净值回升。所谓京城米贵，居者不易。

7. 2017 年技术创新、场景营销、线上线下联动、互联网衍生产品借力户外宣传、户外投放流程方式变革革命，值得期待。

二、户外广告市场分析

1. 户外广告投放净值回暖，同比下降 2%

2016 年 1 月—12 月户外广告投放总额达到 1174 亿元。从增长率来看，同比增长 9%，实际增长 7%，户外广告净值同比下降 2%。

2015 年—2016 年全年广告花费同期对比

单位：百万元 / 百分比

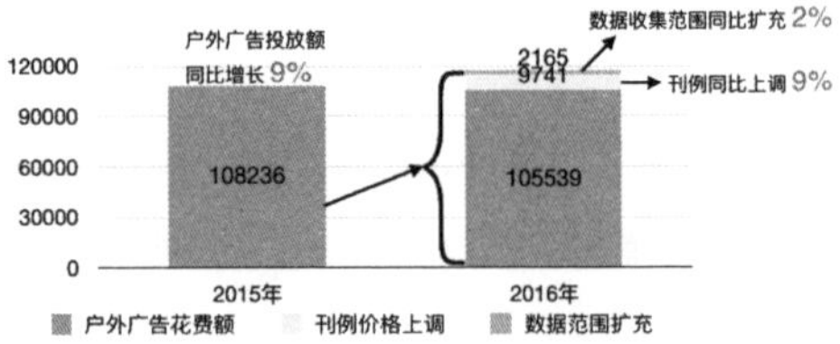

2. 2016 年视频、地铁和候车亭媒体净增长回暖

2015 年—2016 年全年媒体投放及同期对比

（单位：百万元 / 百分比）

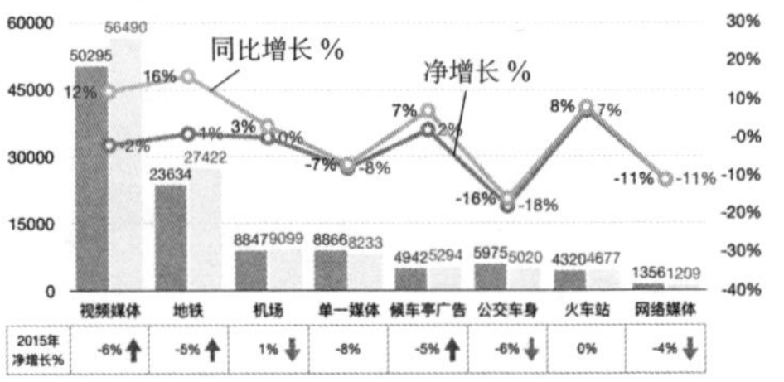

注：箭头表示 2015 年净增长同 2016 年净增长相比的上下幅度。

2016 年，地铁、候车亭和火车站媒体户外广告投放花费净值呈正增长态势；而视频媒体、单一媒体、公交车身和网络媒体户外广告投放花费净值均呈负增长态势；机场媒体发展平稳。

3. 网站行业投放户外广告媒体占比增长 4%，增幅最大

2016 年，在 TOP15 行业中，网站、娱乐休闲、服务业占据行业前三甲。2016 年由于“京东商城”“搜房”“饿了么”“安居客”“优酷”等品牌的大量增投，带动网站行业投放花费同比上升 36%，使网站行业投放占比较 2015 年增长 4%。其次，建筑器材及服务行业今年由于“简一”和“诺贝尔”的大量增投，2016 年 1—12 月带动此行业投放花费同比增长 119%，投放占比较 2015 年上升了 2%。其次，2016 年软件、邮电通讯行业投放花费占比也有不错表现。

2015—2016 年全年各行业投放占比同期比较

（单位：百分比）

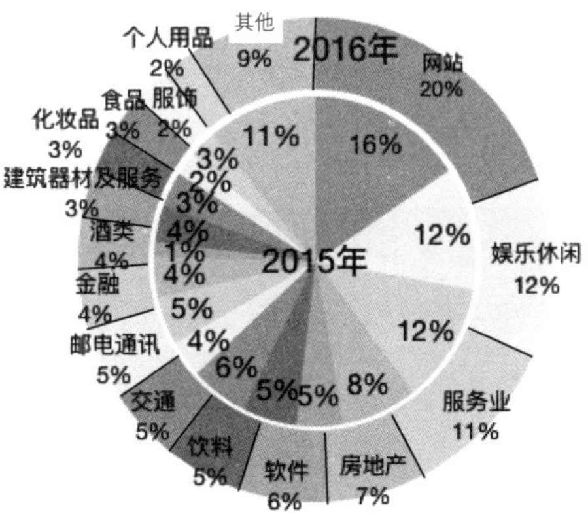

4. 广告主投放一级市场户外媒体宣传力度减缓

2016 年，一级市场户外广告投放比例缩减

2015—2016 年全年各级别市场花费同期比较

（单位：百分比）

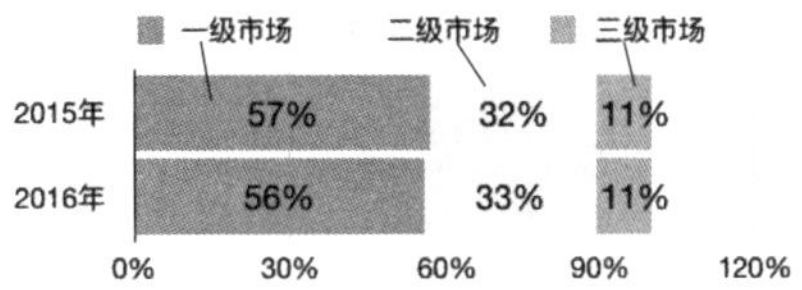

1%，二级市场比例扩大，三级市场保持不变。

5. 二三级市场广告投放花费净增长回暖

从同比增长率看，三个级别市场户外广告投放花费同比均呈正增长态势。

从净增长看，同比 2015 年，一级市场广告投放花费净增长继续下探（由 2015 年净值为 -3% 继续下探到 2016 年的 -4%），二三级市场明显出现回暖现象。

2015—2016 年全年各级别市场花费同期比较

（单位：百万元 / 百分比）

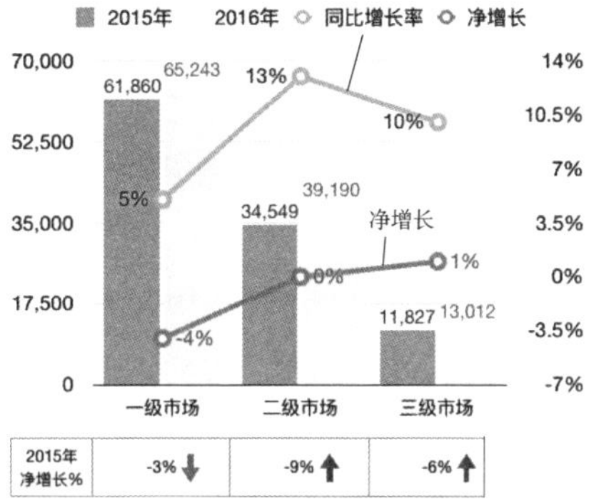

注：箭头表示 2015 年净增长同 2016 年净增长相比的上下幅度。

6. 上海户外广告投放净值回归正增长态势

上海市场得益于网站、娱乐休闲和服饰行业户外广告投放花费的增长，使上海市场户外广告投放花费净值回归正增长态势。而北京受服务业和金融行业，广州受服务业、交通、饮料和家居用品行业投放花费的影响，导致两个市场 2016 年投放净值与 2015 年相比呈疲软态势。

7. 多数二线市场户外广告投放回暖迹象显著

2016 年二线市场除成都、武汉、沈阳和昆明户外广告净增长呈负增长，其他市场净值均处正增长态势。

与 2015 年同期相比，除武汉和昆明净增长继续下沉外，其他市场户外广告净增长均呈上升态势，但成都、沈阳净增长仍在负增长区间徘徊。与其他市场对比，西安净增长处于高增长态势，此处的高增长得益于贡献量最大的服务业、网站和饮料行业。

2015—2016 年全年一级市场投放花费同期比较

（单位：百万元 / 百分比）

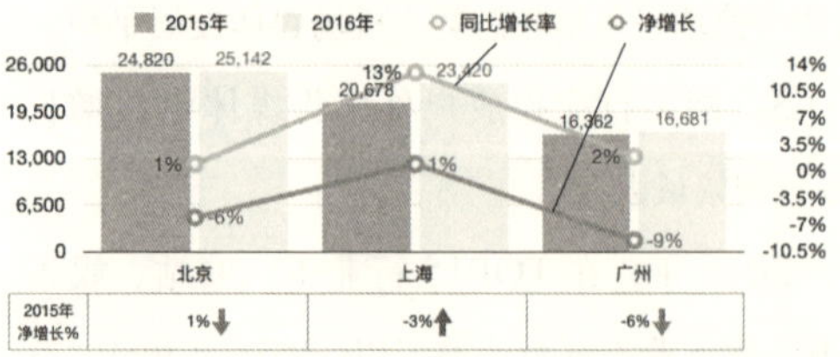

注：箭头表示 2015 年净增长同 2016 年净增长相比的上下幅度。

2015—2016 年全年二级市场投放花费同期比较（单位：百万元 / 百分比）

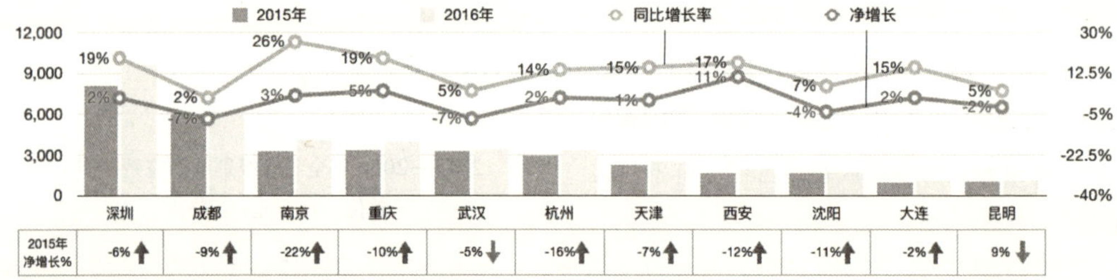

注：箭头表示 2015 年净增长同 2016 年净增长相比的上下幅度。

8. 除济南市场外，其他市场净增长保持回升态势

2016 年，除苏州、郑州、太原和厦门市场净增长处于负增长态势，其他市场净增长都处于正增长态势。

与 2015 年同期相比，除济南市场外，三级大部分市场净值处于回升态势。

2015—2016 年全年三级市场投放花费同期比较

（单位：百万元 / 百分比）

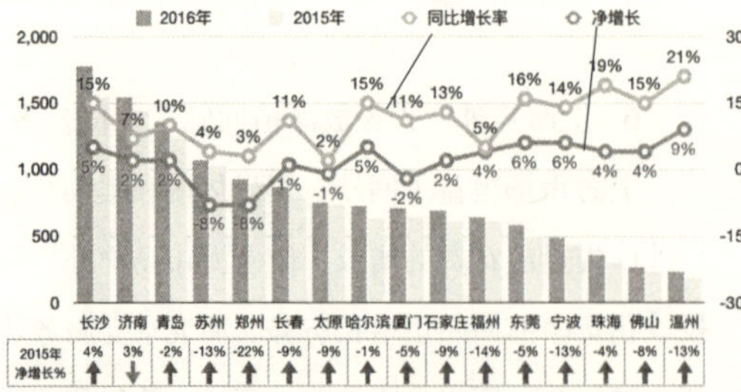

注：箭头表示 2015 年净增长同 2016 年净增长相比的上下幅度。

9. 2016 年全行业全媒体 TOP10 品牌排名

排名	2016 年	投放花费	占 2016 全年投放总额比例
1	京东商城	3,150	3%
2	天猫网	1,987	2%
3	肯德基	1,877	2%
4	农夫山泉	1,478	1%
5	瓜子二手车直卖网	1,259	1%
6	搜房	1,258	1%
7	苏宁电器	1,229	1%
8	步步高	1,085	1%
9	简一	1,062	1%
10	饿了么	952	1%

三、2017年户外发展预测

技术与创新为2017年户外媒体带来更多的增长点

户外媒体表现形式的多样化，为户外媒体投放花费带来新高度

传统户外广告通过创新思维，与“互联网+”趋势下催生的新媒体广告形式相互结合，同时运用新的科技技术，从而呈现出更新的表现形式，提升了户外广告的传播效果。其中，户外广告与互动技术的结合，成为突破传统的新的广告类型，这类广告也被较多地应用于如今的户外媒体传播中。除了互动技术，投影技术的发展也使户外广告有了更新的表现形式。

且互联网企业借助户外媒体进行广告宣传成为2016年户外媒体发展的显著特点，互联网行业已成为户外媒体投放的核心力量，从CODC全年监测数据来看网站行业的广告份额已占到全行业广告的1/4。

带着品牌，带着受众，玩转场景化营销

场景化营销，为户外媒体带来新的增长点

消费的升级带来产品的升级，也带来营销的升级，传统的狂轰滥炸似的产品广告已无法吸引消费者，品牌商家迫切需要寻找一种新方法，来有效地影响目标人群，场景营销迎来了新机会。用户的认知、交互、体验、价值观将成为关键，而社群、内容等将成为场景生态构建的主要力量。

在这里，消费者可以和产品互动沟通，发生关系，生成故事。说到底，场景化营销的核心是满足具体场景中消费者产生的心理状态和需求，而场景便是唤醒消费者某种心理状态或需求的手段。例如健身会所，封闭的环境营造了一个

零干扰的沟通场景，长时间停留保证了沟通的时长，品牌和消费者通过与健身相关的创意和体验，激发与消费者之间的情感共鸣和价值观共鸣，让品牌和健身者之间产生密切关系。

随着体验营销的细分，场景化营销正成为实体商业的最大优势。它的意义不止于为产品做了定位，更在于让产品和目标消费者之间建立了情感联系，最终成为购买决策的推动力。

互联网衍生产品、服务业、旅游、软件等行业会继续为户外媒体花费增长带来升温趋势

据《中国互联网络发展状况统计报告》显示，截至2016年12月，我国网民规模达7.31亿。其中，手机网民6.95亿，增长率连续三年超过10%。移动互联网发展推动消费模式和经济业态不断创新，不断步入新高度。2016年在手机应用方面，手机购物、手机外卖，手机在线教育规模增长明显；开展过互联网营销的企业通过移动互联网进行营销推广的比例为83.3%，比2015年增长近一倍。因此，互联网推广的衍生产品投放户外媒体的活跃度会持续升温，如电子商务、在线教育、互联网金融产品的广告宣传会竞争激烈。

2016年，服务业在创新发展中亮点突出，继续领跑三次产业运行，对国民经济增长的贡献率稳步提高，成为国民经济发展的“稳定器”

和“助推器”。2016年，我国服务业比2015年实际增长7.8%，服务业占GDP比重已上升为51.6%。从CODC数据显示，2016年娱乐休闲和服务业投放户外媒体广告花费均有不同程度增长，未来随着居民收入的不断增长，娱乐休闲和服务业、电影等产业依然成为户外媒体的支柱行业，且保持正增长态势。

随着居民消费机构的升级，2016年旅游、文化、体育、健康、养老“五大幸福产品”快速发展，不断推动民生改善，进一步提升居民的幸福感。旅游业作为“五大幸福产业”之首，在国民经济社会发展中的功能和作用日益凸显。2016年国内旅游总收入3.9万亿元，同比增长14%。据国家旅游局预计，2017年全年国内旅游收入达4.4万亿元，同比增长12.5%。未来旅游业的发展潜力和空间依然巨大，会继续为户外媒体花费带来增长。

我国软件行业收入保持较快增长，2016年1—10月，软件行业收入39073亿元，同比增长14.7%，增速同比回落1.7%个百分点。软件业务利润增速大幅提升，1—10月，软件行业实现利润总额4646亿元，同比增长18.6%，增速同比提高9.3个百分点，其中，软件产品收入增势趋缓，信息技术服务收入增速回落，嵌入式系统软件收入增速领先全行业。随着软件行业收入的高速增长，软件行业的竞争日益激烈，此行业的户外宣传也会随之扩大。

四、数据背景资料

1. 所有数据均由北京中天盈信咨询服务有限公司（China Outdoor Data Corporation）实地采集。

2. 范围包括城市的主要城市区域街道、交通站、城市间主要高等级公路段的所有大型广告牌和网络广告牌，以及各城市主要线路的公交车身广告。

3. 按照实际市场状况，将公益广告和空广告牌都作为空置广告研究。

4. 户外广告媒体价格以刊例价为准。

5. 以下数据研究均不含媒体公司和广告公司企业形象广告。

6. 为更真实地体现市场投放情况，2010年1月开始，相关分析中把交通行业中客运服务中的品牌（如深圳地铁等）也作为空置广告研究。

监测市场

共监测全国30个主要市场

一级市场（3个）	二级市场（11个）	三级级市场（16个）
北京 上海 广州	成都 重庆 大连 沈阳 天津 武汉 南京 西安 杭州 深圳 昆明	长春 郑州 福州 长沙 苏州 宁波 济南 厦门 太原 青岛 温州 东莞 石家庄 哈尔滨 佛山 珠海

2017 中国数字营销趋势

安布思沛

在数字经济时代，品牌面临着诸多严峻的挑战。

数据，不仅是决策者了解消费者的关键，也是所有营销活动可追踪化的基石。通过数据，运用搜索、电商、社会化媒体等多渠道，借助科技，品牌可以跟消费者建立密切的关系，从而与消费者建立个性化、相关化的会话，为消费者提供优质的体验，传递真正的价值给消费者，促使快速做出购买决策，最终达到提升品牌价值的效果。

期望经济触底下的 2017 年数字趋势，到底如何走向？作为品牌方，该如何应对？数字绩效品牌安布思沛（iProspect），深入洞察，解读 2017 年前沿数字趋势，以数据洞见未来，帮助品牌找到 2017 年市场营销的着力点。

观点一：数据整合——有效利用数据是赢得市场的关键

成熟的品牌，一直以通过收集数据的方式，洞察用户行为，制定更加有效的市场决策。2017 年，能识别和理解消费者跨渠道行为的品牌，会脱颖而出。与此同时，品牌拥有的一手数据变得无比庞大。然而各媒体平台间设有壁垒，很难实现跨渠道数据利用，而这些数据对于了解消费者路径又至关重要。

技术的出现，使得数据的连接成为可能，而且连接性变得空前的有效。品牌下一步要做的：建立完整的客户模型，全方位锁定目标，精确投放，实现业绩目标。谁先具备这样的能力，谁就是最后的赢家。

a. 注意力将会从数据收集转移到数据策略

这就意味着， 单纯从量上来看数据已经毫无意义了。

越来越多的广告主已经意识到，品牌推广仅凭可视性的指标，如曝光数、点击数或文章阅读量，无法直观有效地衡量营销的成功与否。

品牌需要不断评估数据质量，识别可用的用户模型，有效利用工具和流程的优化，不断优化数据模型。一流的数据策略专家会意识到，单一的数据渠道没有能力回答所有的问题。

数据的真正价值在于连接这些数据的结点：从用户进站访问，到进入天猫浏览产品，到成为微信粉丝，到线下 CRM……品牌需要不断投入时间和精力，建立客户模型，将所有的这些用户行为释放的信号连接起来，解读，应用到市场营销策略中。

b. 线上线下数据整合提升营销效果

随着 O2O 的崛起， 品牌可以更加便捷地将用户的线上行为和线下行为有效地结合起来，达到驱动业务增长的效果。

移动支付，是连接线上线下的桥梁，更是移动电商发展的催化剂。根据 Euromonitor 数据报告，2015 年中国移动支付的交易额达到 2350 亿美元，远超美国。随着各种科技的发展，二维码、线上优惠券、直播平台……用户行为不断在线上和线下切换，使得追踪完整的消费者路径，变得更具挑战。

品牌将高度重视用户的这一行为变化， 发展整合营销服务， 充分实现与消费者从线上与线下在不同设备端之间的互动， 为用户提供优质的体验， 满足用户需求， 从而达到驱动业务增长的目标。

c. 品牌将充分利用增长的一手数据

一直以来， 品牌非常注重线上渠道曝光， 建立自身的官方平台，入驻社交平台、电商平台……然而很少意识到手上拥有的一手客户数据，其实那才是最宝贵的资源。这些数据资源，是高效运营多渠道 CRM（Customer Relationship Management，客户管理）系统的基础。

微信就抓住了这个契机：微信内置的 CRM 非常强大，更重要的是，品牌可以通过开放的 API 平台，定制化 CRM，将用户线上线下的行为连接起来，只是在与消费者的互动上有局限性，因为缺乏数据。

电商品牌意识到了互动数据的重要性，利用自身一手数据，借助天猫和京东平台的 CRM，与消费者建立有效沟通。

我们期待在 2017 年，更多的品牌能意识到一手数据的重要性，建立多渠道 CRM，形成更加完善的一手数据体系。

观点二：营销者从个性化定位转战到个性化内容

至今，我们一直在强调细分消费者、精确投放的重要性，但是却很少关注传递的信息本身。2017 年，我们将看到更多的注意力转向个性化内容，品牌也会更多地聚焦在与目标群体建立一对一的对话。动态的创意内容将会更受欢迎，因为它可以帮助品牌进行更加有效的投放程序化广告，实现千人千面的广告投放效果。最终，将对的信息，在对的时间点，传达给对的人。数字经济时代，如何基于数据分析，在购买路径中的每一个触点触达消费者，通过个性化信息传递，建立有效的沟通，是品牌成功的关键。

基于语音识别技术， 提供个性化搜索服务

搜索是消费者路径中最重要的一种行为，90% 的线上行为始于搜索。随着消费者的期待值越来越高，对于搜索结果的期望也越来越高。据艾瑞研究报道，2016 年 37.2% 的网民用过语音搜索功能。这一年，中国语音识别技术的发展有了新的突破。百度，作为搜索领域的专家，2016 年 2 月份更新了 Deep Speech 系统，大大提升了语音搜索的准确性。

建议那些期待借助语音搜索变现的品牌，多从自然语言的角度出发，从以“关键词”为核心的框框中跳出来，把精力更多地投入到相关的内容建设，为用户提供最匹配的语音搜索结果。 今天，消费者不仅希望搜索结果呈现的速度快，对于相关性的需求程度也与日俱增。长期以来，为了提升用户体验，让用户看到相关的信息，市场营销者一直非常注重搜索营销策略。 语音搜索的到来，无疑，开启了搜索相关性的新篇章。

观点三：期待经济——科技助力品牌沟通

今天的消费者，对于品牌有着极高的期待。品牌必须充分利用科技，迎合消费者的期待，让沟通更有效。只有那些不断尝试移除沟通障碍，帮助消费者快速便利地获得他们想要的信息或产品，才是最后的赢家。

安布思沛（iProspect）期待品牌通过利用科技，不断寻求新的途径，实现无缝隙化沟通，去除购买路径中不必要的步骤，缩短购买路径，使消费者能快速做出购买决策，便捷购买。

a. 人工智能让实时响应成为现实

一直以来， 中国科技公司非常注重人工智能的发展。百度领先一步， 早就在硅谷建立了人工智能实验室， 这里也是百度语音搜索的发源地。还有，近期问世的新品——家庭助理“Little Fish”，也是基于百度 DUER OS 系统开发的。

随着科技的进步，人类行为的解读甚至高难度的决策制定，机器都可以取而代之。

媒体和科技公司将会继续在机器学习上投入， 提供更加智能的解决方案。结合科技和复杂的大数据系统，品牌深度理解消费者路径的能力将会不断提升。

此外， 实时回复、互动、优化投放活动和投放决策等都可以通过机器学习来完成， 品牌将会从自动化的 CRM 系统获益无穷。

b. 融合现实让沉浸式连接成为可能

虚拟现实、增强现实、混合现实……都逃脱不了现实的框。在这新一轮的科技浪潮里，互联网巨佬们纷纷加入投资队伍，使得整个科技行业看起来无比的繁荣。与此同时，阿里巴巴也在双 11 发起了 VR 活动，使得用户可以身临其境地感受纽约或是巴黎的购物体验。

腾讯也毫不示弱， 在春节期间，腾讯将会发起一场虚拟现实红包活动，鼓励用户寻找分布在他们周围的红包。2017 年，融合现实会继续发展强大，我们期待看到更多的市场变现应用。

一些汽车品牌已经跃跃欲试， 利用这一技术，结合 LBS，从而提升到店率和试驾人数。

c. 直播实现亲密实时互动

2016 年，是直播元年。直播世界的美好，让很多社交控们变得无法自拔。对于那些喜欢玩创意的品牌，直播开了另一扇门，让虚拟环境下的互动更加亲密更加实时。

据 CNNIC 数据， 截至 2016 年上半年，直播用户达到 3.25 亿， 视频直播平台多达 200 多家， 成百上千家 App 植入了直播功能， 整个直播市场显得过度饱和……2017 年，直播市场属于那些具有变现能力的少数直播平台。

据瑞信数据显示， 2017 年直播市场预估 50 亿美元，那些具备整合能力，吸引用户互动，激发口碑传播， 重视用户体验的品牌， 将会是这个市场的大赢家。

观点四：无界电商——媒体“可购买”，品牌和绩效策略相融合

今天，许多市场营销者依然从品牌或绩效导向的角度来考虑，如何分配预算、如何建立数字沟通。随着社交媒体参与和商品交易间的距离越来越近，出现了“内容”和“电商”相融的诉求，同时，它还可以帮助市场营销者最大化常规广告的投放效果。直播活动入驻电商平台，微博链接到淘宝平台，用户通过百度专

区直接产生购买……2017年，越来越多的平台会支持购买行为。与此同时，社交平台也在向电商平台靠近，而电商平台趋向社群化，极大地提升了品牌活动推广效果和用户忠诚度。

为了最大化收益，品牌需要在短暂的时间内，充分利用每一个需求点、每一次交易跟消费者建立有效的沟通，快速响应消费者的每一次诉求。

跨媒体连接是关键

随着品牌数据资产在以几何级的倍数在增长，品牌不仅需要优化访客的数量和质量，更要精确推送，将相关的内容呈现给访客。

不管是关键词，还是创意，最终需要能将用户迅速导向天猫、京东、品牌官网、App或是其他的官方社交平台。有效制定媒体投放组合策略，最大化回报率，将会是品牌面临的挑战之一。

数据和用户意图分析，是市场营销者了解消费者路径的关键，亦是市场策略调整的根基。

观点五：智能内容——广告和内容的边界消失，高质量的内容显得愈发重要

个性化的数据越来越重要。今天，消费者多渠道数据获得洞察，是捕捉成熟消费者注意力的前提。在数字时代，成功的品牌会在每一个阶段提供个性化服务，解读数据背后的每一个行为，找到关键转化点，有效运用沟通，促成最终的购买。

市场营销者需要明白，如何在内容上高效组织和分配预算，是个性化策略成功的关键。

2017 经济回暖 传统媒体受到更多青睐

2017 中国广告主的媒介开销会发生哪些变化？多份报告显示，在国内经济回暖的背景下，广告主投放将趋于平稳，传统媒体将受到一定的关注。

传统媒体受到更多青睐

根据 CTR、中国传媒大学、国家广告研究院近日联合发布的《2017 中国广告主营销趋势调查报告》显示，2017 年广告主对国民经济的信心明显回暖，对行业经济和企业业绩的预期也止跌企稳。营销预算占比虽然增势趋缓，但增长和持平的比例仍然超过 80%。

央视市场研究（CTR）战略发展总监刘会召表示，宏观经济、行业经济、企业业绩的确是影响广告主预算增减变化的一个重要因素，但还有很多其他因素也在影响广告主的预算，比如说广告主对企业业绩预期刚刚止跌企稳，仍然处于担心和观望之中。

此外，媒体传播目前的碎片化和复杂性，对广告主的媒体选择也构成不小的困难，尤其是在这样的背景下，整个行业还没有建立起公认的广告效果测量和评估标准，投入产出还不能被相对清晰地测算出来，这一原因可能更为主要。以上各种原因综合导致了广告主的广告预算投入依然较为谨慎。

报告同时显示，在保守的营销预算预期下，广告主对效果更直接且易于测量的硬广和终端促销关注度有所提升。（如下图）

各项营销预算净增加的广告主比例

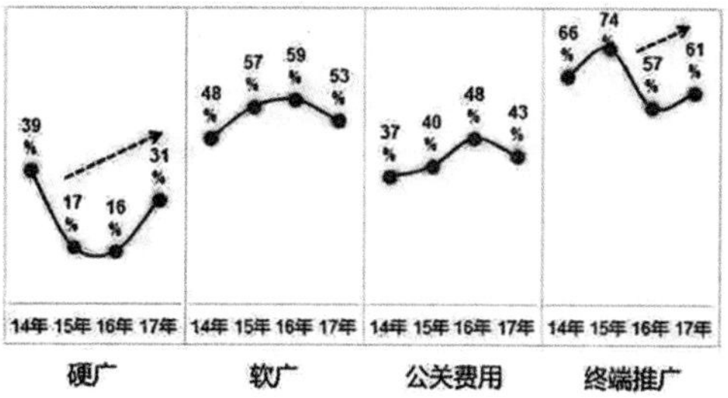

从报告中广告主的媒体选择来看，传统媒体广告预算仍占主要份额，广告投放在亿元以上的大型广告主，把 60% 以上的预算都放在了传统媒体上，除传统媒体效果更直接，利于品牌的快速传播外，其操作流程和效果评估体系也相对更加健全，广告的投入产出效果也比较清晰。另一方面，广告主仍然愿意尝试新媒体形式，但由于评估体系尚未健全、缺乏客观的评估标准和评估数据，因此仍然心存顾虑。

户外广告增速平稳

广告主对媒介投放保持谨慎的当下，看得见摸得着具有实体的户外广告在 2017 年将保持平稳增长。

群邑中国发布的 2017 年春季版《今年，明年：中国媒体行业预测》报告显示：按媒介属性进行分类，除了互联网广告和户外广告，其他以电视为代表的媒体投放量都在下滑，又以报纸和杂志的跌幅最为严重，分别下降了 53.9% 和 38.8%。具体来看，杂志从 2016 年的 42 亿元下跌到 2017 年的 27 亿元，报纸 101 亿元到 47 亿元，广播 123 亿元到 112 亿元，户外 461 亿元上涨到 473 亿，电视从 1929 亿元跌到 1828 亿元，互联网从 2783 亿元上涨到 3328 亿元。

互联网媒介花费超 57.2%。从整体花费构成上看，2016 年，互联网媒介花费首次超过整体媒介花费的一半。报告预计 2017 年，互联网媒介花费在整体的占比将占到 57.2%。但随着互联网在中国城市居民中基本普及，“流量红利”和“新用户红利”已经过去，增幅也呈逐年下降态势。

城镇化进程助力户外广告增长。城镇化进程加速扩展了消费者的生活圈，为户外媒体提供了更多想象空间。预计 2017 年户外广告花费增长率为 2.7%。互联网企业借助户外媒体进行广告宣传成为 2016 年户外媒体发展的显著特点。

二三级市场户外投放占比上升

CODC（中天盈信）发布的《2017 年第一季度户外市场分析报告》显示，户外行业网站、娱乐休闲和服务业依然是户外广告投放主力行业。但 2017 年开局，曾经一路高歌猛进的网站行业投放呈负增长态势。

细分来看，视频媒体、地铁、机场、火车站、公交车身媒体户外广告花费步步高升，单一媒体、候车亭媒体表现欠佳。

2017 年一季度，网站、娱乐休闲和服务业投放花费位居前三甲，投放占比同比缩减，达 42%。在 TOP15 行业中，软件、金融、交通、房地产、邮电通讯、建筑器材及服务行业投放占比呈上升态势。领跑行业——网站，传统行业——服务业、房地产、饮料、食品行业投放花费占比呈下滑态势，表现欠佳。

2016 年 1—3 月至 2017 年 1—3 月各行业投放占比同期比

单位：百分比

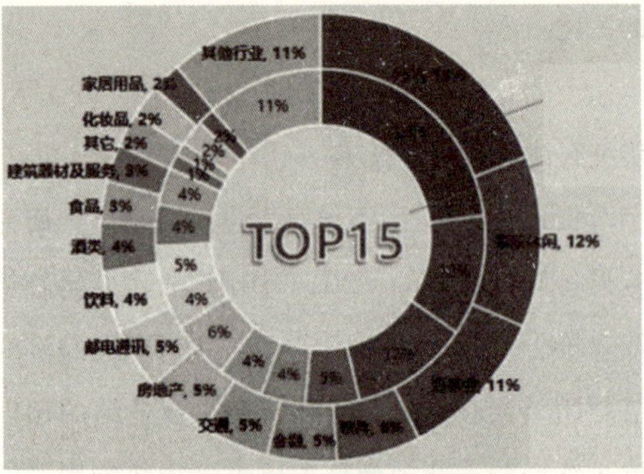

从区域来看，一级市场投放占比下滑，二三级市场投放占比上升。从品牌数量看，由于一级市场户外媒体饱和度高，媒体价格高，更多的客户青睐投放二三级市场，因此二三级市场品牌数量高于一级市场。与 2016 年一季度相比，所有级别市场品牌数量均有不同程度下滑，其中二级市场品牌数量下滑幅度最大，同比下滑 8%。

中国户外十年广告动态追踪

CODC

与中国户外广告行业共同成长

从无到有：1998年成立，开始采集户外数据，弥补户外广告市场数据空白，走出跨时代的第一步。

厚积薄发：19年户外数据积累。

全国覆盖：中国30个主流城市。

媒介尽收：中国8大类户外媒介，134个媒介小类，传统媒介、数字媒介尽收其中。

行业遍及：覆盖30个行业大类，374个行业小类。

核心业务：户外广告综合解决方案 / 户外广告数据收集与市场研究 / 监测 / 调研 / 各类相关咨询。

全链服务：服务遍及全产业链，为行业各方提供基于数据应用的各类解决方案。

媒介花费逐年攀升

爆发期：2008—2011年（数字媒体蓬勃发展）

盘整期：2012—2013年（危机警钟数字媒体）

上升期：2014年（地铁资源热炒）

成熟期：2015—2017年（机遇与挑战并存）

2008—2017年户外媒介投放花费和同比增长

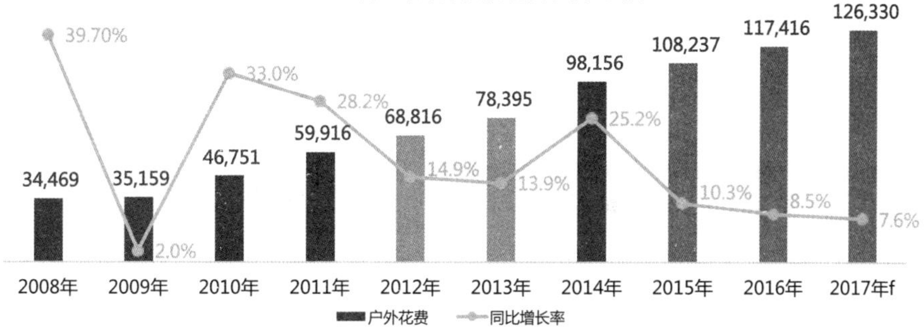

2008—2017年中国户外各级别市场份额占比

一级依然是主力市场，

客户投放呈现下沉趋势

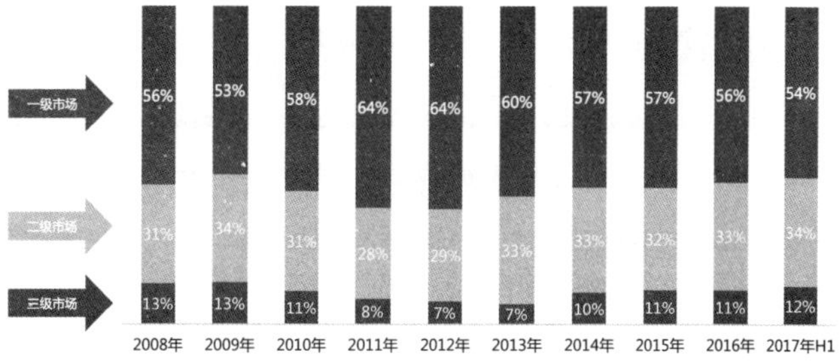

重点二线城市户外广告快速发展

户外花费总量 2017 年 VS 2008 年：总体 3.7 倍

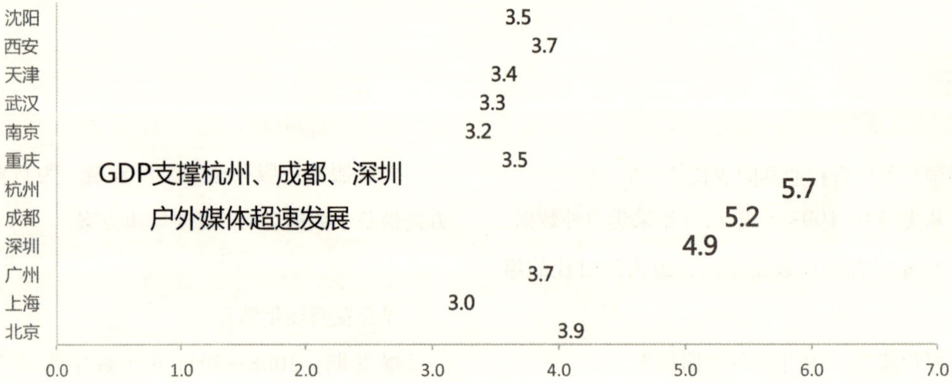

数字媒体与传统户外的博弈，数字媒体份额逐年攀升

2008—2017 年中国户外各媒体形式市场份额占比

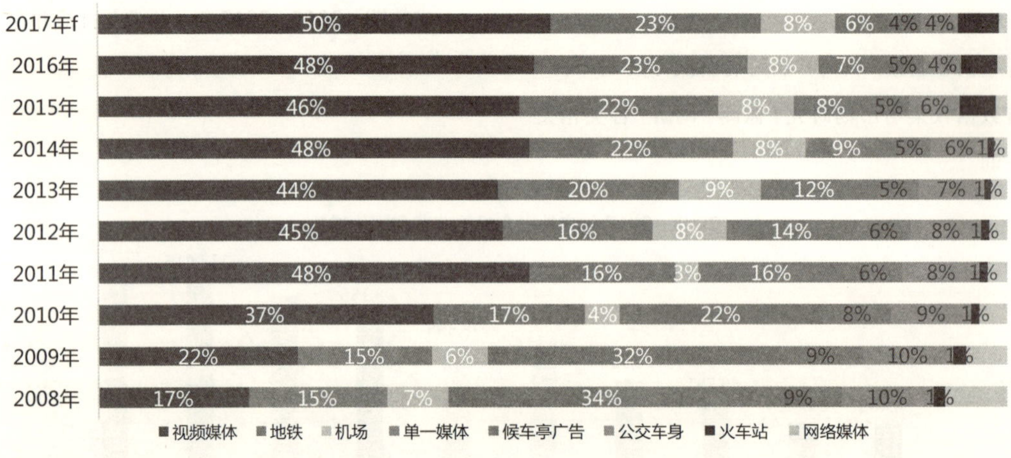

数字媒体与传统户外的博弈，传统媒体整治“坚持不懈”

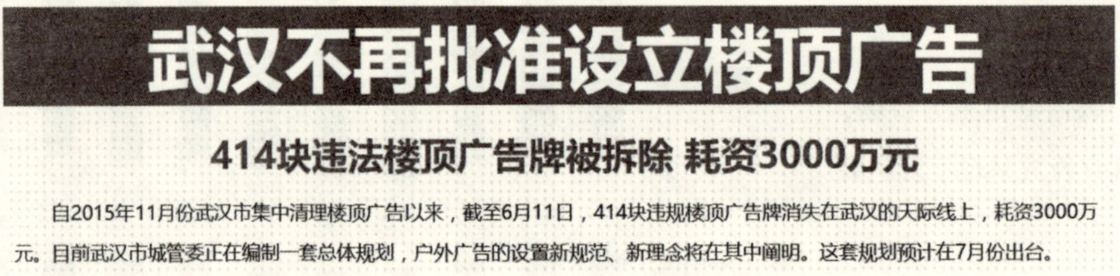
武汉不再批准设立楼顶广告

414块违法楼顶广告牌被拆除 耗资3000万元

自2015年11月份武汉市集中清理楼顶广告以来，截至6月11日，414块违规楼顶广告牌消失在武汉的天际线上，耗资3000万元。目前武汉市城管委正在编制一套总体规划，户外广告的设置新规范、新理念将在其中阐明。这套规划预计在7月份出台。

户外传统媒介：户外大牌资源量持续下滑

重点城市户外大牌资源量变化

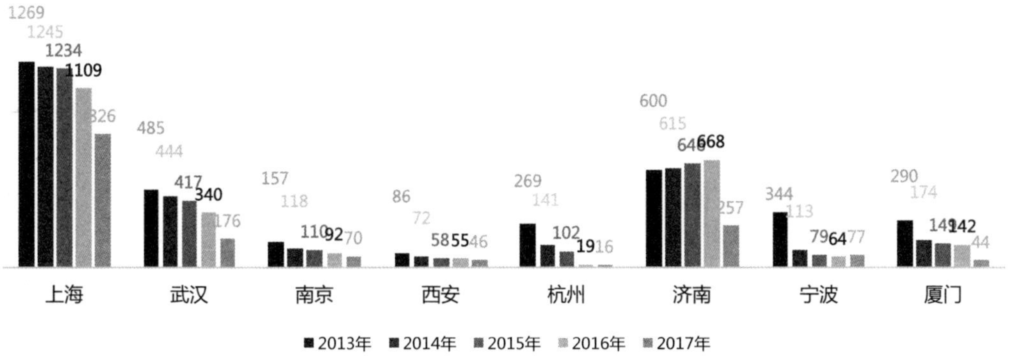

网站和软件行业逐渐成为户外发展新的主力军

年份	2008年	2009年	2010年	2011年	2012年	2013年	2014年	2015年	2016年	2017年
TOP5行业	服务业	服务业	服务业	网站	服务业	娱乐休闲	娱乐休闲	网站	网站	网站
	房地产	房地产	娱乐休闲	服务业	娱乐休闲	服务业	服务业	娱乐休闲	娱乐休闲	娱乐休闲
	娱乐休闲	娱乐休闲	交通	娱乐休闲	网站	交通	交通	服务业	服务业	服务业
	交通	交通	化妆品	化妆品	交通	网站	网站	房地产	房地产	软件
	邮电通讯	金融	饮料	交通	化妆品	房地产	房地产	交通	软件	房地产
花费占比	46%	44%	44%	45%	45%	45%	46%	53%	55%	56%

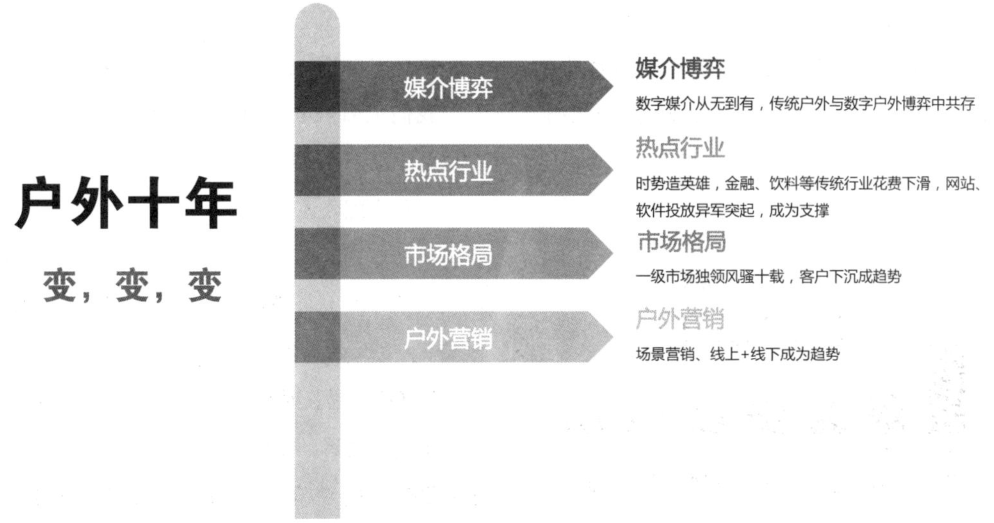

三大新兴力量引领消费新经济

阿里研究院、BCG 波士顿咨询

一、由投资主导转向消费主导的中国经济

据国家统计局的数据显示，2005—2010 年间私人消费对 GDP 增长贡献率仅达 32%，这一数字在 2010—2015 年间攀升至 41%，成为拉动中国经济发展的重要力量。我们预测，未来五年，投资和净出口对 GDP 的贡献率将进一步降低，而私人消费的贡献将持续扩大，达到 48%。中国经济将从投资为主导转向以消费为主导。

不难得出结论，尽管 GDP 增速有所放缓，但未来中国的消费市场仍将保有惊人的增长空间。根据我们的测算，即使中国的实际 GDP 增速进一步放缓至 5.5%，到 2020 年，中国的消费市场仍将扩大约一半，达到 6.5 万亿美元的规模。未来五年消费市场所带来的 2.3 万亿美元增量，相当于当下德国或英国消费市场的 1.3 倍。

未来消费增速将有所放缓，其中私人消费的年均复合增长率将从过去几年的 12% 降低至 9%，推动消费增长将有三种中心力量：上层中产及富裕阶层消费者、新世代消费者以及网络购物。未来五年，这三大推动力将深刻改变中国的消费市场。上层中产及富裕家庭将贡献 81% 的城镇消费增量。从年龄看，80、90 以及 00 后将带来约 65% 的消费增量。另外，网络渠道将在零售领域占据重要地位，贡献约 42% 的消费增量，而这其中高达 90% 的增量来自于移动端。简言之，未来 2.3 万亿美元的消费增量将来源于与过去不同的消费者群体。

若 GDP 复合年均实际增长率保持在 5.5%，到 2020 年中国消费市场规模将达到 6.5 万亿美元

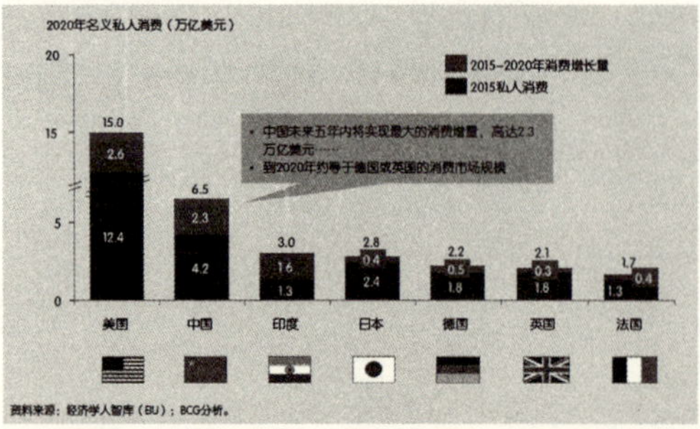

在这三种新力量的影响下，未来的消费重点将会发生转移。服务将超过产品，成为 2015—2020 年消费增长的主要动力（51%）。消费者对于高端产品及服务的需求激增，如健康食品、教育及旅游等。未来中国消费者的消费观念也将从“购买产品”转向“享受服务”，从“满足日常需求”变为“改善生活品质”。

二、宏观因素并未影响消费信心

我们依旧对中国的消费市场充满信心，这主要基于以下几个原因：

1. 可支配收入的增长

从 2010 年到 2014 年，中国城镇人均可支配收入的年均复合增长率达到 11% 左右；2015 年前三季度城镇人均可支配收入增长率约为 8%。

2. GDP 增长对私人消费的参考意义较小

中国消费者的支出增长自 2011 年起已经超过 GDP 增速。2015 年，中国名义 GDP 增长率

约为 7.4%，低于 8.8% 的私人消费增长，在对中国消费增长进行衡量的过程中，GDP 增长的参考意义始终不大。过去 GDP 迅速增长的动力主要来源于投资，而非消费；现在，GDP 增速放缓的主要原因也在于资本形成的减速，而不是消费。

中国消费者的消费意愿取决于其收入是否增加以及他们对未来收入增加的预期。2015 年 BCG 中国消费者洞察智库进行的年度消费者信心调查发现，在接受调查的约 2000 名消费者中，47% 的受访者表示收入和福利增长是其计划增加消费支出的主要原因。

3. 股票市场动荡的波及面较小

仅 15% 的中国城镇家庭投资股市。宏观经济趋势并未对消费者信心造成显著影响。仅 8% 的受访者称房地产市场走势会影响他们未来的消费意愿，7% 的受访者称股市市场走势是影响他们消费意愿的主要因素。相反，由于收入增加以及更有吸引力的零售渠道及品牌选择而影响消费者消费意愿的比例高达 35%。

4. 储蓄增长并不意味悲观

仅有 27% 的中国家庭表示其储蓄是为了“防患于未然”，与两年前的 46% 相比大幅降低；为预防经济下滑而储蓄的受访者不到 10%。

随着上层中产阶层家庭数量的日益增多，其生活方式与支出习惯的改变速度尚未跟上收入增长的步伐。这种情况在中小城市尤为明显：在小城市的上层中产阶层及富裕家庭中，25% 的受访者表示出需求增加完全是由于收入增长。因此，储蓄率的居高不下并不是悲观的信号，而代表了消费品企业前所未有的机遇。消费品企业不仅有机会赢得这些消费者的青睐，鼓励其“少储蓄、多消费”，还能因此推动经济加速前行。

三、中国消费市场的“新三驾马车”

三股新的力量正在崛起，他们将在未来为消费者市场贡献大部分的增长动力。中国消费市场的“新三驾马车”分别是：上层中产及富裕阶层的消费者、新世代消费者以及网络购物。在这三个领域，新的力量快速超车，与原有的消费动力形成速度上的鲜明对比——中国消费正在进入“双速并行”的时代。这种现象不但会重塑未来的消费市场，还将为企业和商家的战略选择及业务运营带来巨大的影响。

“双速并行”的中国消费市场正在崛起

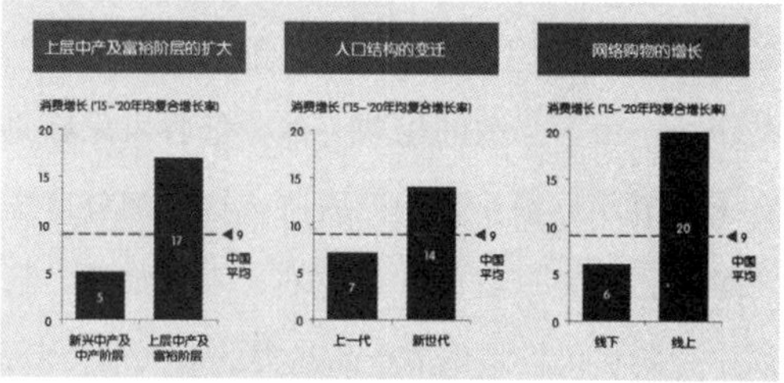

1. 上层中产阶层及富裕人群

到 2020 年，上层中产及富裕阶层的消费人群将以 17% 的速度增长，为中国城镇消费贡献 1.5 万亿美元的增量。与此相比，新兴中产阶层及中产阶层的消费仅以 3% 的年均符合增长率增长，形成明显的双速并行趋势。

在未来五年里，中国消费总量增长的 81% 将来自于上层中产阶级以及富裕群体

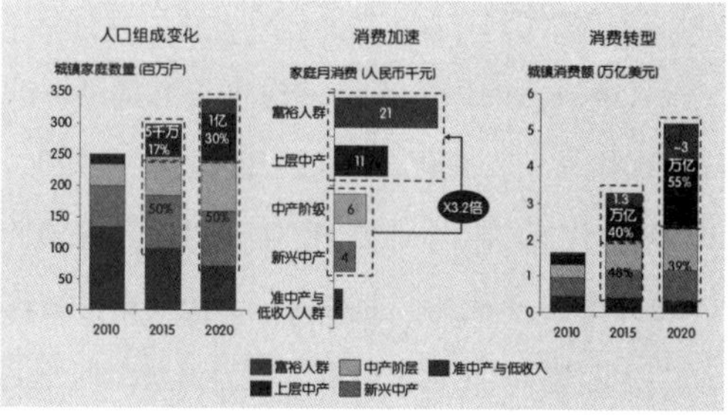

从现在到 2020 年，一线城市（如北京、上海和广州等大都市）的上层中产及富裕家庭总数将每年增长 9%，最终达 3000 万人。但小城市的上层中产及富裕家庭总数增长更快。

到2020年，5000万户新增上层中产及富裕家庭中约有一半来自于前100个大中城市以外的中小城市（四线及以下）。

要赢得更多的上层中产及富裕阶层消费者，仅关注大城市的聚焦战略显然已不合时宜。为了抓住这股快速发展的消费新力量，企业必须更多关注中小城市，而不是将脚步停留在大城市。

另一方面，低速发展阶层的消费潜力仍未完全发掘，企业放弃在这一领域的市场份额和优势地位也绝非明智之举。尽管新兴中产及中产阶层的消费占比将从现在的48%下降至2020年的39%，但他们仍然是企业不能忽视的巨大消费市场。由于当前的相当一部分低收入家庭将在未来五年逐渐步入中产阶层，这一细分市场将继续占城镇家庭的一半左右。不仅如此，新兴中产阶层仍将是很多产品品类的最大消费者，尤其是在个人护理、洗涤剂等快速消费品品类。

中国的年轻消费者正迅速地成长，并引导未来潮流

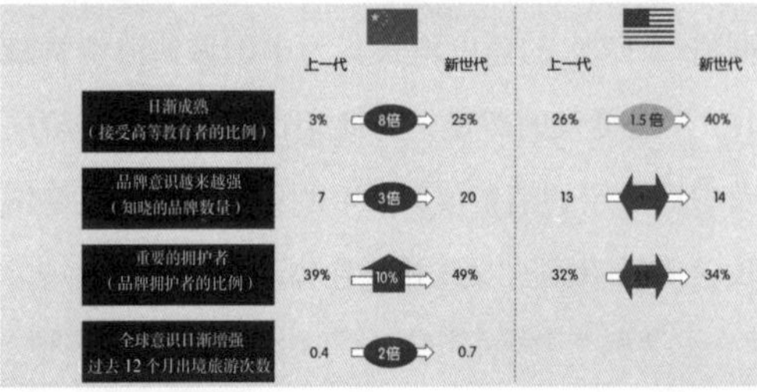

2. 新世代

日渐成熟的中国人口结构将为消费经济的增长提供另一股推动力量。生于1980、1990、2000年代的中国人（相对于生于1950、1960、1970年代的“上一代”，他们通常被称为“新世代”）正蓄势待发，成为消费市场的主导力量。目前，成熟的新世代消费者（15—35岁）在中国城镇15—70岁人口的占比为47%，这一比例在2020年达到46%。

而新世代的消费占比将从现在的45%激增至2020年的53%。消费力增长的一大原因是年轻一代的中国消费者比上一代的消费能力更强。与上一代的上层中产阶级消费者相比，年轻一代的上层中产阶层消费者在众多品类的消费上要高出40%。

与其他主要国家的同龄人相比，年轻的中国人也确实更热衷于消费。BCG近期开展的全球消费者调研显示，42%的中国18—25岁受访者不认同“我觉得我拥有的东西已经足够，感觉不需要购买新东西”这一说法。相比之下，36%的美国及欧洲18—25岁受访者不认同这一说法。在日本和巴西，不认同该说法的18—25岁受访者分别占32%和26%。

鉴于上述原因，我们预计新世代的消费力将以年均14%的速度增长，这一速度是上一代消费增速的2倍，新老两代消费者形成了明显的双速并行趋势。

更重要的一点是，与上一代消费者相比，新一代对本土品牌的接受程度更高。从2007年到2015年，中国消费者对国外品牌的偏好度不断衰退，尤其是近年来发展迅速的数码产品、护肤品和服装等行业。而与上一代相比，新一代消费者对国际品牌偏好的衰减速度要更快，同时体现出对国产产品更大的宽容度。以数码产品为例，上一代消费者的国际品偏好下降了11%，而新世代则下降了20%；在护肤品领域也是如此，这两个数据分别为3%和11%。这一现象说明新世代消费者更加理智，在注重品牌的同时也容易接受新的产品和服务。对那些立志打造优质本土品牌的企业来说，它们将获得前所未有的机遇。

3. 网络购物

近年来，中国消费经济最具革命性的发展

趋势是网络购物的惊人增长。在 2010 年，仅有 3% 的私人消费来自于线上；而如今，中国网络购物者总数大约是 2010 年的 3 倍，达到 4.1 亿人次。不仅如此，消费者的线上消费金额也大约是 2010 年的 3 倍。2015 年，线上渠道的消费总额已占私人消费的 15%。

在接下来的五年里，网络购物将成为中国重要的零售渠道。其中最具爆炸性的增长发生在移动端。目前，51% 的中国网络购物来自移动端，而在全球其他国家只有 35% 的网络来自移动端。阿里巴巴集团的中国零售交易市场（包括淘宝网、天猫、聚划算），其中移动端销售占比从 2015 年第一季度的 51% 攀升至第三季度的 62%，并在 2015 年的“双十一”当天——中国最大规模的购物促销狂欢日——达到 68%。预计到 2020 年，中国的移动端的购物占比将会达到 74%。

未来，42% 的私人消费增长将来自于网络消费

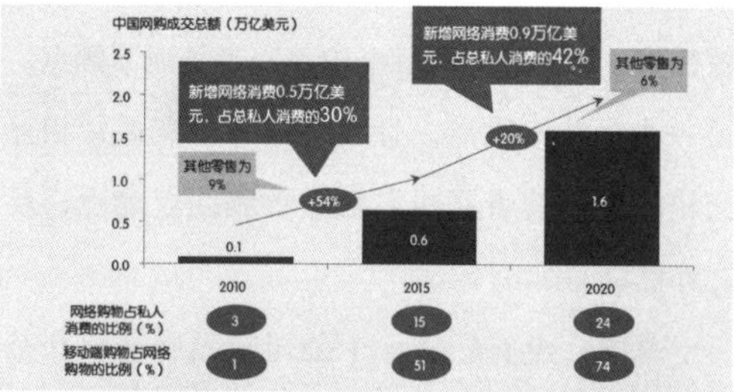

从整体来看，到 2020 年，私人网上消费将以每年 20% 的速度增长，达到近 1.6 万亿美元，并占私人消费总额的 24%。同期，其他零售渠道的消费增长预计仅为每年的 6%。这意味着网络购物将贡献 42% 的私人消费增长。网络购物的爆发式增长与传统零售渠道的逐渐饱和再次形成了双速并行的态势。

淘宝样本数据分析显示，与中产阶级层相比，上层中产阶级在这些品类的线上消费约高出 1.5 倍；富裕阶层在这些品类上的消费与上层中产阶层相比，线上消费接近翻倍。这在很大程度上是因为他们可以在网上找到更独立、溢价更高的产品。

线上消费在上层中产及富裕人群中有明显的增长

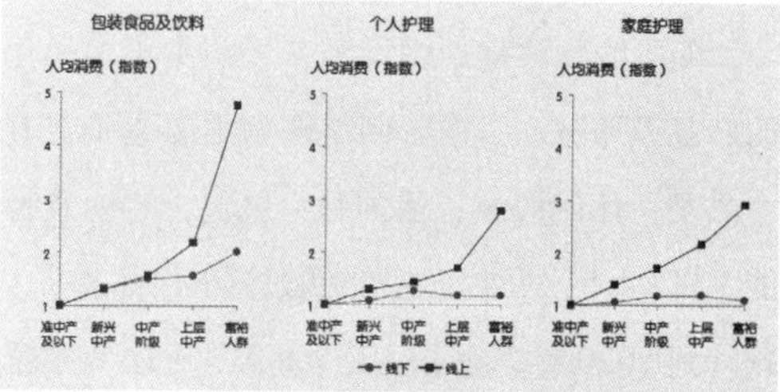

四、三大新驱动力下的中国消费市场

1. 消费者将与更多的品牌产生互动

在中国市场上，新一代消费者不断成熟，他们接受本土替代产品的速度明显快于上一代

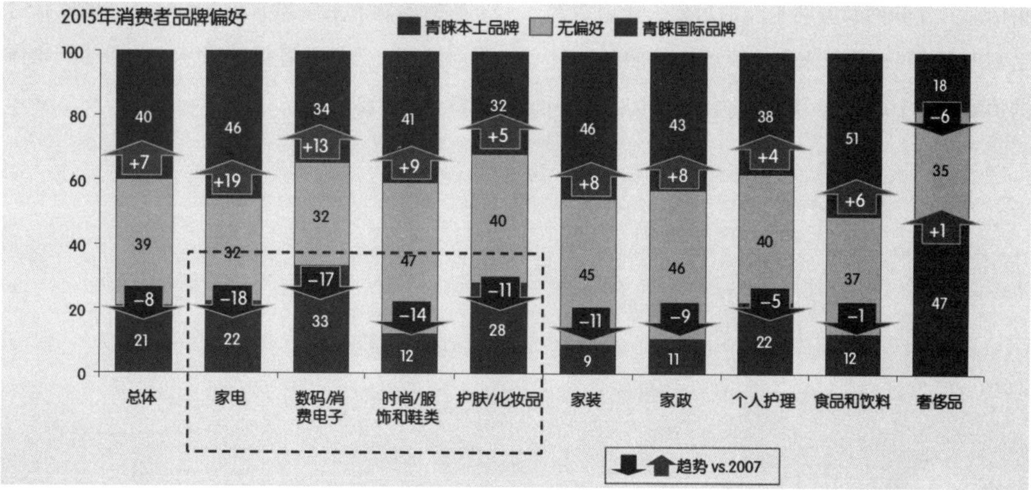

网络购物的兴起使消费者能够随时随地购物

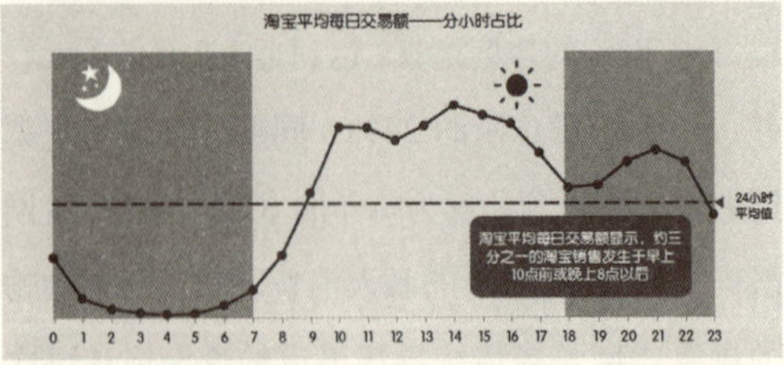

消费者。调查表明，46% 的中国消费者倾向于购买国产家电品牌。与 2007 年的调查数据相比，这一比例增长了 19%。不仅仅是家电类品牌经历了这样的变化，电子消费品、服饰以及护肤品牌同样经历了类似的转变。因此，不难发现，采取针对性策略的国产品牌将迎来新的机遇。

2. 网络购物，尤其是移动端购物，将打开新市场大门

网络购物将推动中国消费者购买更多样化的产品及服务。日前，网络购物主要集中在五个品类：休闲服装、休闲鞋、包包、零食及智能手机（40% 的网络购物购买过这五个品类）。预计到 2020 年，除了这五个品类，还会有小家电、网络金融服务、化妆品、正装鞋等 10 个品类加入受欢迎的网购品类大军，数据显示 40% 网路购物者购买过上述产品。

此外，消费者会更多地从全球各个地方购买产品。互联网及电商平台的出现，让消费者足不出户就可以购买来自全国乃至全球的产品。据预测，到 2020 年，海淘将占中国网络购物的 15%。以淘宝全球购为例，近些年深受中国消费者欢迎的产品包括欧洲的奢侈品牌包包（2011）、美国的服装服饰（2011）、澳大利亚的健康保健品（2012），东南亚的干果和零食（2013）、南非的装饰品、北欧的户外装备（2014）等。

最后，移动端网络购物对策迅速发展将释放消费者更多的购买力，尤其是在中国相对偏远的地区。淘宝大数据分析显示，在 2015 年的“双十一”活动中，移动端购买渗透率最高的前 10 大城市均来自于中国的中西部地区。

3. 消费者接触点日益碎片化

随着网络购物，尤其是移动端购物的兴起，消费者能够在任何时间、任何地点进行购物。淘宝平均每日交易额显示，约三分之一的淘宝销售发生于早上 10 点前或晚上 8 点以后。

中国消费者的购买路径也非常分散。BCG 研究表明，在消费者最终决定购买某一产品前，平均每个购买行为有 3 个激发点及 4 次搜索比较行为。在这些不同触电中，一半是线下触点，另一半是线上触点，且线上线下触点通常相互交错——消费者从线下触点再到线上触点，反之亦然。

总之，没有任何一个公司或品牌能够在某一购物场景中主导和消费者的联系，因此整合不同渠道，为消费者提供完整、全面的购物体验将至关重要。

80 后与 90 后是网购主力军

《亚洲户外》

高盛投资研究部发布了其消费品行业研究团队所做的中国“千禧一代”消费研究。中国，出生于1980—2000年间的人口共4.15亿，占目前全国人口的31%，人均年收入为37787元人民币。就消费习惯而言，依赖互联网是他们最显著的特征，是网购的主力军。他们人口仅占全国的31%，却占了互联网用户的55%，以及网购人群的73%。

报告中总结，中国社会零售总额在2015年基本上保持了10%—11%的增长，而其中电子商务的增长量达到35%—40%，快递量的增长在45%。也就是说，占零售总额约1/10的电子商务，是全国零售业增长的推动器。而80、90后则是网购的主要群体。

就渠道行业出货量来看，以汽车行业为代表的传统行业，一季度有15%的增长，但三季度也许受股市影响，增长率为0。于此同时，其他四类行业的增长曲线有突出的表现：电影、化妆品、阿迪达斯及耐克和星巴克。而这四类商品的主流客户群体，仍然是80后、90后。

互联网+娱乐，是80后、90后的主要消费特征，而他们恰好也是目前国内消费品市场上表现最强劲的力量。

就具体品牌而言，从数家名牌在中国的销售增幅表上。可以看到，国产品牌海澜之家遥遥领先，其后，是无印良品、优衣库、新百伦、H&M等进口品牌近两年在国内市场的大幅扩张。而它们也都是年轻人的新宠。

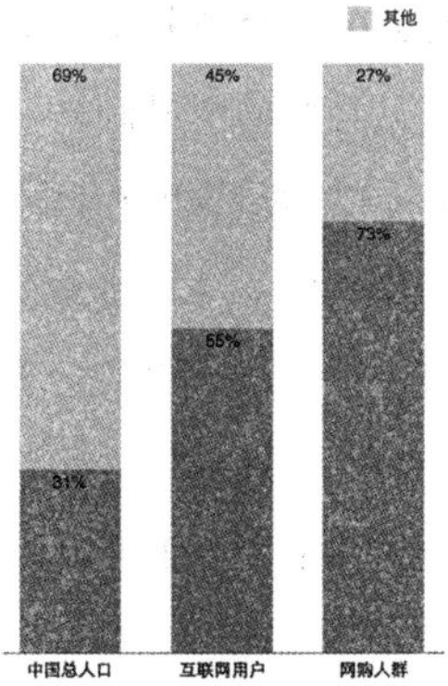

过去12个月销售增长/同店销售增长

排名	品牌	2014年销售额（人民币十亿）	销售增长率2014	销售增长率2013	国际或国内	创立年份	类别
1	海澜之家	16.5	67%	58%	国内	2002	男装
2	无印良品	1.6	62%	106%	国际	2005	服装及家居用品
3	优衣库	11.7	60%	38%	国际	2008	快速时尚
4	新百伦	3.2	45%	61%	国际	2006	运动系列
5	H&M	7.6	31%	21%	国际	2007	快速时尚
6	拉夏贝尔	9.1	26%	62%	国内	1998	女装
7	巴拉巴拉	4.9	25%	19%	国内	2002	童装
8	都市丽人	5.4	23%	36%	国内	1998	女性内衣
9	探路者	3.1	22%	30%	国内	1999	户外用品
10	天伦天	2.7	21%	22%	国内	1999	户外用品
11	爱步	2.9	18%	23%	国际	1997	鞋类
12	安踏	12.2	17%	-16%	国内	1991	运动系列
13	百思图	2.8	15%	18%	国内	2001	鞋类
14	杰斯卡	4.7	14%	17%	国内	2008	男装
15	马克华菲	3.8	13%	17%	国内	2001	男装
16	太平鸟	6.6	13%	34%	国内	1995	快速时尚
17	思加图	3.4	13%	15%	国内	1998	鞋类
18	巴宝莉	3.0	12%	11%	国际	2011	奢侈品
19	欧时力	5.2	12%	11%	国内	1999	女装
20	飒拉	6.8	11%	14%	国际	2006	快速时尚

数据来源：《南方周末》官网

中国人消费倾向向中高端产品迅速转移

英国《金融时报》新兴市场主编　金奇

中国整体零售消费增长的温和放缓，掩盖了表面之下的多重动荡。近期几项研究显示，品味和购物习惯正在变化，消费者在海外收敛了奢侈品购买，在国内变得更加挑剔，同时对自己的健康、家庭和体验优先安排支出。

英国《金融时报》旗下“投资参考”(FT Confidential Research) 的一项调查显示，可自由支配支出的总体增长很可能在 3 月份继续放缓。此前，2016 年头两个月零售销售同比增长 10.2%，低于 10.7% 的 2015 年全年增幅和 12% 的 2014 年增幅。

就购买习惯而言，花钱阔绰的中国出境游客人群正出现一个显著变化。根据 FT 投资参考对 1318 名出境游客进行的调查，他们表示，相比以往，他们不那么可能在境外旅游期间购买昂贵物品，如名贵手袋、珠宝和名表。

相比之下，相对于 2015 年同一项调查的结果，人们在化妆品、服装、鞋子、电子产品和纪念品上的支出得到保持，甚至有所增加。行业组织——世界旅游及旅行理事会 (WTTC) 上周估计，2015 年中国游客总计在境外支出 2150 亿美元，相比 2014 年的 1400 亿美元增长 53%。

据 FT 投资参考介绍，对于减少在境外购买昂贵奢侈物品，人们提到的主要原因是同类商品在国内价格下降，以及跨境网上购物数量不断增加。

研究公司英敏特 (Mintel) 估计，2010 年至 2015 年期间跨境网上购物的年复合增长率达到 63%。英敏特预测，到 2020 年网上跨境购物总额将增至 2220 亿美元（2015 年为 973 亿美元），占 2020 年中国预计将达到的 1.3 万亿美元的网上销售总额的 17%。

中国消费者表示愿意为优质产品付更高的价钱

单位：百分比

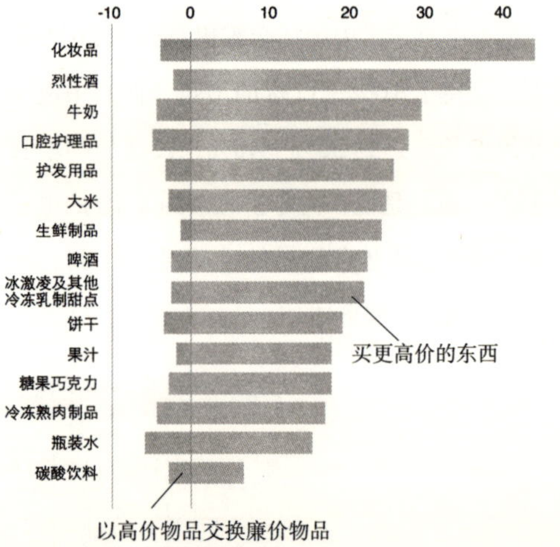

来源：麦肯锡 2016 中国消费者报告。

强化这种“海淘”趋势的一个现象是，中国消费者出现了向高端产品升级的明显倾向。研究公司麦肯锡 (McKinsey) 发现，人们在化妆品、烈酒、牛奶及奶制品、护发、大米、生鲜、啤酒等品类上表现出升级质量和品牌的强大动力（见图表）。

麦肯锡在 2015 年末对 44 个城市 1 万名消

费者进行的调查显示，上述趋势的反面是，中国消费者对那些被视为不太健康、甚至潜在有害的产品日趋敬而远之。麦肯锡发现，与2012年进行的类似调查相比，碳酸饮料、口香糖、冰激凌和西式快餐的人气均出现下滑（见图表）。

光明乳业 (Bright Dairy) 旗下采用来自保加利亚一个长寿村的乳酸菌的酸奶品牌“莫斯利安”(Momchilovtsi) 销售飙涨，以及特种茶的高价位和泰国茉莉香米的强劲需求，都凸显了这种转向健康饮食的趋势。

不过，麦肯锡的调查也发现，当中国人找到自己满意的品牌后，他们似乎更有可能忠于这些品牌。愿意换用一种自己“选择名单”以外的品牌的消费者数量下降。以服装为例，愿意考虑自己通常考虑范围外的品牌的消费者已从2011年的40%降至2015年的略低于30%。

越来越多的中国人寻找难以忘怀的体验，而不是产品，影院、餐饮、水疗和旅游都迎来旺盛需求。

健康饮食

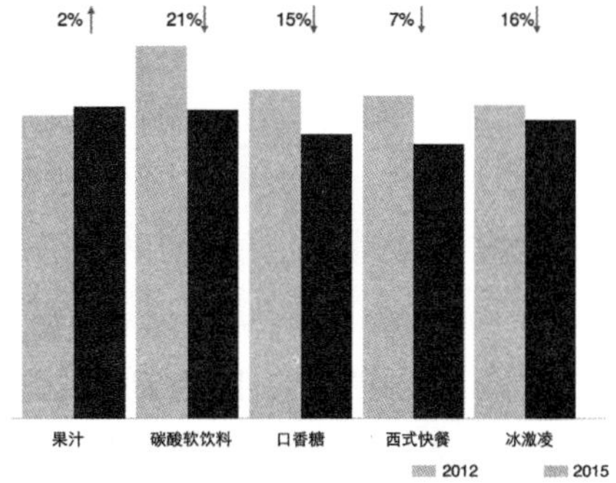

品牌忠诚度的提升

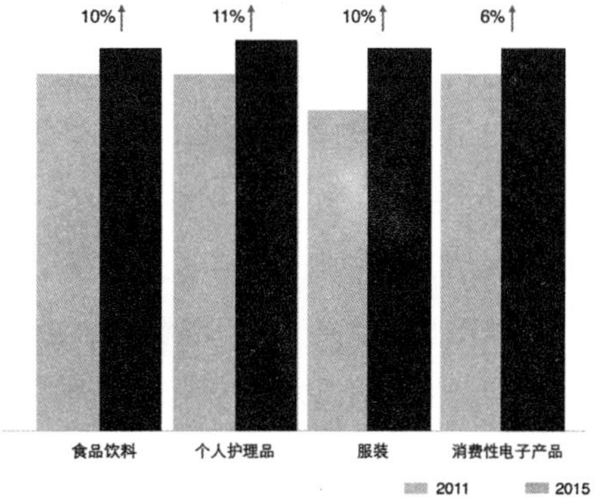

资料来源：麦肯锡2016年中国消费者报告。

2016 年中国消费市场分析

据 BCG 波士顿咨询统计数据显示，中国经济继续成为全球关注的焦点，尽管目前消费增速轻度放缓，但消费增长仍在一个惊人的上升轨道上。据预计，到 2020 年，中国的消费市场仍将扩大约一半，达到 6.5 万亿美元的规模。未来五年中国消费市场所带来的 2.3 万亿美元增量，相当于当下德国或英国消费市场的 1.3 倍。

中国经济转型的升级显著影响了中国购物者的消费模式。面向蓝领的大众化品类陷入挣扎，而酸奶、宠物食品等高端品类以及大部分品类中高端单品依然在增长。凯度消费者指数中国公司的统计显示，2015 年中国快速消费品市场的销售额仅增长了 3.5%，创下五年来的新低。但这一数据背后掩盖了一个重要的特征：尽管经济环境整体萧条，但有一些品类和单品能保持较快的增速，这凸显了中国快速消费品和其他消费行业在快慢迥异的两种增速下的运行轨迹。2015 年度快消品销售额增长缓慢，创五年新低。

中国的双速消费经济是未来增长的决定力量，上层中产阶层及富裕家庭将是整体消费的主要驱动者。上层中产阶层、年轻一代和高端服务业人士，将成为中短期内拉动中国消费增长的主要力量。

中国消费者信心仅轻微减弱

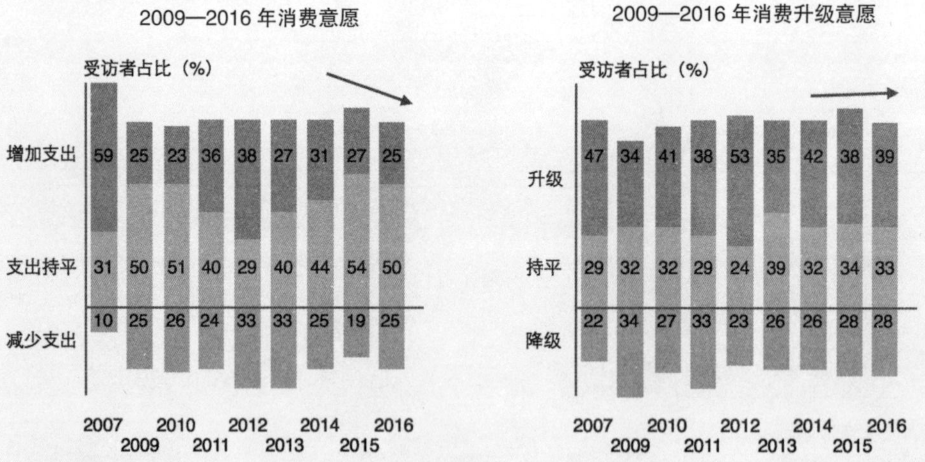

来源：2007-2016年BCG中国消费者信心调查。
注：因为取整数，部分数字加总不等于100。

中国快速消费品城镇购物者总支出年度增长率（%）

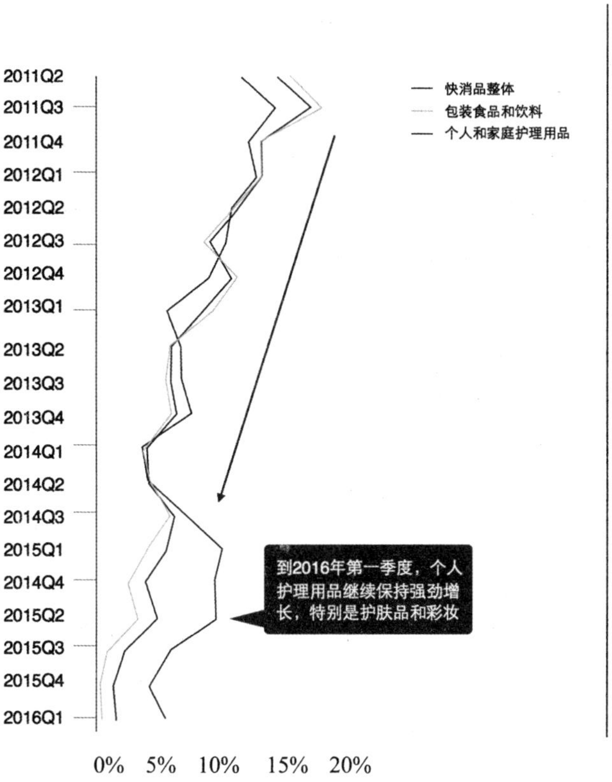

注：数据涵盖106个快速消费品。品类，包含包装/冷藏食品和饮料，个人护理和家庭护理用品；但不包括生鲜、家电和电子产品。

资料来源：凯度消费者指数研究；贝恩分析。

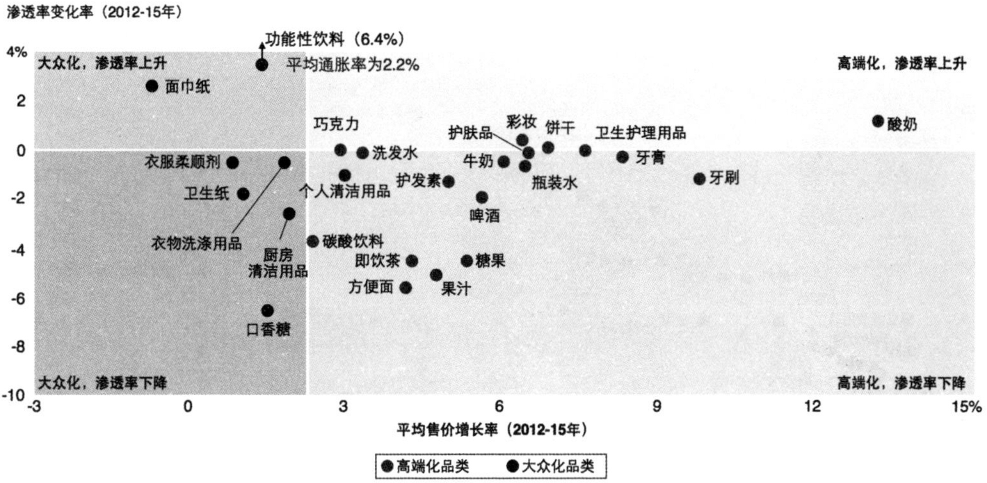

注：以2012年至2015年的平均通胀率2.2%为临界值；2012年至2015年期间，价格增长率高于2.2%的品类属于“高端化”品类。

资料来源：凯度消费者指数研究；贝恩分析。

产品品类

国内服务行业兴起以及较高薪酬职位的出现推动了酸奶、宠物食品等高端品类及大部分品类中高端单品的增长。

与此同时，由于大量制造业岗位转移至人工成本更低的海外国家，在方便面、平价啤酒等传统上以“蓝领”为主要顾客的品类中，各大品牌也陷入困境。2015年，方便面的销量下降了12.5%，啤酒下降了3.6%。中国整体工人人口的数量于2012年达到高峰，之后逐渐减少，低收入退休人员增多，加剧了增速的放缓。过去的4年中，大多数品类通过高端化发展来提高销量，以抵消渗透率饱和或下降的影响。

电商渠道占总消费额的比例
按城市级别划分（2014—2015年）

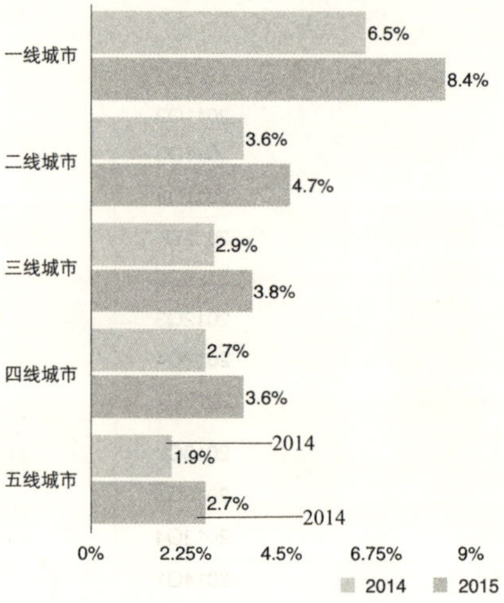

零售渠道

根据我们对中国购物者行为的研究，全国零售市场格局正在不断发生变化。小型门店业态将继续保持强劲增长。值得注意的是，便利店在2015年的销售额增长了13.2%，在各级别城市的渗透率增加了8.5%，吸引现金充裕、但时间较少的城市消费者。与此同时，网上购物将继续主导中国现代零售环境。在过去四年，中国电子商务市场的年增长率在37%左右，创

三种品类有着截然不同的网购渗透率和增长潜力

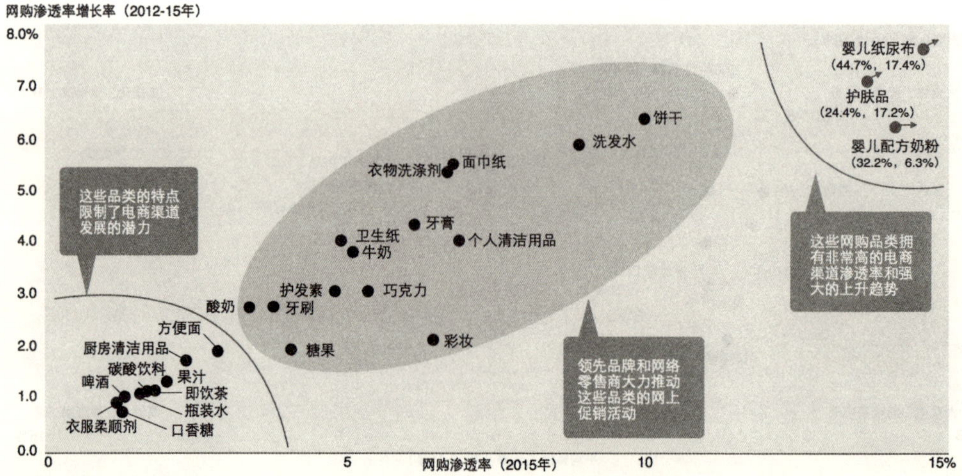

资料来源：凯度消费者指数研究；贝恩分析。

快速消费品城镇零售渠道销售额（亿元）

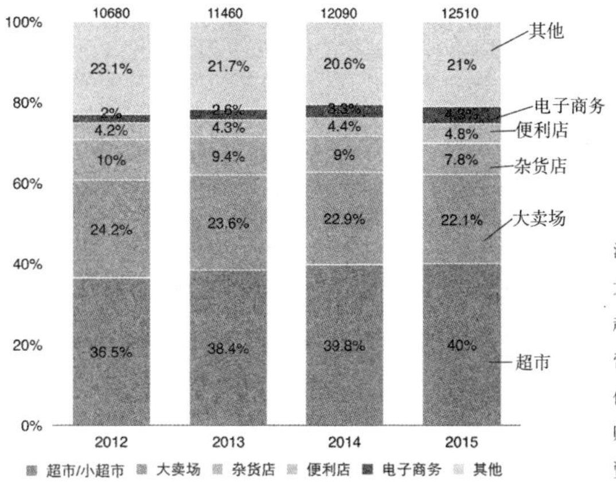

	年复合增长率12-13 7.4%	年复合增长率13-14 5.4%	年复合增长率14-15 3.5%
其他	1.1%	0.1%	5.2%
电子商务	40.9%	34.1%	36.5%
便利店	8.9%	7.1%	13.2%
杂货店	1.1%	0.6%	-10.4%
大卖场	5.0%	2.2%	-0.2%
超市/小超市	12.8%	9.5%	4.0%

注：大卖场是指面积在6000平以上的商店；大卖场渠道包括72家知名大卖场零售商，市场份额达到80%（基于2015年营业额）；超市/小超市指面积在100-6000平的商店。便利店包括连锁和独立商店，是指营业时间超过16个小时的商店；杂货店指面积小于100平的商店；其他类别包括百货商店，自由市场，批发商店，直营店，专卖店和海外代购等

资料来源：凯度消费者指数研究，贝恩分析。

造了近4万亿元的收入，使中国一跃成为全球最大的电商市场。下线城市的网购消费额占比仍然有限，说明有很大的增长空间。

基于2012年以来的电商渗透率增长轨迹，我们把不同品类分成三个群组：

得益于较高的电商渠道渗透率，婴儿用品和化妆品继续主导电商市场。因网上选择更多，消费者更倾向于上网购买，包括购买他们认为更安全、更高质量的进口品牌；口香糖、饮料和衣物柔顺剂品类的电商渠道渗透率较低，而且在过去的4年中，也没有太大增长。这是因为口香糖属于冲动型消费品类，饮料的最后一公里运送成本通常较高，而中国家庭不常购买衣物柔顺剂；家庭护理用品和一些个人护理用品以及包装食品则属于第三个类别，即电商渗透率中等但增长迅速。电商零售商和品牌正大力推广这些品类来提高渗透率。例如，每年7月的“天猫洗护节”会推广洗发水、护发素和

客流量下降

家庭年均购物次数（2012—2015年）

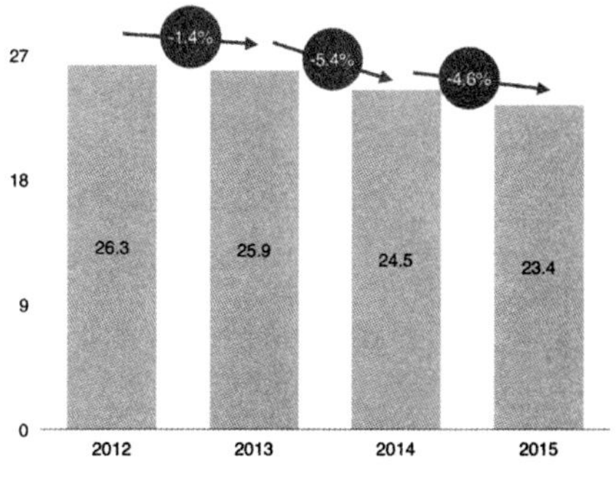

家庭年平均购物量减少

家庭年均购物量（千克/升，2012—2015年）

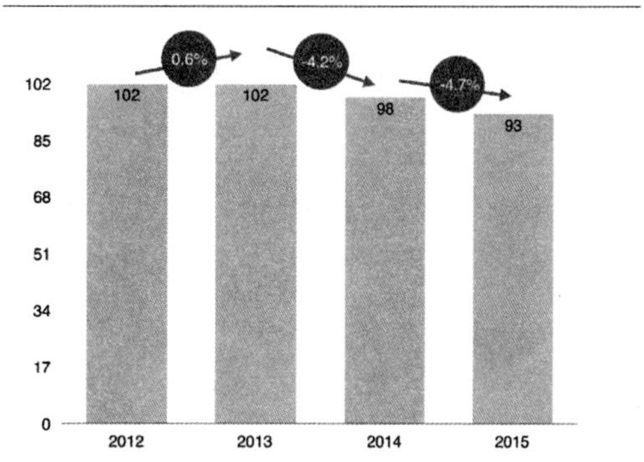

注：大卖场只包括72家顶尖零售商，占据大卖场渠道80%的份额。

资料来源：凯度消费者指数研究；贝恩分析。

个人清洁用品等品类，而宝洁和联合利华则是参与这个活动的主要品牌。

相反地，过去十年重塑中国零售环境的大卖场（面积在6000平方米以上），2015年首次出现负增长，在城市快速消费品市场的销售额下跌0.2%，客流减少4.6%，家庭年平均购物量下降4.7%。超市/小超市（面积在100—6000平方米）的增长也颇为乏力，增速从2015年的9.5%放慢到2016年的4%。电商和便利店渠道保持强劲增长势头，超市渠道增长放缓，大卖场增速持续下降。大卖场的客流和家庭年平均用品购物量在近年来持续下滑。

外资和本土品牌

中国消费市场的双速发展尤其体现在中外品牌之间的持久战。2015年，本土公司继续从外资竞争对手手中抢占大量份额。在凯度消费者指数和贝恩公司调查的品牌中，本土公司的增长率为7.8%，对市场增长的贡献为109%。这些公司在护肤品、婴儿纸尿片、护发素、牙膏和洗发水品类中的增长最多。在2015年，本土公司继续从国际竞争对手中抢占市场份额，而外资品牌的市场份额在2015年有所下滑。

外资公司在衣物柔顺剂、婴儿配方奶粉、方便面和啤酒品类中的增长最多，因为外资品牌大

外资和本土品牌市场销售份额（亿元）

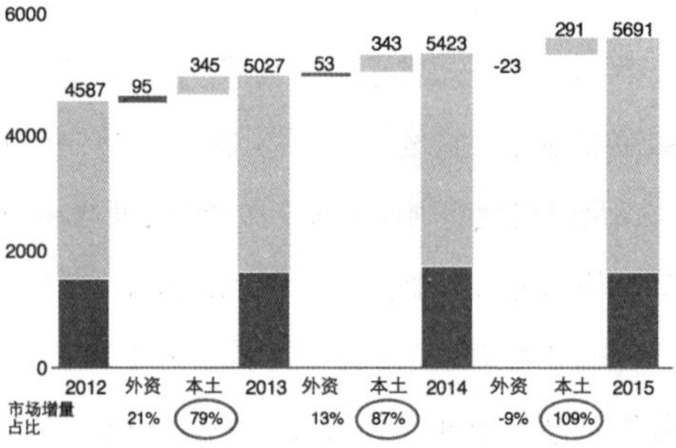

注：“外资”和“本土”品牌的区分按照企业的最大股东而定；如果发生并购交易，在交易完成3年后更改属性。

资料来源：凯度消费者指数研究；贝恩分析。

	年复合增长率 12-13	年复合增长率 13-14	年复合增长率 14-15
市场总增长率	9.6%	7.9%	4.9%
本土公司增长率	11.4%	10.2%	7.8%
外资公司增长率	6.0%	3.2%	-1.4%

要点说明	• 本土公司在下线城市的布局更广，所以实现了较高的增长率 • 本土公司的决策定制和执行流程更快：在市场波动的时期非常重要 • 本土公司更快地抓住了数字化机会

快速消费品城镇零售市场的销售额占比

按城市级别划分（亿元）

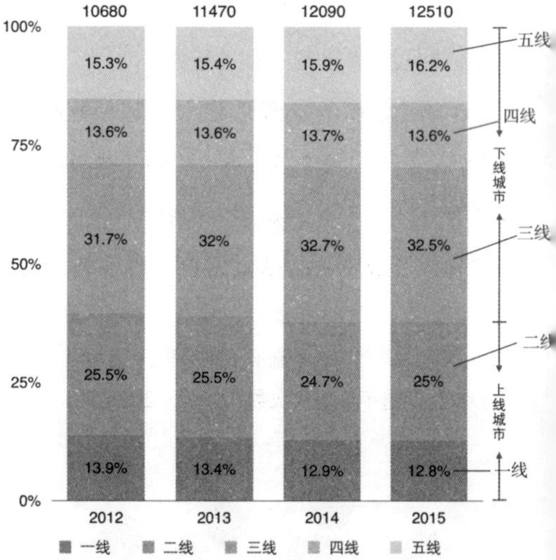

	年复合增长率 12-13	年复合增长率 13-14	年复合增长率 14-15
五线	8.3%	8.3%	5.4%
四线	7.9%	6.1%	2.7%
三线	8.4%	8.2%	2.6%
二线	7.4%	2.3%	4.4%
一线	3.5%	1.4%	2.1%

资料来源：凯度消费者指数研究；贝恩分析。

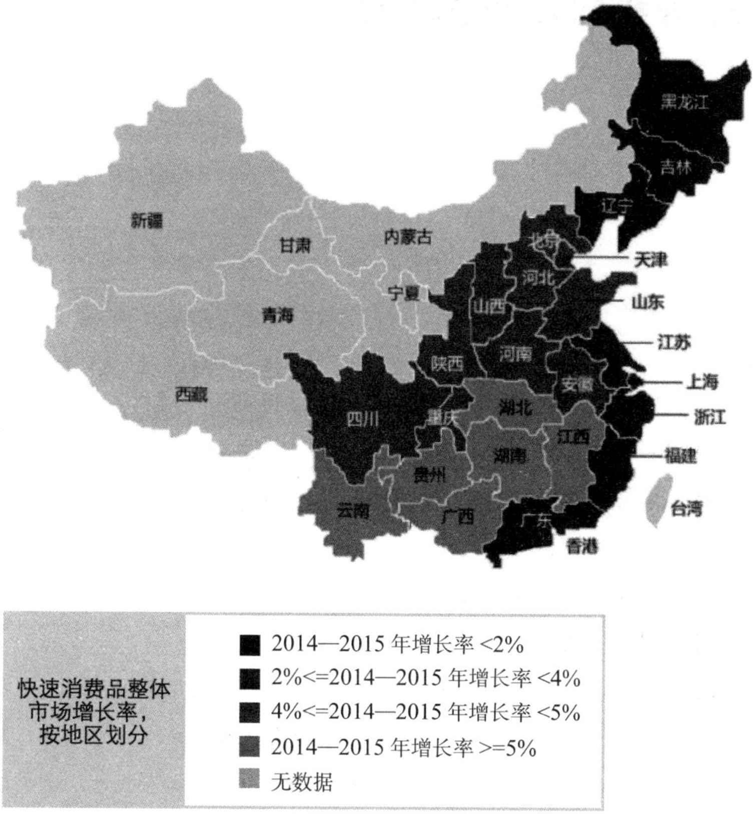

资料来源：凯度消费者指数研究；贝恩分析。

力投资营销活动，而且消费者对本土产品有食品安全的担忧，因此转投外资品牌的怀抱。然而在 2015 年，外资品牌的整体增速依然转为 -1.4%。

在 2015 年，地区增长格局也有很大变化。在过去，城市级别是销售增长的主要影响因素之一。如今，各个城市级别的增速均向 3%—5% 的区间靠拢，因此品牌商不能假设下线城市继续保持高速的增长。

双速前行的快消品市场带来新契机

在这样双速前行的环境下，购物者的购买行为仍然可以预测。品牌可以通过认清这些模式来超越竞争对手。积极接受数字化带来的颠覆，培养市场及销售团队的数字化能力和思维模式，并逐渐推广至所有职能。打造领先品牌的关键仍然是渗透率，必须有效地结合店内推广以及线上数字的营销活动。

大数据回顾，寻找 2017 智慧的力量

尼尔森中国

2016 年是各行各业在“新常态”下探索新增长模式颇有收获的一年。宏观经济结构在 GDP 增速整体保持稳定的背后存在着显著的变化，消费经济对 GDP 增长的贡献前所未有的突出，从 2015 年的 65% 增加到 2016 年前三季度的 71%；与此同时，竞争硝烟也越发弥漫。中国消费市场进一步适应新常态，各行业在增长驱动引擎上体现出消费升级带动持续增长，数字化引领变革的双驱动共性，与此同时各行业也有各自发展的特性。

快消品行业

销售量增长一定程度受阻，消费升级对增长贡献的重要性进一步提升 ,70% 的食品品类及 56% 的非食品品类均主要依靠消费升级拉动增长 , 创新是消费升级的主要途径之一。2016 年上市的新品牌中，87% 的品牌均价高于品类均价。在尼尔森近期进行的商业领袖 2017 年预见调查中，创新被众多商业领袖列为在未来 2—3 年拉动中国快消品增长的主要动力之首。然而，当前创新现状并不乐观：新品效能偏低，失败率上升，产品生命周期缩短。消费者对产品升级的载体也表现得更为理性。

2017 年快消品消费升级的关键在于释放下线城市的消费升级潜力，提供合理的消费升级理由，挖掘新鲜的消费升级载体以实现消费升级的可持续化。

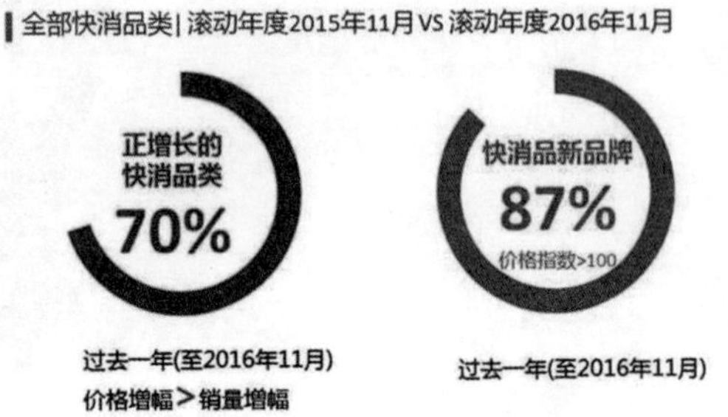

零售商在满足消费升级上主要依托于实体零售业态的升级换代，2016 年，精品超市在零售多元化竞争中异军突起。这类超市中绝大多数拥有超高的进口商品比例，部分采用会员制，且提供诸多个性化的服务与体验，与传统卖场超市的形象有很大差别。其目标客户群锁定追求品质、健康、个性化的中高端消费者，他们关注“质”大于“价”的消费理念促成零售商和厂商摆脱压价竞争的恶性循环，精耕有生活内容和品质的产品，以满足正在转型的中产消费者。

精品超市是消费升级的大背景下迎合消费升级需求而生的新零售业态。目前从展店区域来看，70% 以上的门店集中在一线城市，超过 50% 的门店是大型零售商开拓的新业态。2017 年，这一业态会越来越受到厂商和零售商的关注，预计可以成为实体零售业态的重要驱动引擎之一。

汽车行业

消费升级趋势同样明显，越来越多的厂商关注中产阶层对于汽车消费的需求。尼尔森“车远见”预测显示，未来10—15年，增速最快的将是30万—50万元价位的车型；其次是20—30万元价位车型。升级对汽车行业的消费起到毋庸置疑的引领作用。尼尔森研究显示，2017年，随着消费升级趋势延续，汽车消费者在重视功能性的同时，也将更关注情感、品位、品质，并且愿意为其支付溢价。

2015—2020 年零售价格区间的市场份额变化

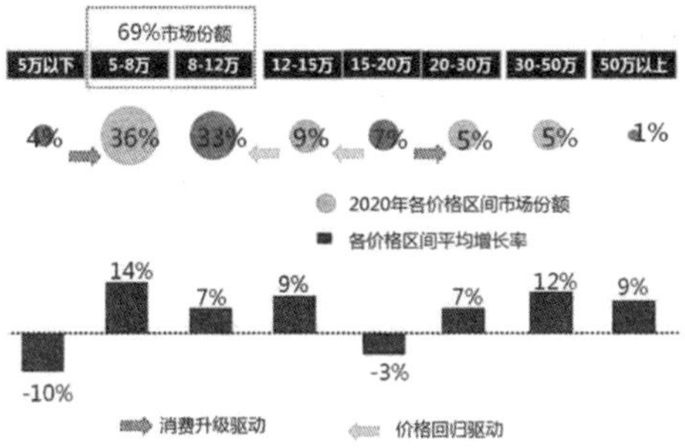

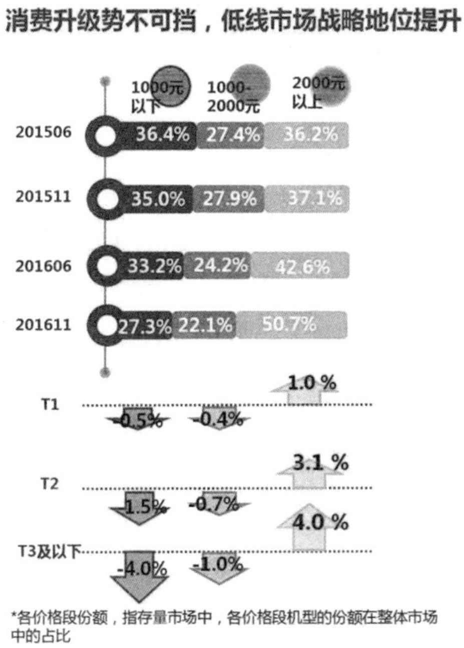

智能手机

智能手机市场也呈现出高端化的显著趋势。预计，2017年消费升级的因素会持续发挥作用，中高端市场规模将继续扩大，且潜力更大的释放在下线城市，低线市场的布局将成为未来各厂商提振销售的关键举措。

在中小城市通过大规模布局线下广告获取消费者认知和好感，被证明行之有效。在2017年，在各大中小城市的户外广告中，我们很可能能寻觅到更多中高端手机的身影，这也和当前的消费升级密切相关。

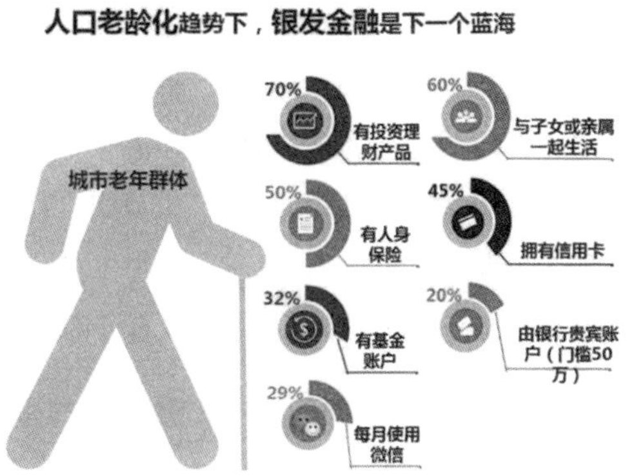

金融行业

金融行业的消费升级体现出延伸的特点，整个客户管理行为正经历着从无差异管理，延伸到星级管理再到客户细分管理的过程。从普遍关注高收入人群，普遍忽视老年人群，延伸到开始关注与挖掘银发族群在金融产品上的消费升级潜力。中国正在经历着历史上前所未有的老龄化进程，据联合国推测2020年中国60岁以上的老人预计为2.4亿，2030年这个数字将达到3.4亿。老年消费群体在数量增长的基础上，也在发生着消费行为的变化。大城市中的老年人超过20%拥有银行贵宾账户，70%有投资理财产品，50%有人身保险，他们中有相当大比例学会了使用微信。展望2017年，银发族群正在成为一个越来越有价值的蓝海市场。最先发力抢占银发金融市场，进行布局和创新的金融机构，也将更容易在这一市场的竞争中占尽先机。

零售行业

依托数字化走在变革的风口浪尖，从线上线下的对抗到未来的融合，从野蛮生长的数字营销到边际效益急速递减，2016年可谓是零售行业数字化的转折点。

先期布局线上的个人洗护及婴儿用品品类展现出传统商超、专业渠道、新兴电商三分天下的局面。布局较晚的食品饮料品类线上仍显示出对整个品类增长的积极驱动。

渠道上，线上零售商通过投资开设实体店、入股线下零售商等方式，逐步探索实体零售合作的方法；而线下零售商也在开设自己的网络商城，或者与电商平台展开合作。

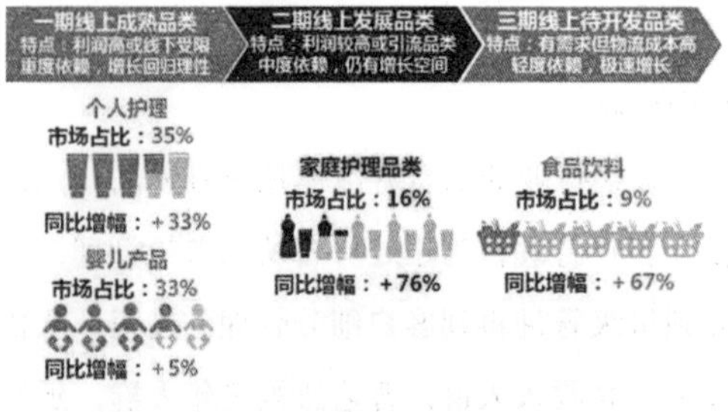

2017年，线上线下持续融合的背景下，下述领域值得生产商和零售商深入思考：

• 深入并不断了解消费者，购物者在变化的零售环境影响下所产生的变化着的需求与行为倾向。

• 以消费者体验为中心，全渠道购物视角做零售生态内各业态的差异化定位，体现在运营体系、品类管理、商品组合及价格管理。

• 处在渠道多元化不同阶段的品类差异化不同渠道间的互补与互食策略，构建合理的O2O战略地图。

互联出行

网络直播，互联网造车，互联出行以及无人驾驶引领着汽车行业的数字化变革。未来，共享服务意识的提升将推动拼车、网约车和智能巴士快速增长。

在满足消费者对于快捷、舒适、安全和一站式需求的条件下，未来五年出行服务市场可望从1.5万亿元倍增到3万亿元，把握新型业态先机则应积极投资网约车、分时租赁和企业用车等服务市场。

媒体竞争与用户竞争

媒体竞争将不再只是同行或跨屏的竞争，归根到底是受众及其用户时间资源的竞争；媒体作为平台的角色更加凸显，不再是唯一的或主

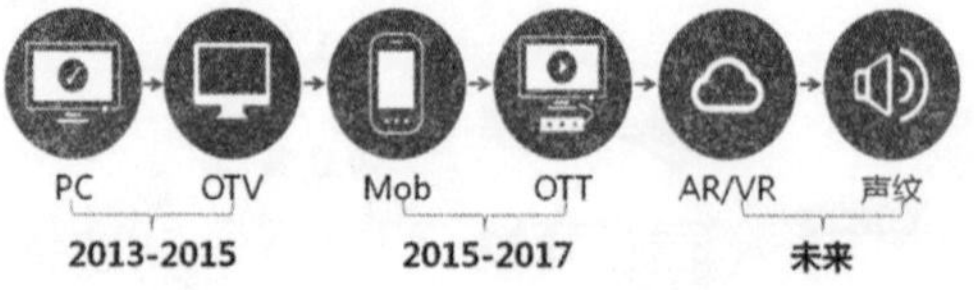

流的内容生产商。特别是互联网去中心化日益明显、草根内容生产者日益增多，有特色的个人 IP，直播的引入和大数据、人工智能、虚拟现实等强大的技术支持成为未来媒体制胜的神器。前者带来规模可观、特征鲜明的受众 / 用户，后者将有利于优化用户体验、提升用户忠诚度，媒体盈利模式也将随之更加多样化。

数字广告进一步发展，超越传统媒体投放。媒体广告从流量购买走向对目标受众 TA 的关注。虽然，DSP，SSP，AdEx，Trade Desk 等时尚新词与科技公司的涌现，让市场人兴奋不已。然而最终广告购买成为一项彻头彻尾的跨国界、跨媒体、跨平台、跨设备的高科技数据效率交易，公正透明的第三方监测成为推动行业发展的利器。

如果说，2015 年是承上启下的破局之年，2016 年则是有破有立的建设之年。在“消费升级”和“数字化变革”的双引擎驱动下，中国消费市场进一步明确了应对新常态的方向。展望 2017 年，我们即将迎来的是经济更加稳健发展的一年。更深入全面地了解各个消费者细分市场的购物和触媒习惯，将是持续释放消费升级潜力，促进数字化变革以适应新常态的关键。

中国城市新消费者十大趋势

凯度中国

“不是我不明白，这世界变化快”，这句崔健由20世纪80年代末唱出的歌词到现在仍然适用。尽管大家普遍感觉经济前景不容乐观，但证据表明中国消费者仍然信心满满。工资持续上涨、城市化进程加快、失业率得到良好控制，因此，中国消费者仍然肯花钱、并继续释放自己的消费能力。然而，近几年，消费者的消费方式和消费原因已经发生了显著变化。

我们与来自中国各地的消费者和不同背景的客户的深入互动，识别出关于中国城市消费者的十大趋势：

一、由消费者价值和心理的转变所催生的几大趋势

1. 我要我不同：新生代消费者不会满足于那些大众品牌，而是需要足够独特的、能够让自己显得与众不同的品牌。

2. 生活“小确幸”（微小而确实的幸福）：自我定义的幸福感已经替代传统上对成功的定义（即财富和地位），成为人们新的追求。

3. 珍惜我自己：现代生活方式和西方价值观正影响着中国消费者对自己与家庭和社会/世界关系的看法。家庭和社会义务固然重要，但自我的需求也要好好照顾。

4. 你秀我也秀：中国消费者在社交媒体上展现自己的强烈欲望就是“自我”意识的一种体现。在展示自己的与众不同这一明显的动机背后，还隐藏着一种对得到社会认同的渴望。

二、随着消费者生活水平演进而兴起的趋势

5. 健康升级：新层次的健康和美好生活意识正在发酵和显露。这在衣食住行、从身体健康到身心和灵魂的全局观等各方面都有体现。

6. 时间无价：“没时间”一直是当今消费者的痛点。消费者愿意花钱买时间，把自己从无聊、重复性的事务中解脱出来，投身于业余爱好和其他热爱的活动。

7. 购物无界：中国消费者已化身为全球购物者，可以随时随地想买就买。

三、随人口结构变化而演化出的趋势

8. 非凡青年：这一代年轻人（90后/00后）更多元化、更数字化。他们的观点和知识在很大程度上是由互联网世界塑造的。

9. 单身贵族：现代的生活方式、不断增长的个人收入和开放的社会观念促进了高线城市中单身贵族群体的壮大。这群有钱有闲且快乐的单身贵族拥有“为我自己选择、选择我想要的东西的自由”。

10. 银发金矿：在上世纪60年代出生的人即将进入退休年龄。这一消费群体比前几代人更有自信，不论是经济上、身体上还是心理上都是如此。

消费升级的趋势愈来愈明显，未来的营销活动如何结合社交让人自主参与，营造幸福感，这些问题给营销人员带来了无穷的机遇和更高的挑战，品牌只有准确把握新消费者的脉搏。

中国消费者信心指数创两年来新高

尼尔森中国

依据尼尔森近期发布的中国2017年第一季度消费者信心指数显示，中国第一季度消费者信心指数继续保持增长态势，相比2016年第四季度上升两个点达到两年来的峰值110，实现开门红。这一数字表明，随着城乡居民收入稳步增长，中国消费者的消费意愿持续高涨。

同时，尼尔森的消费者信心指数的增长态势与一季度中国经济运行走向表现出相吻合的趋势。国家统计局发布的数据显示，2017年一季度国内生产总值同比增长6.9%，增速较2016年第四季度同期上涨0.1个百分点。

“消费者信心的上扬得益于国家经济的健康发展，居民收入的稳步增长以及消费升级的持续影响”，尼尔森中国总经理韦劭说。“消费升级对于拉动中国经济增长的重要性正在逐步显现，从趋势上看，当基本的衣食行在收入的占比大幅下降后，消费升级的方向将是更加追求高端化和服务升级，消费升级趋势将进一步刺激消费意愿的提升。”

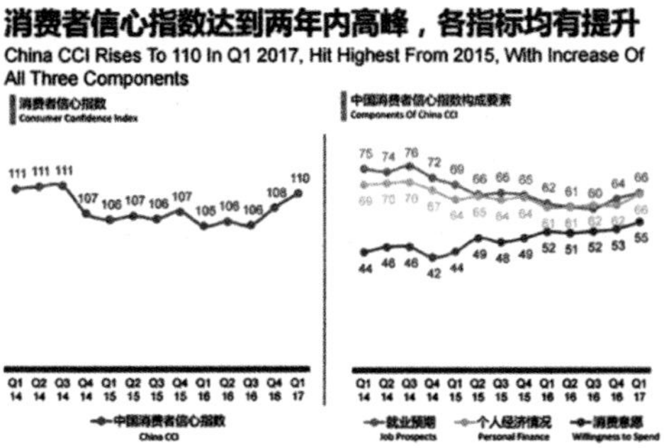

（尼尔森消费者信心指数衡量消费者对于就业前景、个人财政以及消费意愿三个方面。消费者信心指数高于100则为积极，反之则为消极）

消费者信心指数达到两年内最高值，各指标均有提升

尼尔森研究显示，一季度消费者信心指数的上升得益于消费者信心指数构成的三要素，即就业前景、个人财政以及消费意愿在2017年第一季度均有提升。数据显示，个人经济状况从62跃升至66，就业预期从64升至66，而消费者的消费意愿空前高涨，从53升至55，达到从2014年起的最高值。

“随着经济发展，中国人均GDP也随之提升。而从人口结构来看，消费意愿较高的70后、80后以及90后的人口占比逐步提高。一方面这部分人群的消费意愿相比老一代是上升的；另一方面这部分人群的收入状况也在改善，支持了其消费意愿的提升。”尼尔森工作人员解释。

由于线上线下双引擎的拉动，整体快消品行业增幅在一季度创新高，这也刺激了一季度消费者信心指数的上扬。尼尔森研究发现，34个品类快消品线上销售额增幅从2016年第四季度的28%跃升至31%，线下由2%上升至4%。与此同时，线下各渠道一季度增幅均有上升，满足便利需求和即时消费的小型渠道重要性提高，尼尔森数据显示，70个品类快消品线下在便利店渠道2017年一季度销售额较上季度增幅达14.3%，小超市增幅达4.8%。

西部信心领涨，东部连续三季度维持稳定

中国西部地区的消费者信心指数在第一季度历经了东南西北四个区域最大涨幅，从101跃至106，南部和西部地区都上涨两个点分别达到113和102，东部地区则稳定在120，仍然占据四个区域消费者信息指数的榜首。

尼尔森研究发现，一季度西部地区消费者信心指数的各项指标均上扬，其中消费意愿加速增长，从2016年第四季度的41跃升至49，个人经济状况从55升至60，就业预期上升一个点至69。

就业信心的累积和可支配收入的增长促进西部居民消费意愿的释放。尼尔森数据显示，40%的西部居民认为收入和福利的上升促使他们消费，23%的人认为资金充足和收入好是他们购物的动机。

西部在基础品类上增加支出，但升级品类提升明显，家用产品支出一季度上升7%，个人数码产品支出上升4%；东部在精神享受型消费上进一步增加，休闲度假娱乐支出增长8%。

尼尔森数据显示一季度一线城市消费者信心指数继续上扬至116，高于二线城市的113，三线城市的111。农村地区消费者信心指数从上季度105飙升至109。数据显示快速增长的个人经济情况预期带动农村信心上涨，农村地区个人经济预期从54跃至61。

线上线下双引擎贡献增长，线上消费趋势仍然积极

尼尔森研究发现，快消品整体年度销售额增长速度达到8%，线下渠道仍旧是主要售卖阵地。线下渠道销售额占比达74%，增长率达2%，相比之下，线上渠道快消品年度销售额占比虽然只有26%但增速惊人，高达29%。

越来越多的人会选择网购快消品，数据显示92%的受访者表示将增加或保持网购频次不变，93%的消费者将增加或保持网购单次金额不变。

报告还指出，无论线上线下，品牌类产品是购物计划中最重要的事项。63%的线上购物者购买的是品牌商品，78%的线下消费者购买品牌产品。

“商业经营变得越来越复杂的情况下，我们永远需要找到的是一个本质性的问题。在新零售格局下，无论环境如何变化，最重要的是把握消费者在新零售环境下的购物态度和行为特点，尼尔森研究发现，线上线下的融合与差异这种趋势从消费者行为角度观察，已经十分显著。商家应该及时了解不同品类在不同渠道的发展趋势，发展跨渠道组合和差异策略。” 尼尔森中国总经理韦劭表示。

尼尔森研究认为品牌资源、消费者资源及物流资源是融合线上线下发展的三个重要维度。无论线上线下，品牌类产品是购物计划中最重要的事项。63%的线上购物者购买的是品牌商品，78%的线下消费者购买品牌产品。零售商应该通过大数据来整合线上线下消费者信息以提供更好的服务和提升忠诚度。并且通过软硬件投资整合提升物流效率为线上线下商业赋能。

韦劭表示：“消费者在大卖场和超市购物时更加注重购物体验，这将是卖场和超市的优势所在。线下渠道应该更侧重于如何通过改善品牌形象、开展有趣的促销和宣传来吸引顾客，另外，通过开设新门店和发展电商渠道来发展新顾客也非常重要。”

消费者想从数字标牌得到什么

凯帝珂（Kinetic）英国 CEO Stuart Taylor

数字海报对于品牌和广告者而言是必需品，为与之相互作用的户外领域开启一个新世界。但是消费者确实与屏幕建立联系了吗？

目前在各大主要的国际化城市中，基本装有数千个可实时滚动的信息屏。但是要如何更好地利用它们来提高广告主营销策略和品牌推广价值呢？作为户外广告领头羊之一，凯帝珂希望找到数字屏幕对消费者的真正影响并探寻未来人们对它们的模式有什么期待。

凯帝珂研究表明消费者已经和数字标牌连接起来了。1000 个消费者中，将近 19% 的人希望在户外数字广告屏幕上看到关于产品的信息、服务和体验。这个数据在 18—24 岁年龄段的年轻人中增长到 24% 的百分比。相似地，这些较年轻的群体中有 23% 的人在看到户外广告后下载了相关的 App，相比之下，这在成年人群体中仅有 10%。

不出意料的，较年轻的人群比年长的人群更倾向于参与到互动海报中，但要想在广告主和媒介专家中扩大数字海报的吸引力，可能要通过精确的定位信息。清晰频道的一系列滚动屏互动信息，例如提供可下载的优惠券就是一个很有效果的广告定位实验。NFC 和 QR 码引入到街边广告牌中将会将此变革成一个和用户互动的交互体验，让品牌以更迅速的方式和消费者联系在一起。根据调查显示，这是成年调查群体里最理想的数字海报服务。

在 1000 个受访者中有 48% 的人希望得到天气信息，而有另外 38% 的人想要实时交通讯息，这在 55—64 岁的受访年龄段中的比例上涨到 50%。另外，29% 的反馈者说他们希望公共空间里能安装更多的交互地图信息，而有 32% 的人想要实时新闻，其中有 30% 的人提及了本地新闻事件。有些类型的当地信息可能有助于广告主品牌忠实度的提升，并且提升年长消费者的参与度。

相似的，25% 的人说他们希望数字海报能配置充电功能，这是广告主和媒介专家向消费者提供有效服务的契机。

一个有用的实时户外广告例子是 Bemadryl 药物的空气花粉量策略。这个动态交互活动结合户外广告、数字和手机，发布空气中实时花粉量信息。

直接零售服务也将成为广告主更好地利用数字海报的另一个方式。有十分之一的消费者说他们会直接从看到的数字屏幕上购物，其中 25—34 岁的人中有三分之一表示他们期待着未来能够直接从数字屏幕上购买产品或接受服务。

另外一种值得重视的通过数字海报提升一个品牌概况的方式是个性化服务。有超过 25% 的成年人说他们希望屏幕可以传送关于他们是谁和他们在做什么的相关信息。广告主可以有效运用与相关评论、购买建议等在线账户连接的面部识别软件。这项技术已经运用在和Ocean户外广告合作的世界上首个通过视觉技术关注关于女性家暴的活动项目中。这个数字标牌最初放了一张受家暴的女性的脸的图片，她面部的瘀伤会随着过路的行人的凝视和关注而逐渐减少。这个互动活动旨在提醒我们如何通过实际行动来制止家庭暴力。

有44%的受访者指出他们觉得数字海报屏幕的点击、收集的服务功能对零售商很有帮助。这意味着他们起码会考虑使用这些屏幕。点击收集的功能可以和蓝牙技术结合在一起，精简消费者的购物体验，最终提升品牌忠实度。

虽然有小部分的18—34岁的用户很勉强地下载了数字屏幕上的内容，但大部分只要觉得是和自己相关的，还是会很乐意地下载的。这再次强调了零售商服务的重要性。有43%的人仍然对这种交易感兴趣，说他们会从数字海报站点下载零售优惠券。

相似的，在娱乐方面，有24%的人说他们会从屏幕上下载游戏或App。有27%的比例再次体现了当地信息的价值，他们表示会下载旅游信息。25%在这个年龄段的人希望他们能够获取当地的吃喝玩乐的信息。

青年市场特别渴望数字海报的媒体服务内容。在18—24岁年龄段中，有29%的人说他们会下载一些即将上映的电影、电视剧、音乐、游戏等短片到手机中。

简而言之，数字海报通过很多有意思的方式让广告主和消费者形成了合作互动，但是服务类型不可避免地取决于目标受众群和品牌本身。

北京居民出行及媒体接触调查

北京地铁通成

您是否想知道：

近年来，北京居民的出行方式发生了哪些变化？

居民交通工具中的出行时间、出行习惯有哪些变化？

媒体是如何在出行中影响居民的？他们的媒体喜好是怎样的？

这些问题都将在以下的报告中一一揭晓。

北京进入大地铁时代

通过几年的数据对比，地铁的使用频次是公共交通中上升幅度最大的交通工具，对比显著下降的公交车，已成为主力出行方式。

北京地铁月渗透率（含郊区）已高达84%，北京地铁成为全世界最繁忙的地铁，没有之一。

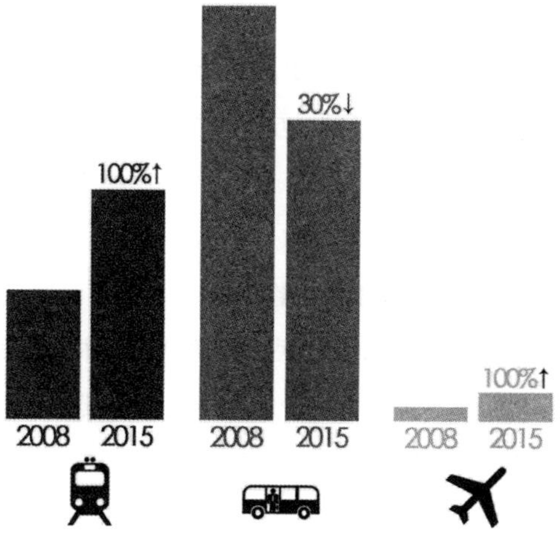

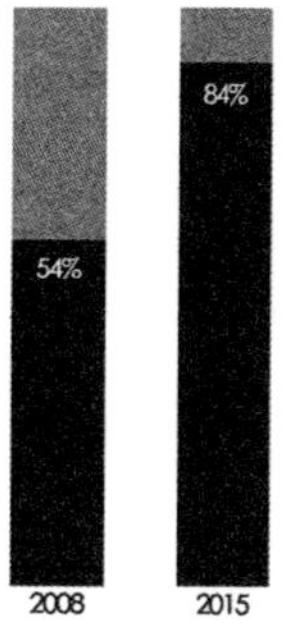

主要线路、站点乘坐率增长惊人

1、2、5、10号线路乘客乘坐增长显著，尤以10号线增长比例惊人。“壮士”站（劲松）“烈士”站（双井）、CBD核心（国贸）、宇宙中心（海淀黄庄比肩五道口）全部集中在此条线路，人气爆棚。

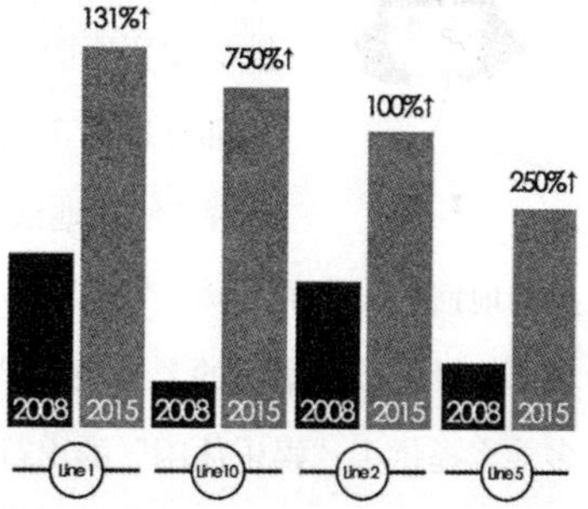

在热门站点的TOP4当中，1号线独占3个，10号线揽入剩余名额。国贸站成为实至名归的“最繁忙”站点。

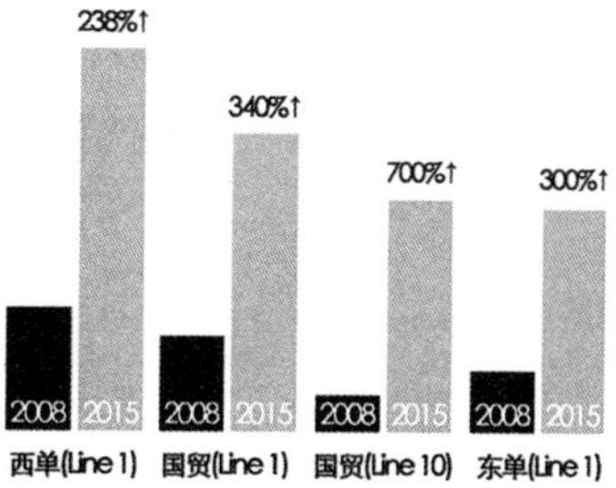

地铁乘坐习惯——高频乘坐

过去一年当中，乘客每年平均乘坐地铁 109 天，平均每周乘坐 3 次以上，因此高频乘坐是地铁乘客的重要特征。

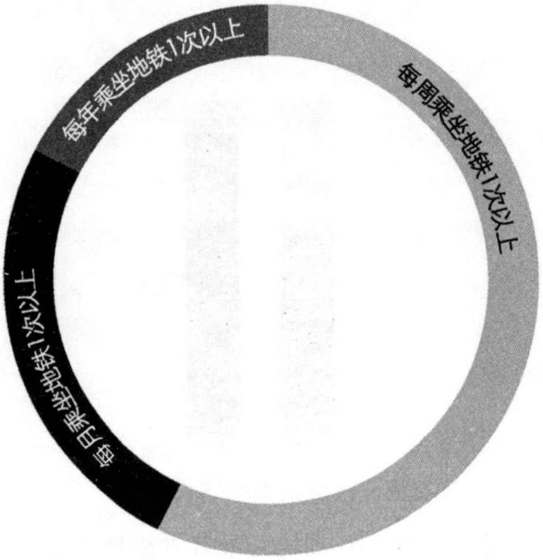

通勤、娱乐两不误

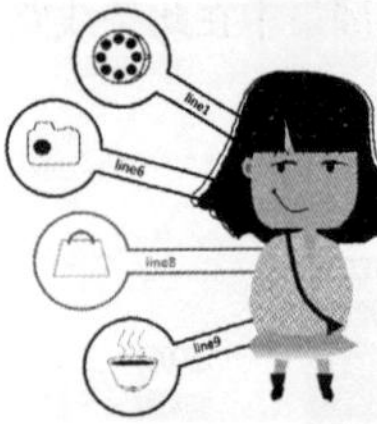

从出行目的来看，“通勤”是乘客乘坐地铁的主要原因。每条线路都有超过 7 成的乘客选择“使用地铁上班”，准时准点的地铁是工作的保障。

对于休闲设施较为集中的 1、6、8、9 等线路，也为较多乘客提供了“娱乐休闲”的出行便利。

北京地铁乘客画像

重度乘坐乘客是核心人群

“每周乘坐地铁的乘客”尤其 “每周至少乘坐 3 天地铁的重度乘客”是地铁系统的“核心乘客”。

年轻，收入高，教育程度高，白领占比高

重度地铁乘客平均年龄 33 岁，比总体居民年轻 5 岁，家庭月收入 8000 元以上者比整体人群高 10% 个点。

重度地铁乘客大专及以上学历比整体人群高出五成，白领占比较整体人群高出近两成。

购物决策者占比更高

重度地铁乘客在购买各类产品时作为主要决策者的比例更高，其占比超出整体人群近两成，乐于消费的占比也超出整体人群一成。

重度地铁乘客未来一年的消费欲高于整体人群，各类产品平均高出 10—20 个百分点。

哪些商圈人气最旺

北京居民最经常光顾的商圈朝阳区最多，其次是东城、西城两区。其中王府井商圈、CBD 商圈人气较旺。

各条线路人群特征显著

6 号线——Yuppie（雅皮士）：6 号线 35—44 岁、高学历人群集中，未来一年的消费欲望更强，尤其关注手机 App 广告、电影广告。

8 号线——文艺清新：8 号线乘坐者单身比例高于均值，对旅游类广告兴趣最浓，并更多人计划购买 IT 数字产品。

7 号线 / 八通线——宅玩族：7 号线和八通线乘客更年轻、拥有更高的学历、且学生人群的比例更高，对手游、互联网广告更感兴趣。

地铁媒体的接触与态度

各户外关注度变化趋势

对比 2008 年，居民对各类户外媒体关注度均有提升，对地铁广告的关注提升尤其显著，获得八成受众关注。

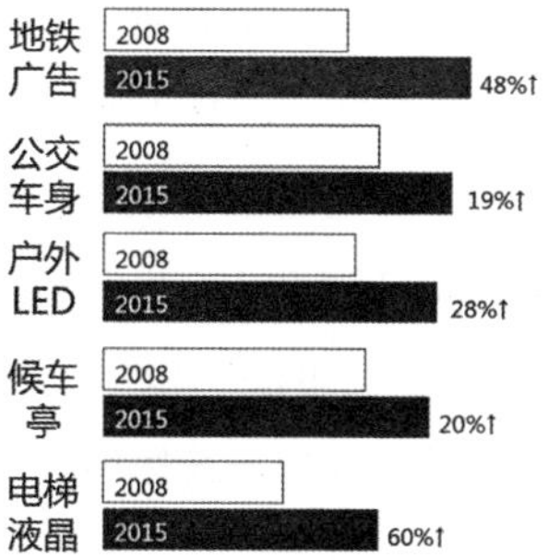

乘客认同地铁广告

作为“天天见”的地铁，过半居民认同地铁广告“容易吸引注意力”“适合展示高端产品”“是我喜欢的媒体形式”。

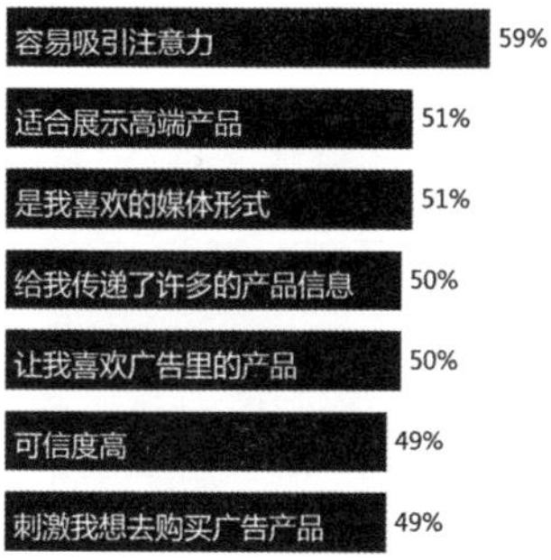

地铁广告独有优势

居民对地铁广告和公交广告的评价高于其它户外媒体形式。在“展示高端产品”上，地铁广告表现显著优于其他户外媒体形式。

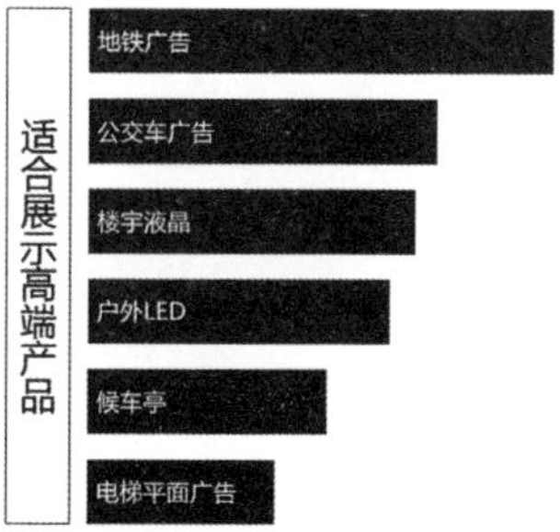

地铁旅程时间花费清单

乘客每趟地铁旅程，平均总花费时间共49.6分钟，其中在列车中时间为31.8分钟，其他共17.8分钟。

乘客拥有大量机会接触广告，广告关注度高

通过研究，车内是使用电子设备主要时段，但五成乘客在车内不会使用。而其他乘车时段更有八成时间接触各类型广告。

近九成乘客在地铁旅途中会主动关注地铁媒体，包含非常留意、比较留意，有时候留意。

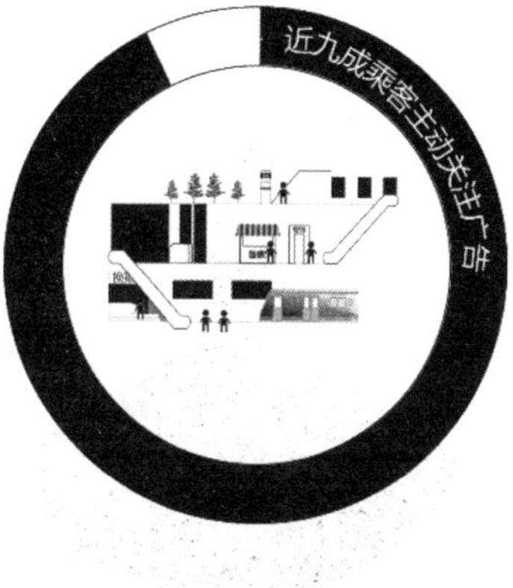

不同群体对广告的关注

年轻人偏好手机游戏、电影和手机应用；中青年偏好互联网金融、中高端消费品、房地产；中老年人偏好食品饮料、旅游行业。

创意有助于提升关注度

相对于传统媒体形式，乘客认为互动类、实物展示类广告更具吸引力，吸引力提升在两成左右。

三成乘客会进一步了解

针对感兴趣的广告，近三成地铁乘客会进一步去了解相关品牌的信息。

经过多年发展，北京已经进入大地铁时代。

正如票价的变化无法撼动地铁的核心交通地位，无论是“移动互联”浪潮还是“互联网+”风向标，都让聚客能力突出的地铁在一次次的浪潮中获取新的运用和提升。无论何种互联，人们总是需要出行，总是需要准时便捷的交通工具，基于大众基本需求的交通媒介无数次被证明了在传播途径中的优势。

此次研究成果不仅印证了地铁的重要位置，也为品牌在运用地铁媒体的同时提供了参考。线路、站点的成长，不同的特征，都为更精准的投放奠定了坚实的数据基础。

后记

服务行业十四年以来，亚洲户外第一次在业界发起行业教科书的众筹，是为了集结行业的有识之士共襄盛举，共同为中国户外广告代言与呐喊，让客户认识到我们不可替代的场景与媒体价值。

透过众筹，我们聚集行业老板们的丰富经验与智慧，共同为行业发展与转型群策群力。我们都知道，户外广告行业同城是对手，异地就是伙伴，通过众筹我们搭建一个全国的行业交流平台，把这些有想法有胆识的行业精英们凝聚起来，创造跨区域和跨界的合作机会。

目前，中国户外广告业面临的问题与挑战已经超越了某一家公司可以解决的能力范畴，行业进入的门槛也越来越高，行业的转型升级带来的却是传媒企业发展的契机，因此我们特别在书的最后把这些热心参与的企业或公司老总二维码印上，除了特别感谢之外更希望创造一个异地同行相互认识、交流合作的机会，透过众筹书的平台，让大家实实在在地受益！

联合发行人（排名不分先后）

立闻传媒——地铁出入口的启明灯

润色，让品牌更出色！

打造“中国广告零售第一股”

银马与您，携手高铁，共赢未来

绿一传媒，向上的力量！

绽放城市妍丽的户外艺术

参与者（排名不分先后）

福建三维新文化投资有限公司

北京沃捷文化传媒股份有限公司

海南龙马传媒有限公司

江西国维实业有限公司

广州市户外广告协会

海南信立传媒股份有限公司

内蒙古博洋广告有限责任公司

浙江高速广告有限责任公司

青岛一代户外传媒有限公司

山东探路者广告有限公司

常州星传传媒有限公司

千线传媒广告（北京）有限公司

北京中广艺达国际文化传播有限公司

沈阳互动地带广告传播有限公司

沈阳善大广告有限公司

达州市海韵广告有限公司

河北达彼思文化传播有限公司

河北拓扬文化传播有限公司

河北众美传媒股份有限公司

廊坊市泰岳广告传媒有限公司

南京华泽广告传媒有限公司

上海郡州广告有限公司

上海煦洋文化传媒股份有限公司

四川锐意企划广告有限公司

苏州市明日企业形象策划传播有限公司

苏州市盛世辉煌广告有限公司

天津众美时速广告股份有限公司

贵州黔美广告有限公司